U0864176

SHENYANG
ZHENXING FAZHAN
ERSHI NIAN

沈阳振兴发展二十年

段继阳 罗磊 岳宇 等◎编著

中国市场出版社
China Market Press
·北 京·

图书在版编目（CIP）数据

沈阳振兴发展二十年 / 段继阳等编著. —北京：
中国市场出版社有限公司，2023.10
ISBN 978-7-5092-2480-9

Ⅰ. ①沈… Ⅱ. ①段… Ⅲ. ①区域经济发展－研究－
沈阳 Ⅳ. ①F127.311

中国版本图书馆CIP数据核字（2023）第187039号

沈阳振兴发展二十年

SHENYANG ZHENXING FAZHAN ERSHINIAN

段继阳 等 编著

责任编辑：辛慧蓉（xhr1224@aliyun.com）
出版发行：中国市场出版社 China Market Press
地　　址：北京市西城区月坛北小街2号院3号楼（100837）
电　　话：（010）68033692
印　　刷：北京捷迅佳彩印刷有限公司
规　　格：170毫米×240毫米 16开
印　　张：26.75　　**字　　数：**410千字
版　　次：2023年10月第1版　　**印　　次：**2023年10月第1次印刷
书　　号：ISBN 978-7-5092-2480-9
定　　价：128.00元

版权所有 侵权必究 印装差错 负责调换

编委会

顾　问　周建平　张庆杰　许　欣

主　任　曹忠祥

委　员　段继阳　罗　磊　岳　宇　曹忠祥　公丕萍

刘峥延　潘　彪　张　舰　赵　斌　张浩石

李天娇　孙　磊　董子铭　郭广鑫

序言

东北地区是我国重要的工业和农业基地，维护国家国防安全、粮食安全、生态安全、能源安全、产业安全的战略地位十分重要，关乎国家发展大局。“九五”计划提出积极支持和促进东北等老工业基地改造和结构调整，2003年，中共中央、国务院印发《关于实施东北地区等老工业基地振兴战略的若干意见》，启动实施首轮东北振兴战略。党的十八大以来，以习近平同志为核心的党中央高瞻远瞩、审时度势，指导实施新一轮东北振兴战略，取得了举世瞩目的巨大成就。党的十九大提出，深化改革加快东北等老工业基地振兴。2018年9月，习近平总书记赴东北三省考察并在沈阳主持召开深入推进东北振兴座谈会，指出新时代东北振兴是全面振兴、全方位振兴，要从统筹推进“五位一体”总体布局、协调推进“四个全面”战略布局角度去把握，形成对国家战略的坚强支持。党的二十大提出，推动东北全面振兴取得新突破。2022年8月，习近平总书记再次赴沈阳考察，并指出要在新时代东北振兴上展现更大担当和作为，奋力开创辽宁振兴发展新局面。

2023年是党中央提出东北振兴战略二十周年，在我国全面迈入建设社会主义现代化国家新征程之际，在东北振兴进入取得新突破的新发展阶段之际，按照国家发展改革委和省发展改革委意见建议，梳理总结沈阳振兴二十年经验和成果意义重大、十分必要。东北振兴看辽宁，辽宁振兴看沈阳。沈阳市作为国家区域中心城市、东北亚国际化中心城市，新时期将全面贯彻党的二十大和中央经济工作会议精神，深入贯彻落实习近平总书记关于东北、辽宁振兴发展的重要讲话和指示批示精神，全面落实省委和市委工作部署，扎实推进中国式现代化，坚持稳中求进工作总基调，完整、准确、全面贯彻新发展理念，服务和融入新发展格局，着力推动高质量发展，更好统筹疫情防控和经济社会发展，更好统筹发展和安全，全面深化改革开放，大力提振市场信心，把实施扩大内需战略同深化供给侧结构性改革有机结合起来，突出做好稳增长、稳就业、稳物价工作，有效防范化解重大风险，锚定加快建设国家中心城市、为全省作出“五个示范”，履行维护国家“五大安全”政治使命，着力补齐“四个短板”、扎实做好“六项重点工作”，持续做好结构调整“三篇大文章”，推进产业发展与转型、城市发展与转型、社会发展与转型，奋力推动沈阳全面振兴全方位振兴实现新突破。

2023年2月

目 录

回 顾 篇

第一章　东北振兴战略的提出和发展历程 / 003

第一节　东北地区等老工业基地振兴战略的提出与推进 / 003
第二节　党的十八大以来东北振兴战略深入实施 / 023
第三节　相关文件和配套政策 / 056
第四节　沈阳主要经济指标的地位变动 / 068

第二章　沈阳落实东北振兴战略的重要举措 / 083

第一节　沈阳振兴发展的历史背景和区域特点 / 083
第二节　党中央对沈阳振兴发展的总体要求 / 089
第三节　党的十八大以来沈阳振兴发展采取的政策举措 / 092

发 展 篇

第三章　沈阳振兴发展二十年各方面情况　/ 111

第一节　沈阳经济发展情况　/ 111
第二节　沈阳城市发展情况　/ 125
第三节　沈阳生态建设和绿色发展情况　/ 133
第四节　沈阳民生保障情况　/ 137
第五节　沈阳与市域人口规模相近城市发展对比情况　/ 142

第四章　沈阳国家产业转型升级示范区发展成效　/ 149

第一节　示范区建设进展总体评价　/ 149
第二节　“一园三区”发展成效　/ 153
第三节　示范区建设工作机制　/ 161
第四节　示范区建设主要成果　/ 173
第五节　示范区典型经验和主要做法　/ 180
第六节　全国产业转型升级示范区典型经验借鉴　/ 186

行 业 篇

第五章　沈阳产业领域振兴发展典型经验　/ 197

第一节　产业发展总体评价　/ 197
第二节　产业领域重大项目和典型案例　/ 213
第三节　产业领域发展典型经验　/ 221
第四节　发达国家促进传统老工业城市转型经验借鉴　/ 226

第六章　沈阳创新驱动发展典型经验　/ 233

第一节　创新驱动发展总体评价　/ 233

第二节　创新驱动重大项目和典型案例　/ 245
第三节　创新驱动发展典型经验和主要做法　/ 260
第四节　发达国家（地区）创新引领老工业城市转型经验借鉴　/ 265

第七章　沈阳改革开放发展典型经验　/ 270

第一节　改革开放总体评价　/ 270
第二节　改革开放重大项目和典型案例　/ 285
第三节　改革开放发展典型经验　/ 298
第四节　发达国家（地区）传统工业城市转型改革经验借鉴　/ 303

第八章　沈阳绿色发展典型经验　/ 310

第一节　绿色发展总体评价　/ 310
第二节　绿色低碳发展重大项目和典型案例　/ 316
第三节　绿色低碳发展典型经验　/ 325

展　望　篇

第九章　“十四五”时期沈阳振兴发展形势展望　/ 335

第一节　新发展阶段东北振兴发展的新趋势　/ 335
第二节　沈阳贯彻新发展理念的新要求　/ 343
第三节　构建新发展格局对沈阳振兴的新机遇　/ 351
第四节　当前沈阳振兴发展面临的主要矛盾　/ 355
第五节　沈阳振兴发展的战略导向　/ 359

第十章　“十四五”时期沈阳振兴发展新任务新举措　/ 364

第一节　以优化营商环境为基础 全面深化改革　/ 364
第二节　以建设“四中心”培育新动能为重点 激发创新驱动内生动力　/ 371

第三节　科学统筹精准施策 构建协调发展新格局　/ 381
第四节　更好支持生态建设和粮食生产 巩固提升绿色发展优势　/ 388
第五节　深度融入共建“一带一路” 建设开放合作高地　/ 394
第六节　更加关注补齐民生领域短板 让人民群众共享东北振兴成果　/ 399

附　　录

党的十八大以来振兴东北等老工业基地相关重要政策文件　/ 411
“十三五”时期沈阳主要经济社会发展指标　/ 414

后　记　/ 415

回顾篇

第一章　东北振兴战略提出和发展历程

第二章　沈阳落实东北振兴战略的重要举措

第一章　东北振兴战略的提出和发展历程

东北地区是我国重要的工业基地，在国家发展全局中举足轻重。党中央、国务院历来高度重视东北振兴工作。改革开放以来，东北地区等老工业基地振兴经历了20世纪八九十年代以企业技术改造为重点的大型老工业基地调整改造、2003—2007年东北地区等老工业基地振兴战略的前期探索和实践、2007—2013年东北地区等老工业基地振兴战略加快推进时期、党的十八大以来实施新一轮东北振兴战略、"十四五"时期推进新时代全面振兴全方位振兴取得新突破五个阶段，各阶段国家推动振兴的目标和重点不同，取得了明显的成效（见图1-1）。

第一节　东北地区等老工业基地振兴战略的提出与推进

改革开放以来，东北老工业基地的建设继续向前推进，但由于体制性、机制性、结构性矛盾，东北地区与沿海发达地区的差距不断扩大。为解决这一问题，党中央、国务院于21世纪初期启动实施了东北地区等老工业基地振兴战略。

一、世纪之交的大型老工业基地基地调整改造（20世纪八九十年代）

20世纪90年代后期至21世纪初期，随着我国东部沿海工业的迅速崛起以及东北地区部分城市资源逐渐枯竭，东北地区工业在全国的地位不断下降，传

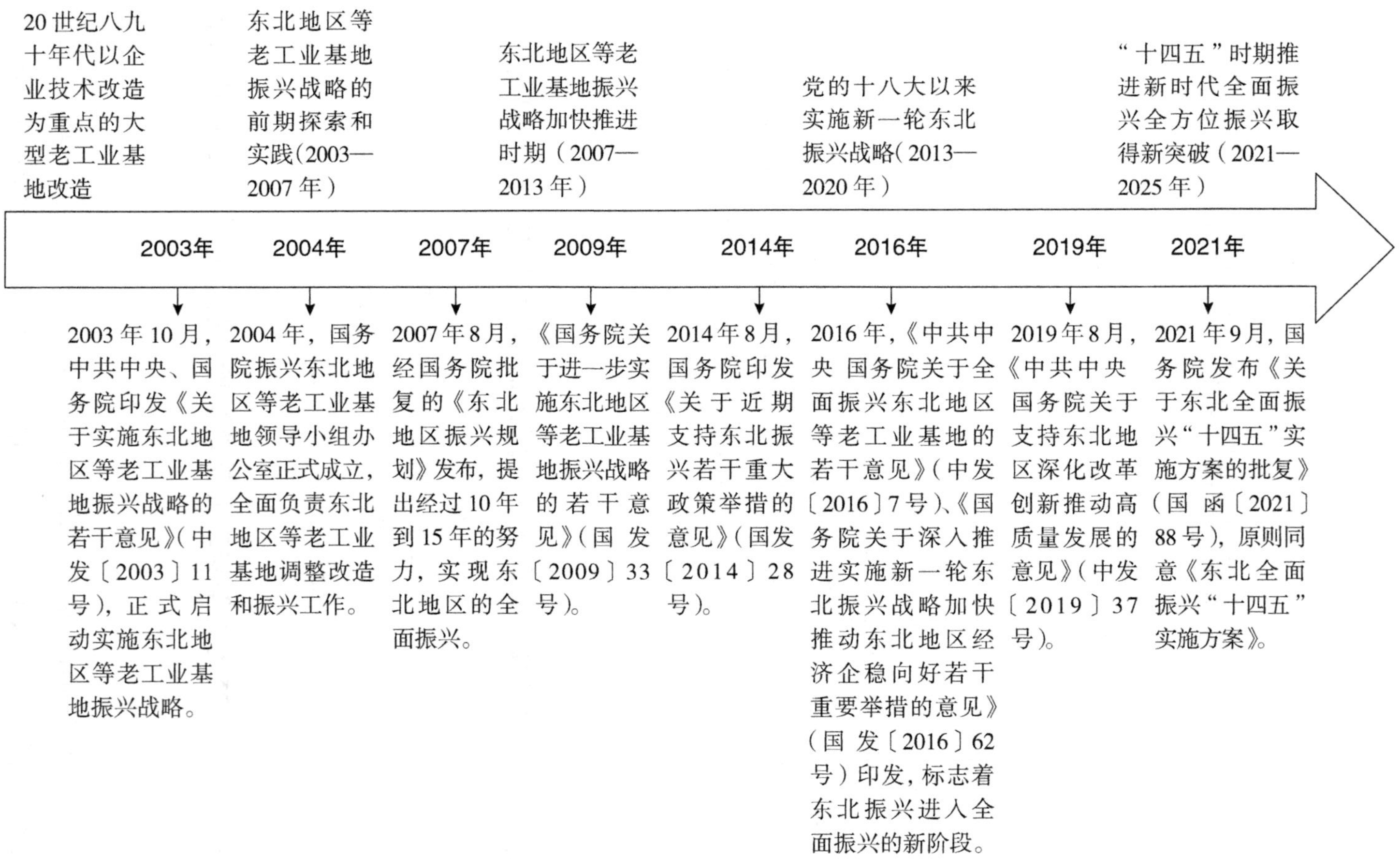

图 1-1　东北振兴战略发展历程

统支柱产业在全国的竞争力减弱，科技创新能力明显不足，部分骨干企业生产经营面临困难，东北地区经济增速放缓的问题也十分突出。"七五"时期，国家有关部门开始着手开展以东北地区为重点的大型老工业基地的调整改造工作。

（一）世纪之交我国发展面临的内外部形势

1. 政治多极化与经济全球化趋势下我国面临复杂多变的国际环境

一是多极化趋势下国际关系日趋复杂。1991 年苏联解体导致两极格局瓦解，世界政治经济格局发生前所未有的深刻变化，欧盟、东亚等地区抓住这一历史机遇快速发展，萌发于两极格局时期的多极化趋势加速演变，美国的单极世界意图受到多国挑战，俄罗斯仍有大国复兴的雄心，欧盟综合实力逐步增强、一体化进程加快，东亚多国经济实力大增。虽然和平与发展仍是时代主题，但多极化趋势下地缘政治风险加剧（如科索沃战争、"9·11"恐怖袭击事件等），我国发展环境面临深刻复杂变化。

二是全球化浪潮下中国加入世界贸易组织（WTO），机遇与挑战并存。经济全球化是客观的历史进程，经济全球化的开端可追溯到十五世纪，新航路的开辟与新大陆的发现推动全球化进程，第二次世界大战后，以原子能、计算机技术、航天技术为标志的第三次科技革命推动全球化进入新时期，世界在时间和空间上变得更加狭小和透明。致力于推进贸易自由化的 WTO 是经济全球化的产物，在历经 15 年艰苦谈判后，2001 年 11 月 10 日，在卡塔尔首都多哈举行的 WTO 第四届部长级会议，通过了《关于中国加入世界贸易组织的决定》，12 月 11 日，我国正式成为世界贸易组织第 143 名成员。加入世界贸易组织是我国全方位对外开放与全面参与全球经济的重要举措，意味着我国将在更高层次上和更广范围内参与经济全球化，有利于扩大出口、吸收外商投资，有利于加快国内产业结构调整，同时开放市场也会使国内一些产业面临更加激烈的竞争，比如一部分成本高、技术水平低的工业产业，短期内在国际市场上不具有比较优势的农产品[①]，都受到一定冲击。

① 比如小麦、大豆、玉米、棉花等种植业农产品。

三是全球经济风险加剧下亚洲金融危机爆发，冲击中国经济。20 世纪 90 年代经济全球化加速发展，生产要素全球配置与重组，各国在经济、政治、安全等方面联系更加紧密，相互依存的程度越来越深、领域越来越广。经济全球化既是历史机遇，也蕴含巨大风险。1997 年下半年，东南亚国家爆发金融危机，并很快波及整个亚洲和世界其他地区，造成国际金融市场持续动荡，世界经济受到冲击。亚洲金融危机对中国的出口和制造业造成冲击，并造成投资下降和失业增加，经济增速放缓。1998 年中国经济增速降至 7.8%，1999 年再下降到 7.7%，直到 2003 年经济增速才回升到 10% 以上。为应对亚洲金融危机，我国采取一系列危机应对举措，实施积极的财政政策和稳健的货币政策。在多国出现经济衰退、货币大幅度贬值的情况下，我国在党中央的领导下成功应对亚洲金融危机，兑现人民币不贬值的承诺，为缓解危机和促进亚洲国家经济恢复发展作出贡献。

2. 世纪之交我国经济社会迈入新的发展阶段

一是提前实现总体小康目标，生产生活取得实质性改善。原定 2000 年实现的“翻两番”目标到 1997 年就提前实现了，人均年收入达到 800 美元。2000 年，中国国内生产总值（GDP）达 89404 亿元，国家财政收入达 13395 亿元，主要工农业产品产量位居世界前列，商品短缺状况基本结束。农村居民人均纯收入和城镇居民人均可支配收入，分别达到 2253 元和 6280 元。实现了粮食等主要农产品供给由长期短缺到总量基本平衡、丰年有余的历史性转变。重点企业技术改造不断推进。信息产业等高新技术产业迅速成长。基础设施建设成绩显著，能源、交通、通信和原材料“瓶颈”制约得到缓解。基本普及九年义务教育和基本扫除青壮年文盲的目标初步实现。城乡居民生活条件有较大改善。“八七”扶贫攻坚目标基本实现。人民生活总体上实现由温饱到小康的历史性跨越，是改革开放和社会主义现代化建设事业取得的伟大成就，是中华民族发展历史上的一个新的里程碑。

二是我国经济体制改革向建立社会主义市场经济体制深入推进。1993年，宏观经济体制改革拉开序幕，改革涉及财税、金融、价格、外贸、投资、企业等多个领域，其中财税、金融是经济体制改革重点。1998 年新一届政府提出“一个确保、三个到位、五项改革”的工作目标，其中“三个到位”“五项改革”[①]是新一届政府经济体制改革的主要内容。之后2003年10月，党的十六届三中全会发布《中共中央关于完善社会主义市场经济体制若干问题的决定》，这是第三个指导我国经济体制改革的纲领性文件，也是21世纪第一个关于我国经济体制改革的全面规划和战略部署，旨在“建成完善的社会主义市场经济体制和更具活力、更加开放的经济体系”，我国经济体制改革持续、深入推进。

三是20世纪末宏观经济小幅波动并面临一定下行压力。进入“九五”以来，我国经济发展动能减弱，宏观经济由1992年的投资和消费需求膨胀开始转向投资和消费不足，国内生产总值增长率一直呈下滑的趋势，由1996年的9.9%下滑到1999年的7.7%。特别是在亚洲金融危机以后，我国出现了严重的有效需求不足和通货紧缩趋势，亟须稳定投资与消费，扩大有效需求。

四是区域发展不平衡加剧，东部地区发展远超东北地区和中西部地区。1992年，邓小平同志的南方谈话第一次明确提出市场经济改革，坚定了中国改革开放的道路，东部地区首先开展了全面的体制机制改革。市场经济体制率先在东部地区生根开花，人才、资金等要素进一步向东部地区转移，带动了东部地区经济的高速发展。数据显示，1978—2000年，东部、中部、西部和东北地区的地区生产总值年均增长速度分别为12.01%、9.99%、9.74%和8.58%，东北地区增速最慢，与东部地区相差近3.5个百分点。与此同时，由于要素流出及体制机制改革的滞后性，中西部地区及东北地区发展活力不足，中国地区经济发展的不平衡也开始加剧，东部与东北地区、中西部地区之间的经济发展差距不断扩大。

五是西部大开发等一系列国家发展战略启动。20世纪90年代，我国的

① “三个到位”指的是，确定用3年左右的时间使大多数国有大中型亏损企业摆脱困境进而建立现代企业制度；确定在3年内彻底改革金融系统，中央银行强化监管、商业银行自主经营的目标要在20世纪末实现；政府机构改革的任务要在3年内完成。“五项改革”即粮食流通体制改革、投融资体制改革、住房制度改革、医疗制度改革、财政税收制度改革。

整体科技水平和经济实力与发达国家相比还有很大差距，以粗放经营为主的经济增长方式尚未根本改观，产品产业结构不合理等经济发展中的深层次问题还有待解决，人口、自然资源、生态环境等对经济可持续发展的压力增大。面对这一形势，党中央及时制定可持续发展（1997 年）、科教兴国（1995 年）、西部大开发（2000 年）等国家发展战略，以推动中国特色社会主义事业发展。实施西部大开发战略既是缩小地区差距、实现区域协调发展的有效路径，也是该时期扩大内需、稳定宏观经济的重要举措。同时，西部大开发战略的筹备与实施也为进一步解决我国经济社会发展中存在的区域发展不协调不平衡奠定基础，具有良好的示范效应。

（二）东北地区发展面临的问题和挑战

1. 经济增长乏力，与东部地区差距不断拉大

20 世纪 90 年代后期至 21 世纪初，随着我国东部沿海工业的迅速崛起以及东北地区部分城市资源枯竭，东北地区的工业在全国地位不断下降，传统支柱产业在全国的竞争力减弱，其中一部分骨干企业生产经营困难，东北地区经济增速下降问题十分突出。1994 年以后的十年中，东北三省的经济发展速度逐渐落后于全国平均水平。1997—2000 年，受亚洲金融危机影响，中国经济发展速度整体放缓，东北三省的经济增长速度在全国经济平均增速下降的情况下，跟上了全国经济发展步伐。但是金融危机过去后，2001—2004 年，全国平均 GDP 增速为 12.71%，同期东北三省只有 10.91%。从固定资产投资看，2003 年东北三省固定资产投资增速为 20.8%，低于全国平均水平 6.9 个百分点，且比东部地区（33.2%）、中部地区（27.2%）、西部地区（27.3%）分别低 12.4、6.4 和 6.5 个百分点[①]。

实施东北老工业基地振兴战略后，东北地区经济增速显著提升，但与东部地区的差距继续拉大。2004 年、2005 年和 2006 年，东北三省地区生

① 王世雪.改革开放以来党关于东北振兴战略实施的政策演变研究[D].大连：东北财经大学，2021.

产总值分别为 1.51 万亿、1.71 万亿和 1.97 万亿元，同比增长 12.3%、12.0% 和 13.5%，分别高出全国当年增速 2.2 个、1.8 个和 2.8 个百分点。与此同时，2003—2006 年，东北三省的 GDP 只分别相当于广东省当年 GDP 总量的 80.3%、77.1%、76.6% 和 58.3%。

2. 所有制结构较为单一，国有企业面临一系列历史遗留问题

一是国有经济比重偏高。据 2002 年初步统计，东北三省国有及国有控股工业企业增加值占规模以上工业的比重依次为辽宁 62.7%，吉林 77.8%，黑龙江 89.34%，均远高于全国 52.8% 的平均水平。实施振兴战略以来，东北三省国有经济所占比重虽然有所下降，但与全国相比依然偏高。2006 年，辽宁、吉林和黑龙江三省的国有及国有控股工业增加值占全省规模以上工业增加值的比重分别为 53%、63% 和 86%，分别高于全国 17.3 个、27.3 个和 30.3 个百分点。

二是非公有制经济发展不充分，中小企业持续发展缺乏必要的金融支持。众多中小企业、民营企业由于规模小、银行信用等级低等原因，难以从商业银行借贷渠道解决资金问题。东北三省企业资金需求缺口与银行存贷差形成了较大反差，金融行业与地方经济发展尚未形成良性互动。此外，股票市场仍要求优先服务于国有大中型企业，留给民营企业的空间十分狭小，大部分的民营企业都因经营规模较小、产业层次较低而达不到上市要求。

三是国有企业历史遗留问题亟待解决。由于历史遗留问题，东北三省国有及国有控股企业的不良贷款余额近 1400 亿元，占整个地区不良贷款总额近 50%。巨额不良资产以及亟待改善的信用环境导致东北地区资金大量沉淀和外流，2004 年以来，东北三省存贷差逐年以上千万元的量级增加，截至 2006 年底高达 8581 亿元，银行资金大量调出，外流严重。

四是国有资本退出难度大。国有企业资产规模过于庞大，对承接企业能力要求过高，再加上难以解决债务、职工安置和税收转移等一系列实际问题，导致国有经济不能在非国有经济已经大力发展的竞争性领域快速退出，依靠政府扶持继续占用大量资源，不仅直接造成有效供给不足的经济过剩，对宏观经济调控的有效性也造成严重的制约。

3. 产业结构调整缓慢，工业发展效益下滑

一是一二三产业结构未发生根本或重大变化，产业结构调整步履维艰。2003年，东北三省一二三产业增加值占GDP的比重分别为12.4%、50.7%和36.9%，2006年分别为12.2%、50.7%和37.1%，基本没有变化①。2006年东北三省第三产业增加值占GDP的比重低于全国2.4个百分点，第二产业增加值占GDP的比重高出全国2.0个百分点。

二是工业发展不均衡，效益较低。2006年三省规模以上工业中，石油加工、炼焦及核燃料加工业完成现价总产值2975.7亿元，列全部行业现价总产值第一位，比重为12.2%；受原油价格上涨等因素影响，2005年和2006年净亏损分别为145.0亿和192.9亿元，对三省经济效益产生重大影响。三省高耗能、低附加值的企业较多，工业整体效益受影响的制约因素多。

4. 就业民生和社会保障压力大

东北三省森工、军工、煤炭行业等困难群体有近500万人，枯竭矿山和破产重组老企业的富余人员较多，国企改制重组、企业历史欠账、大集体职工生活困难等影响群众生活的问题亟待解决；再加上农村出现大量剩余劳动力，就业再就业等民生问题和社会保障压力仍然很大。②与此同时，资源型城市吸纳就业能力较弱，有的城市稳定就业率仅为60%左右；困难群体比重高，一些城市低保人员占非农业人口的10%以上。此外，东北地区不稳定因素较多，群体性上访事件时有发生；生态问题、环境问题也比较多，部分地区存在重大地质灾害隐患，安全生产形势不容乐观。

（三）20世纪八九十年代以企业技术改造为重点的大型老工业基地改造工作推进

自20世纪80年代起，东北振兴战略导向作用非常明显，党中央连续在国家“七五”计划、“八五”计划、“九五”计划里提出推动东北地区发展的

---

① 参见：国务院振兴东北办综合组《东北振兴三年评估报告》。

② 张国宝.老工业基地正在焕发新的青春[J].求是，2007(17)：9-12.

意见。该阶段的改革主要集中在加快企业技术改造、调整产业结构、国有企业制度改革以及农业产业化发展等方面。

1. 通过国有工业企业技术改造调整优化产业结构

一是国家提供资金和政策支持，推动老工业基地引进国外先进技术，更新企业设备。“七五”期间，国家筹集200亿元（当年价）巨资，重点改造东北鞍钢、一汽等52个骨干企业。1984年，国家经贸委设立了老工业基地调整改造基金，并确定上海、天津、武汉、重庆、沈阳、哈尔滨等6个老工业城市为老工业基地重点改造城市。“八五”期间，国家对这6个老工业基地重点改造城市提供专项贷款202亿元（当年价），并出台了重点工业企业减免税利、补贴亏损、贷款贴息等方面的政策。

二是以高新技术驱动产业结构优化。1991年，国务院批准21个高新技术产业开发区，其中沈阳、长春、大连、哈尔滨均在内。此后相继在东北地区的大中城市开发和建设了十多个国家级经济技术开发区和高技术产业园区，重点发展知识密集型高新技术产业，如电子信息、先进制造技术、精细化工、生物制药、环保产业等，为东北地区高新技术产业发展创建了不同特点的产业基地和良好的环境条件。通过这些高新技术产业开发区，东北地区开始培养自己的科技力量，发展新兴产业，这对于调整工业产业结构和产品结构，推动传统产业改造，优化产品质量，提高劳动生产率，具有重要意义。①

这些改革政策和配套资金的支持取得了一定成效，老工业基地经济和工业获得较快发展，产业结构进一步调整，技术水平有一定提升。

2. 推进国有企业制度改革

一是实行承包经营制。1987年，国家有关部门批准将4个老工业城市（沈阳、大连、重庆、武汉）列为经济体制改革城市试点，实行利润包干、承包经营责任制等“政策调整型”改革。1987年，国家林业部对东北地区的森工

① 王世雪.改革开放以来党关于东北振兴战略实施的政策演变研究[D].大连：东北财经大学，2021.

企业全面推行承包责任制作出指示，“国家对企业实行投入产出包干，一定几年不变，并逐步做到政企分开，自主经营”。

二是推动建立现代企业制度。加大国有大中型企业的改革力度，通过实施兼并破产、减员增效及再就业工程，实现资本结构的优化重组。1994 年，鞍山、延吉、沈阳、哈尔滨再一次被列入全国新一轮综合配套改革试点城市。主要围绕以国有企业改革为中心，推进国有资产运营体制的改革，加快多层次社会保障体系、培育中心大市场体系建设等，其中企业破产和股份制企业股票上市的改革试点效果较好。改革政策取得了不同程度的成效，企业组织结构进一步调整，工业所有制结构得到改善，部分老工业基地经过改造，焕发出生机。

3. 加快农业产业化

随着改革开放市场经济体制的到来，东北的农业优势在向经济优势转化中受到阻碍，形成“农业大省、财政穷省”的局面。为适应市场经济要求，充分发挥东北地区的比较优势，党中央对东北农业工作予以政策扶持。

1987 年 12 月，党中央、国务院对黑龙江省三江平原农业开发问题提出意见，建立三江平原农业开发试验区，实行开放性开发，采取招标投资的办法，搞综合性开发，农林牧副渔全面发展，同时，国家给予必要的优惠政策。党中央通过资金和政策大力扶持东北地区农业生产，建立农业开发区，无论是在生产力还是生产资料方面都给予大力支持，推动了农业产业化快速发展。

综合来看，该阶段国家对于东北地区的老工业城市改造尚未上升到区域战略高度，虽然在区域上对东北地区的某些工业城市予以政策扶持，如沈阳、长春、大连、哈尔滨等，但同时兼顾全国其他地区的老工业城市，政策目标涉及产品结构调整、企业技术改造、企业布局调整等方面。

二、东北地区等老工业基地振兴战略的前期探索和实践（2003—2007 年）

2002 年 11 月，党的十六大报告明确提出“支持东北地区等老工业基地加快调整和改造”。2003 年 10 月，中共中央、国务院印发《关于实施东北地区等老工业基地振兴战略的若干意见》(中发〔2003〕11 号)，正式启动实施东北地区等老工业基地振兴战略，明确提出“支持东北地区等老工业基地加快调整改造，是党中央从全面建设小康社会全局着眼作出的又一次重大战略决策，各部门各地方要像当年建设沿海经济特区、开发浦东新区和实施西部大开发战略那样，齐心协力，扎实推进，确保这一战略的顺利实施”。这标志着我国的老工业基地振兴政策从过去的企业和产业调整改造，正式成为以东北地区为重点的区域发展战略。

2003 年 12 月，国务院决定成立振兴东北地区等老工业基地领导小组。2004 年，国务院振兴东北地区等老工业基地领导小组办公室（简称“振兴东北办”）正式成立，全面负责东北地区等老工业基地调整改造和振兴工作。在国务院振兴东北办的统筹下，该阶段出台了一系列财税金融、基础设施建设、资源与环境保护、支持重点项目建设等政策，致力于破解老工业基地历史遗留问题、产业结构优化问题、资源环境与可持续发展问题、就业和社会保障问题等，在一系列政策举措推动下，东北地区经济社会发展成果较为显著。

（一）加快形成新的经济增长机制，东北地区经济发展取得积极进展

中共中央、国务院印发《关于实施东北地区等老工业基地振兴战略的若干意见》(中发〔2003〕11 号)，指出“将老工业基地调整改造、发展成为技术先进、结构合理、功能完善、特色明显、机制灵活、竞争力强的新型产业基地，使之逐步成为中国经济新的重要增长区域”，并提出“着力推进体制创新和机制创新，形成新的经济增长机制”，从加快体制创新和机制创新、全面推进工业结构优化升级、大力发展现代农业、积极发展第三产业、推进资源型城市经济转型等方面支持东北地区等老工业基地加快调整改造，推动东北地区经济增长。

从政策举措成效看，首先，经济持续快速增长。在东北振兴战略的带动

下，东北地区经济持续快速增长，经济增速由2003年的10.8%提高到2007年的14.1%。从经济总量看，东北三省GDP总量由2003年的1.27万亿元增至2007年的2.34万亿元，增幅高达84.25%。其次，财政收入稳定增加。2004年、2005年和2006年，东北三省地方财政一般预算收入分别为985.3亿元、1200.7亿元和1449亿元，同比增长15.9%、21.8%和20.7%；2005年高于全国当年财政收入增速1.9个百分点，2004年和2006年分别低于全国当年增速5.7和3.6个百分点[①]。最后，固定资产投资持续高速增长。固定资产投资持续高速增长，遏制住了投资下滑势头，2004年、2005年和2006年，三省固定资产投资分别完成4959亿元、6904亿元和9383.6亿元，同比增长33.5%、39.3%和37.4%，高出全国当年增速5.9个、12.1个和12.9个百分点，投资主要集中在国家重点发展产业和基础设施建设方面。

（二）着力解决国有企业历史遗留问题，国企改革初见成效

从解决历史遗留问题的政策支持举措看，主要有以下四个方面。一是实施豁免历史欠税、减免银行欠款欠息、剥离不良资产、核销呆坏账等政策，减轻债务负担。2004年初，东北地区与四大国有商业银行针对东北地区高额不良债务进行剥离与核销，国务院批准同意4家国有独资商业银行和3家政策性银行可根据现实情况对次级、可疑、损失类贷款的表外欠息，自主决定减免条件、标准、时限、权限及企业偿债方式，各行制定的具体管理办法和实施细则经国务院批准执行。二是税收支持政策，包括东北老工业基地生产型增值税有条件地调整为消费型增值税；扩大企业所得税优惠政策，主要包括提高固定资产折旧率，缩短无形资产摊销年限，提高计税工资税前扣除标准；出台东北老工业基地部分不可再生资源的税收优惠措施，调整资源税税额标准。三是针对厂办大集体企业规模小、冗员多、产权不清、机制不活、管理不善、市场竞争力弱等问题，2005年国务院发布《关于同意东北地区厂办大集体改革试点工作指导意见的批复》，率先开展厂办大集体改革试点，

① 参见：国务院振兴东北办综合组《东北振兴三年评估报告》。

使厂办大集体与主办国有企业彻底分离，成为产权清晰、自负盈亏的法人实体和市场主体，以减轻主办国有企业负担，为进一步深化国有企业改革创造条件，促进经济发展和维护社会稳定。四是加大对东北国有企业政策性关闭破产的支持力度，分离企业办社会职能，把企业办的公检法、中小学、医院等移交政府主管部门；实施国有企业政策性关闭破产，使扭亏无望企业平稳退出市场；推进国有企业公司制股份制改革，建立现代企业制度，鼓励非公经济参与国企改制重组。

从政策举措成效看，国家支持东北地区国有企业全面推行产权制度改革，通过国有企业政策性破产、豁免企业历史欠账、中央企业分离办社会职能以及一系列财税政策，为国有企业减轻了历史包袱，大部分国有企业的产权制度呈现出股权结构多元化局面。截至 2007 年底，辽宁省 40 户国有大型工业企业中已有 36 户完成了股份制改造，地方国有大型工业企业股份制改造任务基本完成。跨地区、跨行业、跨所有制的兼并重组成为东北地区国企改革的一大特色，多家大型骨干企业实现战略性重组。中钢集团公司重组原吉林碳素股份有限公司，大连造船和大连新船两大船舶生产厂合并，中煤能源集团公司接收哈尔滨气化厂、哈尔滨煤炭工业公司等企业。在国有经济快速发展的同时，非公经济也取得了快速发展。

（三）大力实施结构调整专项行动，推动产业结构持续优化

从政策支持举措看，一是设立东北地区等老工业基地调整改造和重点行业结构调整专项，对企业调整改造给予国债资金支持。截至 2004 年 11 月，国家相继批准了 297 个工业结构调整改造国债项目立项。2005 年，国家发展改革委下达东北等老工业基地调整改造和重点行业结构调整专项（第一批）国家预算内专项资金（国债）投资计划，共 63 个项目，其中东北地区占 40 个项目。二是对东北地区工业结构改造项目进行贴息，扩大老工业基地增值税抵扣范围，对装备制造、石油化工、冶金、船舶、汽车、农产品加工等行业允许新购进机器设备所含增值税税金予以抵扣，后来又延伸到军品和高新技术产品生产企业。三是建立振兴东北老工业基地高技术产业发展专项，对

高技术产业化项目给予支持，达到采用高技术加快发展新兴产业，推动东北地区的产业结构调整的目的。四是豁免东北老工业基地企业在1997年12月31日前形成的历史欠税。五是国家推行减免农业税，对符合税制改革方向的税收改革措施在东北地区先行先试。2004年率先在黑龙江、吉林两省实行全部减免农业税政策，继而对东北三省实行农村税费改革转移支付、粮食直接补贴、良种补贴。

从政策举措成效看，东北三省一大批振兴老工业基地调整改造重大项目顺利实施，鞍钢、一重、哈电、沈鼓、沈阳和大连机床等国有重点老企业的技术装备水平、生产制造能力和产品质量有了显著提高。2004年国家安排了297个东北老工业基地调整改造项目，总投资达1089亿元；2005年安排了234个项目，总投资602亿元；2006年安排了29个项目，总投资144亿元。通过实施工业结构调整重大项目，东北三省一批重点企业技术水平有了显著提高，自主创新和先进制造能力不断增强。辽宁沿海经济带、吉林长吉经济区、黑龙江哈大齐工业走廊等一批产业积聚地正在规划和建设中。此外，2004年、2005年和2006年，东北三省粮食产量分别为7231万吨、7927万吨和8225万吨，同比增产15.3%、9.6%和3.8%，占全国当年粮食总产量的15.4%、16.4%和16.5%。东北三省粮食产量占全国的比重逐年上升，为全国粮食供求平衡和国家粮食安全作出了较大贡献。

（四）财政支持资源型城市经济转型，可持续发展迈出坚实步伐

从政策支持举措看，着力推进资源型城市经济转型，在东北地区率先开展资源枯竭城市转型试点政策并安排中央预算内专项转移支付，全面实施东北地区采煤沉陷区治理改造工程，实行土地使用和矿产资源开发利用优惠政策，支持推进节能减排和环境整治。2003年东北振兴战略启动时明确提出，“对资源仍较丰富的，要加强资源地综合利用和精深加工，拉长发展链条；对资源近期可能走向衰竭的，要抓紧研究接续产业发展问题；对资源已经枯竭的接近枯竭的，要加快发展接续产业”。

从政策举措成效看，资源型城市可持续发展迈出坚实步伐。先期启动的

辽宁阜新资源型城市经济转型试点工作取得阶段性成果。2005 年以来，国务院批准资源型城市转型试点范围扩大到大庆、伊春、辽源、白山和盘锦等市，经济转型试点工作积极有序展开。

（五）扎实做好基本民生保障，民生福祉得到改善

从政策支持举措看，一是完善社会保障政策。我国率先开展城镇社会保障体系辽宁试点，将社会保障试点由辽宁推广到黑龙江和吉林，促进国企下岗职工向失业并轨，确保“零就业家庭”至少一人就业，并对三省社保中“并轨”和“做实”给予财政补助。二是率先在东北地区实施棚户区改造工程，支持东北地区社会事业加快发展，2005 年建设部印发《关于推进东北地区棚户区改造工作的指导意见》。三是就业和再就业政策向东北倾斜，重点解决资源枯竭型城市、独立矿区以及军工、煤炭、冶金、森工等行业下岗失业人员的再就业工作。四是中央预算内投资对东北地区城市供热、供水等管网设施改造、基础设施建设、水利建设、农村公路建设提供资金。

从政策举措成效看，一是居民收入稳定提高。2004—2006 年，辽宁、吉林和黑龙江三省城镇居民家庭人均可支配收入增速均高于全国当年平均水平[①]。二是社会保障体系正在完善。截至 2006 年底，东北共完成 491 万下岗职工由基本生活保障向失业保险的并轨工作，积累做实个人账户基金 380 亿元。东北参加基本养老保险人数达 1617 万人，参加基本医疗保险 1996 万人，参加工伤保险 970.6 万人。三是棚户区改造取得进展。到 2006 年底，辽宁省完成连片棚户区改造 1212 万平方米，吉林省棚户区改造已开工 1300 万平方米，黑龙江省棚户区改造规划已编制完成。先期启动的辽宁阜新资源型城市转型试点取得阶段性成果，全市再就业 13.1 万人，下岗失业人员净减少 11 万人。

① 2004年辽宁、吉林和黑龙江三省城镇居民家庭人均可支配收入分别为8008元、7841元和7471元，同比分别增长7.6%、11.9%和11.9%。辽宁增速与全国基本持平，吉林、黑龙江均高于全国4.2个百分点；2005年为9108元、8691元和8273元，同比增长12.8%、10.8%和10.7%，增速高于全国3.2个、1.2个和1.1个百分点；2006年为10370元、9775元和9182元，同比增长12.6%、12.5%和11.0%，增速高于全国2.2个、2.1个和0.6个百分点。

（六）促进东北老工业基地对外开放，利用外资和进出口维持较高增速

从政策支持举措看，一是为促进东北老工业基地对外开放奠定物质基础。2004年，经国务院批准，商务部发布《关于做好促进东北老工业基地外贸发展专项资金使用管理工作的通知》，决定安排专款用于支持东北老工业基地外贸事业发展，资金来源于中央外贸发展基金，属于政府无偿资助资金，实行专款专用。二是明确促进东北老工业基地对外开放的领域和重点，以扩大对外开放推动东北地区等老工业基地振兴。2005年，国务院办公厅发布《关于促进东北老工业基地进一步扩大对外开放的实施意见》（国办发〔2005〕36号），提出鼓励外资参与国有企业改组改造，加快体制和机制创新；加强政策引导，推进重点行业和企业的技术进步；进一步扩大开放领域，鼓励外商投资城市公共设施建设、交通运输业等，扩大金融服务业对外开放，着力提升服务业的发展水平；发挥区位优势，促进区域经济合作健康发展；营造良好的发展环境，为加快对外开放提供保障。三是支持辽宁沿海经济带建成东北地区对外开放重要平台。

从政策举措成效看，一是利用外资高速增长。2004年、2006年东北三省实际利用外商直接投资59.4亿美元、84.6亿美元，同比增速分别为51.7%、48.3%，均远高于全国增速，外商对东北三省经济发展的信心在不断增强。二是进出口贸易额逐年增加。2004年、2005年和2006年，东北三省实现进出口贸易总额分别为480.2亿、571.1亿和691.6亿美元，同比增长26.2%、18.9%和21.3%，贸易顺差为6.1亿、68.4亿和103.4亿美元。此外，一批外资银行进驻东北三省，金融环境得到改善。一批国内企业与国外拥有先进技术的企业集团联姻，成功实施双向投资并购。凭借地理优势，中俄经贸合作成为东北三省对外开放一大亮点。

三、东北地区等老工业基地振兴战略加快推进时期（2007—2013 年）

（一）加快形成新的增长极，东北地区经济持续发展

《国务院关于进一步实施东北地区等老工业基地振兴战略的若干意见》（国发〔2009〕33 号）提出"加快形成具有独特优势和竞争力的新的增长极，为全国经济发展做出更大贡献"，并从优化经济结构，建立现代产业体系；加快企业技术进步，全面提升自主创新能力；加强基础设施建设，为全面振兴创造条件；积极推进资源型城市转型，促进可持续发展；切实保护好生态环境，大力发展绿色经济；深化省区协作，推动区域经济一体化发展等方面支持东北地区加快转变经济发展方式，推动东北地区等老工业基地在应对国际金融危机中实现新的跨越。

从政策举措成效看，随着东北三省积极转变经济发展方式，结构性矛盾逐步缓解，该阶段经济质量和经济效益得到提高①。同时，2008 年金融危机对经济外向度高的国家和地区产生较大冲击，东北三省经济外向度较低，受金融危机影响相对较弱，东北地区该阶段经济增长仍然基本保持了实施振兴战略以来较快健康发展的良好态势。一是东北地区经济实力进一步提升，经济增速高于全国平均水平。2007—2013 年东北三省各年度 GDP 增长率分别为 14.1%、13.4%、12.7%、13.7%、12.6%、10.2%、8.4%，除 2007 年（较全国平均增长率低 0.1 个百分点）外，2008—2013 年度分别较全国平均增长率高 3.8 个、3.5 个、3.4 个、3.3 个、2.5 个、0.7 个百分点。同时，经济总量进一步扩张，东北三省 GDP 总量从 2007 年的 2.34 万亿元增长到 2013 年的 5.44 亿元，增幅 132.48%。东北三省 GDP 总量占全国比重由 2007 年的 8.48% 小幅提升至 2013 年的 8.64%。二是财政收入破千亿元大关。2007—2013 年，东北三省财政收入稳定增长，2012 年东北三省实现地方财政一般预算收入

① 张宇帆，丁晓燕.东北老工业基地振兴的成就与对策[J].经济纵横，2013（6）：26-30.

5307亿元，同比增长18.3%，较全国同期增速（12.8%）高出5.5个百分点，辽宁、吉林、黑龙江三省分别达到3103亿元、1041亿元和1163亿元，均破千亿元，同比增长17.4%、22.5%和16.6%。2013年东北三省地方财政一般预算收入增至5776.2亿元，较2012年增长8.78%。三是固定资产投资保持较快增长。2007—2013年，东北固定资产投资增速分别为32.3%、34.4%、26.8%、29.5%、6.2%、25.7%、13.4%，除2011年和2013年外，其他年份固定资产投资增速均超过20%。2013年东北三省全社会固定资产投资4.65万亿元，较2007年（1.39万亿元）增长234.53%，2013年东北三省全社会固定资产投资占全国比重10.56%，较2007年（10.33%）增长0.23个百分点。

（二）进一步推进体制机制改革，经济发展活力增强

从政策支持举措看，主要有三方面。一是积极创新体制机制，支持沈阳经济区新型工业化综合配套改革试验中强调创新现代产业体系建设的体制机制，创新促进各类市场主体发展的体制机制，创新科技引领的体制机制，创新资源节约和环境保护的体制机制，创新人力资源优势得到充分发挥的体制机制，创新统筹城乡发展的体制机制，创新基本公共服务均等化的体制机制，创新促进新型工业化的财税金融体制等。二是加快行政管理体制改革，推进政企分开和政资分开，减少和规范行政审批。三是大力发展非公有制经济，落实支持政策，在市场准入、进出口、用地、信贷、企业债券发行等方面，与国有企业一视同仁。

从政策举措成效看，10年间，东北三省累计政策性破产企业320户，安置职工83.3万人，占全国1/5左右。250多家企业共分离企业办社会1700多家，涉及职工17万人。通过整合重组、企业上市、政策性关闭破产等形式，剥离不良资产3110亿元。90%以上国有企业完成改制，股权结构多元化格局初步形成，企业活力明显增强。同时非公有制经济加快发展，成为东北地区经济发展的重要支撑，2013年东北三省规模以上非公有制企业工业销售产值占比69.45%，比2003年提高37.31个百分点。

（三）以高新技术产业为契机，促进工业结构优化升级

从政策支持举措看，一是建立振兴东北老工业基地高技术产业发展专

项，对高技术产业化项目给予支持，加快发展高技术产业。二是启动重点企业核心技术研发平台、软件验证条件、大型实验设备开发与研制和信息产业等方面高科技项目。2011 年，国家发展改革委印发《沈阳经济区新型工业化综合配套改革试验总体方案》，要求沈阳经济区进一步贯彻落实科学发展观，坚持走有中国特色的新型工业化道路，推进东北老工业基地全面振兴。三是建设先进装备制造业基地，加快发展能源工业等。

从政策举措成效看，优势产业竞争力逐步重塑。国家加大对东北老工业基地重大技术装备自主化的支持力度，十年来，百万千瓦核电、火电机组、特高压输变电设备，大型水轮机组，大型风电机组，百万吨乙烯装置，大型盾构机，高速动车组列车，先进船舶和海上钻井平台，高档数控加工中心和重型数控机床等一大批重大技术装备在老工业基地研制成功，在重大技术装备和国防科技工业等领域继续发挥着支柱作用。2003—2013 年辽吉黑三省装备制造业工业销售产值增加幅度较大，其中金属制品、通用设备制造业、专用设备制造业、交通运输设备制造业和电气机械及器材制造业工业销售产值增加较快,2013 年是 2003 年的 8.11 倍；仪器仪表及文化、办公用机械制造业、通信设备制造业、计算机及其电子设备制造业工业销售产值是 2003 年的 3.12 倍。一批龙头企业在全国同行业中具有较强的竞争力，有些甚至在国际上也具有一定影响力：大连造船厂在国内规模最大、产品最全，最具国际竞争力；沈阳机床、大连机床两大集团公司双双进入世界机床行业十强之列；哈尔滨电站设备集团、长春轨道客车有限公司、长春第一汽车制造厂、中国第一重型机械集团公司（齐齐哈尔）、哈飞汽车、齐齐哈尔轨道交通公司、大连重工起重集团、沈阳鼓风机集团等也都享誉盛名。

（四）更加重视生态保护和经济社会可持续发展，生态环境不断改善

从政策支持举措看，一是强化生态环境保护。在国家“十一五”规划中，明确限制部分开发区域功能定位及发展方向，“大小兴安岭和长白山森林生态功能区，禁止非保护性采伐，植树造林涵养水源，保护野生动物，防止水

土流失；东北三江平原湿地生态功能区，扩大保护范围，降低农业开发和城市建设强度，改善湿地环境”。同时，针对限制开发区域，通过财政政策支持公共服务建设和生态环境保护；引导发展特色产业，限制不符合主体功能定位的产业扩张；实行严格的土地用途管制，严禁生态用地改变用途；在绩效评价和政绩考核中突出生态环境保护等方面评价。二是出台东北老工业基地部分不可再生资源的税收优惠措施，调整资源税税额标准。2007年，《国务院关于促进资源型城市可持续发展的若干意见》提出改革资源税制度，完善资源税计税依据，调整资源税负水平，加强资源税的征收管理，增加资源开采地的财政收入；结合建立矿山环境治理恢复保证金制度试点，研究建立可持续发展准备金制度，由资源型企业在税前按一定比例提取可持续发展准备金，专门用于环境恢复与生态补偿、发展接续替代产业、解决企业历史遗留问题和企业关闭后的善后工作等。

从政策举措成效看，东北地区累计造林1亿多亩，森林蓄积量达到25.7亿立方米，生态屏障作用进一步增强。松花江、辽河等重点流域水质明显好转，全部消灭劣V类水体。单位地区生产总值能耗和主要污染物排放稳步下降，完成国家下达节能减排指标。

（五）实施棚户区改造等重大民生工程，社会矛盾得到缓解

2005年，棚户区改造工程率先在抚顺、阜新两个资源枯竭城市启动。近年来，发端于东北的棚户区改造全面推进，各级政府已累计投入1700多亿元，改造各类棚户区面积超过2.9亿平方米，共计460万户、1460万困难群众因此受益。教育、医疗、文化等社会事业加快发展，基本公共服务保障能力进一步增强。社会矛盾大大缓解，东北老工业基地已经从10年前不稳定因素集聚、群体性事件频发、社会治安形势严峻的地区转变成为和谐稳定的新东北。

（六）打造对外开放平台，引进来和走出去并重

从政策支持举措看，一是在主要边境口岸城市加快建设边境经济合作

区、跨境工业区等。2012 年，国务院办公厅印发《关于支持中国图们江区域（珲春）国际合作示范区建设的若干意见》，在关税、基础设施建设、建设用地指标、科技人才以及扶持资金等方面给予支持。二是继续完善扩大开放的优惠政策。

从政策举措成效看，2003—2012 年，东北三省进出口总额年均增长 17.8%，比前 10 年加快 7.9 个百分点。实际使用外商直接投资年均增长 15.6%，高出全国 5.5 个百分点，引入了大连英特尔、沈阳宝马等一批具有影响的外资项目。辽宁沿海经济带、沈阳经济区、长吉图开发开放先导区、黑龙江及内蒙古东部沿边经济带开放步伐加快，大连东北亚国际航运中心建设成效显著。中俄毗邻地区合作实现历史性突破。企业“走出去”成效显著，一批大型企业成功并购国外知名企业[①]。

第二节　党的十八大以来东北振兴战略深入实施

党的十八大以来，以习近平同志为核心的党中央高瞻远瞩、审时度势，指导实施新一轮东北振兴战略，取得了举世瞩目的巨大成就。党的十九大提出“深化改革加快东北等老工业基地振兴”，东北振兴进入了全面振兴、全方位振兴的新阶段。

一、党的十八大以来习近平总书记对东北振兴发展的部分重要指示批示

党的十八大以来，习近平总书记多次赴东北地区考察，三次赴辽宁考察，两次参加全国人民代表大会辽宁代表团审议，多次就东北、辽宁振兴发展发

① 杜鹰.凝神聚力开拓创新奋力把东北振兴推向新阶段——在2013年东北四省区合作行政首长联席会议上的讲话[J].北方经济，2013（13）：18-20.

表重要讲话、作出重要指示，为辽宁振兴发展指明了前进方向、提供了根本遵循。

（一）2013 年 8 月在辽宁考察时的指示①

习近平总书记在辽宁考察时强调，全面振兴东北地区等老工业基地是国家既定战略，要总结经验、完善政策，深入实施创新驱动发展战略，增强工业核心竞争力，形成战略性新兴产业和传统制造业并驾齐驱、现代服务业和传统服务业相互促进、信息化和工业化深度融合的产业发展新格局，为全面振兴老工业基地增添原动力。

习近平强调，着力改进干部作风，是应对复杂矛盾、做好当前各项工作的重要保证。作风问题根本上是党性问题。改进作风要举一反三，透过作风看党性，在解决作风问题的基础上解决好党性问题。领导干部要把深入改进作风与加强党性修养结合起来，自觉讲诚信、懂规矩、守纪律，襟怀坦白、言行一致，心存敬畏、手握戒尺，对党忠诚老实，对群众忠诚老实，做到台上台下一种表现，任何时候、任何情况下都不越界、越轨。要坚决刹住公款送节礼、公款吃喝、公款旅游和奢侈浪费等不正之风。

（二）2015 年 7 月在长春召开部分省区党委主要负责同志座谈会的指示②

习近平总书记在长春召开部分省区党委主要负责同志座谈会，强调无论从东北地区来看，还是从全国发展来看，实现东北老工业基地振兴都具有重要意义。振兴东北老工业基地已到了滚石上山、爬坡过坎的关键阶段，国家要加大支持力度，东北地区要增强内生发展活力和动力，精准发力，扎实工作，加快老工业基地振兴发展。

---

① 参见：人民网《习近平：深入实施创新驱动发展战略 为振兴老工业基地增添原动力》。

② 参见：新华网《习近平召开部分省区党委主要负责同志座谈会》。

习近平指出，党中央对东北地区发展历来高度重视。东北地区人口、资源、产业、人才、基础设施、区位等支撑能力很强，发展空间和潜力巨大。实施东北地区等老工业基地振兴战略十多年来，中央采取了一系列支持、帮助、推动东北地区发展的专门措施，各级各有关方面做了大量工作，促使东北老工业基地经济社会发展迈上新台阶。实践证明，党中央作出的实施东北地区等老工业基地振兴战略的重大决策是正确的，东北老工业基地振兴的前景是广阔的。

习近平强调，事物发展总是与各种矛盾相伴相生。目前东北地区发展遇到新的困难和挑战，这其中有全国“三期叠加”等共性方面的原因，也有东北地区产业结构、体制机制等个性方面的原因。有矛盾有风险本身并不可怕，关键要有化解矛盾和排除风险的决心和办法，不能在困难和挑战面前束手无策、无所作为。千难万难，只要重视就不难；大路小路，只有行动才有出路。要深入研究在注重质量和效益前提下保持经济稳定增长的举措和办法，多从内因着眼、着手、着力，找准症结就有的放矢、对症下药。

习近平就推动东北老工业基地振兴提出了着力完善体制机制、着力推进结构调整、着力鼓励创新创业、着力保障和改善民生的要求。

习近平强调，坚决破除体制机制障碍，形成一个同市场完全对接、充满内在活力的体制机制，是推动东北老工业基地振兴的治本之策。要坚持社会主义市场经济改革方向，积极发现和培育市场，进一步简政放权，优化营商环境，从放活市场中找办法、找台阶、找出路。东北地区国有企业比重大、基础好。要深化国有企业改革，完善企业治理模式和经营机制，真正确立企业市场主体地位，增强企业内在活力、市场竞争力、发展引领力。

习近平指出，东北地区工业结构比较单一，传统产品占大头、“原”字号“初”字号产品居多，这种状况改变得越快越主动。结构优化要多策并举，“加减乘除”一起做。要把装备制造业做大做强，加快培育战略性新兴产业，大力发展服务业，改造提升传统产业，扩大基础设施建设，积极发展民营经济。要深入实施创新驱动发展战略，把推动发展的着力点更多放在创新上，发挥创新对拉动发展的乘数效应。要减少政府对市场的不合理干预和对市场主体的不合理管制。要加快发展现代化大农业，积极构建现代农业产业体系、生产体系、经营体系，使现代农业成为重要的产业支撑。

习近平强调，抓创新就是抓发展，谋创新就是谋未来。不创新就要落后，创新慢了也要落后。要激发调动全社会的创新激情，持续发力，加快形成以创新为主要引领和支撑的经济体系和发展模式。要积极营造有利于创新的政策环境和制度环境，对看准的、确需支持的，政府可以采取一些合理的、差别化的激励政策。要改善金融服务，疏通金融进入实体经济特别是中小企业、小微企业的管道。

习近平指出，抓民生也是抓发展。要在保障基本公共服务有效供给基础上，积极引导群众对居家服务、养老服务、健康服务、文体服务、休闲服务等方面的社会需求，支持相关服务行业加快发展，培育形成新的经济增长点，使民生改善和经济发展有效对接、相得益彰。要着力保障民生建设资金投入，全力解决好人民群众关心的教育、就业、收入、社保、医疗卫生、食品安全等问题，保障民生链正常运转。民生工作直接同老百姓见面、对账，来不得半点虚假，既要积极而为，又要量力而行，承诺了的就要兑现。

（三）2016年5月在黑龙江考察调研时的指示①

习近平总书记在黑龙江考察调研时强调，振兴东北地区等老工业基地是国家的一个重大战略。老工业基地要抢抓机遇、奋发有为，贯彻新发展理念，深化改革开放，优化发展环境，激发创新活力，扬长避短、扬长克短、扬长补短，闯出一条新形势下老工业基地振兴发展新路。

习近平强调，黑龙江转方式调结构任务艰巨，要着力优化产业结构，改造升级“老字号”，深度开发“原字号”，培育壮大“新字号”，毫不动摇坚持公有制经济主体地位、国有经济主导作用，同时毫不动摇鼓励、支持、引导非公有制经济发展。要加强创新能力建设，强化创新链和产业链、创新链

① 参见：新华网《习近平在黑龙江考察调研时强调：深化改革开放优化发展环境 闯出老工业基地振兴发展新路》。

和服务链、创新链和资金链对接，把振兴发展的基点放在创新上。要加大人才培养和智力引进力度，完善人才激励机制，吸引更多人才为振兴发展服务。

习近平指出，黑龙江是农业大省和粮食主产区，要统筹抓好现代农业产业体系、生产体系、经营体系建设，因地制宜推进多种形式规模经营，用规模经营提升农业竞争力、增加农民收入。要深化国有农垦体制改革，建设现代农业大基地、大企业、大产业。要采取工程、农艺、生物等多种措施，调动农民积极性，共同把黑土地保护好、利用好。

习近平强调，面对复杂的国内外经济形势，要把保障和改善民生紧紧抓在手上，切实托住这个底。财政等公共资金配置使用要向民生领域倾斜，民生支出要保住、切不可随意挤压。要突出重点，针对群众最关切的就业、教育、医疗、住房、养老、脱贫等问题发力。出台政策措施要深入调查研究，摸清底数，广泛听取意见，兼顾各方利益。政策实施后要跟踪反馈，发现问题及时调整完善。要加大政策公开力度，让群众知晓政策、理解政策、配合执行好政策。

习近平指出，要深入改进作风，在学习上下一番真功夫、实功夫、苦功夫，通过解放思想增强机遇意识、人才意识、效率意识、拼搏意识、创新意识，凡是作出的承诺、立下的军令状都说一件、干一件、成一件，营造良好政治生态、保持清正廉洁政治本色。

（四）2018 年 9 月在东北三省考察并主持召开深入推进东北振兴座谈会时的讲话①

习近平总书记在东北三省考察，主持召开深入推进东北振兴座谈会并发表重要讲话。他强调，要认真贯彻新时代中国特色社会主义思想和党的十九大精神，落实党中央关于东北振兴的一系列决策部署，坚持新发展理念，解放思想、锐意进取，瞄准方向、保持定力，深化改革、破解矛盾，扬长避短、

① 参见：新华社《习近平在东北三省考察并主持召开深入推进东北振兴座谈会时强调：解放思想锐意进取深化改革破解矛盾 以新气象新担当新作为推进东北振兴》。

发挥优势，以新气象新担当新作为推进东北振兴。

习近平强调，东北地区是我国重要的工业和农业基地，维护国家国防安全、粮食安全、生态安全、能源安全、产业安全的战略地位十分重要，关乎国家发展大局。新时代东北振兴，是全面振兴、全方位振兴，要从统筹推进“五位一体”总体布局、协调推进“四个全面”战略布局的角度去把握，瞄准方向、保持定力，扬长避短、发挥优势，一以贯之、久久为功，撸起袖子加油干，重塑环境、重振雄风，形成对国家重大战略的坚强支撑。

习近平就深入推进东北振兴提出6个方面的要求。一是以优化营商环境为基础，全面深化改革。要坚定改革信心，在谋划地区改革发展思路上下功夫，在解决突出矛盾问题上下功夫，在激发基层改革创新活力上下功夫。要重点从有利于深化供给侧结构性改革、有利于加快培育经济增长新动能、有利于激发各类市场主体活力、有利于增强人民群众获得感、有利于调动保护广大干部群众积极性等方面完善改革思路，做实改革举措，释放改革活力，提高改革效能。要多方面采取措施，创造拴心留人的条件，让各类人才安心、安身、安业。二是以培育壮大新动能为重点，激发创新驱动内生动力。要依靠创新把实体经济做实、做强、做优，坚持凤凰涅槃、腾笼换鸟，积极扶持新兴产业加快发展，尽快形成多点支撑、多业并举、多元发展的产业发展格局。三是科学统筹精准施策，构建协调发展新格局。要培育发展现代化都市圈，加强重点区域和重点领域合作，形成东北地区协同开放合力。要以东北地区与东部地区对口合作为依托，深入推进东北振兴与京津冀协同发展、长江经济带发展、粤港澳大湾区建设等国家重大战略的对接和交流合作，使南北互动起来。四是更好支持生态建设和粮食生产，巩固提升绿色发展优势。要贯彻绿水青山就是金山银山、冰天雪地也是金山银山的理念，落实和深化国有自然资源资产管理、生态环境监管、国家公园、生态补偿等生态文明改革举措，加快统筹山水林田湖草治理，使东北地区天更蓝、山更绿、水更清。要充分利用东北地区的独特资源和优势，推进寒地冰雪经济加快发展。五是深度融入共建“一带一路”，建设开放合作高地。要加快落实辽宁自由贸易试验区重点任务，完善重点边境口岸基础设施，发展优势产业群，实现多边合作、多方共赢。六是更加关注补齐民生领域短板，让人民群众共享东北振兴成果。要确保养老金按时足额发放，确保按时完成脱贫任务，完善社会救助体系，保障好城乡生活困难人员基本生活。要加大东北地区公共基础设施领域的投资力度，支持东北地区轨道交通、集中供热、网络宽带等城市基础设施建设。

习近平强调，坚持和加强党的全面领导是东北振兴的坚强保证。要加强东北地区党的政治建设，全面净化党内政治生态，营造风清气正、昂扬向上的社会氛围。要加快建设一支高素质干部队伍，提高领导能力专业化水平。领导干部要带头转变作风、真抓实干，出真招、办实事、求实效，防止和克服形式主义、官僚主义。政治生态同自然生态一样，污染容易，治理不易。要坚持无禁区、全覆盖、零容忍，坚决查处各类腐败案件，始终保持党同人民的血肉联系。

（五）2019年8月在中央财经委员会第五次会议上的指示①

2019年8月26日，习近平总书记在中央财经委员会第五次会议上讲话指出，东北地区是我国重要的工农业基地，维护国家国防安全、粮食安全、生态安全、能源安全、产业安全的战略地位十分重要。

东北地区建设现代化经济体系具备很好的基础条件，全面振兴不是把已经衰败的产业和企业硬扶持起来，而是要有效整合资源，主动调整经济结构，形成新的均衡发展的产业结构。要加强传统制造业技术改造，善于扬长补短，发展新技术、新业态、新模式，培育健康养老、旅游休闲、文化娱乐等新增长点。要促进资源枯竭地区转型发展，加快培育接续替代产业，延长产业链条。要加大创新投入，为产业多元化发展提供新动力。

东北地区国有经济比重较高，要以改革为突破口，加快国有企业改革，让老企业焕发新活力。要打造对外开放新前沿，多吸引跨国企业到东北投资。开放方面国家可以给一些政策，但更重要的还是靠东北地区自己转变观念、

① 参见：求是网《推动形成优势互补高质量发展的区域经济布局》。

大胆去闯。要加快转变政府职能，大幅减少政府对资源的直接配置，强化事中事后监管，给市场发育创造条件。要支持和爱护本地和外来企业成长，弘扬优秀企业家精神。东北振兴的关键是人才，要研究更具吸引力的措施，使沈阳、大连、长春、哈尔滨等重要城市成为投资兴业的热土。要加强对领导干部的正向激励，树立鲜明用人导向，让敢担当、善作为的干部有舞台、受褒奖。

（六）2022年8月在辽宁考察时的指示[①]

习近平总书记在辽宁考察时强调，要贯彻党中央决策部署，坚持稳中求进工作总基调，统筹疫情防控和经济社会发展工作，统筹发展和安全，完整、准确、全面贯彻新发展理念，坚定不移推动高质量发展，扎实推进共同富裕，加快推进治理体系和治理能力现代化，深入推进全面从严治党，在新时代东北振兴上展现更大担当和作为，奋力开创辽宁振兴发展新局面，以实际行动迎接党的二十大胜利召开。

习近平指出，东北人民不仅为辽沈战役胜利和东北解放付出了巨大牺牲，也为新中国建设和抗美援朝战争胜利作出了巨大贡献，党和人民永远不会忘记。良好生态环境是东北地区经济社会发展的宝贵资源，也是振兴东北的一个优势。要把绿色发展理念贯穿到生态保护、环境建设、生产制造、城市发展、人民生活等各个方面，加快建设美丽中国。中国式现代化是全体人民共同富裕的现代化，不能只是少数人富裕，而是要全体人民共同富裕；中国式现代化是物质文明和精神文明相协调的现代化，要弘扬中华优秀传统文化，用好红色文化，发展社会主义先进文化，丰富人民精神文化生活。党中央高度重视东北振兴。

---

① 参见：新华社《习近平在辽宁考察时强调：在新时代东北振兴上展现更大担当和作为 奋力开创辽宁振兴发展新局面》。

（七）两次参加全国人民代表大会辽宁代表团审议的指示

2013年3月6日，习近平总书记参加了辽宁代表团审议[①]。习近平指出，要大力实施振兴东北地区等老工业基地战略，大力做好保障和改善民生工作，让群众得到看得见、摸得着的实惠。要大力加强思想道德建设。雷锋、郭明义、罗阳身上所具有的信念的能量、大爱的胸怀、忘我的精神、进取的锐气，正是我们民族精神的最好写照。要充分发挥各方面英模人物的榜样作用，为实现“中国梦”提供强大精神动力。

2017年3月7日，习近平总书记参加十二届全国人大五次会议辽宁代表团的审议[②]。习近平在肯定辽宁过去一年的工作后指出，要推进供给侧结构性改革，推进国有企业改革发展，推进干部作风转变，深入实施东北老工业基地振兴战略，全面做好稳增长、促改革、调结构、惠民生、防风险各项工作。习近平指出，供给侧结构性改革是辽宁振兴必由之路。要抓住主要矛盾，明确主攻方向，推进辽宁供给侧结构性改革继续取得新进展，下决心振兴辽宁工业，再创辽宁工业辉煌。不论经济发展到什么时候，实体经济都是我国经济发展、在国际经济竞争中赢得主动的根基。辽宁老工业基地是靠实体经济起家的，新一轮振兴发展也要靠实体经济。要重点抓好产业转型升级，形成具有持续竞争力和支撑力的工业体系，推动形成战略性新兴产业和传统制造业并驾齐驱、现代服务业和传统服务业相互促进、信息化和工业化深度融合、军民融合发展的结构新格局。习近平指出，要把国有企业作为辽宁振兴的“龙头”，坚定不移把国有企业做强做优做大，培育核心竞争力，争当创新驱动发展先行军，加快培育具有较强创新精神和创新能力的企业科技人才队伍。要优化国有资本布局，全面落实国有资产保值增值责任，防止国有资产流失和重大风险事件发生。习近平指出，要以推进干部作风转变为抓手，全面推进干部队伍建设。

---

① 参见：人民网《习近平：让群众得到看得见、摸得着的实惠》。

② 参见：新华社《习近平 李克强 俞正声 刘云山 王岐山分别参加全国人大会议一些代表团审议》。

二、党的十八大以来东北振兴战略的继承和发展

（一）东北地区发展面临的主要问题

由于长期形成的深层次体制性、机制性、结构性矛盾，加上周期性因素和国际国内需求变化的影响，2014年以来，东北地区经济下行压力加大①。2015年，辽、吉、黑三省地区生产总值增速分别为3.0%、6.5%、5.7%，2016年，三省增速分别为-2.5%、6.9%、6.1%，工业、财政、固定资产投资、进出口等主要指标增速也均低于全国平均水平。

究其原因，一方面是我国经济发展进入新常态，"三期叠加"所造成的共性影响，另一方面还是东北地区自身特有的体制性、机制性和结构性问题。主要体现在：体制机制方面，思想观念不够解放，市场化程度不高，国有企业活力仍然不足，民营经济发展不充分，科技与经济发展融合不够，增长过度依靠投资拉动；产业结构方面，主导产业大多还是传统产业，偏资源型、传统型、重化工型的产业结构和产品结构不适应市场变化，新兴产业发展偏慢，服务业发展滞后，经济发展的惯性和路径依赖太强；社会民生方面，职工收入偏低，就业压力增大，养老保险缺口扩大，棚户区、城区老工业区、独立工矿区改造和采煤沉陷区治理亟待深入。在国际经济复苏疲软、国内经济运行承压、国内外市场需求不足等多重外部因素影响下，东北老工业基地内生问题凸显，体制性、机制性、结构性问题相互交织，改革与发展问题相互碰撞，长期与短期问题相互叠加，客观与主观问题相互影响，使得东北地区经济发展中问题的复杂程度和解决难度不断加剧。这里面有外部因素，但也有内部因素，但应该看到，内因是关键，东北地区的资源禀赋、产业基础、科教基础、人才支撑、生态环境，等等，都有明显的优势，但东北地区的短处也是明显的，特别是体制机制不活、产业结构比较单一、创新能力较弱等

① 参见：国家发展改革委《关于印发〈东北振兴"十三五"规划〉的通知》。

问题，值得引起高度重视。

1. 重点领域和关键环节改革还不到位

一是政府管理体制有待深入改革。政府还停留于管理思维中，习惯使用行政干预的手段，调控经济的主导性较强，对企业的服务意识不强。政府对国有企业的关注和干预过多，政企界限模糊。政府为了维持现有的利润及利益，规避风险，对具有优势的产业只进行局部调整，根本的体制问题不解决，难以使之释放出应有的能量。有些行业过度竞争，出现地方保护和垄断势力强行干预市场，导致区域间上下游企业各自为战，有碍产业集群的形成和发展，不仅大大提高了企业间的协调及重组成本，企业之间的合力无法形成，规模经济效应难以实现，而且分隔了市场，降低了资源配置的效率。

二是供给侧结构性改革和新旧动能转换任务艰巨。钢铁、煤炭去产能分流安置人员难度大、渠道窄。长期占主导地位的资源能源、原材料、装备制造等产业不能适应市场需求变化，生产经营困难。新兴产业体量小、比重低，短期内难以弥补传统行业下滑造成的缺口。粮食库存量达到历史最高点。

三是国有企业改革有待进一步深化。在企业改制、建立现代企业法人治理结构、推进股份制改革等方面的改革还不到位，在分离企业办社会、离退休人员安置等方面遗留了大量问题，造成了东北国有企业包袱依然沉重，机制不活。国企改革的滞后，相应挤压了民营经济的发展空间。东北民营企业中生活性企业多，生产性企业少；粗加工企业多，科技创新型企业少；从事低端产品生产的多，从事高端产品生产的少；中小型企业多，行业龙头领军企业少。2015 年全国工商联民营企业排名 500 强，东北只有 10 家入选。厂办大集体改革进展缓慢。地方总体处于观望状态，进展不快，仅有部分城市开展了试点工作，主要原因是地方政府认为改革资金缺口大，社会保险问题难以解决，地方负担太重，且容易引发不稳定因素和新的攀比。

四是经济社会领域风险不断积聚。政府性债务余额高，养老保险基金缺口不断扩大，养老保险缺口风险不断积聚。辽宁、吉林、黑龙江先后出现养老保险刚性收支缺口。

2. 产业结构问题仍然较为突出

一是工业领域重工业比重偏高。2013年，辽、吉、黑三省重工业增加值占工业比重仍在65%以上，能源资源、原材料、装备制造等产业占主导地位，而这些产业具有很强的周期性，大概每10年就会出现一个发展轮回，现在这些“原字号”产业大多处于产业发展周期的低谷期。2013年，辽宁省冶金、石化、农产品加工三大产业增加值占全省54%，吉林省一汽集团一家企业占全省工业增加值19%，黑龙江省能源、石化、装备制造三大产业增加值占全省72%，而电子及通信设备制造业占比不到1%，金融业占比不到4%。

二是新兴产业和服务业发展明显滞后。过去10年，东北地区产业投资主要集中到传统产业改造提升和扩大规模上，新兴产业和服务业发展滞后。2013年东北三省服务业增加值占生产总值的38.7%，比全国平均水平低7.4个百分点，且近年来有与全国差距拉大的趋势。在服务业内部，餐饮、住宿、交通运输等传统服务业比重偏高，生产性服务业发展缓慢，金融服务业保障实体经济发展功能欠缺。电子信息等一些战略性新兴产业发育不足、规模较小。国有林区、垦区产业结构单一，接续替代产业发展严重滞后。

三是产业链不全。从产业组织看，专业化分工程度较低，东北地区的优势产业呈现“大而全，小而全”的格局，大企业大而不强，对地区经济的发展带动作用不大；小企业小而不专，协作能力薄弱。导致厂房、设备利用率低，维护和生产成本高；产业同构和无序竞争现象严重，造成边际效益递减的趋势，浪费了大量资源，降低了产业竞争优势。产业间的关联度低，缺乏区域内分工协作，在整机制造、组装、部件制造和检测方面没有形成健全的产业链条，未形成优势产业集群。资源密集型产业多处于产业链上游，而零部件、元器件等中游配套产业跟不上，下游产业不发达，上下游产业链断裂。产品以初级产品居多，深加工、精加工产品较少，产品附加值低，通用、中低档装备产品生产能力过剩，最终产品比东部沿海地区少很多，造成大量价值流失。

3. 创新能力不适应新旧动能转化的需要

一是创新驱动发展的理念有待进一步深化。东北经济发展仍然主要依赖要素投入，靠投资拉动地方发展。东北生产的产品大多数集中在产业链的中上游，面向生产者的产品多，面向消费者的产品少。科教投入不足，东北地区这些年来对教育和科教的投入增加速度偏慢。东北地区教育经费来源单一，主要依赖国家财政性投入，由于经费有限，其他办学资金来源弱化，不能满足地区教育发展的需求。科教投入相对不足对东北地区人力资本的形成、质量的提升，以及对地区科技创新能力等都产生一定限制，影响科教事业持续健康发展，将逐步拉大与经济发达地区的差距。

二是科技成果转化能力弱。东北地区布局了大量的科研院所和高等院校，科教实力很强，大型国有企业中也拥有一大批科研人才队伍，在过去10年振兴中为经济发展提质增效发挥了重要作用。但是，这些科研队伍大多服务于政府和大型国有企业，成果转化率偏低。人才政策不落实或落后于东南沿海地区，导致人才流失严重，“墙内开花墙外香”。东北三省高技术产业规模占比、企业数量占比、主营业务收入占比、利润总额占比等数据均低于全国平均水平，不少产品技术水平处于中低端，附加值还不高，产品仿制的多、原创开发的少，一些关键零部件还受制于人主要依赖进口，导致产业和产品发展引领能力较弱。

三是东北地区人力资本存量增加速度趋缓，人才外流现象严重。2014年三省普通本专科在校学生占全国比重较2003年下降近2个百分点，以往的人力资本相对优势有所弱化。高校学生是提高人力资本存量和质量的中坚力量，是科技进步与创新的后备军，而目前东北地区教育发展不尽充分，人力资本实力不断下降。改革开放以来，东南沿海地区经济快速发展，人才引进机制灵活；与之相比，东北老工业基地经济不景气，研发条件较差，收入水平较低，人才政策不落实，没有建立差别化激励机制，缺乏公平的用人环境，使大批专业技术人才、大学毕业生等纷纷南迁，人才外流现象严重。这也是东北地区人力资本存量减少、人力资本质量降低的重要原因之一。

4. 保障和改善民生工作仍然有待加强

受历史因素影响，东北地区民生欠账较多。一是就业问题仍然严峻，养老保险缺口扩大。东北地区产业结构调整和国有企业改革改组中，企业破产重组、转轨改制带来了大量下岗失业人员，由于东北地区民营企业吸纳就业的能力有限，大量从国有企业中分流出来的失业人员就业难。同时，该时期东北老工业基地国有企业职工进入大规模退休期，2014 年辽、吉、黑三省养老保险赡养比分别为 1.9∶1、1.7∶1、1.4∶1，远低于全国 3∶1 的平均水平。二是棚户区改造（以下或称棚改）剩余任务依然艰巨。东北的棚改起步最早，但任务依然艰巨，2013—2017 年全国 1000 万户棚改计划中，东北有 298 万套，占全国的近 30%。与当初相比，现在剩下的大都是难啃的“硬骨头”，土地置换收益低、市场化运作困难，特别是林区、垦区棚户区，改造难度更大。一些已实施的棚改项目则存在公共基础设施滞后、贫困人口集中居住、就业机会少等问题，未来可能出现新的刚性封闭空间，带来新隐患。民生领域的突出问题制约了东北地区整体竞争力的提升，影响东北地区的改革发展稳定。

5. 资源环境问题亟待解决

东北地区石油、煤炭、木材、土地资源十分丰富，长期以来，由于发展方式粗放，东北地区在经济发展的同时，也付出了资源和环境代价。虽然目前有所改善，但长期以来积累的资源环境问题很难得到根治。一是东北地区资源型产业主要以煤炭、森工、有色冶金工业为主，大部分为高污染行业，多数企业生产技术落后，传统的粗放型经济增长方式带来了环境污染。二是由于东北地区资源型城市的部分煤矿地表塌陷面积日益扩大，煤矸石堆积占地增加，矿区瓦斯排放量大，固体排放物浓度高，生态环境不容乐观。三是矿山地质灾害隐患多，生态环境治理任务繁重。

（二）国家颁布实施的重要政策文件及相关重点内容

新一轮东北振兴战略既要解决东北地区对经济发展新常态的不适应问题，也要解决东北地区面临的深层次体制性、机制性、结构性问题，促进东北老工业基地提升发展活力、内生动力和整体竞争力，加快实现东北地区等老工业基地全面振兴。对此，党的十八大以来党中央、国务院出台多个东北振兴的重要文件，政策的重点内容可归纳为完善东北振兴的工作机制、加快转变政府职能、持续推动产业结构优化升级、大力支持民营经济发展、在发展中保障和改善民生、推进绿色发展、全方位扩大对外开放七个主要方面（党的十八大以来的重要政策文件见附录）。

1. 深化区域合作，完善东北振兴的工作机制

一是发挥我国制度优势，以对口合作机制深化区域合作。2017 年 3 月国务院办公厅印发了《东北地区与东部地区部分省市对口合作工作方案》，建立东北地区与东部地区部分省市建立对口合作机制，推进东北振兴与“一带一路”建设、京津冀协同发展、长江经济带发展对接融合。2018 年国家发展改革委印发《辽宁省与江苏省对口合作实施方案》《北京市与沈阳市对口合作实施方案》等文件。

二是经国务院同意，在国务院振兴东北地区等老工业基地领导小组下，建立东北振兴省部联席落实推进工作机制，以加强重大问题和重大政策研究，协调解决东北振兴体制机制创新、重大项目建设等方面的协同配合，进一步加强对东北振兴工作的统筹协调和督促落实。

三是推动东北地区与环渤海、京津冀地区统筹规划，融合发展[①]。有序承接京津产业转移。建立产业合作与创新转化平台，推动各地依据自身特点和基础与京津冀地区开展产业对接合作，避免市场分割、产业趋同、无序竞争、重复建设、污染转移等问题。加强与环渤海地区的经济联系，推进与山东半岛经济区互动合作，密切与长三角、珠三角、港澳台等地区的交流合作，选择东部部分省市与东北地区建立对口合作机制。在产业、科技、文化、旅游等领域，推广“飞地经济”等合作模式。

2. 进一步理顺政府和市场关系，加快转变政府职能

一是深入推进简政放权。建立健全权力清单、责任清单、负面清单制度，完善清单动态管理和实施机制。深化行政审批制度改革，凡能下放的审批事项一律下放，最大限度缩小投资项目核准的范围。深入推进商事制度改革和“证照分离”改革，继续削减前置审批和不必要证照。减少对生产经营活动

① 参见：国家发展改革委《关于印发〈东北振兴“十三五”规划〉的通知》。

的许可事项，严格控制新设行政许可。加强合法性、必要性、合理性审查论证，取消不符合行政许可法规定的资质资格准入许可。深化承担行政职能的事业单位改革，推进政事分开。

二是大力优化政府服务。进一步理顺政府和市场关系，推进行政管理体制改革，着力解决政府直接配置资源、管得过多过细以及职能错位、越位、缺位、不到位等问题[①]，促进市场在资源配置中起决定性作用和更好发挥政府作用。推动“法治东北、信用东北”建设，建设服务型政府和法治型政府。推进东北地区各级政府事权和责任法定化，理顺部门职责关系，加强部门间业务协同，完善绩效管理，优化直接面向企业和群众服务项目的办事流程和服务标准。推广“互联网＋政务服务”，全面推进政务公开。

3. 持续推动产业结构调整，培育经济增长新动能

一是支持老工业城市和资源型城市产业转型升级。国家给予产业政策、创新政策、投资政策、金融政策、土地政策等全方位支持。2016 年，国家发展改革委《关于支持老工业城市和资源型城市产业转型升级的实施意见》提出支持符合条件的项目申请工业转型升级（中国制造 2025）专项资金和国家专项建设基金，优先在示范区开展老工业基地产业转型技术技能人才双元培育改革试点，国家开发银行加大对示范区重点项目建设的支持力度，支持将示范区所在城市纳入城镇低效用地再开发试点等举措。2017 年，国家发展改革委将辽宁中部（沈阳－鞍山－抚顺）等 12 个城市确立为首批老工业城市和资源型城市产业转型升级示范区。

二是推进产业创新转型，大力培育经济增长新动能。中央预算内投资设立东北振兴新动能培育专项和东北地区创新链整合专项。培育壮大战略性新兴产业，支持新一代信息技术、新能源汽车、高端装备和材料、数字创意、绿色低碳和生态环保等领域的新兴产业发展壮大。在沈阳、哈尔滨等城市建设若干具有引领带动作用的新兴产业创新发展基地。

三是鼓励承接产业转移。推动东北地区融入区域性产业链和生产网络，

① 参见：中共中央：国务院《关于全面振兴东北地区等老工业基地的若干意见》。

打造东北地区新的经济增长点，推动东北全面振兴。2020 年，国家发展改革委发布《关于支持辽西北承接产业转移示范区建设的复函》，示范区范围包括阜新、朝阳两市，承接京津冀等国内外产业转移，建设东北地区承接产业转移高地。2021 年，《辽宁沿海经济带高质量发展规划》提出推动辽宁沿海 6 市积极承接国内外产业转移。

四是积极发展生产性服务业。大力发展现代物流业，完善物流信息平台和标准化体系。提升大连商品交易所国际化水平和服务功能，建设全球重要的期货交易中心。开展以生产性服务业为重点的国家服务业综合改革试点。

五是加快发展现代化大农业。率先构建现代农业产业体系、生产体系、经营体系，着力提高农业生产规模化、集约化、专业化、标准化水平和可持续发展能力，使现代农业成为重要的产业支撑。进一步提升国家商品粮生产核心区地位，加快实施高标准农田建设、黑土地保护等重大工程，扩大黑土地保护利用试点范围，开展定期深松整地、耕地质量保护与提升补贴试点①。

4. 着力改善营商环境，大力支持民营经济发展

一是着力改善营商环境。建设以“亲”“清”为主要特征的新型政商关系，及时解决民营企业发展中遇到的实际困难。开展优化投资营商环境专项行动。完善民营企业公共服务平台，增强提供创新创业、人才培训、市场开拓、法律政策等服务的能力。壮大一批主业突出、核心竞争力强的民营企业集团和龙头企业。扶持中小企业发展，合理降低企业税费负担，着力降低制度性交易成本，多措并举降低实体经济企业用工、用地等要素投入成本。

二是放宽民间投资准入。2016 年《关于推进东北地区民营经济发展改革的指导意见》提出，在基础设施、公用事业、公共服务等领域推出一批政府和社会资本合作（PPP）项目，支持引导民间资本平等参与；鼓励民营企业进入法律、法规未明确禁止的领域，取消股比、经营范围等限制，切实降低准入门槛，打破区域行政壁垒；在招标投标、政府采购、用地指标等方面对民营企业一视同仁。

① 参见：中共中央：国务院《关于全面振兴东北地区等老工业基地的若干意见》。

三是加强对民营企业的金融支持。支持民营企业通过应收账款、知识产权等动产和权利进行质押融资。鼓励符合条件的民营企业进行股权融资和债权融资，鼓励民间资本依法合规投资入股法人金融机构，鼓励开发性金融机构、政策性金融机构支持民营企业发展，鼓励东北中小企业信用再担保股份有限公司加大对民营企业的支持力度。

四是支持民营经济转型升级。鼓励民营企业加入高端装备制造产业链，支持民营企业和国有企业围绕产业链实现融合发展，鼓励民营企业承接先进军用技术成果转化项目。

5. 加强公共服务供给，在发展中保障和改善民生

一是提高公共服务供给数量和质量，推进城乡公共服务均等化。首先，提高办学水平和教育质量。多种形式扩大普惠性学前教育资源，提高学前教育水平。加快推进义务教育学校标准化建设，推进城乡义务教育一体化发展和均衡发展，缩小城乡、区域、校际教育资源配置差距。其次，完善医疗卫生服务体系。合理配置医疗卫生资源，促进医疗资源向基层、农村流动。全面推进公立医院综合改革。优化医疗卫生资源配置结构，加强县级公立医院、乡镇卫生院和村卫生室设施标准化建设。再次，扩大社会保险覆盖面。实施全民参保登记计划。完善社会保险关系转移接续政策。做好企业职工养老保险与城乡居民养老保险制度衔接。最后，健全城乡社会救助体系。完善城乡居民最低生活保障、医疗救助和临时救助制度。健全特困人员救助供养制度和受灾人员救助制度。建立政策性新增困难群体应急救助机制。

二是全面推进棚户区改造。加快推进资源枯竭城市和独立工矿区、老工业城市、国有林区和垦区以及重点镇棚户区改造，基本完成城镇棚户区和危房改造任务。将棚户区改造与城市更新、产业转型升级更好结合起来，切实解决群众住房困难，同时，国家棚户区改造有关政策和补助资金适当向东北地区倾斜。深化政府和社会资本合作，推行政府购买棚户区改造服务模式，提高货币化安置比例。

三是推进精准扶贫精准脱贫，强化扶贫脱贫社会合力，加大财政扶贫投入，增加金融资金对扶贫开发的投放，吸引社会资金参与扶贫开发，并在东北贫困地区积极开展水电、矿产资源开发资产收益扶贫改革试点。

6. 推进绿色发展，打造北方生态屏障

一是保护修复自然生态环境。全面停止重点国有林区天然林商业采伐，推进大小兴安岭和长白山等重点林区保护。推进呼伦贝尔、锡林郭勒等重点草原保护，控制草原退化沙化趋势。推进三江平原、松辽平原等重点湿地保护，全面禁止湿地开垦，在有条件的地区开展退耕还湿。实施黑土地保护工程，推进退化耕地综合治理、水土流失治理、污染耕地阻控修复、土壤污染治理修复、土壤肥力保护提升和耕地质量监测。开展林区、草原、湿地、沙地等生态脆弱区生态移民试点。支持兴凯湖、呼伦湖等开展流域生态和环境综合治理工程。加大自然保护区建设力度，加强野生东北虎等珍稀物种保护。

二是完善对重点生态功能区的补偿机制。完善森林、草原、湿地、水流、耕地等领域生态保护补偿机制，采用资金补助、产业转移、共建园区、人才培训等方式探索建立流域上下游横向生态保护补偿试点。加大对农产品主产区和重点生态功能区的转移支付力度，重点生态功能区实行产业准入负面清单制度。加强对国家级自然保护区、风景名胜区等国家级禁止开发区域的生态补偿力度。

7. 全方位扩大对外开放，构建向北开放重要窗口

一是东北地区主动融入、积极参与“一带一路”建设。在中央预算内投资中安排资金支持东北地区面向东北亚开放合作平台基础设施建设，努力将东北地区打造成为我国向北开放的重要窗口和东北亚地区合作的中心枢纽。推动丝绸之路经济带建设与欧亚经济联盟、蒙古国草原之路倡议的对接，推进中蒙俄经济走廊建设，加强东北振兴与俄远东开发战略衔接，深化毗邻地区合作。建设中韩国际合作示范区，推进共建中日经济和产业合作平台，推动对欧美等国家（地区）相关合作机制和平台建设，高水平推进中德（沈阳）高端装备制造产业园建设。

二是支持东北沿边重点地区开发开放。2016 年 1 月，国务院颁布《关于支持沿边重点地区开发开放的实施意见》，提出了一系列促进边境贸易和投资发展的政策措施。东北地区落实党中央、国务院决策部署，在国家支持政策的基础上，积极推动沿边开发开放，加快建设满洲里、二连浩特、绥芬河—东宁等重点开发开放试验区和珲春国际合作示范区。完善边民互市贸易政策，加强边民互市点建设。

三是提升开放型经济发展层次。优化对外贸易结构，提高先进技术设备、关键零部件、能源原材料等进口比重，积极发展跨境电子商务、市场采购贸易等新型贸易方式，参与推进网上丝绸之路建设。创新服务贸易管理体制、发展模式，推动服务贸易便利化，推进哈尔滨新区国家服务贸易创新发展试点。优化利用外资结构，大力引进国外高层次人才、先进技术、创新成果、管理经验，鼓励外资投向东北地区先进制造、高新技术、节能环保、现代服务业等领域，支持外资企业设立研发中心。营造优良营商环境，完善境外投资和利用外资管理体制，强化对外开放服务保障。

（三）东北振兴战略取得的成效

1. 东北地区经济运行保持平稳向好趋势

2016年《关于全面振兴东北地区等老工业基地的若干意见》颁布实施以来，辽宁、吉林和黑龙江的经济社会取得了巨大成就，工业生产形势好转，民间投资活力不断激发，企业效益进一步改善，主要经济发展指标平稳提升，宏观经济企稳向好态势持续巩固。经济增速方面，2017年，辽宁、吉林、黑龙江三省经济增速分别为4.2%、5%、6.4%，与2016年相比分别增加5.4、-1.6、0.1个百分点，出现总体回稳向好态势，特别是辽宁省主要经济指标均由负转正，经济增速结束了连续两年全国垫底的局面，筑底回升趋势明显，到2021年，辽宁、吉林、黑龙江三省GDP增速分别为5.8%、6.6%和6.1%。全社会固定资产投资总额方面，2017年，辽宁全社会固定资产投资总额增速0.1%，吉林为1.4%，黑龙江为6.2%，在全国固定资产投资总额增速持续大幅下降的情况下，均实现了稳步增长。工业方面，2017年，辽宁规模以上工业增速为4.4%，止跌回升；吉林为5.5%，平稳增长；黑龙江为2.7%，明显提升。

2. 重点领域改革取得新进展

各省市全面贯彻落实取消和下放行政审批事项的决定，持续深入推进

“放管服”改革，既做好简政放权的“减法”，又在创新政府管理上破难题，善于做优化服务的“乘法”。例如，辽宁省2016年以来先后8批次精简行政职权671项，行政职权和行政许可分别比十八大前压缩72%、60%。在优化服务方面，各地把企业和群众的痛点、堵点、难点作为改进政府服务的重点，大力推行涉企涉民的事项尽可能网上办，让信息多跑路、群众少跑腿。辽宁省积极落实《辽宁省优化营商环境条例》，深入实施一套标准、一个流程、一个窗口、一张网、一批项目的“五个一工程”。

各地全面贯彻落实关于深化国有企业改革的有关要求，不断强化国资国企改革的顶层设计，加快制定国资国企改革的主体指导文件，为深化国资国企改革各个方面指明了方向和原则。以辽宁省为例，目前已出台“1+N”文件27个，为新一轮国资国企改革提供了主要政策依据和支撑。起草了《加快推进全省国资国企改革专项工作方案》和《加快推进全省国资国企改革三年攻坚计划》，改革系统性、整体性、协同性不断增强。同时，大力推进混合所有制改革，促进国有资本与各类非国有资本相互融合取长补短，进一步提升国企经济效益，实现国有资产保值增值。目前多个省份都已制定了具体的改革路线图和时间表。在推进混改的过程中，“三供一业”、厂办大集体等历史遗留问题进一步加快解决，同时，通过引进非公资本，民营资本的高效机制、市场意识等也得以引入，有助于提升国有企业效率。

3. 产业结构调整优化取得显著成效

一是东北地区产业结构调整取得显著成效，三次产业结构不断优化。2015年实现了产业结构由“二三一”向“三二一”的转变。首先，服务业对经济增长的贡献不断提高，2017年东北三省第三产业增加值占国内生产总值的比重达50.8%，比2012年提高12.9个百分点，2021年东北三省第三产业增加值占国内生产总值的比重进一步提高至51.35%。其次，第二产业占国内生产总值的比重不断下降，由2012年的50.9%降至2017年的37.3%，2021年第二产业占国内生产总值的比重进一步下降至35.22%。最后，第一产业占国内生产总值的比重变化较小，2012年、2017年、2021年东北三省第一产业占国内生产总值的比重分别为11.26%、10.99%、13.43%，占比基本稳定。

二是工业升级步伐加快，工业结构持续改善。东北地区装备制造业起步较早，基础雄厚，在东北三省的工业结构中占有重要地位。装备制造业结构布局不断优化，高端装备制造业发展较快，经济发展重点从量稳向质增转变。其中，辽宁省的装备制造业按照“高端化、成套化、智能化”发展方向，实施了一批重点项目，高端装备制造业占装备制造业比重由2012年的12%提高到2017年的18%，机器人及智能装备、数控机床、航空航天装备、先进轨道交通装备、海洋工程装备及高技术船舶、重大成套装备、集成电路装备等高端装备制造业在全国具有重要地位。

三是农业现代化取得进展，粮食安全“压舱石”地位更加巩固。一方面，东北三省推进农业现代化建设，加快推动农业振兴，大力发展科技农业、绿色农业、质量农业、品牌农业，东北三省农业机械化水平均达到65%以上，明显高于全国平均水平。例如，黑龙江省农作物耕种收综合机械化率达到98%，创建国家级农业科技示范基地4个，建设现代农业科技示范基地138个、现代农业产业技术协同创新体系31个，农业主推技术到位率稳定在95%以上。另一方面，近年来，东北三省粮食产量占全国的1/5以上，商品粮量约占全国的1/4，粮食调出量约占全国的1/3。2021年，东北三省全年粮食总产量达2889亿斤，占全国比重达21.2%，对全国粮食增产贡献率超过57%[①]。

4. 经济发展后劲和动能不断增强

一是科技创新驱动内生动力不断激发，助力经济增长新动能。科技创新领域异军突起，“东北智造”成为引领东北经济发展的新“增长极”。各地区结合自身实际，研究制定了实施培育发展新兴产业行动计划，大力支持一批新兴产业项目建设，加快培育以知识、技术、信息、数据等新生产要素为支撑的经济发展新动能，对地区产业结构转型起到了推动作用。新兴产业加快发展，2020年东北三省高新技术企业达1万余家，较2019年增长24%。辽宁省推动了航空、机器人等产业发展，吉林省推动了生物医药等产业发展，

① 国家发展和改革委员会.党领导东北地区振兴发展的历史经验与启示[J].中国经济评论，2021（10）：12–20.

黑龙江省推动了机器人、燃气轮机等产业发展。科技创新取得一批重要成果，国产首艘航母、30万吨超大智能原油船、跨音速风洞主压缩机等大国重器在辽宁问世。“吉林一号”在轨卫星达到25颗，“复兴号”中国标准动车组、京张智能动车组下线运行，时速400公里跨国联运高速列车下线。哈尔滨工业大学多项技术支持我国首次嫦娥五号月球采样返回任务，布局建设空间环境地面模拟装置等国家重大科技基础设施。

二是经济发展后劲持续增强。在基础设施、能源石化、新动能培育等领域实施一批重点项目，北京至沈阳、哈尔滨至牡丹江、通辽至新民高铁开通运营，一批高铁项目开工建设。庄河Ⅲ（30万千瓦）海上风电场建成运行，红沿河核电二期工程、徐大堡核电站3号和4号机组、清原抽水蓄能电站等相继开工。恒力石化2000万吨/年炼化一体化项目仅用19个月建成，2020年实现产值超900亿元。5G、大数据中心等新型基础设施加快布局建设①。

三是加快推进“互联网+”行动，充分发挥东北地区互联网的规模优势和应用优势，加速推动互联网应用由消费领域向生产领域拓展，着力推动互联网、信息化在生产生活中的广泛应用，特别是在智慧政务、商贸物流、便民服务等领域大部分地区都取得较快进展。

5. 民营经济不断发展

一是东北地区营商环境得到改善。与过去相比，东北地区营商环境不断改善，一些企业家表示，“投资不过山海关”已是过去时。例如，沈阳将优化营商环境建设全面纳入法治化轨道，保护各类市场主体的合法权益，严格落实市场准入负面清单管理制度，深入推进证照分离改革，企业开办0.5个工作日办结。实施公平竞争审查制度，清理废除各种妨碍公平竞争规定25573份，新制定文件公平竞争审查率达100%。2021年，沈阳市在全国营商环境评价80个参评城市中排名第19位，沈阳市、大连市有多项指标成为全国标杆。2021年以来，吉林省税务部门和工商联共同开展的“春雨润苗”

---

① 国家发展和改革委员会.党领导东北地区振兴发展的历史经验与启示[J].中国经济评论，2021（10）：12-20.

专项行动，全省近48万户民营企业获益。

二是民营经济数量显著提升。例如，截至2020年底，黑龙江省实有市场主体263.04万户，非公有制经济市场主体256.89万户，占比97.66%；2020年黑龙江省新登记市场主体42.3万户，非公有制经济市场主体41.88万户，占比99.01%。2020年吉林省新登记企业户数增长21.1%，居全国第4位。2021年，辽宁省市场主体总量突破444万户；全年新登记市场主体73.52万户，同比增长21.57%；科技型中小企业总量达到18158家，同比增长34.6%。

三是民营对经济增长的贡献不断提升。截至2021年底，辽宁全省民营经济实现税收2608亿元，占全省税收的53%；固定资产投资规模占全省60%以上；国家级专精特新"小巨人"企业211户，列全国第10位；民营高新技术企业7702户，占全省高新技术企业的95%；民营雏鹰企业2620户，占全部雏鹰企业的98%；瞪羚独角兽企业499户，全部为民营企业；省内上市民营企业50家，占全省境内上市公司总数的62%。2017年，黑龙江省民营经济增加值占全省GDP比重达到51.8%，民间固定资产投资占全部投资比重为71.4%，税收占全省税收比重为51.6%。

6. 生态建设取得积极进展

近年来，随着各省份重点生态功能区重大生态修复和建设工程深入实施，生态文明制度加快完善，森林、草原、湿地、农业等四大生态系统趋于稳定，沙化扩大趋势得到初步遏制，荒漠生态系统逐步好转，生态服务功能进一步凸显，北方重要生态安全屏障的架构雏形初现，生态功能和环境质量不断改善。同时，坚持突出重点，善于抓住主要矛盾和矛盾的主要方面，采取针对性举措，在重点问题和重点领域实现突破，用制度建设来约束产业发展，着力走出以绿色发展引领的经济社会可持续发展道路。大连市在生态文明建设中，积极探索不同资源环境禀赋、不同经济发展阶段地区生态文明建设"大连模式"，逐步建立健全生态文明体制，引导、规范和约束各类开发、利用保护自然生态环境，用制度推进生态文明建设。黑龙江省出台了一系列政策办法，制定了党政领导干部生态环境损害责任追究实施细则，严格项目入门门槛，不允许高污染、高能耗项目落地，取得良好效果，2017年底，全省达到或好于Ⅲ类水体比例66.1%，高于年度考核目标12.9个百分点。现阶段，辽河干流劣Ⅴ类水质断面全面消除，渤海辽宁段水质明显改善，东北虎豹国家公园中虎豹定居数量稳定增加，小兴安岭－三江平原山水林田湖草保护修复试点及京津风沙源治理等重点生态工程加快实施，北方生态安全屏障持续巩固。

7. 人民生活水平切实提高

党的十八大以来，东北地区以人民为中心。各地将保障和改善民生作为振兴发展的出发点和落脚点，在就业、医疗、教育等方面持续加大力度，着力解决民生困难问题，提升广大人民群众的获得感和幸福感。黑龙江省不断完善就业创业政策体系，重点落实好高校毕业生、失业人员、就业困难人员和零就业家庭的就业援助工作。2017年帮助37.2万名就业困难人员实现就业，消除零就业家庭1682户，保持零就业家庭月动态管理为零，高校毕业生就业率达96.7%。长春积极维护困难群众基本医疗权益，2017—2018年，累计为23万多名重点救助对象全额资助参保参合，支出医疗救助资金达5116万元。辽宁教育发展质量稳步提高，劳动年龄人口平均受教育年限提高到11年，居全国前列，医疗卫生持续改善，人均预期寿命达79岁。

近年来，东北老工业基地国有企业职工进入大规模退休期，再加上人口老龄化问题的加剧，2015年辽宁省、吉林省、黑龙江省的养老保险赡养比分别为1.79、1.53和1.33，远超过2.87的平均水平，养老保险当期收不抵支，缺口较大。党的十八大以来，东北地区加快构建完善的社会保障体系，继续实施棚户区改造和采煤沉陷区治理，完善对资源枯竭城市的财政转移支付制度，支持资源枯竭城市、独立工矿区等加快解决社会民生和生态环境方面的历史遗留问题。建立普惠、均等、一体化的基本公共服务，使城乡居民普遍享受一致的义务教育、基本医疗卫生服务、社会保障和生态安全，合理分享东北全面振兴成果，让公共服务更多更公平地惠及全体人民，实现共享式发展。如大连市积极落实财政补贴政策，2016年和2017年企业职工养老保险财政补贴收入分别达到55.58亿元和61.36亿元，均占当年基金总支出的20%，极大地保障了养老金按时足额发放。此外，脱贫攻坚取得决定性胜利，东北地区建档立卡贫困人口158.2万户、427.7万人全部脱贫，50个国家级贫困县全部摘帽。

8. 国际合作水平显著提高

一是各省市立足产业优势，聚焦重点国别区域，瞄准未来发展方向，充分发挥企业竞争能力，积极参与“一带一路”建设，以国际产能合作带动装备、技术、品牌、标准和服务“走出去”，打造国际产能合作新样板，并购海外高端、先进要素，着力培育国际经济合作和竞争新优势。例如，大连市推动“中国制造2025”与“德国工业4.0”对接，开展中德智能制造合作，推动本地企业与德方企业围绕工业软件、模具、储能等方面开展国际合作交流。辽宁省积极推动华晨宝马增资项目、SK海力士项目、华能海上风电项目、大连轨道交通装备和通用动力机械制造基地项目、英歌石科学城等一批重大项目落地。截至2022年，沈阳市成功引进了宝马新能源汽车、采埃孚电驱动系统、贺利氏特种光源、罗森连锁便利店等先进制造业和现代服务业项目超千个，引进的优质企业和项目已成为推动沈阳市经济高质量发展的重要引擎。

二是经济开放水平逐步提高。积极搭建开放合作平台，大连金普、长春、哈尔滨国家级新区加快建设，中德（沈阳）高端装备制造产业园、中韩（长春）国际合作示范区、中日（大连）地方发展合作示范区先后批复设立，沈抚改革创新示范区主要经济指标基本实现“三年再造”，成为新的区域增长点。辽宁自贸区123项试点任务全面实施，黑龙江自贸试验区2020年新设立企业6000余家。黑河公路大桥、同江铁路大桥相继合龙，内贸外运航线开通运营，通道服务水平持续提升。此外，在跨境电子商务的基础设施和制度环境提升上，沈阳、大连、长春、哈尔滨等地均取得了不同程度的突破，外贸新模式得到了进一步发展。

三、“十四五”及新时期东北振兴战略的实施重点和发展展望

2020年，党的十九届五中全会要求“推动东北振兴取得新突破”。习近平总书记对辽宁、沈阳始终高度重视、深情牵挂，特别是2022年8月到辽宁、

沈阳考察调研时要求在新时代东北振兴上展现更大担当和作为，奋力开创辽宁振兴发展新局面。“十四五”时期东北地区要走出一条质量更高、效益更好、结构更优、优势充分释放的发展新路，推动东北全面振兴实现新突破。习近平总书记对沈阳等副省级城市成为东北振兴的主要依托寄予厚望。作为辽宁的中心城市，沈阳对周边城市发挥着辐射、带动和示范作用，沈阳的发展对于开创辽宁全面振兴全方位振兴新局面、推动东北全面振兴实现新突破，具有十分重大的意义。

（一）东北振兴战略的新要求

习近平总书记在深入推进东北振兴座谈会上指出，新时代东北振兴，是全面振兴、全方位振兴，要从统筹推进“五位一体”总体布局、协调推进“四个全面”战略布局的角度去把握，瞄准方向、保持定力，扬长避短、发挥优势，一以贯之、久久为功。

习近平总书记的重要讲话，高瞻远瞩、统揽全局，思想深邃、内涵丰富，既是路线图，又是方法论，为新时代东北振兴提供了根本遵循和行动指南，对于我们推动新时代东北地区全面振兴全方位振兴有着重要意义。

要认真学习领会习近平总书记重要讲话精神，深刻认识东北地区全面振兴全方位振兴的重大意义。东北地区是全国经济的重要增长极，在国家发展全局中举足轻重，在全国现代化建设中至关重要。作为新中国工业的摇篮，东北地区拥有一批关系国民经济命脉和国家安全的战略性产业，资源、产业、科教、人才、基础设施等支撑能力较强，发展空间和潜力巨大。推进新时代东北振兴，是推进经济结构战略性调整、提高我国产业国际竞争力的战略举措。在这一过程中，国有企业地位重要、作用关键、不可替代，是党和国家的重要依靠力量，要一以贯之坚持党对国有企业的领导，一以贯之深化国有企业改革，努力实现质量更高、效益更好、结构更优的发展。要坚持“两个毫不动摇”，为民营企业发展营造良好的法治环境和营商环境，鼓励、支持、引导非公有制经济继续发展壮大。解放思想、锐意进取，实现公有制为主体、多种所有制经济共同发展，东北地区才能完成促进区域协调发展、打造新经济支撑带的重大任务。

要认真学习领会习近平总书记重要讲话精神，准确把握东北地区全面振兴全方位振兴的重点任务。要深入学习领会习近平总书记关于东北振兴的重要思想，把深化改革作为首要任务，切实解决思想观念问题，加快完善体制机制，优化营商环境；把增强创新能力作为根本途径，加快结构调整和新动能培育，发展壮大实体经济；把开发开放作为重要抓手，打造我国向北开放的重要窗口和东北亚地区合作的中心枢纽；把保障和改善民生作为出发点和落脚点，坚决打好脱贫攻坚战，解决好社保、就业等重点民生问题。深化改革、破解矛盾，东北地区才能走出一条质量更高、效益更好、结构更优、优势充分释放的发展新路。

必须进一步解放思想。发展是解决一切问题的关键，改革开放则是中国发展的根本动力，而思想再解放则是改革开放和发展的前提。老工业基地发展的内生动力不足，这个“不足”最多最直接最深层次的，还是在思想、在观念、在状态、在作风。没有这个关键性要素的介入，没有主观能动性去激活，多好的客观条件和优势也发挥不出来。必须把思想解放作为推动新时代东北振兴的突破口，真正把干部群众干事创业的积极性、主动性、创造性激发出来。

必须坚持全面深化改革。全面深化改革，就是要统筹推进各领域改革。东北地区在营商环境、金融环境、人才环境、国企改革、民营经济发展等方面仍存在不少问题，必须全面深化改革，下决心破除老工业基地体制性、机制性、结构性矛盾，下决心解决深层次问题，全面释放振兴发展活力。

必须大力实施创新驱动发展战略。创新是引领发展的第一动力，通过实施创新驱动发展战略，加快完善创新机制，全方位推进科技创新、企业创新、产品创新、市场创新、品牌创新，加快科技成果向现实生产力转化，推动科技和经济紧密结合。近年来，东北地区大力营造创新创业氛围，在航天信息、智能制造、生物医药、新材料、新能源等方面已经取得了一定成效。要积极扶持这些创新动能加快成长，推动新增长点的系统形成。特别要突出传统产业数字化提升，促进新老优势全面聚合、新旧动能顺畅接续。

必须实现全面对接合作。实现全面对接，就是要把中央振兴东北政策支持与自身比较优势、发达地区先进经验、“一带一路”倡议机遇等融通激活，形成上下联动、内外互动的振兴发展新局面。在对接中央支持方面，要牢牢把握中央新一轮振兴东北政策导向，确保形成最大的政策红利。在对接发达地区先进经验方面，要加强与京津冀、长江经济带、粤港澳大湾区战略对接和交流合作，特别是深入研究、大力加强与东部地区的对口合作。在对接“一带一路”建设方面，要在加强互联互通、项目对接和调动双方积极性上下更大功夫，深入融入共建“一带一路”，形成对外开放合作新格局。

必须坚持和加强党对东北振兴的全面领导。一个地方要实现政通人和、安定有序，必须有良好政治生态。事实证明，政治生态清明，就能营造良好的营商环境，激发各方面干事创业的激情动力；政治生态污浊，就会人心涣散、弊病丛生，对一方发展带来负面影响。党的十八大以来，以习近平同志为核心的党中央大力营造风清气正的政治生态，使广大干部能够集中精力干事，使营商环境得到持续改善，为东北地区经济社会发展提供了坚强保障。以新气象新担当新作为推进东北振兴，就要加强东北地区党的政治建设，全面净化党内政治生态，营造风清气正、昂扬向上的社会氛围；就要坚持无禁区、全覆盖、零容忍，坚决查处各类腐败案件，始终保持党同人民的血肉联系。这既是全面从严治党的重要任务，也是创造良好发展环境的重要基础。

（二）东北振兴战略实施的重点方向

新时期东北振兴战略可从“五大安全”战略高度，从形成优势互补、高质量发展的区域经济布局大局出发，着力破解体制机制障碍，着力激发市场主体活力，着力调整优化产业结构，推动东北全面振兴取得新突破，重点发展方向可概括为以下六点[①]。一是着力优化营商环境，营造高效便利的政务环境、公平公正的法治环境、利企惠企的市场环境。二是全面深化国企改革，持续做好混合所有制改革试点，加快完善国企法人治理结构和市场化经营机

① 唐仁敏.以改革创新为根本动力推进东北振兴取得新突破——国家发展改革委有关负责同志就《东北全面振兴“十四五”实施方案》答记者问[J].中国经贸导刊，2021（3）：12–14.

制。三是支持民营经济高质量发展，培育壮大市场主体，提升民营企业竞争力。四是加快产业转型升级，改造升级装备制造、汽车、石化等传统优势产业，积极培育健康养老、冰雪经济、文化旅游等新业态。五是推进农业现代化建设，加强黑土地保护，提升粮食综合生产能力，打造好保障国家粮食安全“压舱石”。六是发挥沿海沿边优势，依托重点功能平台，打造重点面向东北亚的对外开放新前沿。

（三）东北振兴战略的发展展望

1. 新时代东北振兴是全面振兴、全方位振兴

习近平总书记明确提出新时代东北振兴，是全面振兴、全方位振兴。“全面振兴、全方位振兴”远远超出并深化了“东北老工业基地振兴”战略的内涵和外延，其包含着产业、城市、基础设施、生态建设、外贸、人才等各行各业的振兴发展，体现了经济社会发展的“全面”；“全方位振兴”是立体的振兴，既有工业振兴，包含制造业、装备制造业、能源业等的振兴发展，也有农业、服务业的振兴发展。具体而言：东北振兴不仅仅是工业振兴，也是三次产业的协调发展；东北振兴不仅仅是国有经济振兴，也是民营经济的发展；东北振兴不仅仅是少数大中企业振兴，也是大量小微企业的发展；东北振兴不仅仅是城市振兴，也是城乡统筹，实现县域经济、农村经济的全面提升，走城乡融合发展道路；东北振兴不仅仅是经济振兴，也是经济社会文化生态的协调和持续发展。

2. 推进新时代东北全面振兴形成对国家重大战略的坚强支撑

东北在产业、资源、生态、区位等方面具有良好基础，机器人、医疗CT、高档数控机床、燃气轮机、大型油轮等产品，在国际市场具有一定竞争力。同时，东北拥有一亿人口规模，有巨大的市场需求和消费潜力。这些是东北扩大内需、服务构建新发展格局的良好基础和有利条件。所以东北地区要把扩大内需这个战略基点和供给侧结构性改革这条主线有机结合起来，在构建新发展格局中实现东北全面振兴，以东北全面振兴更好服务构建新发展格局。一方面，要充分发挥东北在产业数字化方面的场景资源优势和数字产业化方面的数据资源优势，做好场景资源和数据资源开放，推动数字经济和实体经济深度融合，培育壮大数字产业集群。另一方面，在产业优势领域精耕细作，实施好产业基础再造工程，打牢基础零部件、基础工艺、关键基础材料等基础。

在“五大安全”中形成对国家重大战略的坚强支撑。习近平总书记深刻指出，东北地区是我国重要的工业和农业基地，维护国家国防安全、粮食安全、生态安全、能源安全、产业安全的战略地位十分重要，关乎国家发展大局。东北地区是新中国工业的摇篮和我国重要的工业与农业基地，拥有一批关系国民经济命脉和国家安全的战略性产业，资源、产业、科教、人才、基础设施等支撑能力较强，发展空间和潜力巨大。加快东北全面振兴，是推进经济结构战略性调整、提高我国产业国际竞争力的战略举措，是促进区域协调发展、打造新经济支撑带的重大任务，是优化调整国有资产布局、更好发挥国有经济主导作用的客观要求。加快东北全面振兴，是完善我国对外开放战略布局的重要部署，是维护国家粮食安全、打造北方生态安全屏障的有力保障。

“五大安全”是对东北振兴的时代定位。从东北定位的变化，可以看到我国区域协调发展的新思路、新战略。中央不再强调各地区的GDP增长排名，而是从全国一盘棋的角度来确定不同区域的定位，强调各地发挥自己优势，区域间互助共济，让优势地区有更大的发展空间。在新时代的历史方位中，东北振兴要从统筹推进“五位一体”总体布局、协调推进“四个全面”战略布局的角度去把握。这个定位对于东北是时代要求，更具使命意味。东北承担着维护国家“五大安全”的任务，要把维护“五大安全”作为政治使命①。

3. 以优化营商环境为基础，全面深化改革

发展的竞争，很大程度上是营商环境的竞争。习近平总书记在主持召开的深入推进东北振兴座谈会上，将“以优化营商环境为基础，全面深化改革”

---

① 梁启东.新阶段、新理念、新格局下东北振兴的新思路[EB/OL].（2023-01-31）[2021-01-30]. https://theory.gmw.cn/2021-01/30/content_34585357.htm.

作为六个方面要求的第一条，这充分体现了总书记对这项工作的重视与关心，充分说明了这项工作在振兴发展中的地位与作用，充分彰显了这项工作的重要性与紧迫性。要认真学习、深刻领会总书记要求，坚持问题导向，聚焦薄弱环节，抓住关键领域，通过加大改革力度，持续优化营商环境，不断为振兴发展释放红利、激发活力、增添动力。

全面深化改革，优化营商环境，注定是一场关乎全局、决定未来的持久战。困难越大、矛盾越多，越需要埋头苦干的真把式，雷厉风行的快把式，追求卓越的好把式。必须用思想的力量催动改革的步伐，以科学的方法善作善成，强化改革定力、强化创新突破、强化部门协同、强化政策落地，激发广大群众的积极性与创造性，重塑环境，重振雄风，不断把全面深化改革的大业推向前进。“经济森林”中，无论参天大树，还是花草灌木，都离不开充足的“阳光雨露”。要按照总书记的要求，以更强的决心、更大的力度、更实的举措、更优的作风重塑发展环境，就一定能迎来经济发展的枝繁叶茂、生机盎然。

4. 科学统筹精准施策，构建协调发展新格局

习近平总书记在深入推进东北振兴座谈会上明确提出，要“科学统筹精准施策，构建协调发展新格局”。要培育发展现代化都市圈，加强重点区域和重点领域合作，形成东北地区协同开放合力。要以东北地区与东部地区对口合作为依托，深入推进东北振兴与京津冀协同发展、长江经济带发展、粤港澳大湾区建设等国家重大战略的对接和交流合作，使南北互动起来。这一要求深刻体现了总书记一以贯之的战略思维和辩证思维，打开了改革创新的思路、提升了谋划全局的境界。要把东北地区振兴发展放在党和国家战略全局中去谋划、去推进，把区域协调发展作为振兴工作重点，加快构建多极发力、多点支撑的区域发展新格局①。

面向省内，要培育发展现代化都市圈。发挥沈阳、大连、哈尔滨、长春对东北地区经济发展的带动作用，在自身发展的同时，带动周边其他城市和

---

① 张世辉.激发内陆开放新动力[J].奋斗，2018(22)：13-14.

区域的发展，打造要素有序自由流动、主体功能约束有效、基本公共服务均等、资源环境可承载的区域发展新格局，实现各区域的协调发展。

立足东北，要形成东北地区协同开放合力，加强各省份在重点区域和重点领域的合作。以深入融入“一带一路”为契机，探索共建“东北亚经济走廊”，引领东北地区实现高水平开放、高质量发展。

放眼全国，要深入推进与国家重大战略的对接和交流合作。当前，东北地区与京津冀、长江经济带和粤港澳地区的合作仍然不够紧密，有非常大的交流合作空间。应进一步巩固扩大与东部地区对口合作的成果，并以此为依托，主动对接京津冀协同发展、长江经济带发展、粤港澳大湾区建设三大国家重大战略，主动参与南北互动，重点在体制机制创新、产业合作、人才交流和平台载体建设等方面有所突破，借助国家重大战略带来的发展新动力，推动振兴发展。

5. 更加关注补齐民生领域短板，让人民群众共享东北振兴成果

“民惟邦本，本固邦宁。”习近平总书记在深入推进东北振兴座谈会上明确提出，要更加关注补齐民生领域短板，让人民群众共享东北振兴成果。要确保养老金按时足额发放，确保按时完成脱贫任务，完善社会救助体系，保障好城乡生活困难人员基本生活。要加大东北地区公共基础设施领域的投资力度，支持东北地区轨道交通、集中供热、网络宽带等城市基础设施建设。这些重要论述，贯穿着以人民为中心的发展思想，体现了为人民谋幸福的不变初心。要更加深刻认识民生工作的重要性和紧迫性，带着党性、带着责任、带着感情，以更大力度、更实举措做好民生工作，使人民获得感、幸福感、安全感更加充实、更有保障、更可持续。

更加关注补齐民生领域短板，需要紧紧抓住人民最关心最直接最现实的利益问题，坚持问题导向、直面难点痛点，注重在整体推进的基础上把握关键环节，一件事情接着一件事情办，一年接着一年干，把好事办好、实事办实，让人民群众更多更公平享受到振兴发展成果。

（四）新时期沈阳振兴发展展望

从新时期沈阳振兴发展目标看，到 2025 年，沈阳将建成东北地区功能完善、辐射带动力强的重要中心城市；到2035年，建成国家战略布局中具有重要地位的中心城市。沈阳以建设国家中心城市为目标，着力推进“一枢纽、四中心”建设，充分发挥对周边城市辐射带动作用，引领沈阳现代化都市圈建设提质增效，全力打造新型工业化示范区、东北振兴发展增长极。建设国家现代综合枢纽方面，沈阳将构建航空、铁路、公路、物流、信息等畅通发达的枢纽网络。建设国家先进制造中心方面，沈阳将实施“工业立市、制造强市”战略，着力做好改造升级“老字号”、深度开发“原字号”、培育壮大“新字号”三篇大文章，还将全力打造一批“大国重器”，包括推进重大关键技术装备国产化攻关，积极发展大型双龙门、重型落地式铣镗等战略核心产品。建设综合性国家科学中心方面，沈阳将打造“一城三区、一园多组团”的科技创新空间体系。建设区域性金融中心方面，沈阳将依托金融商贸开发区、和平金融街、浑南科技城，加快构建“一区一街一城”的现代金融服务布局，支撑区域性金融中心建设。建设区域性文化创意中心方面，沈阳将着力打造标志性文化地标群。同时，沈阳在绿色低碳发展、改造升级“老字号”、培育壮大“新字号”、引育壮大新动能，以及“一网通办”“一网统管”五方面，为辽宁省做出示范。

第三节　相关文件和配套政策

东北振兴战略实施以来，各级政府出台的相关文件和配套政策随着东北地区发展形势的变化而不断调整，政策问题导向鲜明，涵盖领域广、涉及面多，有力指导新时代东北全面振兴全方位振兴。

一、国家出台的主要相关文件和配套政策

党中央、国务院高度重视东北地区发展，国家出台了一系列支持、推动东北地区振兴发展的政策措施。近年来，东北振兴政策体系不断完善，为东

北振兴发展指引方向、指明路径。

（一）国家推进东北振兴相关政策的演进特点

1. 两个标志性政策文件引领两个阶段东北振兴

国家支持东北振兴始于20世纪80年代，迄今为止，主要分三个阶段，两个关键政策文件引领两个阶段东北振兴。20世纪八九十年代为第一阶段，该阶段以老工业基地调整改造为主，尚未形成东北振兴的区域战略。2003年后十年左右为第二阶段，该阶段以解决老工业基地历史遗留问题、振兴东北经济为主，2003年10月，中共中央、国务院印发《关于实施东北地区等老工业基地振兴战略的若干意见》（中发〔2003〕11号），标志着东北地区等老工业基地振兴战略启动实施，该文件明确加快东北等老工业基地振兴的重大战略意义，提出振兴东北地区等老工业基地的指导思想和原则，提出加快体制创新和机制创新、全面推进工业结构优化升级、大力发展现代农业、推进资源型城市经济转型等重要举措，中央有关部门、东北三省在该文件的基础上制定一系列相关政策，支持东北地区改革发展，该文件引领了第二阶段东北振兴。党的十八大以来为第三阶段，全面振兴为该阶段东北振兴战略的重点，2016年2月出台《关于全面振兴东北地区等老工业基地的若干意见》（国务院公报2016年第13号），该文件是继2003年《关于实施东北地区等老工业基地振兴战略的若干意见》（中发〔2003〕11号）出台实施后，党中央、国务院在新的历史条件和时代背景下对东北地区等老工业基地振兴战略的丰富、深化和发展。该文件客观分析了新时期东北地区经济社会发展面临的复杂形势，明确新时期东北全面振兴的重要意义、总体思路和发展目标，提出着力完善体制机制、着力推进结构调整等新时期重要举措，标志着新一轮东北振兴战略正式启动实施，也标志着东北振兴进入全面振兴的新阶段，引领第三阶段东北振兴。

2. 不同阶段政策文件体系坚持问题导向

问题导向贯穿不同阶段东北振兴战略的政策体系，是科学制定各项政策的重要保障。第一阶段针对老工业基地衰退，国家政策致力于解决老工业基地企业技术、产品结构、组织架构和发展模式，产业结构等方面的问题，以实现老工业基地振兴。第二阶段振兴东北老工业基地成为一项国家战略，针对该阶段东北经济增长乏力，老工业基地历史遗留问题过多的困境，该阶段聚焦以改革破解新世纪初东北地区等老工业基地面临的各种历史遗留问题。第三阶段在世界经济增速放缓、我国经济下行压力加大的大背景下，针对东北地区经济增长再次陷入低迷，部分行业和企业生产经营困难，体制机制的深层次问题进一步显现的现实困境，特别是经济增长新动力不足和旧动力减弱的结构性矛盾突出的问题，为全面振兴东北地区等老工业基地，从根本上解决经济社会发展的体制性、机制性、结构性矛盾，十八大以来我国开启新一轮东北振兴，出台了一系列体制机制改革举措，培育壮大东北地区经济增长新动能。

3. 政策坚持与时俱进

习近平总书记指出，在认识世界和改造世界的过程中，旧的问题解决了，新的问题又会产生，制度总是需要不断完善的。东北振兴战略相关的政策文件也随着我国经济社会发展不断调整（见表 1–1）。例如，针对资源型城市出现的经济结构失衡、失业和贫困人口较多、接续替代产业发展乏力、生态环境破坏严重、维护社会稳定压力较大等问题，2007 年发布《国务院关于促进资源型城市可持续发展的若干意见》（国发〔2007〕38 号），特别提出东北地区是资源型城市较为集中的区域。要把促进资源型城市可持续发展作为振兴东北地区等老工业基地的一项重要任务。2015 年党的十八届五中全会提出的五大发展理念中，创新居于首位，全会从我国经济社会发展战略全局高度，确立了创新在发展全局中的核心地位。2016 年《国务院关于深入推进实施新一轮东北振兴战略加快推动东北地区经济企稳向好若干重要举措的意见》（国发〔2016〕62 号）中与时俱进地提出推进创新转型，培育发展动力，强调大力培育新动能，加快创新载体和平台建设，与五中全会精神保持高度一致。

表 1–1　　国家出台的推动东北振兴的纲领性综合性文件

《中共中央 国务院关于实施东北地区等老工业基地振兴战略的若干意见》（2003 年）
《国务院关于成立国务院振兴东北地区等老工业基地领导小组的决定》（2003 年）

续表

《国务院办公厅关于促进东北老工业基地进一步扩大对外开放的实施意见》(2005 年)
《国务院关于加快振兴装备制造业的若干意见》(2006 年)
《国务院关于促进资源型城市可持续发展的若干意见》(2007 年)
《国务院关于东北地区振兴规划的批复》(2007 年)
《国务院关于进一步实施东北地区等老工业基地振兴战略的若干意见》(2009 年)
《国务院关于东北振兴"十二五"规划的批复》(2012 年)
《全国老工业基地调整改造规划(2013—2022 年)》
《中共中央 国务院关于全面振兴东北地区等老工业基地的若干意见》(2016 年)
《国务院关于深入推进实施新一轮东北振兴战略加快推动东北地区经济企稳向好若干重要举措的意见》(2015 年)
《国务院关于东北振兴"十三五"规划的批复》(2016 年)
《国务院办公厅关于印发〈东北地区与东部地区部分省市对口合作工作方案〉的通知》(2017 年)
《国务院关于东北全面振兴"十四五"实施方案的批复》(2021 年)

(二)分重点领域主要文件配套政策

根据国家东北振兴战略相关文件的精神和具体内容，将相关政策梳理为深化体制机制改革、产业结构调整升级、保障和改善民生、扩大对外开放、改善营商环境五个领域(见表 1–2)。

1. 深化体制机制改革

一是该领域涵盖分离企业办社会职能，国有企业政策性关闭破产，减轻企业负担三个方面，着力为东北地区等老工业基地卸下历史包袱，以缓解企业生产经营困境，提高传统支柱产业的竞争力。二是在深化体制机制改革的相关政策中国家主要给予一定的税收、补贴等优惠政策，重视制度构建，注重发挥市场在资源配置中的重要作用，强调提高市场化程度以解决经济发展活力不足的关键问题。例如 2004 年国务院办公厅《关于中央企业分离办社会职能试点工作有关问题的通知》中明确提出分离企业办社会职能，切实减轻国有企业的社会负担，是深化国有企业改革、实现政企分开、提高国有企业竞争力、完善社会主义市场经济体制的一项重大举措。

2. 产业结构调整升级

一是国家层面产业结构调整升级涉及的领域由第二产业逐步扩展至第三产业和第一产业，例如，2010年国家旅游局、国家发展改革委《关于印发〈东北地区旅游业发展规划〉的通知》为推动旅游业成为东北老工业基地全面振兴的重要支柱产业进行了全面谋划。二是产业结构调整升级的相关政策注重发挥东北地区的比较优势，例如，2010年《关于加快转变东北地区农业发展方式建设现代农业的指导意见》聚焦东北地区的农业资源优势，提出建立现代农业产业体系、创新现代农业经营机制、完善现代农业市场流通体系等举措。三是注重发挥科学技术在产业结构调整中的重要作用，早在2005年国家发展改革委、国务院振兴东北办《关于发展高技术产业促进东北地区等老工业基地振兴的指导意见》的通知就指出，高技术能够有效地促进产业多元化、多层次发展，高技术是有效解决老工业基地发展面临矿产资源枯竭、生产方式粗放等突出问题，保证经济可持续发展的战略性措施和重要途径[①]。

3. 保障和改善民生

一是关注东北地区等老工业基地困难企业职工和低收入家庭的民生改善。例如，2004年《中共中央 国务院关于实施东北地区等老工业基地振兴战略的若干意见》提出支持和引导国有困难企业职工集资合作建房，完善供热救助保障制度，切实保障困难企业职工和最低收入居民家庭的基本采暖需求。二是充分发挥制度改革与制度创新在保障和改善民生中发挥的重要作用。例如，辽宁是全国完善城镇社会保障体系试点省份，2011年《关于促进东北地区职业教育改革创新的指导意见》提出积极探索建立适应东北地区现代产业体系建设需要的现代职业教育体系，推进职业教育产教结合等改革创新举措。

4. 扩大对外开放

《东北振兴“十三五”规划》提出主动参与推进“一带一路”建设，加快推进国际产能和装备制造合作，优化对外开放布局，将东北地区打造成为

---

① 王丽.20世纪50年代以来东北和台湾产业发展历程比较分析[D].长春：吉林大学，2007.

我国向北开放的重要窗口和东北亚地区合作的中心枢纽。

5. 改善营商环境

2016年《关于推进东北地区民营经济发展改革的指导意见》提出，探索完善有利于民营经济长足发展的政策环境，探索营造有利于民营经济公平发展的市场环境等举措。

表1–2　　国家出台的分重点领域主要文件和配套政策

一、关于深化体制机制改革	（一）分离社会办企业职能	《国务院办公厅关于中央企业分离办社会职能试点工作有关问题的通知》（2004年）
		《国务院办公厅关于第二批中央企业分离办社会职能工作有关问题的通知》（2005年）
		《国务院关于同意东北地区厂办大集体改革试点工作指导意见的批复》（2005年）
	（二）国有企业政策性关闭破产	《国务院办公厅转发国资委关于加快东北地区中央企业调整改造指导意见的通知》（2004年）
	（三）减轻企业负担	《国家税务总局关于加强东北地区扩大增值税抵扣范围管理有关问题的通知》（2004年）
		《财政部 国家税务总局关于印发〈东北地区扩大增值税抵扣范围若干问题的规定〉的通知》（2004年）
		《财政部 国家税务总局关于进一步落实东北地区扩大增值税抵扣范围政策的紧急通知》（2004年）
		《财政部 国家税务总局关于豁免东北老工业基地企业历史欠税有关问题的通知》（2006年）
		《财政部 国家税务总局关于落实振兴东北老工业基地企业所得税优惠政策的通知》（2004年）
		《财政部 国家税务总局关于调整东北老工业基地部分矿山油田企业资源税税额的通知》（2004年）
二、关于产业结构调整升级		《科技部关于印发〈振兴东北老工业基地科技行动方案〉的通知》（2004年）
		《国家发展改革委 国务院振兴东北办关于〈发展高技术产业促进东北地区等老工业基地振兴指导意见〉的通知》（2005年）

续表

二、关于产业结构调整升级	《国土资源部 国务院振兴东北办关于印发〈关于东北地区老工业基地矿产资源若干政策措施〉的通知》（2005 年）
	《国家旅游局 国家发展改革委关于印发〈东北地区旅游业发展规划〉的通知》（2010 年）
	国家发展改革委、农业部《关于加快转变东北地区农业发展方式建设现代农业的指导意见》的通知（2010 年）
	国家发展改革委关于印发《东北地区物流业发展规划》的通知（2011 年）
	国家发展改革委等部门《关于促进东北老工业基地创新创业发展打造竞争新优势的实施意见》（2015 年）
	国家发展改革委等部门《关于推进东北地区民营经济发展改革的指导意见》（2016 年）
	国家发展改革委等部门《关于支持老工业城市和资源型城市产业转型升级的实施意见》（2016 年）
	国家发展改革委关于印发《辽宁沿海经济带高质量发展规划》的通知（2021 年）
	国家发展改革委《关于建立东北振兴省部联席落实推进工作机制的通知》（2021 年）
三、关于保障和改善民生	《国务院关于同意辽宁省完善城镇社会保障体系试点实施方案的批复》（2001 年）
	中共中央办公厅、国务院办公厅关于印发《贯彻落实中央关于振兴东北地区等老工业基地战略进一步加强东北地区人才队伍建设的实施意见》的通知（2004 年）
	建设部关于贯彻落实《中共中央国务院关于实施东北地区等老工业基地振兴战略的若干意见》的意见（2004 年）
	建设部《关于推进东北地区棚户区改造工作的指导意见》（2005 年）
	国家发展改革委等部门《关于印发促进东北地区职业教育改革创新指导意见的通知》（2011 年）

二、东北振兴战略实施以来辽宁省出台的主要相关文件和配套政策

辽宁省在认真贯彻执行国家政策的同时，也出台了一些推动振兴的纲领性文件（见表 1–3）。一是通过制定本地区老工业基地振兴的规划将目标、政策举措、实施机制具体化、明确化、精准化。例如，2005 年《辽宁老工业基地振兴规划》指出辽宁老工业基地振兴的具体目标包括经济结构调整取得明显成效，建立起较为完善的社会主义市场经济体制，构筑开放型经济体系等。二是在国家纲领性文件的基础上，结合辽宁省经济社会发展实际，制定本地区的实践方案，明确本地区各个职能部门的责任。例如，2016 年辽宁省人民政府发布《关于印发〈贯彻落实国务院关于深入推进实施新一轮东北振兴战略加快推动东北地区经济企稳向好若干重要举措的意见实施方案〉的通知》。三是立足当前，着眼辽宁老工业基地长远发展，以供给侧结构性改革促进全面振兴，2016 年中共辽宁省委、辽宁省人民政府《关于推进供给侧结构性改革促进全面振兴的实施意见》提出推进供给侧结构性改革的主要举措，体现了供给侧结构性改革的辽宁化。四是以全面开放引领辽宁全面振兴，全面开放涉及体制机制改革、现代产业体系构建、营商环境改善等多方面制度建设。2018 年中共辽宁省委、辽宁省人民政府《关于加快构建开放新格局以全面开放引领全面振兴的意见》提出着力破除阻碍全面开放的体制机制障碍，优化提升全面开放载体支撑，打造国际化、法治化、便利化营商环境等具体意见。

表 1–3　　辽宁省出台的推动振兴的纲领性综合性文件

中共辽宁省委、辽宁省人民政府《关于印发〈辽宁老工业基地振兴规划〉的通知》（2005 年）
辽宁省人民政府《关于印发贯彻落实国务院关于深入推进实施新一轮东北振兴战略 加快推动东北地区经济企稳向好若干重要举措的意见实施方案的通知》（2016 年）
中共辽宁省委、辽宁省人民政府《关于推进供给侧结构性改革促进全面振兴的实施意见》（2016 年）
中共辽宁省委、辽宁省人民政府《关于加快构建开放新格局以全面开放引领全面振兴的意见》（2018 年）

总体来看，辽宁省出台的老工业基地振兴相关政策主要针对六个领域，分别为深化体制机制改革、产业结构调整升级、保障和改善民生、扩大对外开放、优化营商环境、区域协调发展，其中深化体制机制改革、产业结构调整升级是重点领域（见表 1–4）。

表 1–4　　辽宁省出台的分重点领域主要文件和配套政策

一、关于深化体制机制改革	《辽宁省人民政府关于推进资本市场发展的意见》（2004 年）
	《辽宁省人民政府关于深化经济体制改革的实施意见》（2005 年）
	《辽宁省人民政府关于印发辽宁省改革驱动战略实施方案的通知》（2015 年）
	《辽宁省人民政府关于印发辽宁省科技创新驱动发展实施方案的通知》（2015 年）
二、关于产业结构调整升级	《辽宁省人民政府关于印发〈提高科技创新能力 加速老工业基地振兴若干规定〉的通知》（2006 年）
	《辽宁省人民政府关于促进流通服务业发展的意见》（2007 年）
	《辽宁省人民政府关于促进服务外包产业发展的若干意见》（2011 年）
	《辽宁省人民政府关于优化产业布局和结构调整的指导意见》（2015 年）
	《辽宁省人民政府关于加快发展生产性服务业促进产业结构优化升级的实施意见》（2015 年）
	《辽宁省人民政府关于进一步促进科技成果转化和技术转移的意见》（2015 年）
	《辽宁省人民政府关于大力发展电子商务加快培育经济新动力的实施意见》（2015 年）
	《辽宁省人民政府关于优化产业布局和结构调整的指导意见》（2015 年）
	《辽宁省人民政府关于印发辽宁省发展民营经济实施方案的通知》（2015 年）
	《辽宁省人民政府关于印发辽宁省产业（创业）投资引导基金设立方案的通知》（2015 年）
	《辽宁省人民政府关于推进服务业供给侧结构性改革的实施意见》（2016 年）
	《辽宁省人民政府关于加快商贸流通创新发展转型升级的意见》（2016 年）
	《辽宁省人民政府关于推进农业供给侧结构性改革的实施意见》（2016 年）
	《辽宁省人民政府关于促进加工贸易创新发展的实施意见》（2016 年）
	《辽宁省人民政府关于推进工业供给侧结构性改革的实施意见》（2016 年）

续表

	《辽宁省人民政府关于印发辽宁省深化制造业与互联网融合发展实施方案的通知》（2016 年）
	《辽宁省人民政府关于加快发展服务外包产业的实施意见》（2016 年）
	《辽宁省人民政府关于大力发展现代物流业的实施意见》（2018 年）
	《中共辽宁省委、辽宁省人民政府关于加快民营经济发展的若干意见》（2018 年）
三、关于保障和改善民生	《辽宁省人民政府关于进一步推进棚户区改造工作的意见》（2014 年）
	《辽宁省人民政府关于印发进一步做好城镇棚户区和城乡危房改造及配套基础设施建设工作实施方案的通知》（2015 年）
	《辽宁省人民政府关于深入实施就业优先政策进一步做好稳就业工作的若干意见》（2020 年）
四、关于扩大对外开放	《辽宁省人民政府关于加快推进东北亚经贸合作打造对外开放新前沿的意见》（2019 年）
	《辽宁省人民政府关于印发进一步深化中国（辽宁）自由贸易试验区改革开放方案的通知》（2022 年）
五、关于优化营商环境	《辽宁省人民政府关于继续深入开展全省政府系统软环境建设的意见》（2005 年）
	《辽宁省人民政府关于取消和下放一批行政职权项目的决定》（2014 年）
	《辽宁省人民政府关于取消和下放一批行政审批项目的决定》（2015 年）
	《辽宁省人民政府关于印发辽宁省加快推进全省一体化在线政务服务平台建设实施方案的通知》（2019 年）
	《辽宁省人民政府关于取消下放调整一批省级行政职权事项的决定》（2021 年）
六、关于区域协调发展	《辽宁省人民政府关于支持“飞地经济”发展的实施意见》（2018 年）
	《辽宁省人民政府关于印发辽宁省推进“一圈一带两区”区域协调发展三年行动方案的通知》（2022 年）

（一）深化体制机制改革

一是辽宁的体制机制改革不断深化对市场作用的认识，从“充分发挥市场机制在资源配置中的基础性作用”到“切实让市场在资源配置中起决定性作用和更好发挥政府作用”，在此过程中政府与市场关系不断调适，注重激发市场活力，随着体制机制改革的深化，政府的职责是为市场在资源配置中发挥决定性作用提供更好的服务。二是国有企业改革始终是体制机制改革中的重要一环，并针对国有企业规模给出改革方向，例如，2005 年《辽宁省人民政府关于深化经济体制改革的实施意见》提出把推进国有大型企业股份制改革作为国有企业改革的重点，国有中小型企业改革要采取多种形式，通过股份制、股份合作制、合资合作、兼并重组、关闭破产、整体出售等多种形式，全面推进产权制度改革。三是完善金融市场体系，加强金融服务老工业基地振兴，例如提出建立产业金融服务体系。

（二）产业结构调整升级

一是基于辽宁老工业基地产业基础优势，围绕工业优化升级，辽宁省人民政府出台多个文件推动服务业发展，着力推进金融、现代物流、商贸流通、科技服务、信息技术服务、电子商务等生产性服务业创新发展，引领产业向价值链高端提升。例如，2015 年发文促进生产性服务业发展，2016 年推进服务业供给侧结构性改革。二是发展服务外包产业是实施辽宁老工业基地振兴，调整产业结构，转变对外贸易增长方式，走新型工业化和信息化相结合道路的有效途径，辽宁省分别于 2011 年、2016 年发文促进服务外包产业发展，给予税收优惠、财政资金支持、金融服务等一系列支持政策。三是加快发展民营经济的政策体系不断完善，涵盖改革创新民营经济发展体制机制，营造公平竞争环境，降低民营企业生产经营成本，出台金融、财税等配套支持政策，依法保护民营企业和民营企业家合法权益等多个方面。

（三）保障和改善民生

该领域政策主要涉及棚户区改造和稳就业两个方面，相关政策既贯彻落实中央相关文件精神，又充分结合辽宁省实际，明确工作目标和部门职责，以推动民生领域目标达成。

（四）扩大对外开放

辽宁在东北亚地区的区位优势、产业基础和对外开放条件，决定了辽宁在东北地区对外开放中的重要地位。一是实现高质量的引进来和走出去，一方面提高利用外资质量，例如鼓励企业在新兴产业、高端制造业、现代服务业等领域，通过投资、参股、并购等方式获取日韩俄先进技术；研究制定支持企业并购国外科技型企业的指导目录和优惠政策；促进省内高校与日韩俄知名高校、科研院所以及知名企业研发机构共同开展联合研发，促进辽宁自主创新[①]。另一方面提升对外投资水平，依托蒙古乌兰巴托国际商品展，推动沈阳五爱、鞍山西柳和辽阳佟二堡等重点专业市场集群式“走进蒙古”。二是强化服务保障，例如建立健全组织保障，各级政府要建立健全加强同东北亚经贸合作的工作协调机制；强化人才合作支撑，引进国内外智库机构，为东北亚区域开放合作提供咨询决策支持；打造一流营商环境。三是以深化改革开放推动高水平建设中国（辽宁）自由贸易试验区，现有政策涵盖体制机制改革、对标国际先进规则、产业创新发展等多方面。

（五）优化营商环境

一是加大简政放权力度，推进政府职能转变。2015 年取消和下放行政审批项目等事项 325 项，其中取消 171 项，下放 115 项，前置改后置等改变管理方式 39 项；2021 年辽宁省政府取消下放调整 59 项行政许可等职权，其中取消 25 项，下放 1 项，调整至省直相关部门行使职权 26 项，因法律法规增加行政职权事项 3 项，承接国家下放职权事项 4 项。二是以“互联网 + 政务服务”提升政务服务能力和水平，最大限度利企便民。2021 年辽宁省加快推进全省一体化在线政务服务平台建设，着力建设省政务服务平台、各市政务服务平台、省政府有关部门业务办理系统等。

（六）促进区域协调发展

一是充分发挥各地比较优势，合理分工、优化发展，例如建设沈阳现代化都市圈，辽宁沿海经济带，辽西融入京津冀协同发展战略先导区，辽

① 参见:《辽宁省人民政府关于加快推进东北亚经贸合作打造对外开放新前沿的意见》。

东绿色经济区等。二是通过建立合作与分享机制、加强支持政策等举措支持飞地经济发展，打破区划限制，构建区域协调发展新格局，例如跨省“飞地经济”合作原则上双方按 5∶5 比例进行利益分享，重大项目双方可协商确定分享比例[①]。

第四节　沈阳主要经济指标的地位变动

东北振兴战略实施以来，沈阳经济社会发展总体呈稳步发展态势，经济总量扩大，经济结构优化，经济质量提升，人民生活水平显著提高，对外开放水平进一步提升，多项经济社会发展指标均居东北 4 个副省级城市前列。但是，沈阳经济社会发展水平与深圳、广州、宁波等城市仍有较大差距，多数指标排名在全国 15 个副省级城市中未达到领先位置，这也是我国区域经济发展不均衡的重要体现，但应当看到，在全面振兴东北战略的实施下，东北地区经济社会发展有巨大潜力，未来沈阳综合实力和地位也将进一步提升。

一、经济总量、结构和人均指标变动

（一）经济总量显著提升，排名先升后降，经济增速排名靠后并基本稳定

2021 年沈阳 GDP 总量为 7249.7 亿元。2003—2021 年，沈阳 GDP 总量由 1501.0 亿元增长至 7249.7 亿元，增长 3.83 倍，经济总量显著提升，同时期年均增速高达 9.14%，经济增长速度较快。

从排名情况看，一是 GDP 总量排名（见图 1–2），2021 年沈阳 GDP 总量

① 参见：《辽宁省人民政府关于支持“飞地经济”发展的实施意见》。

在 15 个副省级城市中居中下游位置，受东北地区经济发展较慢的影响，东北地区 4 个副省级城市普遍表现不佳。2021 年沈阳、哈尔滨、长春、大连四个城市的 GDP 总量分别位居第 12 位、第 15 位、第 13 位、第 11 位，沈阳 GDP 总量在东北地区 4 个副省级城市中居第 2 位，高于哈尔滨（5351.7 亿元）、长春（7103.12 亿元）两城市，略低于大连（7825.9 亿元），与深圳（30664.85 亿元）、广州（28231.97 亿元）、成都（19917 亿元）等地相比差距明显。与历史上排名相比，沈阳 GDP 总量排名先升后降，2003 年沈阳 GDP 总量在 15 个副省级城市中排第 10 位，在一系列东北振兴的政策推动下，2012 年沈阳 GDP 总量排名上升至第 9 位，2021 年又下降至第 12 位。二是 GDP 增速排名基本稳定（见图 1-3），2021 年沈阳 GDP 增速 7%，在 15 个副省级城市中排第 11 位，较 2003 年（第 10 位）下降 1 位，与 2012 年排名保持一致。

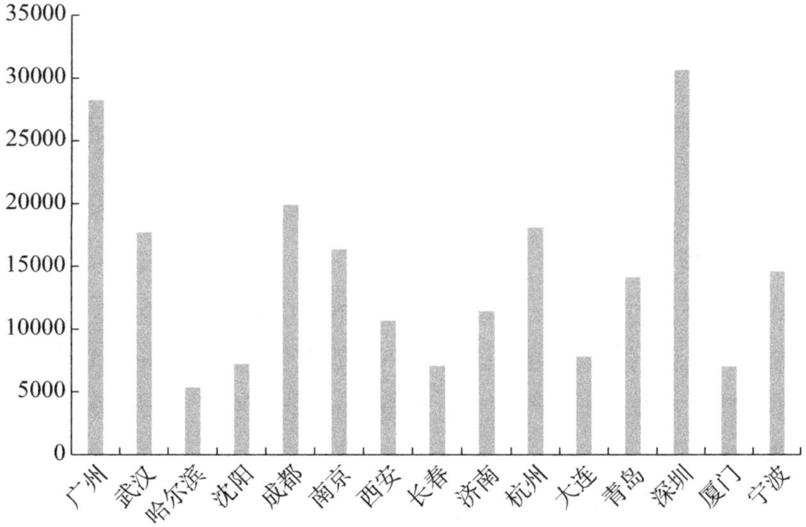

图 1-2　2021 年 15 个副省级城市 GDP 总量（亿元）

数据来源：国家统计局。

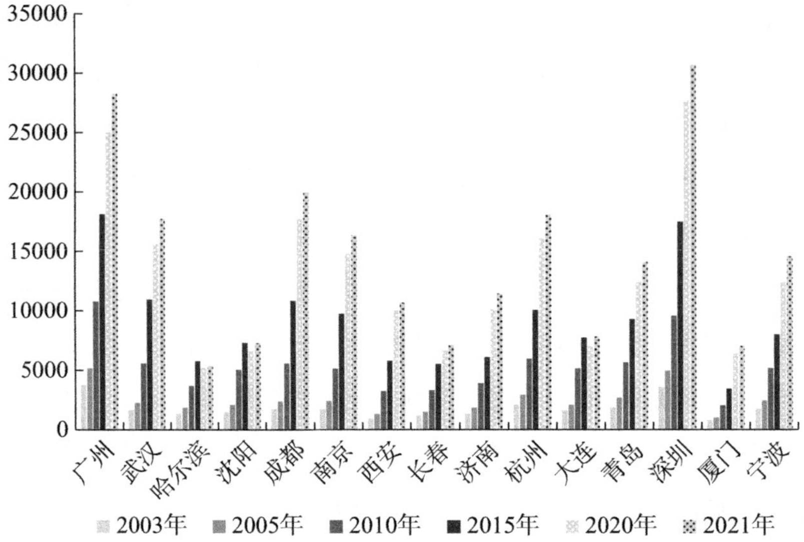

图 1-3 2003—2021 年 15 个副省级城市 GDP 总量（亿元）

数据来源：国家统计局。

（二）产业结构呈现积极变化，与其他副省级城市相比第三产业占比较高

从产业结构的变化趋势看，沈阳第一产业、第二产业占比稳步下降，第三产业占比逐步提升。2005—2021 年，沈阳第一产业占比由 6.1% 下降至 4.5%，下降 1.6 个百分点；第二产业占比由 43.5% 下降至 35.5%（见图 1-4），下降 8 个百分点，第三产业占比由 50.5% 上升至 60%（见图 1-5），上升 9.5 个百分点，产业结构持续优化。

从第三产业占比排名情况看，2021 年沈阳第三产业占比（60%）在 15 个副省级城市中排第 11 位，较排名第一的广州（71.56%）低 11.56 个百分点，在东北地区 4 个副省级城市中排第 2 位，仅低于哈尔滨（65.1%）。与历史上排名相比，2021 年沈阳第三产业占比排名较 2014 年（第 13 位）提升 2 个位次，2015 年沈阳第三产业占比仅为 47.53%。与此同时，沈阳第三产业占比高于同为传统工业强市的长春、大连等城市，2021 年长春、大连的第三产业占比分别为 50%、51.3%，均低于沈阳。

从东北地区4个副省级城市规模以上工业增加值和高技术制造业增加值增速看，2021年沈阳规模以上工业增加值比上年增长9.7%，增长较快，增速低于大连（15%），大幅高于哈尔滨（4.1%）、长春（3.2%）。其中，沈阳规模以上高技术制造业增加值比上年增长11%，取得显著增长，低于大连（18.9%），高于哈尔滨（6.9%）[①]。

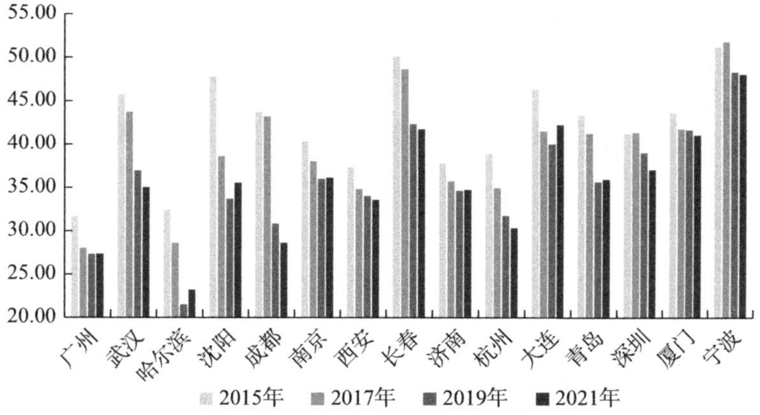

图1-4　2015—2021年15个副省级城市第二产业占比（%）

数据来源：国家统计局。

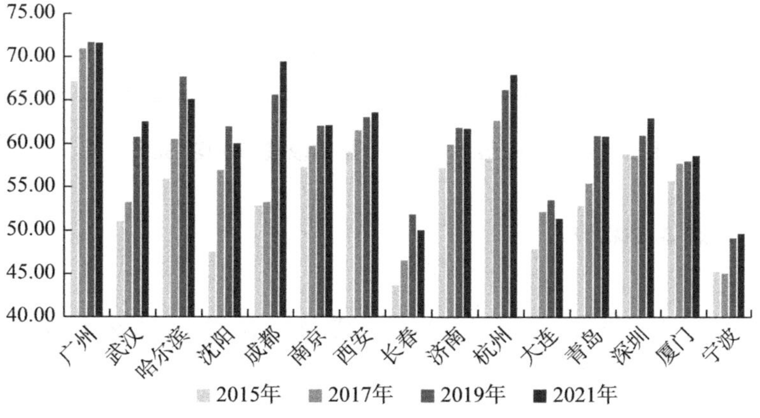

图1-5　2015—2021年15个副省级城市第三产业占比（%）

数据来源：国家统计局。

① 《2021年长春市国民经济和社会发展统计公报》不涉及高技术制造业增加值增长情况，因此无法比较。

（三）人均 GDP 稳步回升，排名先升后降

从人均 GDP 的变化趋势看（见图 1–6），在全面振兴东北的一系列政策推动下，2021 年沈阳人均 GDP 较 2016 年（65851 元）增长 13855 元，增幅达 21%。从排名情况看，2021 年沈阳人均 GDP 为 79706 元，在 15 个副省级城市中排 13 位，高于长春（78000 元）、哈尔滨（53500 元）。与历史排名相比，沈阳人均 GDP 排名先升后降，2003 年沈阳人均 GDP 在 15 个副省级城市中排第 10 位，2012 年排名上升至第 8 位，均高于 2021 年位次。

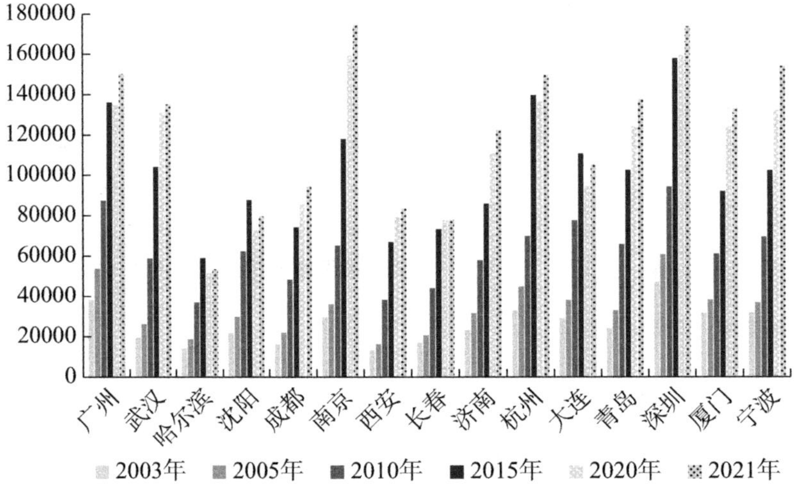

图 1–6　2003—2021 年 15 个副省级城市人均 GDP（元）

数据来源：各省统计局。

（四）居民收入持续稳定增长，城镇居民收入排名先降后升

2021 年沈阳城镇居民人均可支配收入 50566 元（见图 1–7），是 2003 年（7961 元）的 6.35 倍，呈稳定增长趋势；2021 年沈阳农村居民可支配收入为 21662 元，是 2003 年农村居民人均纯收入的 5.67 倍。2021 年城镇居民人均可支配收入是农村居民人均可支配收入的 2.33 倍。从排名情况看，一是城镇居民人均可支配收入排名，2021 年沈阳在 15 个副省级城市中排第 11

位，低于杭州（74700 元）、广州（74416 元）、宁波（73869 元）等城市，在东北地区 4 个副省级城市中排第 1 位，高于大连（50531 元）、长春（43281 元）、哈尔滨（42745 元）。与历史排名相比，沈阳城镇居民人均可支配收入排名先降后升，由 2003 年的第 12 位下降至 2012 年的第 13 位，之后又上升至 2021 年的第 11 位。二是城镇居民人均可支配收入增长排名方面，2003—2021 年间沈阳城镇居民人均可支配收入逐年增加，2021 年是 2003 年的 6.35 倍，增长幅度高于大连（5.55 倍）、长春（5.47 倍）、哈尔滨（5.41 倍），城镇居民生活水平显著提高，在东北地区较大经济下行压力情况下，取得这一成绩实属不易。三是农村居民可支配收入排名（见图 1–8），2021 年沈阳农村居民可支配收入在 15 个副省级城市中排名 12，高于哈尔滨（21512 元）、长春（18473 元）和西安（17389 元），在东北地区 4 个副省级城市中排第 2 位，仅低于大连（23763 元）。

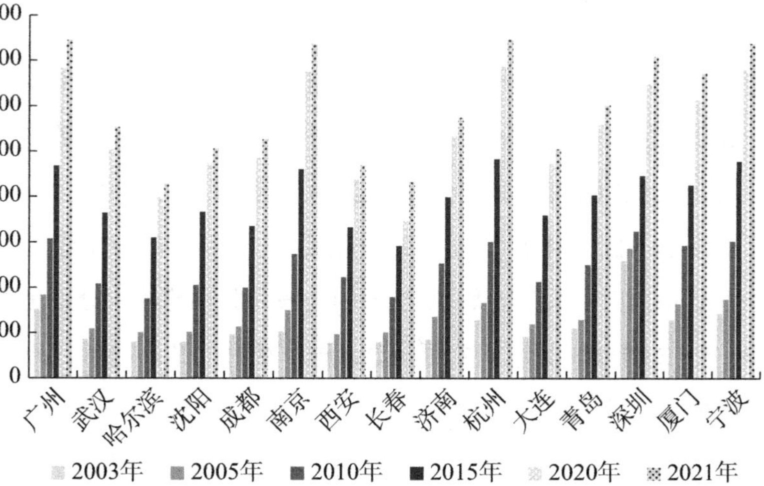

图 1–7　2003—2021 年 15 个副省级城市城镇居民人均可支配收入（元）

数据来源：国家统计局。

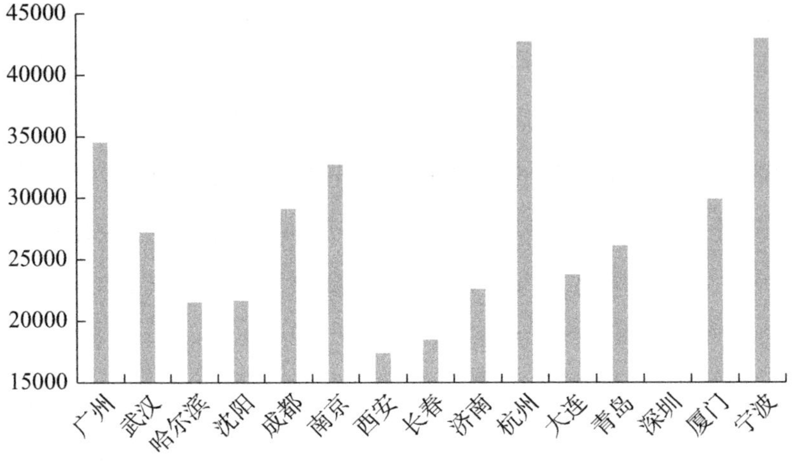

图 1-8　2021 年 15 个副省级城市农村居民人均可支配收入（元）

数据来源：国家统计局。

（五）财政收入逐年增加，规模排名有所下滑

2021 年沈阳一般公共预算收入为 773 亿元（见图 1-8），2016—2021 年，沈阳一般公共预算收入逐年增加，平均增速 4.48%。从排名情况看，2021 年沈阳一般公共预算收入在 15 个副省级城市中排 11 位，在东北地区 4 个副省级城市中排第一位，高于大连（737.6 亿元）、长春（617.09 亿元）、哈尔滨（365.8 亿元），同时，深圳、武汉、杭州的一般公共预算收入分别是沈阳的 5.5 倍、3.77 倍、3.09 倍，城市间差距明显。国家统计局数据显示，2021 年深圳、武汉、杭州、广州、南京、宁波、成都、青岛、济南 9 个城市一般公共预算收入均超千亿元（见图 1-9）。与历史排名相比，沈阳一般公共预算收入排名有一定下滑（见图 1-10），2003 年和 2012 年均在 15 个副省级城市中排第 9 位，2021 年下滑 2 位次至第 11 位。

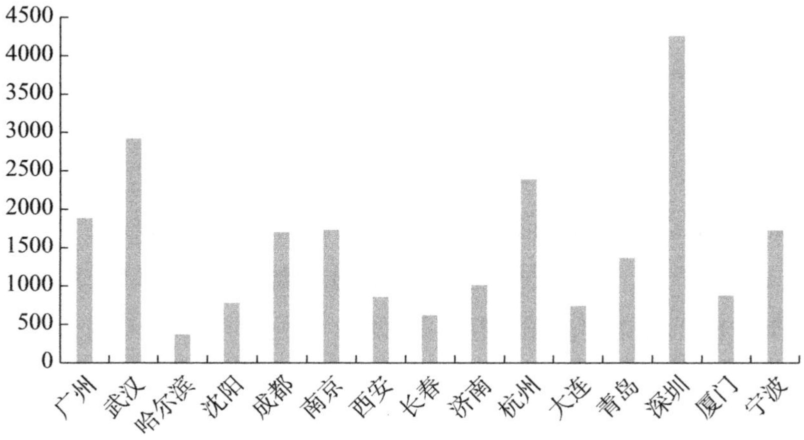

图 1-9　2021 年 15 个副省级城市一般公共预算收入情况（亿元）

数据来源：国家统计局。

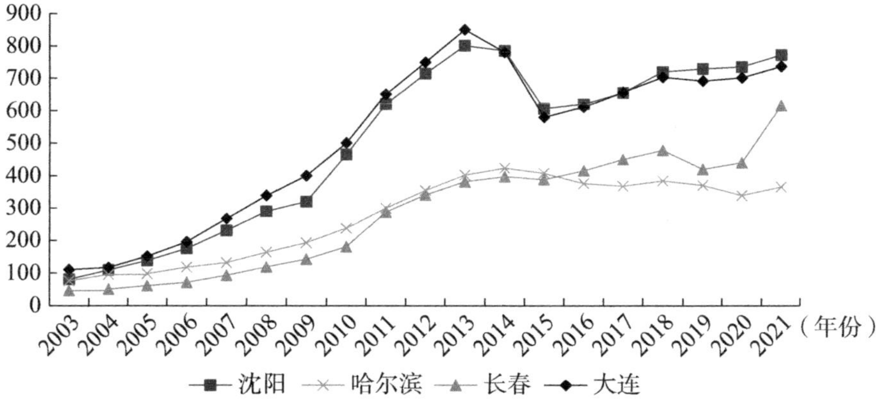

图 1-10　2003—2021 年沈阳、哈尔滨、长春、大连一般公共预算收入情况（亿元）

数据来源：国家统计局。

二、人口和城镇化指标变动

（一）人口规模持续增长，排名略有下滑

2021 年沈阳常住人口为 911.8 万人，虽不足千万，但“七普”人口总量

相比于“六普”数据增加了 92 万人，增幅达 11.4%，反映了沈阳的城市吸引力。从排名情况看（见图 1–11、图 1–12），2021 年沈阳常住人口规模在 15 个副省级城市中居 12 位，在东北地区 4 个副省级城市中居第 2 位，高于长春（908.72 万人）、大连（754 万人），低于哈尔滨（988.5 万人）。各省统计局数据显示，2021 年，成都、广州、深圳、武汉、西安、杭州、青岛 7 个城市常住人口破千万。与历史排名相比，2021 年沈阳常住人口排名较 2012 年下滑 3 个位次，2012 年沈阳常住人口 822.8 万人，在 15 个副省级城市中排第 9 位。

（二）城镇化水平稳步提高，高于传统工业强市

2021 年沈阳常住人口城镇化率为 84.97%，高于大连（82.8%）、长春（66.8%）等东北城市，也高于西安（79.49%）、武汉（84.56%）等传统工业强市，较全国平均水平（64.7%）高 20.27 个百分点。2003 年沈阳常住人口城镇化率为 73.5%，2021 年较 2003 年提高 11.47 个百分点。

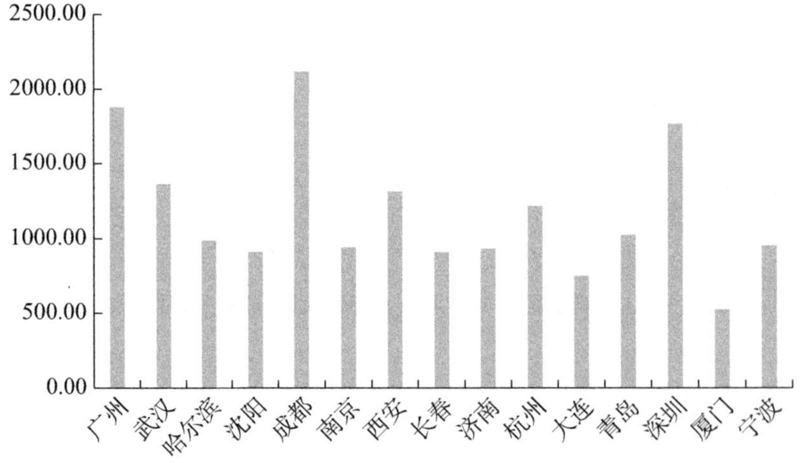

图 1–11　2021 年 15 个副省级城市常住人口规模（万人）

数据来源：各省统计局。

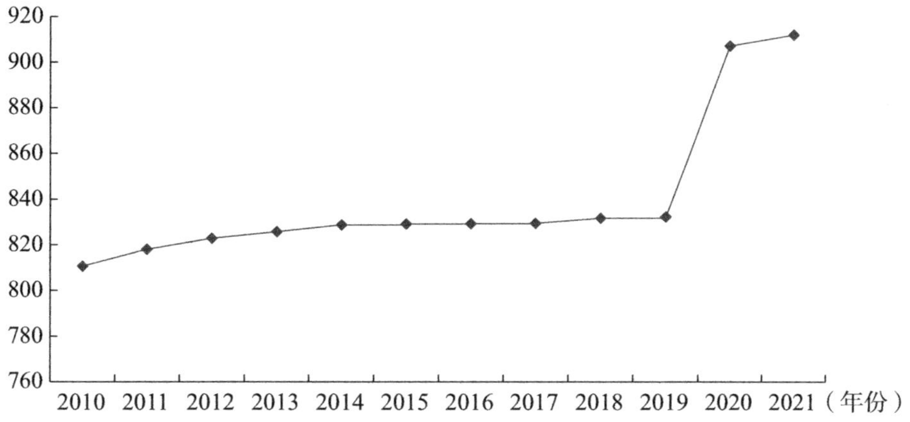

图 1-12　2010—2021 年间沈阳常住人口规模变动（万人）

数据来源：辽宁省统计局。

三、对外开放指标变动

2021 年沈阳进出口总额 1416 亿元，创历史最高水平。2016—2021 年沈阳进出口总额由 748.56 亿元增长至 1416 亿元（见图 1-13），增幅 89.16%，自全面振兴东北战略实施以来，沈阳进出口总额增幅迅速由负转正，2017 年进出口总额增幅 15.9%，较 2016 年（-14.39%）提高 30.29 个百分点，2021 年进出口总额增幅更是高达 37.7%，对外贸易稳步推进。

从排名情况看，一是进出口总额排名（见图 1-14），沈阳在 15 个副省级城市中排第 13 位，在东北地区 4 个副省级城市中排第 2 位，高于哈尔滨（344.6 亿元）、长春（1179.77 亿元），低于大连（4248.5 亿元），与排名第一的深圳（35435.57 亿元）差距显著，有较大提升空间。二是进出口总额占 GDP 比重排名，2021 年沈阳为 19.53%，在 15 个副省级城市中排第 10 位，远低于厦门（126.2%）、深圳（115.56%）、宁波（81.71%）等沿海城市，对外贸易依存度较低，在东北 4 个副省级城市中居第二位，高于长春（16.61%）、哈尔滨（6.44%），低于大连（54.29%）。

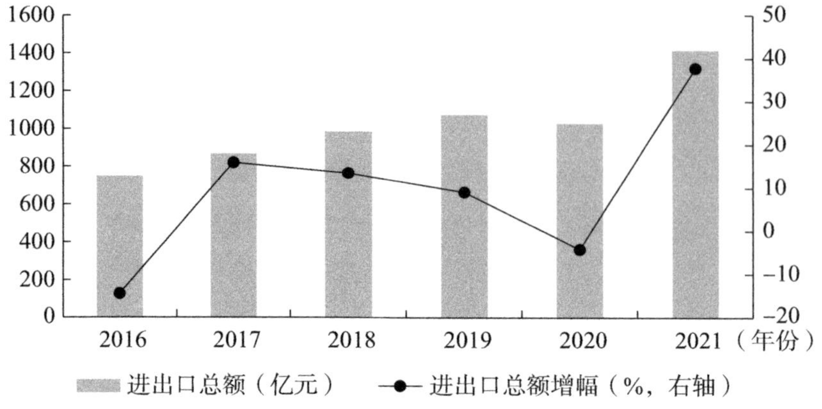

图 1–13　2016—2021 年沈阳进出口总额及进出口总额增幅

数据来源：国家统计局。

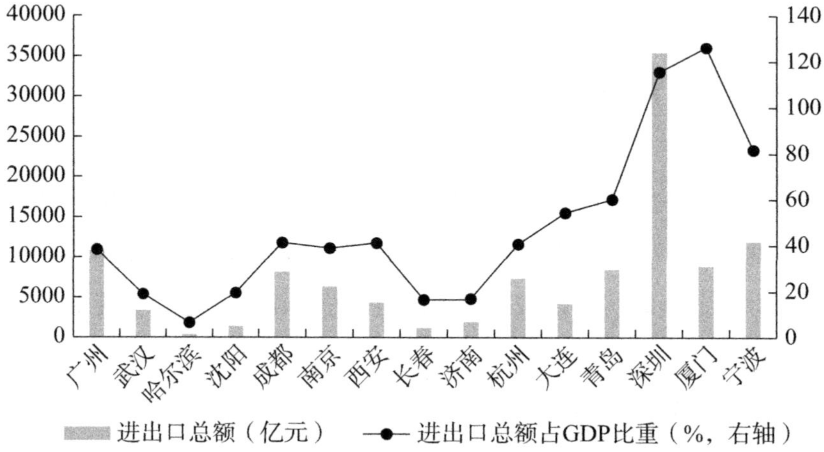

图 1–14　2021 年 15 个副省级城市进出口总额及进出口总额占 GDP 比重

数据来源：国家统计局。

参考文献：

安树伟，李瑞鹏，2018.高质量发展背景下东北振兴的战略选择[J].改革（7）：64–74.

安树伟，2018.改革开放40年以来我国区域经济发展演变与格局重塑[J].

人文杂志(6): 1–10.

蔡昉，2019.从比较优势到规模经济——重新认识东北经济[J].经济研究参考(20): 100–109.

常修泽，2020.中国东北转型通论[M].沈阳：辽宁人民出版社.

陈淮，1999.老工业基地结构调整与国企改革[J].国有资产管理(8): 20–23.

初智勇，2018.新时代推进东北振兴的思想精髓[J].奋斗(22): 14–15.

戴伯勋，沈宏达，黄继忠，1997.中国老工业基地改造的进程与启示[J].经济改革与发展(2): 49–52.

当代中国研究所，2019.中华人民共和国简史(1949—2019)[M].北京：当代中国出版社.

东北亚研究中心"东北老工业基地振兴"课题组，2004.东北老工业基地振兴与区域经济的协调发展[J].吉林大学社会科学学报(1): 14–25.

国家发展和改革委员会，2021.党领导东北地区振兴发展的历史经验与启示[J].中国经济评论(10): 12–20.

何晓明，1999.1998—1999年中国经济体制改革形势分析与展望[J].管理世界(1): 49–56.

黄泰岩，窦乐，杨洪波，2006.从经济区域比较看东北经济的振兴[J].经济理论与经济管理(8): 12–18.

江凌飞，1999.展望21世纪初的国际形势走向[J].世界经济与政治(10): 12–18.

靳继东，杨盈竹，2016.东北经济的新一轮振兴与供给侧改革[J].财经问题研究(5): 103–109.

李丹华，2019.打好组合拳：习近平擘画新时代东北全面振兴[EB/OL].(2019-12-24)[2023-02-02].http://www.qstheory.cn/zhuanqu/2019-12/24/c_1125381626.htm.

李培林，2022.理解与应对：我国新发展阶段的南北差距[J].社会发展研究，9(1): 1–13，242.

李政，2015.当前东北地区经济增长问题成因与创新转型对策[J].经济纵横（7）: 14–17.

梁启东，2021.新阶段、新理念、新格局下东北振兴的新思路[EB/OL].（2021–01–30）[2023–02–02].https://theory.gmw.cn/2021–01/30/content_34585357.htm.

辽宁省人民政府发展研究中心课题组，2015.新一轮东北老工业基地振兴政策下辽宁转型升级研究（上）[J].辽宁经济（10）: 10–16.

辽宁省人民政府发展研究中心课题组，2015.新一轮东北老工业基地振兴政策下辽宁转型升级研究（下）[J].辽宁经济（11）: 10–17.

刘海军，张文烨，李卓谦，2022.教育服务东北振兴必须统筹资源提升质量完善机制[J].辽宁经济（11）: 45–48.

刘立君，张友祥，李雨停，2023.交通发展格局演变的动力机制分析——以东北地区为例[J].安徽师范大学学报（人文社会科学版），51（1）: 144–157.

刘嗣方，2023.习近平总书记关于新时代全面深化改革方法重要论述的生成逻辑、内涵要义与多维价值[J].改革（1）: 1–17.

刘扬，2007.促进东北老工业基地持续发展的财政政策[D].大连: 东北财经大学.

牛树海，杨梦瑶，2020.中国区域经济差距的变迁及政策调整建议[J].区域经济评论（2）: 37–43.

乔哲青，2000.中国经济发展面临的国际机遇和挑战[J].经济经纬（3）: 84–87.

乔榛，路兴隆，2019.新中国70年东北经济发展: 回顾与思考[J].当代经济研究（11）: 5–12，13.

曲伟，曲晓慧，姜春海，等，2016.新一轮东北振兴的体制机制、区域合作与资源型城市转型[J].改革（9）: 59–67.

人民日报评论员，2018.坚定信心，推进新时代东北全面振兴[EB/OL].（2018–10–08）[2023–02–02].https://baijiahao.baidu.com/s?id=1613668273579459997&wfr=spider&for=pc.

盛广耀，2013.东北地区振兴战略实施效果评析[J].社会科学辑刊(2):94-101.

实现新时代东北全面振兴——解读习近平总书记在深入推进东北振兴座谈会上的重要讲话[EB/OL].(2018-09-30)[2023-02-02].https://baijiahao.baidu.com/s?id=1613024023737915143&wfr=spider&for=pc.

宋冬林，赵震宇，2007.改革期间东北地区与东部地区经济增长比较分析[J].社会科学战线(1):284-287.

宋方敏，2017.习近平国有经济思想研究概论[J].政治经济学评论，8(1):3-24.

孙久文，苏玺鉴，闫昊生，2019.新时代东北振兴的产业政策研究[J].经济纵横(9):19-28，2.

孙久文，陈超君，2021."十四五"时期东北区域经济转型路径探索[J].经济纵横(10):1-10.

孙乃民，王守安，付诚，2003.2003年东北经济区经济形势分析与预测[J].社会科学战线(1):60-69.

唐仁敏，2021.以改革创新为根本动力推进东北振兴取得新突破——国家发展改革委有关负责同志就《东北全面振兴"十四五"实施方案》答记者问[J].中国经贸导刊(3):12-14.

王建立，国田，胡淼，2021.习近平总书记在辽宁的两次考察[J].共产党员(2):48-51.

王丽，2006.20世纪50年代以来东北和台湾产业发展历程比较分析[D].长春：吉林大学.

王世雪，2021.改革开放以来党关于东北振兴战略实施的政策演变研究[D].大连：东北财经大学.

魏后凯，2017.东北经济的新困境及重振战略思路[J].社会科学辑刊(1):26-32，2.

吴前进，2008.资源型城市经济转型理论与模式优化研究[D].北京：中国地质大学.

许欣，2017.东北振兴战略演进轨迹及其未来展望[J].改革（12）：15–24.

杨荫凯，刘羽，2016.东北地区全面振兴的新特点与推进策略[J].区域经济评论（5）：85–93.

叶振宇，2015.东北地区经济发展态势与新一轮振兴[J].区域经济评论（6）：61–67.

俞正梁，2000.经济全球化进程中的新世纪世界格局[J].复旦学报（社会科学版）（1）：1–6，13.

张国宝，2007.老工业基地正在焕发新的青春[J].求是（17）：9–12.

张世辉，2018.激发内陆开放新动力[J].奋斗（22）：13–14.

张文魁，2004.东北振兴与国企改革创新[J].宏观经济管理（7）：37–39.

张宇帆，丁晓燕，2013.东北老工业基地振兴的成就与对策[J].经济纵横（6）：26–30.

张占斌，2015.经济新常态下的“新东北现象”辨析[J].人民论坛（24）：14–17.

赵昌文，2015.如何看待当前东北地区的经济状况[J].人民论坛（24）：20–22.

赵儒煜，王媛玉，2017.东北经济频发衰退的原因探析——从“产业缺位”到“体制固化”的嬗变[J].社会科学战线（2）：48–57.

周建平，程育，李天娇，2020.东北振兴战略总论[M].沈阳：辽宁人民出版社.

第二章　沈阳落实东北振兴战略的重要举措

沈阳作为我国的工业摇篮，在新中国成立初期、三线建设时期和改革开放初期为全国的工业发展和中西部的建设作出了重要贡献，但在进入20世纪90年代后，受制于结构性、体制性问题，成为“东北现象”的典型代表。同时，沈阳作为东北地区的重要中心城市，区位优势突出、工业基础雄厚、科教资源丰富、历史文化底蕴深厚。沈阳的全面振兴，事关整个东北地区的全面振兴大局。党的十八大以来，沈阳始终坚持将习近平总书记关于“四个着力”的要求落实到新一轮振兴发展的全过程，推出一系列政策举措。

第一节　沈阳振兴发展的历史背景和区域特点

沈阳区位优势突出、工业基础雄厚、科教资源丰富、历史文化底蕴深厚，在新中国成立初期、三线建设时期、改革开放初期，为全国工业的自力更生、中西部地区建设、形成门类齐全的工业体系等作出了重要贡献。但从20世纪90年代开始，受制于长期计划经济体制下积累的深层次结构性、体制性矛盾，沈阳经济遭遇转型阵痛。2003年国家提出振兴东北等老工业基地，沈阳积极落实国家战略，推动转型蝶变。

一、沈阳振兴发展的历史背景

沈阳在"一五""二五"时期、三线建设时期和改革开放初期，一直是推动全国工业发展、支援中西部地区建设的重要力量。进入 20 世纪 90 年代，在全国股份制改革的时代背景下，沈阳开始遭遇转型阵痛，成为"东北现象"的典型代表。

（一）沈阳是国家的工业摇篮，新中国成立初期被誉为"共和国装备部"

沈阳是东北地区边塞重镇、抗日战争的最前沿和国家重要的工业基地，在我国城市发展史中占有重要地位。在直奉战争时期，沈阳便建成了规模庞大、设备完善的军事工业体系，成为当时国内的工业重镇。新中国成立后，国家在沈阳建立了门类齐全、独立完整的工业体系。"一五"和"二五"期间，中央将 156 个重点项目中的 6 个放在沈阳，创造了第一枚共和国国徽、第一架喷气式歼击机、第一台金属切削车床、第一台巨型变压器、第一台鼓风机等新中国百余个第一。

（二）三线建设时期，沈阳承担了艰巨而繁重的国防、科技、工业等建设任务

按照"好人好马上三线"的原则，沈阳将工业实力雄厚企业中的优秀干部、技术骨干和先进设备陆续派遣至四川、贵州、甘肃、宁夏、青海等地。1950 至 1989 年间，沈阳铁西区共有 48 个企业参与援建，先后共派出 23304 人，其中厂级干部 94 人、中层干部 7000 人、技术工人 16210 人。其中三家企业进行全厂搬迁，23 家企业包建新厂，29 家企业车间整体划拨。代培人员 13221 人，受援省区市 29 个，受建市县 121 个，受建企业 526 个。

（三）改革开放初期，沈阳为全国形成门类齐全的工业体系作出了重大贡献

在改革开放初期和经济转型期，沈阳依托雄厚的工业基础，向沿海开放

城市进行人才、技术、思想输出，走在改革开放的前列。这一时期，沈阳开始尝试打破僵化的计划经济体制，建立社会主义市场经济体制，在改革国有企业、建立生产要素市场、优化所有制结构等方面进行了一系列积极有效的实践探索。1986 年 8 月，沈阳正式宣告沈阳市防爆器械厂破产。同期，沈阳较早开展了厂长（经理）负责制、租赁制、股份制、资产经营责任制和国有企业破产试点，为全国公有制企业改革提供了可借鉴的成功经验。

（四）20 世纪 90 年代后，长期计划经济体制下积累的深层次结构性、体制性矛盾使沈阳经济遭遇转型阵痛

在全国股份制改革的时代背景下，沈阳全市多数国有企业处于停产或半停产状态，大批国有企业亏损、破产，造成大量产业工人下岗，人才急剧流失，沈阳工业发展步入低谷。其中，铁西区作为装备制造业集聚区，下岗职工负担最重、困难最多，铁西区 75 万人口中有近 50 万人下岗。沈阳也因此成为“东北现象”的典型代表。

（五）2003 年以来，沈阳积极落实国家振兴东北等老工业基地战略，推动转型蝶变

2003 年 10 月，《中共中央 国务院关于实施东北地区等老工业基地振兴战略的若干意见》印发实施，开启了东北等老工业基地振兴的征程。此前，沈阳在 2002 年已实行铁西区和沈阳经济技术开发区合署办公，推动工业企业“东搬西建”，在全市推进企业战略重组和产业升级。2007 年，国家发展改革委、国务院振兴东北办授予沈阳市“铁西老工业基地调整改造暨装备制造业发展示范区”称号，标志沈阳实施振兴东北等老工业基地战略已取得阶段性成果。2010 年，经国务院同意，国家发展改革委正式批复沈阳经济区为国家新型工业化综合配套改革试验区。经过 20 年的努力，沈阳在振兴发展中已取得阶段性成效，重点领域体制机制改革持续推进，带动经济总量迈上新台阶、结构调整扎实推进、城市面貌大幅提升、民生保障明显改善。

二、沈阳区域特点

沈阳是我国具有综合性优势的区域中心城市，东北地区重要的中心城市，具有枢纽地位明显、产业门类齐全、科创优势突出、高等教育发达、文化底蕴深厚等特点。

（一）区位优势突出

沈阳作为东北地区区域中心城市，地处东北亚经济圈和环渤海经济圈的中心位置，在《全国城镇体系规划（2006—2020 年）》被确定为全国九大一级综合交通枢纽城市之一，既是长三角、珠三角、京津冀地区通往关东地区的综合枢纽中心，也是我国通向东北亚、连接欧亚大陆桥的重要节点。目前沈阳建有东北地区最大的民用航空港，截至 2022 年 10 月，沈阳机场共有 33 家国内外航空公司执行航线 164 条，平均每天计划航班量 516 架次，通航城市 98 座。沈阳拥有全国最大的铁路编组站和最高等级的高速公路网，包括哈大、沈丹、秦沈、京沈 4 条高铁，京哈、沈山、沈吉、沈大、沈丹、苏抚 6 条国家干线铁路。沈阳现有美国、日本、法国、德国等 7 国驻沈总领事馆和多家国外（境外）驻沈官方机构，国外机构数量居东北地区之首。

（二）工业基础雄厚

沈阳作为全国重要的装备制造业基地，是新中国的工业摇篮，被誉为“共和国装备部”和“东方鲁尔”。全市产业门类齐全，全国 41 个大类工业行业中，沈阳有 39 个，工业具体门类达 165 个。德国宝马、美国通用、法国米其林等 94 家世界 500 强企业已在沈阳设立企业 163 家。具体来看，沈阳是全国七大汽车产业基地之一，现有铁西、大东两大汽车产业园区，华晨宝马、上通北盛等 8 个整车生产企业，宝马铁西工厂是德国宝马集团在全球设立的最大规模的生产基地。沈阳是全国重要的军、民航空航天研发制造基地。近年来，沈阳打造的 120 万吨乙烯三机、1100 千伏变压器、页岩气压裂成套装备、华龙一号核主泵等设备，为天宫、神州、大飞机等国家重大工程作出了突出贡献。沈阳还是全国重要的数控机床生产基地，机器人产业规模位于全国前列，IC 装备产业综合实力位列全国三甲，中高档数控机床产销量、市场占有率均居国内同行业前列。

（三）科教资源丰富

沈阳是我国最早建立现代科学技术体系的城市之一，拥有东北大学、辽宁大学等全日制普通高等院校 47 所，是东北地区本科高等院校数量最多的城市，也是东北地区唯一涵盖了综合、理工、医药、农林、艺术、体育、建筑、军事、警务九大类别高校的城市。全市拥有两院院士 24 名，中科院自动化所、中科院金属研究所等独立科研技术开发机构 107 个，省级以上重点实验室 316 个，工程实验室、工程技术研究中心 399 个，省级以上企业技术中心 171 个。材料科学国家研究中心、中科院机器人与智能制造创新研究院、中国科学院大学机器人学院等一批“国字号”创新平台在沈布局。沈鼓集团是我国唯一具有 HAF 体系核一二三级泵许可证及美国 ASME 体系核电 N、NPT 等钢印的企业，626 所风洞实验室成为行业领域内国家唯一的技术中心（实验室）。

（四）历史文化底蕴深厚

沈阳有 7200 年文明史，2300 多年建城史，拥有深厚的工业文化底蕴，在老工业基地建设发展和改革开放的不同时期，先后涌现出大批创业英模，形成了沈阳人引以为豪的“爱岗敬业、争创一流、艰苦奋斗、勇于创新、淡泊名利、甘于奉献”劳模精神和规模庞大的大国工匠队伍，新中国成立后全市共推荐评选全国和省市各级劳模 2.9 万人次。铁西区工人村、铸造博物馆、蒸汽机博物馆等工业文化遗存，都展现了沈阳厚重的工业历史和工业文化。

三、不同时期沈阳振兴发展要解决的主要问题

（一）前一轮振兴发展重点解决生存问题

在 2003 年东北振兴战略实施之初，沈阳主要面临传统支柱产业竞争力

减弱、骨干企业经营困难、民生保障压力大等突出困难，如何保障生存是这一时期政策措施的主要着眼点。2003年印发的《沈阳老工业基地振兴规划纲要》明确提出，要在7年时间里分三步走，完成沈阳老工业基地调整改造的主要任务。第一步是在2003—2005年，初步完成调整改造任务，实现体制与机制创新取得突破性进展、产业结构得到有效调整、工业整体形象明显改观、基本形成新的区域产业发展格局、初步建立起社保体系。第二步是在2005—2007年，实现经济的快速发展，推动体制与机制创新再上新台阶、产业结构进一步优化、工业竞争力显著增强、区域布局全面展开、基本建立起社保体系。第三步是在2007—2010年，实现沈阳老工业基地全面振兴，要建立起较为完善的市场经济体制和运行机制，产业结构实现高级化，以技术创新为核心的国际竞争力明显提高，扩大养老保险覆盖面，完善基本医疗保险制度，改善就业，强化公共服务功能，深化行政体制改革。

（二）新一轮振兴发展重点解决提高质量效益的发展问题

2003—2012年，沈阳经济经历了"黄金十年"。这十年，重化工业快速发展，这与沈阳原本的产业结构高度契合，因此带动了全市经济的较快增长。但是，过分看重GDP增速也掩盖了沈阳改革不到位、不深入的问题。当我国经济进入转型期，沈阳经济结构难以及时适应这种转型，随即出现了比全国其他城市更大幅度的经济下滑。针对于此，2017年印发的《沈阳振兴发展战略规划》在振兴发展战略方面，提出实施国际化战略，紧紧抓住国家"一带一路"倡议和自由贸易试验区建设的机遇，通过"走出去、引进来"，进一步提高对外开放水平，着力建设国际要素汇聚平台，增加产业国际竞争力，提升城市国际化水平。实施区域一体化战略，着眼于拓展区域发展空间、释放发展潜力，深化与京津冀等区域的分工协作，完善沈阳经济区的区域合作机制和利益协调机制，构建内外有效衔接、条块充分互动、陆海深度统筹的区域发展新格局。实施城市空间优化战略，通过"多规合一"，整合城市发展空间，构建理想山水格局，增强城市的整体性、系统性和生长性，促进国土空间的合理开发利用，逐步形成人口、经济、资源环境相协调的空间开发格局，提升对经济社会发展的承载能力。实施产业多元化战略，坚持市场化导向，通过搭建服务平台，加强产业整合，增强城市功能，打造完整的产业链条和产业集群，形成战略性新兴产业和传统制造业并驾齐驱、现代服务业和传统服务业相互促进、信息化和工业化深度融合、军民融合发展的新格局，打造具有全球影响的现代制造业基地。实施人的现代化战略，深入实施“盛京人才”计划，建立与国际接轨的人才集聚机制，大力引进海内外高层次人才，集聚产业急需紧缺人才，加大各类优秀人才扶持培养力度，充分激发各类人才创造活力，全方位提升劳动者素质，提升人的发展能力，促进人与城市良性互动发展。

第二节　党中央对沈阳振兴发展的总体要求

党的十九届五中全会要求“推动东北振兴取得新突破”。习近平总书记多次赴东北地区考察，提出东北地区要以优化营商环境为基础，全面深化改革；以培育壮大新动能为重点，激发创新驱动内生动力；科学统筹精准施策，构建协调发展新格局；更好支持生态建设和粮食生产，巩固提升绿色发展优势；深度融入共建“一带一路”，建设开放合作高地；更加关注补齐民生领域短板，让人民群众共享东北振兴成果。2022 年 8 月，习近平总书记在辽宁考察期间强调“在新时代东北振兴上展现更大担当和作为，奋力开创辽宁振兴发展新局面”。沈阳作为辽宁省首府，同时也是东北地区唯一的国家全面创新改革试验区、国家自主创新示范区、国家大数据综合试验区、国家优化金融生态综合改革试验区和“中国制造 2025”试点示范城市，是全面振兴东北等老工业基地重大战略决策落实的重要载体。从习近平总书记赴辽宁考察、两会参加辽宁代表团审议时作出的重要指示，以及党中央、国务院关于东北等老工业基地振兴发展的政策文件中关于沈阳的任务内容来看，勇当全面创新改革试验先锋、建设具有国际竞争力的先进装备制造业基地、率先形成多元发展的产业发展格局、建成支撑东北地区与重大战略融合发展的战略支点、打造人民共享振兴成果的宜居宜业之城，是党中央、国务院对沈阳振兴发展提出的要求，也是沈阳应聚焦并取得新突破的重点领域。

一、勇当全面创新改革试验先锋

沈阳曾是全国工业化程度最高的城市之一，铁西区在 20 世纪 50 年代便集中了 500 多家国有企业，但长期计划经济体制下积累的深层次结构性、体制性矛盾，造成沈阳的经济在 20 世纪 90 年代遇到了很大困难，成为“东北现象”的典型代表。国资国企体制改革是沈阳必须回答好的课题。习近平总书记在 2013 年 8 月、2018 年 9 月，两次到辽宁考察，深入国企调研，围绕国企改革作出一系列重要指示。在 2017 年两会参加辽宁代表团审议时指出，要把国有企业作为辽宁振兴的“龙头”，坚定不移把国有企业做强做优做大，培育核心竞争力，争当创新驱动发展先行军。东北振兴战略实施以来，国家授权沈阳多项先行先试任务，沈阳国企增量型混改成为老工业基地国企改革新模式，科技成果转化模式在全省推广，“三权”改革、军民融合等方面举措入选全国经验，正式启动辽宁沈阳区域性国资国企综合改革试验，支持沈阳为辽宁乃至整个东北地区深化国资国企改革开辟新路径、寻求新突破、探索新模式。

二、建设具有国际竞争力的先进装备制造业基地

党中央针对东北地区实现全面振兴提出了“一带五基地”的发展目标，建设具有国际竞争力的先进装备制造业基地和重大技术装备战略基地是其中重要一项。沈阳工业门类齐全，拥有全国 41 个工业大类中的 39 个，是全国七大汽车产业基地之一、重要的军用及民用航空航天研发制造基地、重要的数控机床生产基地，有能力在推动东北地区乃至全国装备制造业高质量发展中扮演更重要角色。2009 年印发的《国务院关于进一步实施东北地区等老工业基地振兴战略的若干意见》明确提出，“支持沈阳铁西老工业基地调整改

造暨装备制造业发展示范区，打造具有国际竞争力的先进装备制造业基地”。2016年《中共中央 国务院关于全面振兴东北地区等老工业基地的若干意见》提出，“推动对欧美等国家（地区）相关合作机制和平台建设，高水平推进中德（沈阳）高端装备制造产业园建设”。

三、率先形成多元发展的产业发展格局

沈阳市以重化工业为代表的传统产业占比较高，重工业产值为轻工业的近5倍，经济发展存在路径依赖的问题，以新技术、新产业、新业态、新模式为代表的“四新”经济发展不足。但同时，沈阳集聚了大量东北地区的人才、技术、资本等要素资源，有能力在加快培育战略性新兴产业、形成多元发展的产业格局上作出表率。2009年《国务院关于进一步实施东北地区等老工业基地振兴战略的若干意见》提出，“充分发挥沈阳、长春、哈尔滨、大连和通化等高技术产业基地的辐射带动作用，形成一批具有核心竞争力的先导产业和产业集群”。2016年《中共中央 国务院关于全面振兴东北地区等老工业基地的若干意见》提出，“在沈阳－大连等创新资源集聚地区布局国家自主创新示范区”。2016年《国务院关于深入推进实施新一轮东北振兴战略加快推动东北地区经济企稳向好若干重要举措的意见》提出，“深入推进沈阳全面创新改革试验，加快建设沈阳浑南区双创示范基地”。

四、建成支撑东北地区与重大战略融合发展的战略支点

沈阳是我国通向东北亚、连接欧亚大陆桥的重要节点，是长三角、珠三角、京津冀地区通往山海关以东地区的综合枢纽中心，是推动东北地区向北开放与“一带一路”统筹衔接、东北地区与京津冀协同发展等重大战略融合发展的重要战略支点。2016年《关于全面振兴东北地区等老工业基地的若干意见》指出，沈阳要依托中德高端装备制造产业园等平台建设主动融入、积极参与“一带一路”建设，推动对欧美等国家（地区）相关合作机制和平台

建设。2017年起实施的东北地区与东部地区部分省市对口合作，组织沈阳与北京建立对口合作机制，围绕体制机制创新、产业务实合作、提升创新创业水平、搭建合作平台载体等方面加强京沈两地合作。

五、人民共享振兴成果的宜居宜业之城

人民生活水平不断提高是判断东北老工业基地振兴成效的重要标准。沈阳曾是新中国的工业摇篮，但在进入20世纪90年代后，长期积累的体制性、结构性矛盾日益显现，工业生产一度步履维艰，大量国有企业陷入停产或半停产状态，大批产业工人下岗，造成许多民生问题逐渐涌现。习近平总书记一直惦记沈阳老工业企业广大职工生活状况，2013年在沈阳铁西区考察时指出，“老工业基地前些年下岗人员相对集中，党和政府要切实关心他们及其家庭的工作和生活，加强社区服务特别是针对老年人的服务，做好就业再就业工作，让在就业创业上需要帮助的群众都得到帮助、在生活上需要保障的群众都得到保障”。2022年8月，习近平总书记在沈阳市皇姑区三台子街道牡丹社区考察时强调，“老旧小区改造直接关系人民群众获得感、幸福感、安全感，是提升人民生活品质的重要工作”。

第三节　党的十八大以来沈阳振兴发展采取的政策举措

习近平总书记在党的十八届五中全会上提出“四个着力”，即着力完善体制机制、着力推进结构调整、着力鼓励创新创业、着力保障和改善民生。这是习近平总书记针对东北振兴发展，立足全局把握大势提出的重大战略思想。党的十八大以来的十年间，随着新一轮振兴发展进入“滚石上山”“爬坡过坎”的关键期，沈阳市聚焦“四个着力”，出台了一系列含金量较高的政策文件（见表2–1），着力保障振兴发展任务落地落实、取得实效。

表 2-1　　党的十八大以来沈阳振兴发展的重要政策文件

一、综合性文件	《沈阳市系统推进全面创新改革试验方案》（2016 年）
	《沈阳振兴发展战略规划》（2017 年）
二、着力完善体制机制的政策文件	《关于进一步深化国资国企改革的实施意见》（2016 年）
	《关于打造国际化营商环境的意见》（2016 年）
	《关于为敢于担当的干部担当 为敢于负责的干部负责的若干意见》（2017 年）
	《沈阳市容错纠错实施办法（试行）》（2017 年）
	《关于坚持和弘扬“马上办”和“钉钉子”精神的实施意见》（2017 年）
	《沈阳市构建“亲”“清”新型政商关系的意见》（2017 年）
	《关于坚持和贯彻正确选人用人导向的若干意见》（2017 年）
	《中国（辽宁）自由贸易试验区沈阳片区实施方案》（2017 年）
	《沈阳市促进民营经济发展若干政策措施》（2018 年）
	《沈阳市优化营商环境 85 条政策措施》（2019 年）
	《沈阳建设“一带一路”东北亚枢纽行动方案》（2019 年）
	《沈阳市“十四五”国资国企改革发展规划》（2020 年）
	《沈阳市国资国企改革三年行动实施方案（2020—2022 年）》（2021 年）
	《沈阳市数字政府建设三年行动方案（2021—2023 年）》（2021 年）
	《沈阳市国有企业央地合作工作实施方案》（2022 年）
	《沈阳市 2022 年以“只提交一次材料”改革为引领实施高标准营商环境行动方案》（2022 年）
	《“十四五”京沈对口合作发展规划》（2022 年）
三、着力推进结构调整的政策文件	《沈阳市控制产能严重过剩和高耗能项目的实施意见》（2016 年）
	《关于促进产业转型升级三年行动计划》（2017 年）
	《沈阳市振兴实体经济若干政策措施》（2017 年）
	《推进服务业供给侧结构性改革的实施方案》（2017 年）
	《沈阳市推进工业供给侧结构性改革实施方案（2017—2020 年）》（2017 年）
	《沈阳市智能制造三年行动计划（2021—2023）》（2021 年）
	《沈阳市促进数字经济产业发展若干政策》（2022 年）

续表

四、着力鼓励创新创业的政策文件	《中共沈阳市委 沈阳市人民政府关于实施“盛京人才”战略打造具有国际竞争力人才高地的意见》（2015年）
	《沈阳市人民政府关于大力推进大众创业万众创新的实施意见》（2015年）
	《沈阳市开展小微企业创业创新基地城市示范工作方案》（2016年）
	《沈阳市建设创新创业人才高地的若干政策措施》（2017年）
	《沈阳市强化实施创新驱动发展战略进一步推进大众创业万众创新深入发展的政策措施》（2018年）
	《沈阳市建设创新创业人才高地的若干政策措施（新修订）》（2021年）
	《沈阳市新发展阶段提升科技创新能力若干政策措施》（2021年）
五、着力保障和改善民生的政策文件	《沈阳市推进新型城镇化实施方案（2015—2020年）》（2015年）
	《沈阳市智慧城市总体规划（2016—2020年）》（2017年）
	《沈阳市加强和改善民生工作方案》（2018年）
	《沈阳市国民营养计划实施方案（2018—2030年）》（2018年）
	《“健康沈阳2030”行动规划》（2018年）
	《沈阳市民政领域缩小城乡差距三年专项行动计划》（2021年）
	《辽宁省新型城市基础设施建设实施方案》（2022年）
	《沈阳市人民政府办公室关于提高城乡居民最低生活保障 特困人员救助供养 孤儿基本生活养育和60年代精简退职职工生活补助标准的通知》（2022年）

数据来源：根据公开材料整理。

一、着力完善体制机制的政策举措

全面深化改革、扩大开放是振兴东北老工业基地的治本之策，党的十八大以来，沈阳市在加快转变政府职能、进一步推进国资国企改革、扩大区域开放合作等方面加快探索，力争形成与市场完全对接、充满内在活力的新体制和新机制。

（一）筑起激发干部干事创业热情的制度体系

从体制机制入手，构筑起鼓励干部担当负责的“防火墙”，严格按照“三个区分开来”的要求，健全鼓励创新、宽容失败、允许试错的制度机制，激励和引导广大党员干部放下包袱、打消顾虑，主动履职尽责、积极担当作为。提出党组织应在职权范围内及时主动为干部担当，可依据有关规定容错免责或减责。明确了除重特大安全责任事故和严重环境污染、生态破坏责任事故等不予免责以外，有七种情形可按照程序予以容错免责，为改革者撑腰鼓劲，为敢想者“开绿灯”，为敢干者“兜底线”。从正反两个方面分类列出了“哪些干部可以提拔重用、哪些干部不能使用”的九种情形，通过“五看”“五抓”确保好干部标准落到实处。

（二）构建推进“放管服”、推行“平台化”的工作机制

推进网上办理、实行公开承诺制度、实行限时办结制度、实行延时服务制度、实行“最多跑一次”制度、完善协调联动机制、完善基础工作保障机制、完善一抓到底机制等 10 项工作制度，并制定强化责任落实举措。推出规范政商交往的 12 条措施，鼓励公职人员与企业坦诚交往、靠前服务，加强对企业的政策供给和法治保障，推动形成既亲切亲密、融洽和谐，又清白干净、清纯清爽的新型政商关系。围绕个人全生命周期和企业全经营周期，梳理政务数据关系图谱，实现“一次认证、服务一生”。将企业营业执照、居民身份证明、不动产登记证明等 200 项申请材料纳入共享材料清单，推动公积金提取、就业创业证等 85 项事项“零材料”申报。推动材料（数据）“减”“增”“调”“改”“并”，80%“申请人自备”材料只提交一次。将“新生儿”“不动产过户”等高频便民服务从线下办和网上办升级为“掌上办”。上线“开饭店”“开药房”等 322 项“一件事”，重点推广应用“落户”“入学”“再就业”等 22 项精品“一件事”。建立全国首个都市圈营商环境标准，推动“异地就医备案”等 100 项惠企便民政务服务事项在都市圈跨域无感通办。持续深化“双随机、一公开”监管改革。搭建跨部门综合执法平台，协

调组织相关部门开展联合抽查，制定并实施年度联合抽查计划，对同一市场主体的多个检查事项，原则上由多个行政执法部门一次性联合完成。实行行政执法全程留痕，对执法的各个环节和时间节点做到标准统一、程序统一。

（三）加快国有资本经营体制改革和布局优化

帮助企业解决好厂办大集体改革、退休人员社会化管理、“三供一业”分离移交等历史遗留问题。推进国有资产监管机构职能由管资产向管资本转变，改革国有资本授权经营体制，组建若干国有资本投资运营公司。推动国有资本合理流动优化配置和推进市属经营性国有资产集中统一监管。积极稳妥、分层分类推进混改，实现“引资本”和“转机制”有机融合，在重大基础设施、市政公用等行业规范引入各类资本，实施股权多元化改革，保持国有控股，实现社会效益和经济效益相统一。2017 年起对全市国有工业类“僵尸企业”，按“谁主管、谁出资、谁负责”原则，以每年减少 1/3 的进度分类分步实施处置。推进“1+6”重点国企改革，完善现代企业制度，推动到 2018 年重点国企实现扭亏为盈，2020 年沈阳重点企业负债率下降 10%。推动市属国企创新转型发展，持续优化国有资本布局结构，巩固提升传统产业，夯实公共服务保障能力，促进国有资本向战略性新兴产业布局，实现 90% 的国有资本集中在基础设施与民生保障产业、战略性新兴产业与先进制造业、现代服务业三大板块。成立沈阳市国有企业央地合作工作专班，将工作专班办公室设立在沈阳市国资委，负责沈阳市与驻沈央企对接合作项目的服务、统计和推进等工作。依托自贸区、产业园搭建央地合作对接平台。围绕氧能源、燃气轮机等共建产业园区，采取资本、资产、资金、资源、技术等不同合作形式谋划、包装、推介一批新项目，筛选一批重点项目和中央企业对接洽谈深度合作。

（四）畅通“一带一路”建设贸易和投资合作渠道

深度融入辽宁港口整合，高水平规划建设沈阳港，积极培育“沈满欧”“沈连欧”等中欧班列沈阳品牌。依托沈阳桃仙国际机场，加快建设国际航空港，稳步拓展国际航线，架设辐射亚洲、连接欧美的“空中丝路”。积极申建多式联运海关监管中心，构建公铁海航多式联运体系。加快建设沈阳经济区云中心、智能装备大数据研究平台、东北亚大数据中心，积极构建数字丝路信息港。强化沈阳自贸区制度创新，加快综保区口岸作业、保税物流、跨境电商、研发检测维修等平台建设。加快跨境电商综合试验区及服务外包示范城市建设，探索建立市场采购贸易试点，加快国家级外贸转型升级基地建设，高水平建设沈阳国际软件园等服务外包产业基地。加快特变电工绿色能源产业园、乌干达辽沈工业园等境外园区建设，推动汽车、电力、农业等优势行业在印度、俄罗斯等重点国家布局产能合作项目，支持境外工程承包以“建营一体化”模式高端化发展。依托沈大自主创新示范区加快中德国际智能创新园、启迪中俄技术转化创新基地等平台建设，推动在中德装备园、国际软件园、锦联产业园、新松机器人产业园等园区搭建海外人才离岸创新创业中心。加强知识产权保护，高标准建设中德装备园知识产权先导区。建设沈阳金融商贸开发区、沈阳自贸区金融岛及沈阳金融街，积极落实金融业开放措施，推动信托、金融租赁、汽车金融、货币经纪、消费金融等银行业金融领域引入外资。建设满融领事馆区，吸引重点国家、国际城市、国际组织、外国商协会在沈设立领事馆、代表处和办事机构，打造国际机构集聚区和综合服务区。

（五）搭建对接京津冀等区域重大战略的平台载体

加快建设京沈产业合作基地及沈阳中关村科技成果产业化基地，积极搭建沈大自主创新示范区和苏南自主创新示范区的产业合作与创新转化平台、粤港澳参与东北亚开放合作平台。沈阳和北京两市从市直部门、重点区县和重点园区等领域选派综合素质高、协调能力强的优秀干部开展挂职交流。依托北京优质培训机构和教育培训基地，为沈阳干部人才开展培训。引导沈阳高档数控机床、电力装备、轨道交通、工程机械装备、航空制造等优势装备制造产业与北京汽车制造、节能环保、新兴材料等相关产业产需对接。支持北京软件产业要素平台在沈阳设立分支机构。鼓励北京企业在沈阳重点物流产业聚集区建设物流电子信息平台、区域性物流中心、地区分拨中心。鼓励北京的保险公司、证券公司、基金公司等金融机构在沈阳设立分支机构及后台后援总部。鼓励引导具备条件的北京民间资本在东北地区依法发起设立中小型银行、保险、担保、租赁等金融机构。共同推动北京的大学科技园在沈阳建立分园，鼓励北京市属高等院校、科研单位进驻东北科技大市场。

二、着力推进结构调整的政策举措

习近平总书记在参加十二届全国人大五次会议辽宁代表团审议时指出，供给侧结构性改革是辽宁振兴必由之路。沈阳以调结构、转方式为路径，在推动传统优势产业技术改造和技术创新、大力培育战略性新兴产业、推动制造业与服务业深度融合发展方面推出一系列政策举措。

（一）推进传统产业落后产能压减和数字化、智能化升级

建立常态化工作机制，依法严厉打击“地条钢”，加强53户钢铁（铸造）企业监管，坚决杜绝新增过剩产能和落后产能项目。提出打造汽车及零部件、通用石化重矿、电力装备、机器人及智能装备、航空、新一代信息技术6个千亿产业链，巩固提升装备制造业竞争力。以宝马、通用、华晨等企业为依托，瞄准汽车智能化、新能源汽车等发展方向，引进一批整车企业一级配套商及关键零部件制造企业，推进华晨宝马PACK工厂、国创、银隆等重点项目，加快形成新能源汽车产业链。推进沈鼓集团核电主泵多功能全流量试验台、北方重工预制板生产线产业化等项目，实现重大通用石化和重矿技术装备国产化。推进电力装备产业向上下游延伸，重点研制超高压、特高压输变电设备、智能变电站监控系统。建立首台（套）重大技术装备保险补偿机制，落实首台（套）重大技术装备研制和推广增产。实施工业产品质量提升行动计划。开展服务型制造试点示范，推动传统装备企业向服务商、成套商、系统解决方案提供商转型。开展“两化”融合发展水平评估和管理体系贯标工作。

（二）引导、推动优势资源向战略性新兴产业集聚

设立机器人发展基金，推进国家机器人创新中心建设，重点突破控制器、伺服系统、减速机等核心技术。设立航空产业基金，对航空产业重大国际合作项目给予专项投资。推进浑南供应商配套产业园、沈北航空零部件产业园及法库通航产业基地建设，加强干支线客机大型结构件制造技术研发和产业化。推进沈飞民机航空用复合材料产业化。设立新一代信息技术产业发展专项资金，建设集成电路整机及核心部件产业化基地，重点发展匀胶显影设备、PECVD等集成电路专用电子设备，推进IC装备零部件产业基地等项目建设。重点发展生物新药、高性能数字化诊疗设备和可穿戴医疗设备等，推进东软云基地医疗健康产业园等园区建设。制定新增用地计划，统筹安排好新增工业用地指标，集中用于战略性新兴产业和技术改造重点项目，优化增量。为重点产业项目投资建设审批开辟绿色通道，在土地规划、环境评估等环节给予优先安排，保障重大项目用地。支持企业合法利用现有厂区和厂房进行改扩建、适当提高厂房容积率，盘活存量。保持规划产业区块工业用地规模稳定。完善有利于生产性服务业功能区建设的土地和房产政策，以优质增量带动存量调整。积极鼓励企业在上海证交所、深圳证交所和银行间债券市场进行企业债券融资，并给予发债企业一次性补助100万元；鼓励企业通过债务融资工具在银行间债券市场融资，依据政策给予发债企业发债额1‰的一次性补助。

（三）构建与先进制造业融合发展的生产性服务业体系

组织电商平台和工业服务平台与企业对接，探索“互联网+”销售模式。完善工业设计体系，推进沈阳创新设计中心工业设计产业链云服务平台建设，培育一批市检验检测和工程试验公共服务平台。依托中国（沈阳）知识产权保护中心，建立高端装备制造业领域专利快速申请、审查、确权、维权机制，做优“一站式”服务平台。支持优势企业或产业联盟，发起设立金融租赁公司、消费金融公司等新型金融机构。推进辽宁自贸试验区沈阳片区中

外合资证券公司的申报工作。以沈阳金融商贸开发区、沈阳金融街等金融集聚区为主体，吸引银行、证券、保险、金融中介、股权投资、融资租赁、小贷担保等各类金融服务机构集聚，满足不同层级的实体经济融资需求。鼓励地方法人银行机构完善小微金融服务体系，设立科技金融专营机构。选择人口密集、住房租赁需求较大的区域，出让规模适宜的住房租赁用地，适当控制商品房库存量较大区域的投资，尤其是严格控制商业用房库存量较大片区的商业用房开发。

三、着力鼓励创新创业的政策举措

党的十八大以来，沈阳为激发创新活力、构筑创新生态，加快建设创新沈阳，打造国家区域科技创新中心，围绕优化创新生态、完善创新平台体系、强化人才招引和培养等方面持续优化升级政策体系。

（一）以优化创新生态调动各类创新主体积极性

实施“成果转化促进行动”，推动成果转化对接和项目落地。积极配合、参与省科技厅举办的中国创新挑战赛（辽宁赛区）相关活动，探索需求悬赏和研发众包创新模式，围绕产业和企业发展需求加速科技成果转化。以东北大学产业技术研究院等为重点，推进关键技术研究和产业化应用示范。加快创新合作平台建设，实施“1123 工程”，抓好 100 项重大科技攻关和 100 项重大科技成果转化项目。深入实施科技创新券政策，对企业和创业团队购买科技条件平台服务机构服务的，给予最高科技服务金额 60% 的补贴，最高不超过 20 万元。科技创新专项资金对新获批的国家、省级重点科技创新平台分别给予后补助 200 万元、100 万元资金支持；对新获批的市级重点科技创新平台按绩效择优给予后补助 50 万元资金支持。发挥财政资金杠杆作用，探索设立中小科技型企业信用保证基金，加速推进沈阳综合金融服务平台建设。支持符合条件的科技型企业在银行间市场发行中期票据、短期融资券、超短期融资券、中小企业集合票据、非公开定向债务融资工具等。推动双创企业到辽宁股权交易中心展示、挂牌，按照“储备一批、辅导一批、申报一批、上市一批”的原则，加速推进资本市场后备企业库建设。探索建立财政固定投入机制，加强对入库企业的资本市场培训、对接和路演工作。筛选优质企业到新三板挂牌融资。提高知识产权质押融资风险补偿基金使用效率，支持银行等金融机构创新知识产权质押融资产品。

（二）加大对创新平台、加速器、孵化器等的支持

支持高校院所强化基础研究，对获批建设的国家基础学科研究中心给予最高 200 万元奖励。支持创新主体创建或升级创新平台，对新批建的国家级创新平台奖励额度由 200 万元增至 500 万元，强化国家级平台与省市级平台联结效能，加快布局重大科技基础设施。对大学科技园、产业园区内建设的科技企业孵化器、加速器给予不超过建设经费 50%、最高 100 万元补助。支持高校院所与区县以投入物理空间、建立运营团队、搭建创新平台、组建投资公司等方式建设科技成果转化基地，对组建投资公司的通过市相关投资基金按投资额 10% 入股，推动结成利益联合体，加快市场化运营进程。鼓励各类创新平台上线沈阳科技条件平台和东北科技大市场，面向中小型企业开展大型仪器共享和研发服务活动。

（三）加强智力引进和人才培养

深入实施国家支持留学人员回国创业支持计划和海外赤子为国服务行动计划，落实沈阳市支持留学归国人员来沈创新创业实施细则，促进更多海外高层次人才来沈工作。鼓励高等院校、科研院所等事业单位科研人员离岗创业，建立健全科研人员双向流动机制。面向新引进培养并为沈阳市主导产业和新兴产业发展作出贡献的高层次人才，开展“高精尖优才”选拔奖励工作，给予 A 类人才最高 500 万元奖励，“一人一议”解决首套购房问题；给予 B 类人才最高 250 万元奖励和 150 万元首套购房补贴；给予 C 类人才最高 50 万元奖励和 100 万元首套购房补贴。对沈阳市域内高新技术企业新引进的实用人才，全日制普通高校本科、硕士、博士毕业生承诺在引进企业工作

5年以上，经企业推荐，可享受一次性购房补贴（博士毕业生7万元、硕士毕业生4万元、本科毕业生和技师2万元）。发挥沈阳市高层次人才创业扶持资金支持引导作用，重点对领办、创办、合资兴办经济实体或以技术入股等方式创业的高层次人才和团队给予支持，扶持期限为初创期（成立之日起3年内）。

四、着力保障和改善民生的政策举措

沈阳始终把保障和改善民生摆在社会建设工作的重要位置，在提升困难群众基本生活水平、推进重点群体就业、加快城市更新改造、提升基本公共服务覆盖度、打造山青水绿宜居家园等重点领域，加快补齐短板，全方位提升人民群众获得感。

（一）持续提升困难群众基本生活水平

缩小城乡低保标准差距和缩小城乡特困人员救助供养标准差距，到2021年将沈阳市城市低保标准提高3.5%，农村低保标准提高13.33%；城市特困人员救助供养标准提高3.5%，农村特困人员救助供养标准提高11.46%。落实20世纪60年代精简退职职工生活补助标准同省指标的要求，确保城乡困难群众基本生活水平与经济社会发展水平同步提高。加快解决和平、沈河、铁西等9区24575户未按规定办理房产证问题。解决3480户超期未回迁问题，在2019年底前完成安置工作。继续扩大保障房范围，解决外来务工、农村转移人口、新就业大中专毕业生的住房问题。加强准入及退出管理，优化居民家庭经济状况核对程序，建立梯次退出机制。推进机关事业单位养老保险制度改革，完善城乡居民基本养老保险制度，加强养老保险基金收支管理，探索城乡居民基础养老金正常调整机制，完善和推进被征地农民多元保障机制，确保养老金按时足额发放。

专栏 2-1

提高城乡居民最低生活保障　特困人员救助供养
孤儿基本生活养育和 60 年代精简退职职工生活补助标准

1. 城乡居民最低生活保障标准。

城市低保标准：从每人每月 740 元提高到每人每月 766 元；

农村低保标准：从每人每月 578 元提高到每人每月 766 元。

2. 城乡低保边缘家庭标准范围。

城市低保边缘家庭标准范围：从每人每月 740~1110 元提高到每人每月 766~1149 元；

农村低保边缘家庭标准范围：从每人每月 578~867 元提高到每人每月 766~1149 元。

3. 特困人员救助供养标准。

城市特困人员救助供养标准：从每人每月 1144 元提高到每人每月 1184 元；

农村特困人员救助供养标准：从每人每月 914 元提高到每人每月 1070 元。

4. 孤儿基本生活养育标准。

集中供养孤儿养育标准：从每人每月 1900 元提高到每人每月 2170 元；

散居孤儿养育标准：从每人每月 1460 元提高到每人每月 2170 元。

5. 60 年代精简退职职工生活补助标准。

1945 年 9 月 2 日以前参加革命工作的，原享受本人标准工资 100% 生活费的人员，从每人每月 624 元提高到每人每月 656 元；

1945 年 9 月 3 日至 1949 年 9 月 30 日参加革命工作的，原享受本人工资 70% 生活费的人员，从每人每月 584 元提高到每人每月 614 元；

1949 年 10 月 1 日至 1957 年底参加革命工作的，原享受本人工资 40% 救济的人员，从每人每月 541 元提高到每人每月 569 元；

1949 年 10 月 1 日至 1957 年底参加革命工作的，原享受生活困难补助费的人员，从每人每月 500 元提高到每人每月 525 元。

（二）促进重点群体多渠道就业

实施“大学生留沈倍增工程”，持续开展“五送”进校园、“才领东北，筑梦盛京”春季大型网络招聘会等留沈就业系列活动，积极为高校毕业生和用人单位搭建对接平台。加强高校毕业生就业创业岗位信息供给，引导和鼓励高校毕业生到基层工作。实施“百千万创业工程”，培育创业明星、培育优秀创业孵化基地、创业带头人。加快推进创业孵化基地建设，严格基地管理。对有就业能力和培训愿望的建档立卡贫困人口开展就业技能培训，提高就业能力。对有条件的建档立卡贫困人口开展实用技术培训，确保每人掌握 1~2 项实用技术。巩固失业保险费率，实施失业保险援企稳岗补贴“护航行动”，降低企业和居民负担。健全工伤保险体系，做好工伤人员伤残津贴、生活护理费和供养亲属抚恤金等待遇调整工作。

（三）稳步推进城市基础设施“补短板”

提升城市重点区域排水河道、区域排水（雨水）干线和泵站排水能力达到国家 3 年一遇标准，发生 3 年一遇标准以下降雨时，实现地面不积水；发生 50 年一遇标准以下降雨时，实现城市重点区域不发生内涝灾害。2018—2020 年，以“路要平整、水要畅通、灯要明亮、绿要美观、线要规整、车要有序、房要保暖、设施要齐全、电梯要安全、违建要拆除、市容要整洁清爽”为标准对 314 个老旧小区进行计划改造。开展有轨电车与浑河两岸地铁和综合交通枢纽衔接线建设，强化城市“一河两岸”交通联系。加快实施东一环快速路、长青街快速路、沈辽路快速路、胜利大街快速路建设；启动 37 公里的浑南大道快速路、沈康高速公路延长线工程建设。改造沈吉铁路、裕虎铁路、长大铁路沿线平交道口；完成中央大街、东塔、王家湾跨浑河桥工程。

（四）提升城乡基本公共服务覆盖度

深化公立医院改革，出台《沈阳市建立现代医院管理制度实施方案》，提出建立党委领导、院长负责、职工参与、上级监管的现代医院法人治理结构。深化医保支付方式改革，推进 DRGs（疾病诊断相关分组管理系统）付费试点。提高基本医疗保险和大病保障水平，根据经济社会发展水平，持续提高城乡居民基本医保政府补助标准。完善双向转诊程序，建立健全转诊指导目录，推动三级医院下转患者逐年增长，区域内基层医疗机构就诊人次逐年上升。推进行政区域内所有三级公立医院全部参与医联体建设，实现基层医疗卫生机构全覆盖。推进养老服务机构建设，深化居家和社区养老服务改革试点。推进居家养老服务条例立法，出台《养老机构星级评定标准》《区域性居家养老服务中心建设标准和服务规范》等配套文件。全力完成创建国家食品安全示范城市的各项目标任务，通过省级评估验收。深入开展食品安全专项整治，确保不发生食品安全突出问题。推进北大营抗战遗址纪念馆（一期）、沈阳市博物馆、沈阳故宫文物展馆、沈阳美术馆等一批重点文化项目前期工作。启动帅府亮化改造工程，做好辽中区等区县（市）图书馆新馆、文化馆升级改造，实施新民、辽中广播电视发射台、康平 327 转播台基础设施改造（二期）和中央广播电视节目无线数字化覆盖工程（二期）。实施艺术惠民“双百万”工程，推进和平区、沈北新区创建省级公共文化服务体系示范区建设。举办沈阳国际马拉松赛等四项活动。2018—2020 年投入 2000 余万元，采购室内外大众健身器材 6000 件以上，建设社区多功能健身活动室，实现全市社区和村屯户外健身器材全覆盖。

（五）全力打造山青水绿宜居家园

贯彻落实党中央、国务院《划定并严守生态保护红线的若干意见》精神，制定沈阳市贯彻落实实施方案，提出在 2017 年底前完成全市生态保护红线优化调整方案；2018 年底前批准公布生态保护红线划定方案，基本建立生态保护红线制度；2020 年底前国土生态空间得到有效保护，生态保护红线制度有效实施，生态安全格局基本构建。推进大唐沈东热电厂建成投运，继续扩大电、天然气供暖规模，实现冬季清洁取暖。全面淘汰城市主建成区、工业园区和其他有替代条件地区 20 吨及以下燃煤锅炉。加快充电桩建设，提高电动汽车比例。制定排污口、雨污混排整治计划。巩固 12 条黑臭水体治理成果，取缔环城水系沿线的违法排污口。加强畜禽分区分类管理。全面完成禁养区内相关养殖场（户）关闭或搬迁工作。加快推进养殖废弃物处理和资源化利用配套设施建设。推进西部等 3 座生活垃圾焚烧发电项目建设。市级党政机关全面开展生活垃圾强制分类工作，创建生活垃圾分类示范学校 49 所，生活垃圾分类试点小区 350 个。

参考文献：

北京国际城市发展研究院战略研究部课题组，2004.中国品牌城市发展路线图（五）沈阳谋略：把“沈阳经济区”打造成中国第四增长极[J].领导决策信息（13）：14–17.

邓晓馨，王军鹏，2020.推进沈阳打造东北亚开放新前沿路径选择[J].沈阳干部学刊，22（4）：58–60.

丁冬，2017.针对房地产等十领域突出问题“对症下药”[N].辽宁日报，11–18（2）.

冯东昕，2022.强基固本 守正创新 辽宁水利发展呈现崭新局面[J].中国水利（24）：63.

姜帅，2019.振兴东北老工业基地的法治环境建设研究[D].黑龙江：黑龙江大学.

黎明，2015.坚持“五大发展”落实“四个着力”开创新一轮振兴发展新局面[J].共产党员（23）：18–21.

黎智慧，张偲婧，罗婕，2022.国有资本投资运营公司产融协同路径研究[J].中国集体经济，（14）：26–28.

李满春，2018.以解放思想为动力推动辽宁全面振兴[N].辽宁日报，11–27（5）.

刘波，2018.抓住重大机遇，加快开放发展，奋力实现龙江全面振兴全方位振兴目标——黑龙江省社会科学院东北亚战略研究院2018年学术年会纪要[J].西伯利亚研究，45（6）：90–92.

刘成友，辛阳，胡婧怡，等，2022.奋力开创全面振兴全方位振兴新局面

[N].人民日报，05–30（1）.

罗建钢，2016.东北新战略：“加减乘除”优产业“横竖撇捺”强市场[J].中国民商（6）：44–49.

邱菊，2022.沈阳城乡低保标准首次实现统一[N].沈阳日报，07–05（2）.

王厚双，2018.撸起袖子加油干 推进沈阳全面振兴全方位振兴[J].沈阳干部学刊，20（6）：5–7.

王世雪，2021.改革开放以来党关于东北振兴战略实施的政策演变研究[D].长春：东北师范大学.

王艳，2021.关于沈阳建设更高水平开放型经济新体制的对策建议[J].沈阳干部学刊，23（2）：58–61.

王忠才，2017.破解城市养老难题的思路——以沈阳市为例[J].党政干部学刊（8）：50–54.

韦仁，2012.浴火重生新铁西——沈阳铁西十年振兴发展纪实[J].装备制造（7）：54–57.

夏德仁，2021.“十四五”时期东北振兴应当取得的新突破[J].当代金融家（12）：24–26.

徐豪，张岩，王哲，等，2018.改革开放再出发[J].中国报道（12）：18–33.

杨健，王浩臣，2021.自贸试验区建设中的知识产权保护创新与法治研究——以东北及龙江经济振兴为视角[J].黑龙江省政法管理干部学院学报（3）：50–55.

于路，刘治国，李越轩，2019.东北振兴战略下沈阳建设国家中心城市策略研究[J].规划师，35（9）：26–31.

中央政策研究室经济研究局，2022.党的十九大以来习近平总书记关于经济建设的新观点新阐述[J].政策瞭望（11）：30–34.

发展篇

第三章　沈阳振兴发展二十年各方面情况
第四章　沈阳国家产业转型升级示范区发展成效

第三章　沈阳振兴发展二十年各方面情况

2003年以来，沈阳勇于探索、锐意改革，将发展目标与国家振兴东北地区等老工业基地的战略目标相结合，努力深化体制机制改革，推进经济结构优化调整，加快城市品质提升，补齐民生领域短板，巩固提升绿色发展优势，逐步摆脱了“东北现象”的困扰，取得了老工业基地全面振兴的重大阶段性成果。

第一节　沈阳经济发展情况

沈阳振兴发展20年间，经济整体经历了从快速发展到明显失速，再到逐步企稳回升的过程，期间经济总量和人均水平均实现了跨越式发展，国有经济战略性调整步伐加快，民营经济迅速成长，创新创业活力日益增强，新旧动能转换持续加快，对内对外开放合作全面深化。

一、经济保持平稳向好趋势

实施振兴发展以来，沈阳经济社会取得显著发展成就，经济总量、人均水平、财政收入规模均实现跨越式发展，经济结构持续优化，工业运行质量效益得到大幅提升。

（一）经济总量规模跃上新台阶

2003—2022年，沈阳市经济总量从1401.9亿元增长到7695.8亿元，增长 4.5 倍。具体来看，在东北振兴战略实施的最初五年，沈阳市年经济增速保持在 11%~16% 之间。2008 年以后，由于全球金融危机冲击能源价格，国内经济发展处于“三期叠加”特殊时期造成工业增速总体减缓、对工业产品的需求减少、工业品出厂价格持续走低，以原材料、装备制造、能源等产业为主导的东北地区经济增速明显下降。沈阳市在这一时期的 GDP 年增速也从高于 10% 逐步降低至 2016 年的 0.4%。2016 年中共中央、国务院印发《关于全面振兴东北地区等老工业基地的若干意见》，旨在推动东北地区等老工业基地适应把握引领经济发展新常态，贯彻落实新发展理念，加快实现全面振兴。此后，沈阳市经济社会发展成功实现“触底反弹”，开始呈现逐年平稳增长态势，2017—2019 年，增速保持在 4%~5% 的区间内，2020 年受疫情因素影响经济增速短暂回落，2021 年经济快速回暖，增速达到 7.0%（见图 3–1）。

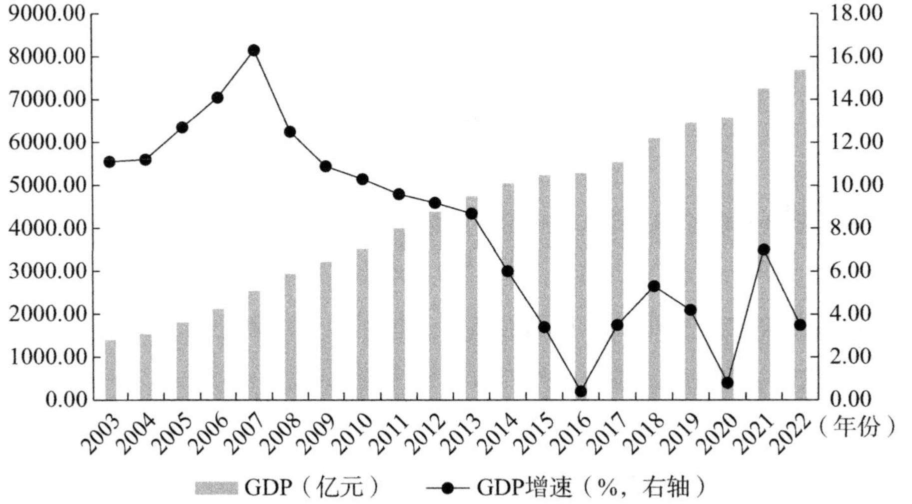

图 3–1　2003—2022 年沈阳市 GDP 及增速变化

数据来源：沈阳市统计年鉴。

（二）经济运行效果显著提升

人均 GDP 实现跨越式发展，2003—2021 年，沈阳人均 GDP 从 17477 元增长到 79706 元，增长 4.6 倍。财政实力及财政管理水平不断提升，2020 年，沈阳全市一般公共预算收入为 736.1 亿元，较振兴发展之初 2003 年的 103.5 亿元，增长 6.1 倍。2003—2022 年，沈阳全市一般公共预算收入从 81.1 亿元增长到 713.7 亿元，增长 7.8 倍，增速明显快于同期 GDP 增速。财税结构持续优化，税收收入占一般公共预算收入比重提高，2021 年全市实现税收收入 612.4 亿元，增长 1.9%，占一般公共预算收入比重达到 79.2%，较 2003 年的 78.1% 提升 1.1 个百分点。2022 年受疫情冲击，全市税收收入为 529.4 亿元，出现一定幅度下滑（–13.6%）（见图 3–2）。

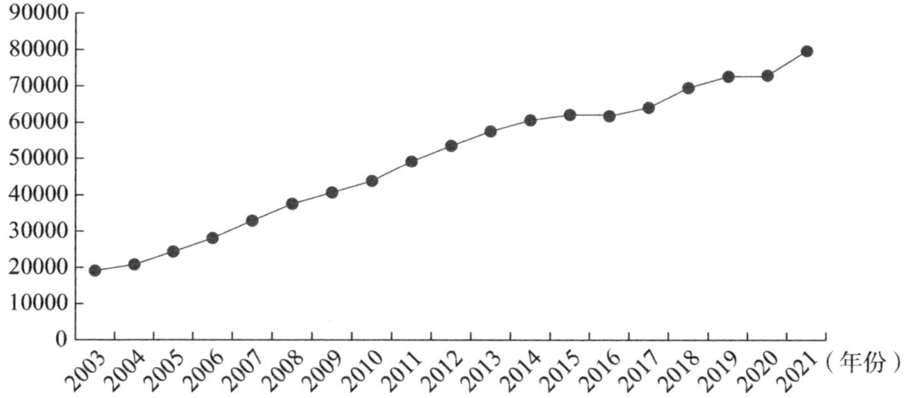

图 3–2　2003—2021 年沈阳市人均 GDP 变化（元）

数据来源：沈阳市统计年鉴。

（三）经济结构持续优化调整

东北振兴战略开始实施时，沈阳以强化第一产业、大力发展第二产业、优化第三产业为主线，积极进行产业结构调整和优化升级。2003—2012 年，沈阳三次产业年均复合增速分别为 10.48%、15.33%、12.27%，第二产业在工业高速增长的带动下发展最快，三次产业构成比由 2003 年的 6.14∶41.86∶52.00 调整为 2012 年的 4.80∶48.20∶47.00，第二产业比重提升了 6.34 个百分点，再次成为沈阳国民经济的主导产业，形成了沈阳第一产业较为稳固、第二产业居主体地位、第二三产业并重发展的新格局。2013 年之后，第三产业在适应新兴工业发展的同时，内部结构逐步优化，尤其是以房地产、金融等新兴行业为主体的现代服务业和生产性服务业实现加速发展，在第三产业中的比重逐步上升。2014 年第三产业增加值占比达到 49.50%，重新超过第二产业增加值占比（45.76%），开始进入“经济服务化”阶段，此后第三产业增加值占比不断提升（见图 3–3），2022 年沈阳市三次产业结构为 4.36∶37.49∶58.15。

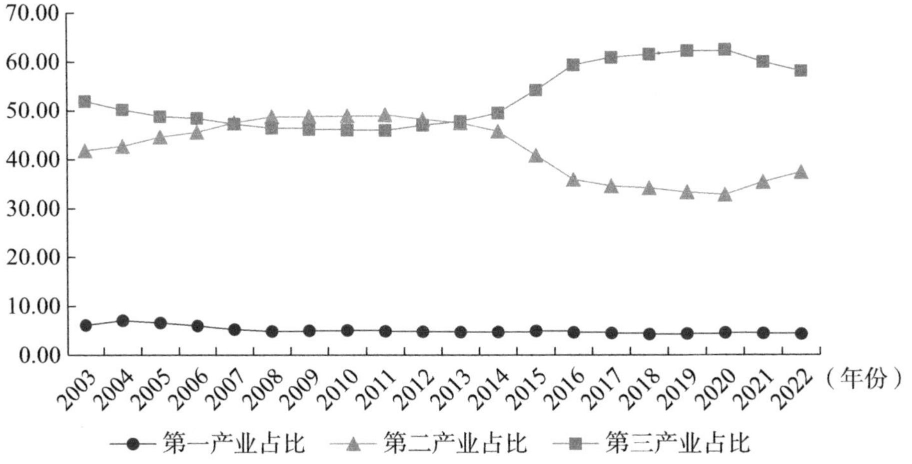

图 3–3　2003—2022 年沈阳市一二三次产业增加值占比变化（%）

数据来源：沈阳市统计年鉴。

（四）工业运行质量效益不断提升

东北振兴战略实施以前，由于传统工业竞争力不足，沈阳市工业经济效益较差，2002 年全市 36.2% 的企业亏损，利润总额 17.6 亿元，处于负增长（–13.7%）状态；利税总额不足百亿元（61.7 亿元），仅微增 4.3%。随着三年脱困、企业转制、技术进步及工业企业制度改革的大跨度深入，沈阳工业经济逐步走出低谷。到 2012 年，全市已经实现 93.7% 的企业盈利。“十三五”期间，在主动做实统计数据的情况下（见表 3–1），沈阳市规模以上工业利润从 274.6 亿元增长到 408.2 亿元，增幅 48.65%；规模以上工业实现利税从 540.5 亿元增长到 740.9 亿元，增幅 37.08%。全市规模以上工业增加值从

1208.3 亿元增长至 1419.1 亿元，其中高新技术产品增加值从 590.0 亿元增加至 856.8 亿元，在规模以上工业增加值中的占比从不足 50%（48.8%）增长至 60.4%。2022 年规模以上工业增加值在疫情冲击下依然保持了 3.1% 的增速，达到 1757.6 亿元。汽车产业成长为全市工业第一支柱，拥有华晨宝马、上汽通用等世界级企业，2021 年产业规模接近 3000 亿元。全市高端装备制造业占比由 2015 年的 16% 提升至 2021 年的 29.2%。

表 3–1　　东北振兴战略实施以来沈阳市工业运行效率提升情况

单位：亿元

项　目	2002 年	2003 年	2016 年	2017 年	2018 年	2019 年	2020 年	2021 年
规模以上工业实现利润	17.6	24.6	274.6	312.9	338.1	316.7	408.2	537.9
规模以上工业实现利税	61.7	78.2	540.5	588.3	649.8	605.9	740.9	892.4
规模以上工业高新技术产品增加值	—	—	590.0	646.0	777.8	829.6	856.8	957.9

数据来源：沈阳市统计年鉴。

二、科技创新活力持续释放

沈阳坚持把创新作为引领发展的第一动力，通过切实强化基础研究，持续推动应用创新，促进产学研协同攻关，完善科技创新平台体系等，努力为建设创新型国家贡献“沈阳力量”。

（一）基础研究和应用研究重大成果持续产出

2005 年沈阳全市 R&D 经费支出为 39.81 亿元，2021 年 R&D 经费支出达到 215.47 亿元，增长 4.4 倍；全市 R&D 投入强度为 2.97%，明显高于全国的 2.44%（见图 3–4）。从 R&D 经费来源看，企业投入资金 137.5 亿元，占比达到 63.8%，同比提高 7.9 个百分点，企业创新主体地位进一步突出。2012—2021 年，沈阳有 93 项重大创新成果问鼎国家科学技术奖励，1182 项成果荣获省级科学技术奖。如，中国科学院金属研究所创新研发的碳化硅颗粒增强铝基复合材料兼具高强度、高塑性、高稳定性等特点，同时攻克了大尺寸坯锭制备等技术瓶颈，广泛应用于祝融号火星车、天和核心舱、嫦娥五号等国家重大工程的核心部件。中国科学院沈阳自动化研究所自主研制的智能化控制系统、电动观测云台以及主从伺服液压机械手等全海深技术装备，有力支撑了“奋斗者”号高精度航行控制、全景科学观测、高精准作业取样。

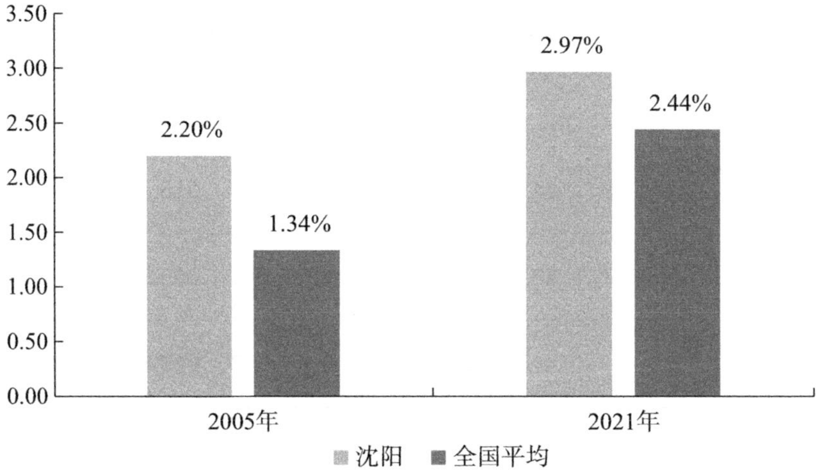

图 3-4　沈阳及全国 R&D 经费投入强度（R&D 经费与 GDP 之比）对比（%）

数据来源：沈阳市统计年鉴。

（二）产学研协同攻关效率显著提升

振兴发展以来，沈阳积极承担国家战略科技任务，找准科技创新主攻方向，加强产学研联合攻关。从 2017 年开始连续三年滚动实施重大研发、重大转化项目“双百工程”、关键核心技术攻关项目，累计支持项目 442 项，安排科技创新专项资金 3.75 亿元，拉动全社会研发资金投入 80 亿元，形成新产品新工艺 652 项，解决共性关键技术 852 项，吸引产学研合作单位 415 个。2020 年以来，沈阳围绕 20 个重点产业方向，以“揭榜挂帅”方式实施攻关项目 58 项，预期解决 200 余项关键核心技术问题。2020—2022 年，全市高新技术企业数量连续三年保持 40% 以上增速。2022 年，全市科技型企业数量达到 15363 家，同比增长 38.09%；科技型中小企业达到 9543 家，同比增长 36.18%。产学研协同带动企业创新效率大幅提升，在国家重大专项中大显身手，沈阳 IC 企业在国家集成电路装备科技重大专项中攻克了单片湿法刻蚀、光刻工序匀胶显影等制约我国 IC 装备产业发展的“卡脖子”技术。沈阳三生制药股份有限公司等承担国家新药创制科技重大专项，研发一系列新药并推向市场。技术市场交易体系和政策环境逐步完善，2022 年（截至 12 月 22 日），全市认定登记技术合同 8416 项，合同成交额达 394.28 亿元，同比增长 20.54%，与 2012 年的 120.67 亿元相比，增长 2.3 倍。

（三）形成“5+4+7+N”的科技创新平台体系

沈阳近年来持续强化国家战略科技力量，截至 2022 年一季度，全市拥有各类创新平台数量达 1285 个，国家级创新平台数量达 64 个，沈阳材料科学国家研究中心、机器人与智能制造创新研究院、国家机器人创新中心等一大批国家级重大科创平台相继落地。2021 年，通过开展“科技创新平台建设年”系列活动，以 5 个国家级重大创新平台、4 个重大科学基础设施、7 个国家重点实验室作为对接和服务的重点对象，引领 500 个科创平台形成重点产业集成链条，积极谋划 12 个科创平台晋升国家级。2022 年 2 月开始对全市 7 个国家重点实验室开展全方位调研，了解个性化需求，助力其进入“重组国家重点实验室体系”。2017 年沈阳率先在东北地区启动新型研发机构建设，加快搭建产业共性技术服务平台，提升产业创新平台服务能级。截至 2022 年底，沈阳拥有各类新型研发机构 100 家，新型研发机构连续三年实现两位数增长。通过采取市场化的商业模式、人才激励制度、薪酬分配制度，企业化的研发、转化和运营等运行机制，不断提升产业公共技术创新能力和服务能力。

三、传统优势产业实现跨越式发展

沈阳是新中国工业化的缩影，是我国最早建立的以装备制造业为特色的老工业基地。振兴发展以来，沈阳推动创新资源向装备制造、冶金化工等传统优势产业集中集聚，注重以新一代信息技术赋能传统产业创新转型发展，加快向“智造强市”迈进。

（一）装备制造、冶金等产业竞争力显著增强

振兴发展以来，沈阳以打造世界级的装备制造业基地为发展目标，众多制造业企业研制出一大批世界级产品。2017 年以来，通过实施高端装备创新工程，32 个 04 专项、8 个 02 专项结题验收，120 万吨乙烯三机达到国际先进水平，±800 千伏高端换流变压器获得国家科学技术进步最高奖，大型风洞用压缩机组等重大技术装备研制取得突破，高端装备制造业产值占比达到 23.1%。启动实施了“1123”创新工程，机床集团、沈鼓集团、特变沈变、北方重工等重点企业的高端产品占比均超过 50%，特变电工在国内外特高压成套优势不断巩固，变压器电压等级达到世界最高水平，利源轨道地铁车辆出口印度尼西亚。依托冶金建材、石油化工等传统产业雄厚基础，加快建设面向金属、化工、建材等方向的先进材料创新高地，培育高性能金属新材料、化工新材料、无机非金属新材料产业集群，形成了化工股份、和平子午线轮胎等一批行业龙头，培育了中科三耐、中科腐蚀、中铝沈加、中北通磁、国科金能等具有核心竞争力的创新型企业。

（二）传统产业数字化智能化转型全面加快

党的十八大以来，沈阳每年带动 1000 家以上工业企业上“云”，截至 2022 年底，沈阳重点企业数字化研发设计工具普及率达到 76.4%，关键工序数控化率达到 62.9%，高于全国全省平均水平；拥有国家级工业互联网平台 7 个，省级工业互联网平台 21 个，涵盖企业级、专业级、行业级以及跨行业跨领域四个平台方向，涉及能源、输配电、食品、网络防护、数字化培训等多个领域，中国工业互联网研究院辽宁分院、国家工业互联网大数据中心辽宁分中心启动运营。截至 2022 年 7 月，获批 5G+ 工业互联网示范工厂 25 家、示范园区 6 家，华晨宝马里达工厂广泛应用数据科学、人工智能和虚拟化技

术，建成5G+数字化工厂。打造三一重装、新松机器人等16家示范智能工厂，金杯延锋、明华模塑等32家示范数字化车间，赛轮轮胎等获评国家、省级两化融合贯标试点企业数量累计达到47家，三一重装沈阳智能工厂入选工业和信息化部“2022年度智能制造示范工厂揭榜单位和优秀场景名单”，蒙牛乳业（沈阳）获评国家级智能制造示范工厂、富创精密“离散型工艺数字化设计”获批国家智能制造示范场景。积极落实《国务院关于积极推进“互联网+”行动的指导意见》，推进制造业向服务化方向方展，东北首个“互联网+检验检测认证”公共服务平台上线运行。

四、新动能支撑作用明显增强

近年来，沈阳下大力气推动新兴产业加快发展，培育壮大新动能，加强现代服务业体系构建，带动一大批新模式、新业态、新经济快速发展，新动能保持较快增长。

（一）战略性新兴产业加速成长

自2016年新一轮东北等老工业基地振兴实施以来，沈阳进一步加快培育壮大战略性新兴产业步伐。2022年，沈阳市软件业营业收入突破千亿，领军东北地区；IC装备产业规模达到全国前三，形成以整机和精密零部件结合为特色的IC装备产业，拥有芯源、科仪、新松、拓荆等7家整机企业，仪表院、富创、四十七所等12家配套及零部件企业。沈阳仪表科学研究院有限公司是国内唯一拥有自主知识产权的硅基敏感芯片科研生产基地。2015—2021年，沈阳机器人产业规模以上企业销售收入从55亿元增加到120亿元，增长1.2倍。沈阳通用机器人技术股份有限公司、沈阳众拓机器人设备有限公司等15家机器人企业的产品覆盖工业机器人、移动机器人、洁净机器人、特种机器人、服务机器人等五大类近百种产品，累计出口40个国家和地区。2016—2021年，沈阳新能源汽车产量连续6年快速增长，年均增速超过100%，2022年仍保持了38.1%的较高增速，加快建成以整车为龙头，带动动力电池、驱动电机等关键部件快速发展的产业体系。2016—2021 年，沈阳生物医药及医疗装备产值增长 2.6 倍以上，年均增长 9.3%，拥有三生制药、东软医疗、兴齐眼药等龙头企业，三生制药自主研制的重组人血小板生成素注射液（商品名特比澳），市场占有率 100%。

（二）现代服务业体系加快形成

服务业结构升级明显，对经济社会发展的支撑和拉动作用日益突出。2013—2022 年，第三产业增加值占全市 GDP 比重从 47.8% 提升至 58.2%，提高 10.4 个百分点。其中，金融业已成为全市支柱性产业，东北区域金融中心建设步伐加快，金融存贷平稳增长，截至 2022 年 12 月末，全市金融机构本外币各项存款余额 20855.0 亿元，同比增长 7.6%，金融机构本外币各项贷款余额 20777.3 亿元，增长 8.0%。现代物流业较快发展，沈阳成为国家现代物流创新发展试点城市和国家综合运输服务示范城市，沈阳国际物流港成为国家首批示范物流园区，基本形成“区域分拨中心－专业配送中心－末端配送”3 个层次的城市配送基本框架，截至 2021 年末有城乡配送中心 140 多家，城乡配送网点 74000 多家，配送车辆 13000 多台。科技和信息服务业创新发展，推动沈阳科技条件平台、东北科技大市场投入运营，截至 2021 年底全市科技条件平台拥有服务机构 1325 家，在线注册企业 3119 家，提供科技服务项目达 3126 项。文化、旅游产业保持良好发展态势，形成沈阳 1905 文化创意园、奉天记忆文化创意产业园、中国沈阳工业博物馆铸造馆、刘鸿典建筑博物馆、老龙口 1662 特色商业街、中街皇城里文化产业园等 11 处重点文化产业园区。2022 年新认定 7 家市级文化产业示范园区（基地）、8 家市级文化产业园区（基地）、13 家市级重点培育文化产业园区（基地）。

（三）消费经济发展贡献不断增大

2002—2022 年，全市社会消费品零售总额从 695.24 亿元增加到 3864.5 亿元，增长 4.56 倍。2012—2021 年，全市限额以上批发零售业销售额由 1567.2 亿元增加到 10892.87 亿元，增长 595.05%；全市城镇人均消费支出由

2 万元增加到 3.68 万元，增长 84%；全市农村人均消费支出由 0.66 万元增加到 1.49 万元，增长 125.76%。伴随社会消费不断升级，电子商务、数字服务、智慧超市、智慧商店、智慧餐厅等新业态引领新型消费蓬勃发展，截至 2022 年底，已建成市级夜经济街区 18 条，获评全国夜经济“十佳城市”。城市商业体系建设不断完善，流通现代化水平不断提升，已形成中街、太原街等 16 个市级重点商圈，44 个国家、省、市级特色商业街区，中街成为首批国家级步行街改造提升试点示范。全市电子商务企业超过 3 万户，电商交易平台活跃店铺数量超过 15 万个，独立运营的第三方电子商务平台企业超过 200 家，建成 5 个省级电商直播基地。

五、对内对外开放合作水平显著提升

沈阳以开放促振兴，在过去振兴发展中坚持实施更大范围、更宽领域、更深层次的全面开放，强化经贸合作，构建“枢纽 + 开放”通道体系，打造高层次开放平台载体，努力打造成为东北地区开放型经济发展示范城市。

（一）外资外贸实现保稳扩量提质

截至 2022 年底，沈阳市已经与全球 220 多个国家和地区实现贸易往来，进出口规模不断扩大。2019 年全市进出口贸易额达到 155.62 亿美元，较 2003 年增长 2.64 倍。2020 年开始受新冠疫情冲击，进出口规模有所下滑，但值得注意的是，2022 年沈阳出口贸易额为 522.3 亿美元（见图 3–5），仍实现增速 7.7% 的正增长。2022 年，沈阳实际利用外资 39.2 亿美元，增速达 375.3%。2012—2021 年，在沈阳投资的国家和地区累计达到 121 个，外商投资项目累计达到 15118 个；成功引进宝马新能源汽车、采埃孚电驱动系统、贺利氏特种光源、罗森连锁便利店等先进制造业和现代服务业项目 1633 个。除招引外资外，沈阳也积极扩大对外投资，对外投资涉及 58 个国家和地区，对外承包工程涉及 96 个国家和地区。沈变集团蒙古国乔巴山热电厂、锦州天桥新材料泰国建厂项目、中铁九局承建匈塞铁路项目等一批境外投资重大项目加快建设。

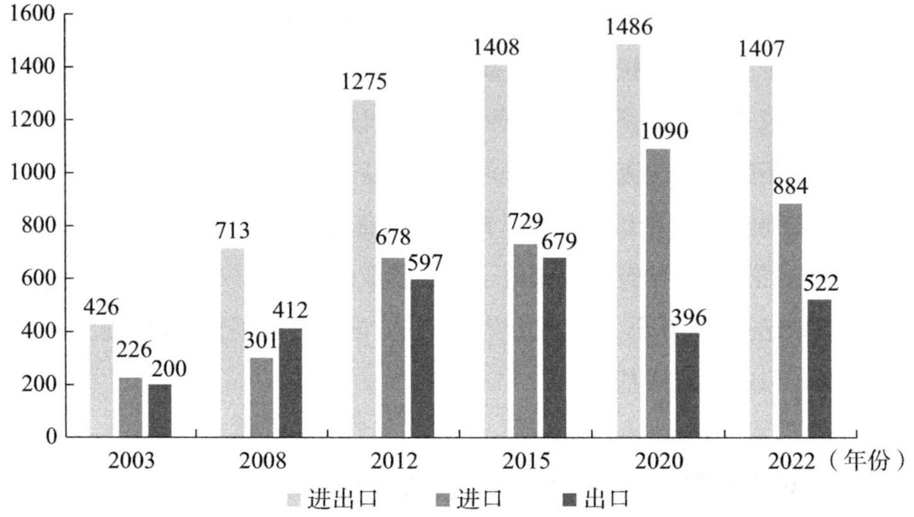

图 3-5　沈阳振兴发展 20 年进出口贸易额变化（亿美元）

数据来源：沈阳市统计年鉴。

（二）开放通道建设持续加速

启动临空经济区和机场二跑道规划建设，开通沈阳至洛杉矶、阿姆斯特丹、乌法、阿克托别、首尔等国际货运航线，截至 2022 年底累计开辟国际国内航线 272 条，通航城市 126 个。2021 年，全市新开跨境电商包机航线 8 条，跨境电商交易额增长 4.4 倍。开通沈阳中欧、中亚、中老国际班列，形成“四通道六口岸”国际铁路货运通道，可直达杜伊斯堡、法兰克福、万象等 10 余个境外城市，辐射全球近 20 个国家 50 余个城市。截至 2023 年 2 月，中国铁路沈阳局管内地区开行中欧班列突破 3000 列。贸易便利化和通关时间“最短化”改革成效显著，口岸开放功能日益完善，中欧班列通关时效明显提升。截至 2022 年 5 月，实现进口整体通关时间 16.43 小时，出口整体通关时间 0.32 小时，较 2017 年分别压缩 91.11%、94.49%。

（三）对内对外开放合作平台提升

京沈合作不断深化，仅 2022 年上半年，京沈两地实现亿元以上落地项目 22 个，投资总额 239.5 亿元。加快推进京沈合作产业园区共建，铁西区中关村科技园委托管理项目加快建设。沈阳经济区一体化发展步伐加快，制定完成沈阳经济区一体化发展战略规划，组建了总规模 50 亿元的产业投资基金，重点推进特变沈变智能装备制造及云服务基地等 59 个一体化发展项目。2017 年辽宁自贸试验区沈阳片区正式启动，截至 2022 年 10 月，新增企业 2.2 万户，65 项创新经验在全省复制推广，5 项创新经验在全国复制推广，综合保税区桃仙园区和近海园区已累计注册企业 485 家，保税物流、跨境电商等业务快速增长。中德（沈阳）高端装备制造产业园聚集了宝马、采埃孚等 127 个重点外资项目，在德国、瑞典、日本等设立了 6 个离岸创新中心，成为国家智能制造试点示范园区。万科中日产业园、启迪中韩科技园已签约企业 31 家，成为加强与日本、韩国经贸与科技合作的桥头堡。

六、全面深化改革推动体制机制不断完善

沈阳始终把推进“放管服”、优化营商环境、激发国企活力等作为解决老工业基地体制机制问题的切入点和突破口，加快在重要领域和关键环节改革突破。

（一）“放管服”助推营商环境持续优化

东北振兴战略实施以来，沈阳市始终瞄准国际国内最高水平，结合沈阳实际迭代推出了营商环境 1.0~5.0 版改革方案，累计推行 741 项改革举措，配套出台《沈阳市“放管服”改革行动方案》等 230 余个政策文件，形成了“1+N”的营商环境政策体系，从制度层面保障全市营商环境持续优化、逐步领先。推进服务型政府建设，深入实施“一联三帮”，2012—2021 年帮助企业办理解决基础设施、产业链、融资等方面问题 8453 件，推动企业转型升

级发展。深入实施工程建设项目审批制度改革，工程建设项目总体审批时限从 185 天压缩至 40 个工作日以内。便利市场主体准入准营，在 11 个领域实行“一业一证”改革，一般性企业开办 0.5 天内办结，营业执照办理时间不超过 2 小时。根据第三方评估，2019 年沈阳营商环境排名相当于全球 190 个经济体中的第 42 位，比 2017 年上升了 30 位。沈阳市场监管“商事制度改革”和“推进质量工作”真抓实干成效明显，2020 年和 2021 年连续两年获得国务院办公厅督查激励。

（二）国资国企重点领域改革持续取得突破

2005 年，沈阳市按照国家统一部署，启动沈阳机床、东北制药、惠天热电、中兴商业及商业城 5 家国有控股上市公司股权分置改革工作，改革完成后 5 家公司国有股占比从 51.81% 降至 49%，国有股市值由改革前的 200919 万元增至 341772 万元，增值率达 70%。2006—2012 年，沈阳作为全国实施国有流通企业“减债脱困工程”试点城市，实现以 4.9 亿元回购了 111 户商业企业 25.5 亿元债权，共有 16 户企业完成了债转股，总转股额度 50 亿元，每年减少利息支出 4.3 亿元，全市国有企业平均资产负债率下降近 4 个百分点。党的十八大以来，沈阳坚持将国企改革放在重要位置，在多方面取得突破。市国资委牵头推进解决 235 个“三供一业”项目分离移交、551 户厂办大集体改革、41 万名退休人员移交社会化管理等历史遗留问题，相关经验做法被国务院国企改革领导小组办公室纳入全国区域性综改试验成果清单。重点企业混改取得新突破，沈鼓集团作为国家第四批混改试点，引入国投招商基金，实施员工持股，共增资 20 亿元。建成运行国资监管信息平台，构建“一平台、两中心、三门户、十个子系统”基本构架，实现对市属企业运行关键环节和重大决策事项的实时监测和动态监管。

（三）民营经济发展活力明显增强

随着营商环境的不断优化，沈阳全市市场主体实现迅猛发展，实有市场主体数量从“十三五”初期的 50.22 万户增长至 2022 年 7 月末的 108.03 万户，增幅115.11%，其中民营经济市场主体超过103万户，占市场主体总量的比例超过96%。2018—2020年，沈阳通过组织召开民营企业座谈会、“万人进万企”等活动，以及常态化走进县区、商（协）会、园区或企业等形式，累计开展各类惠企政策宣传解读活动2000余场，极大地推动了各项支持民营经济发展的政策落地落实。近年来，在新冠疫情冲击下，沈阳民营经济仍保持了逆势上扬发展态势，截至2022年11月底，沈阳全市拥有私营企业319082户，较2021年同期增长8.14%，占市场主体总量的28.62%。全市雏鹰企业中八成以上是民营企业，瞪羚企业全部为民营企业。

第二节　沈阳城市发展情况

沈阳实施振兴发展20年间，坚持以城市振兴发展为愿景，以稳步推进老工业区、棚户区改造为抓手推动老工业基地转型蝶变，下大力气补齐交通、城市、信息基础设施短板，逐步攻克“城市病”，一大批工业遗址在保护利用中重新焕发生机，与高质量发展相适应的城市空间体系加快形成。

一、老工业区搬迁改造稳步开展

沈阳推动老工业区、棚户区改造工作在全国范围内起步较早，提质改造成效显著，为全国其他地区探索出一批开创性的经验。

（一）通过搬迁改造实现老工业区“凤凰涅槃”

从2002年起，沈阳将铁西区与紧邻的沈阳经济技术开发区合署办公，组建铁西新区，开始“东搬西建”的全面改造，把原来的工业企业搬到了沈阳经济技术开发区，跳出以往局限于技术改造、单个企业改造的思路，按照“搬迁、并轨、改造、升级、就业”十字方针所确定的顺序和内容，对国有企业进行系统改造，推动优势企业做大、劣势企业重组做好、问题企业彻底退出的整体性“东搬西建”。在推动企业异地迁建后，老铁西区发挥距离市中心近、区位优越的特点，在坚持工业立区的同时，加快第二、第三产业同步发展，推动以铁西区中心铁西百货为商圈不断向外扩展，完善城市功能，吸引万达、家乐福、宜家、红星美凯龙、奔驰、宝马、保时捷等一批知名企业入驻。随着地产和商业的开发，当年粉尘漫天、污染严重的铁西区环境质量得到明显改善。2012 年 8 月，伴随铁西老城区内最后一家工业企业的迁出，铁西区彻底实现了从重工业区向中高端住宅区的蜕变，成为沈阳的新型商圈。2021 年铁西区 GDP 达到 1131.8 亿元，为沈阳市乃至东北三省经济第一强区，增速（7%）居全市前列，较 2005 年（120.8 亿元）增长 8.37 倍，2022 年铁西区 GDP 突破 1200 亿元。

（二）探索出棚户区改造“沈阳模式”

进入 21 世纪初期，沈阳市以“提升人民生活水平”为原则，针对城市零星棚户区进行改造。2001—2006 年，沈阳通过政府主导、市场化运作模式，先后投入资金 200 多亿元，累计改造 24.3 万户居民住宅。截至 2006 年，沈阳市提前一年完成了辽宁省政府确定的改造任务，全市集中连片棚户区改造基本结束。2007—2014 年，沈阳共改造 11.3 万户居民住宅，拆迁面积达到 1048 万平方米。这一阶段，沈阳市以提升老城区活力、改建城市基础设施为目的，进行棚户区改造，重点改建旧城区和拆迁市政基础设施，将改造地段周边存在的平房、危旧房纳入拆迁范围一并实施改造，以有效带动房地产市场繁荣、缓解回迁安置压力；补偿安置以货币补偿安置为主，完成率达到 80%。“十三五”期间，沈阳推进了大东区、苏家屯区等重点区域棚户区改造。大东区完成 32 个棚户区改造，4123 户回迁群众乔迁新居。2020 年开始对苏家屯区沈苏站南、五趟房、七千七三个片区的棚户区进行改造，共涉及 2483 户，通过房屋本体修缮及区域内配套基础设施建设的方式推进提质工程。

二、基础设施不断完善

沈阳以完善基础设施为推动振兴发展的重点工作，加快推动都市圈范围交通基础设施建设，积极补齐城市高速发展中暴露的基础设施短板，依托信息网络设施推进智慧城市建设。

（一）交通基础设施条件大幅提升

沈阳经过多年交通基础设施建设，已经具备了东北地区最为完善的交通功能，实现了多项交通枢纽功能联动。航空基础设施方面，桃仙国际机场 T3 航站楼建成并投入使用，桃仙国际机场被国家列为全国区域性航空枢纽机场，2022 年冬春航季桃仙机场航线共有 33 家国内外航空公司在沈执行航线 164 条，每周计划航班量为 3610 架次，平均每天计划航班量 516 架次，同比 2021 年冬春航季均增长 3.1%，与 2010 年的 106 条航线相比提升明显。在铁路交通设施方面，沈阳作为东北地区最大的铁路枢纽，有京哈、沈大、沈丹、沈抚、沈吉、沈阜 6 条铁路干线在此汇集，沈阳南站在 2015 年完工并投入使用，京沈高铁建成通车。城市轨道交通方面，已有 1 号线、2 号线、9 号线、10 号线 4 条运行线路，地铁运营里程达到 117 公里，另有 1 号线东延线（旅游线）、2 号线南延线（机场线）、3 号线、4 号线和 6 号线 5 条在建线路，在建里程 100 多公里。道路交通设施方面，已形成以“一环七射”的高速公路网为主骨架、8 条放射状国省干线为主通道、以县乡和农村公路为脉络的路网体系。东一环、沈辽路快速路全面通车，长青街快速路主线通车。南北快速干道、北一路高架桥等快速路工程竣工通车，四环棋盘山隧道、沈康高速连接线等工程有序推进。改造城市慢道 100 公里，建设“四好农村路”1005 公里。

（二）城市基础设施短板加快补齐

针对城市高速发展中出现的“城市病”，沈阳近年来开展了一系列补短板行动。2016—2020 年，沈阳逐步缓解停车难问题，填补停车泊位缺口 50 万个，中心城区审批新增配建泊位 41.5 万个，实现普通住宅停车配建标准提升 20%~30%，公建配建标准提升 30%。针对城市易涝区 154 个积水点位，实施工程共 170 个项目，覆盖汇水区域约 87 平方公里，构建了“源头减排、管渠提标、排涝除险”和“应急管理”相协调的“3+1”排水防涝体系，实现了重点区域干线排水能力达到国家3年一遇标准。统筹实施老旧管网改造，完成排水防涝工程23项，城市内河泄洪能力提升2.3倍。扎实推进地下综合管廊建设，建成管廊项目8个，全长58.61公里，在建管廊项目3个，包括中德宝马新工厂区域管廊、浑河26街管廊、四环路管廊，均由铁西区建设推进，总计7.11公里。

（三）完善信息基础设施推进智慧城市建设

至2022年12月初，沈阳全市已累计建设5G基站3万个，建成东北地区规模最大的5G移动通信网络，实现政企单位、交通枢纽、景区、垂直行业需求场景以及人员流动密集地区覆盖，重点场所5G网络通达率达到93%以上。加快推进10G–PON设备及端口部署，重点覆盖包含700余个产业园区、商务楼宇、学校、医疗卫生机构等场所。建成涵盖“一个中心、两个平台、五大系统”的沈阳智慧交通系统，快递服务网点乡镇覆盖率、快递服务网点建制村覆盖率和电子货运单覆盖率均达到100%，多式联运运量增长率达到68%；等级汽车客运站联网售票比例达到100%，综合客运枢纽内最大换乘时间小于9分钟，公共交通机动化出行分担率达到60.2%，城市交通绿色出行分担率76.11%，客运线路联网售票开通率、电子客票覆盖率均达到100%。经济区“智慧社保卡”“乘车易”“智慧地铁”等信息服务平台相继投入使用，加快推进“一网统管”“一码通城”，上线运行“好政策”“好就医”“好停车”“好游玩”等50个应用场景。

三、工业遗产保护利用取得新进展

工业文化是沈阳建设历史文化名城的四条主线之一。振兴发展以来，沈阳对分布在铁西、大东、七二四、三台子等传统工业区的大量工业遗产进行保护开发和利用，成为沈阳文旅产业的一道独特风景线。

（一）工业遗产保护工作取得积极成效

沈阳现存1980年前工业遗产资源共计113处，其中厂区、科研院所及库区等单位有43处，建构筑物有70处，主要分布在铁西、大东、七二四、三台子等传统工业区内。自2017年工业和信息化部启动国家工业遗产认定试点工作以来，沈阳积极争取指导和支持。沈阳铸造厂入选工业和信息化部第二批国家级工业遗产名单，目前铸造厂生产车间已经改扩建为中国工业博物馆，是国内反映工业题材的最大综合性国家级工业博物馆。沈阳造币厂入选工业和信息化部第五批国家级工业遗产名单，沈阳造币厂原理化检测中心厂房已经被改造建设成沈阳造币博物馆，并于2016年对外开放。2018年，铁西区划定面积约70万平方米的工业遗存保护区，将重工街到卫工街、北一路和北二路等的老厂房、工业遗址等均划在其中。2019年《沈阳市历史文化名城保护近期建设规划方案（2019—2021年）》和《盛京皇城城市设计方案》印发，提出抢救修缮28处历史建筑、修缮44处文物保护单位，其中包含多处工业遗产保护任务。2020年，沈阳公布了16处工业遗产文化保护单位，建立了沈阳市工业遗产保护名单。

（二）以工业遗产再利用打造一批工业文旅“网红打卡地”

在强化对老厂房、老设施保护的同时，沈阳也注重将全新的创意产业、新兴产业等新鲜血液注入工业遗产，根据各类老厂房、老设施的不同特点和保护要求，改造为博物馆、文娱设施、创意产业园、博览园、特色商业区、特色居住区和地区标志等，变钢铁“锈带”成为生活“秀带”。如，2012年沈阳在沈重集团老厂房遗址基础上，建成了东北地区唯一的文化创意产业综合体——1905文化创意园，让占地4000平方米的老厂房蝶变成10000平方米的国际化艺术生活聚集地，聚集大量咖啡厅、酒吧餐厅、文艺手作小店等，不定期举行展览和音乐会。2016年，沈阳将1956年创办的沈阳纱布厂艺术改造为铁锚1956文创园，在大量保留工业建筑原貌的同时，大胆创新建筑设计，用5000平方米的面积呈现出一个具有东北院落特色的LOFT建筑群。2018 年开始，沈阳又启动了将占地 4.6 万平方米的原沈阳电机厂改造为“DJ 2025 创新工场”、将 5.67 万平方米的原沈阳红梅味精厂改造为“红梅 1939 文化创意产业园”、将 7.6 万平方米的原冶修二分厂改造为“春风公园”等项目。

四、城镇化和城乡融合发展水平持续提升

振兴发展 20 年来，沈阳城乡发展空间框架大幅拓展，就近就地城镇化进程明显加快，县域经济补短板扎实推进，促进城市结构优化、功能完善和品质提升。

（一）城市发展体系格局不断完善

从“十一”初期到“十三五”末期，沈阳不断拓展城市空间框架、持续完善城镇体系格局，带动外围地区发展，建成区面积从 261 平方公里增加到 563 平方公里，增长 1.2 倍。整个“十三五”期间，沈阳城乡建设投资规模 1450 亿元，基本形成了“一城、六轴”城镇体系格局。主城跨浑河向南发展，形成“一河两岸”文化生态新中心。外围副城产业加快集聚，形成西部先进装备制造、现代建筑及化工产业，北部农产品深加工及新兴产业等集聚区。

（二）就近就地城镇化扎实推进

依据第五、第六、第七次人口普查数据（以下或简称“五普”“六普”“七普”），2000—2020 年，沈阳城镇人口从 506.6 万人增长到 766.6 万人，增长 260 万人，城镇化率从 70.32% 提高到 84.52%，提升 14.2 个百分点，在全国超大特大城市中处于领先位置（见图 3–6）。相较于主城区，近郊区县在 2010—2020 年推进就近就地城镇化方面成绩突出（见表 3–2）。于洪区城镇人口增加最多，从 2010 年的 54.2 万人增加到 2020 年的 98.8 万人，10 年间增加 44.6 万城镇人口，居全沈阳市第一，带动城镇化率从 86.67% 提升至 92.64%。浑南区城镇人口增加数量排全市第二，增加 38.9 万人，但城镇化率

提升幅度居全市第一，从 68.49% 提高到 84.48%，提高 15.99 个百分点。此外，沈北新区、辽中区、法库县、新民县的城镇化进程也较快，“七普”城镇化率较“六普”分别提升 11.11、13.57、13.16、12.18 个百分点。

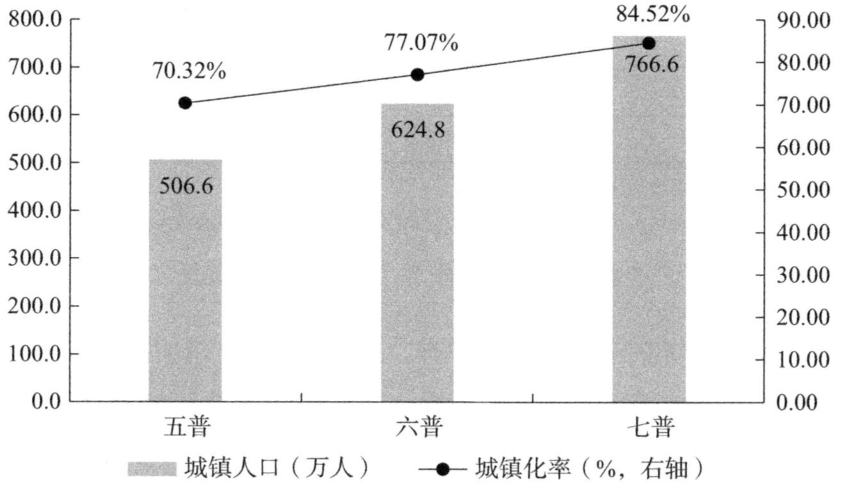

图 3-6 “五普”到“七普”间沈阳城镇化率变化

数据来源：沈阳市人口普查统计公报。

表 3-2 “六普”到“七普”沈阳各区县城镇人口及城镇化率

区县	城镇人口 / 万人			城镇化率 /%		
	六普	七普	变化	六普	七普	变化
和平区	70.1	73.1	3.0	100.00	100.00	0.00
沈河区	84.9	78.3	−6.6	100.00	100.00	0.00
大东区	78.3	75.5	−2.8	100.00	100.00	0.00
皇姑区	92.5	87.7	−4.8	100.00	100.00	0.00
铁西区	103.5	132.4	28.9	92.92	99.10	6.18
苏家屯区	32.4	40.3	7.9	68.26	76.87	8.61
浑南区	28.6	67.5	38.9	68.49	84.48	15.99
沈北新区	28.5	49.1	20.6	68.21	79.32	11.11
于洪区	54.2	98.8	44.6	86.67	92.64	5.97

续表

区县	城镇人口 / 万人			城镇化率 /%		
	六普	七普	变化	六普	七普	变化
辽中区	16.1	20.3	4.2	37.81	51.38	13.57
康平县	9.1	9.5	0.4	28.82	34.03	5.21
法库县	9.2	12.4	3.2	23.08	36.24	13.16
新民市	17.3	21.8	4.5	26.37	38.55	12.18

数据来源：沈阳市人口普查统计公报。

（三）通过“手拉手”加快补齐县域经济短板

沈阳县域经济在经历2016年数据“挤水分”后下滑明显，但近年来逐步企稳回升。2020年康平县、法库县、新民市GDP总量为557.6亿元，略低于2016年的569.3亿元，但较2019年（534.3亿元）增长23.3亿元。针对县域经济短板，2021年，沈阳采取“手拉手”帮扶模式加快补齐县域经济短板，充分利用城区先发优势和县域资源优势，以规划对接、产业对接、“飞地”对接、人才对接等为重点，实施多领域、深层次的对口帮扶，努力形成城区与县域资源共享、优势互补、长期合作、协调发展，共同推进乡村全面振兴的良好局面。通过推行“公司＋基地＋农户”模式，完善农业龙头企业与农户的风险共担、利益共享联结机制，形成了紧密的利益共同体，成立全省首批农村集体股份合作社，带动40万农户参与产业化运营。

专栏 3-1

沈阳市开展“手拉手”对口帮扶 补齐县域经济短板

沈阳市实施“1+1”对口帮扶模式，即“1个优势园区+1个中心城区”对口帮扶1个县域地区。具体安排为：辽宁自贸试验区沈阳片区与沈阳综合保税区近海园区、沈阳经济技术开发区与新民经济开发区、沈阳辉山经济技术开发区与法库经济开发区、沈阳欧盟经济开发区与康平经济开发区结对子；铁西区与辽中区、和平区与新民市、“于洪区＋皇姑区”与新民市（胡台镇）、浑南区与法库县、沈河区与康平县结对子。

结对子间开展四方面重点任务：

实施规划对接行动，通过发展规划、空间规划、产业规划、园区规划对接，推动实现以城带乡、互补互助的差异化发展新格局。

实施产业对接行动，在主导产业、重大项目、重点企业、招商引资、市场供应、农信改革6个方面，对接优势资源，深化区域合作，促进协调发展，形成优势互补、互利共赢的产业发展新局面。

实施“飞地”对接行动，创新“飞地”合作模式，完善发展成果分享机制，强化资源集约节约利用，提升市场化运作水平，促进要素自由有序流动。

实施人才对接行动，结合对口帮扶双方实际，探索多种形式的人才引进、交流、培养机制，强化县域经济发展人才支撑。

第三节　沈阳生态建设和绿色发展情况

沈阳历史上曾因过度开发和利用资源遭受严重污染问题，实施振兴发展以来，沈阳在大气、水、土壤、固体废弃物污染治理及相关制度建设方面扎实开展了一系列工作，尤其是党的十八大以来，坚持减污节能降碳协同增效，推动经济社会发展全面绿色转型，各项生态环境指标明显改善。

一、生态环境质量明显改善

沈阳在大气、水环境污染及土壤修复、国土绿化整治等方面采取了一系列措施，成功打赢蓝天碧水保卫战，全市生态环境质量稳中趋好，环境安全得到切实保障。

（一）大气环境质量提升显著

2001—2022 年，沈阳大气环境质量持续提高，环境空气质量优良天数由 162 天增加到了 320 天，增长近一倍（见表 3–3）。$PM_{2.5}$ 浓度由 2013 年的 72.7 微克 /m^3 下降为 2022 年的 32 微克 /m^3，首次达到国家二级标准，提前 3 年达到“十四五”规划目标；全年空气质量改善幅度在全国 168 个重点城市中排名第 12，在全国 15 个副省级城市中排名第一。

“十三五”期间，沈阳以煤烟型污染治理和机动车尾气治理为重点，通过调整能源结构、拆小建大、推行集中供热等一系列措施，加快推进大气环境综合治理，同步建立监测监控网络、污染源解析系统和应急响应体系，加强对挥发性有机物、散煤、扬尘、秸秆焚烧的管控治理。全市于 2017 年拆除燃煤锅炉 1115 台，淘汰黄标车及老旧车 3.14 万辆，完成型煤替代 6197 户。2018 年，系统治理露天烧烤，综合实施燃煤锅炉拆除改造、散煤替代、扬尘管控、秸秆综合利用和散乱污企业治理。2022 年，全市三环内 40 吨以下工业燃煤锅炉全面“清零”，在全省率先开展并完成 4340 蒸吨燃煤锅炉超低排放改造。

表 3–3　　2001—2022 年沈阳市大气主要指标数据

指标	2001年	2010年	2011年	2012年	2013年	2014年	2015年	2016年	2017年	2018年	2019年	2020年	2021年	2022年
环境空气质量优良天数	162	329	331	329	215	191	207	249	256	285	284	287	315	320
$PM_{2.5}$ 浓度（微克 /m^3）	—	—	—	—	72.7	70.9	72	54	51	41	43	42	—	32

数据来源：沈阳统计年鉴、沈阳市国民经济和社会发展统计公报。

（二）水环境质量明显改善

党的十八大以来，沈阳持续强化水体污染治理，以辽河治理为核心，通过实施河道清淤疏浚、污水截流、污水处理厂建设、水质生态恢复、绿化景观建设、完善水利设施等工程以改善水环境质量。进入“十三五”时期，2016 年开始实施南运河、新开河、辉山明渠及满堂河综合治理改造工程。2017 年，启动“一河一策”治理管护试点，启动并完成了新开河、南运河、卫工明渠等建成区 12 个黑臭水体的综合整治工作，实施 100 公里截污管线、300 余处排污口“一口一策”治理等措施，开展河流清淤和景观提升工程，治理总长度约 190 公里。2018 年，全面推行五级河长制，出台全国首个黑臭水体管理规定，新建改造 17 座污水处理厂，环城水系截污工程投入使用，河流断面水质总体稳定。2019 年，加快水体治理进度，推进辽河、浑河、蒲河、细河、北沙河等河流超标断面整治。推进东部、南部、白塔堡等污水厂新建扩建工程，抓好雨污混接整改工程。2022 年完成 160 个入河排污口规范化整治，累计完成 154 条农村黑臭水体治理，农村生活污水治理率达到 40%。一系列措施下，沈阳域内水环境质量改善明显，2010 年全市劣Ⅴ类水质断面数量占比为 60.00%，2022 年全市已无劣Ⅴ类水体，全市国考断面水质综合指数 6.02，同比改善 5.97%，7 个断面水质达到优良水平。

（三）森林绿地面积大幅增加

“十五”时期，沈阳市委市政府便提出了“生态立市，建设森林城市”的战略决策，开展了大规模的以植树造林、城市绿化为重点的生态建设。进入“十三五”时期，沈阳进一步加大国土绿化整治力度。2016 年，实施道路、水系、公园等重点区域绿化景观提升工程，全市绿化造林 20.8 万亩。2017 年，认真落实主体功能区制度，划定城市开发边界、生态控制线和基本农田保护线，推进退耕还林还湿还草还湖，涉农区县全部成为国家级生态县。2018 年，完成裸露地面绿化覆盖 300 余万平方米，完成水土流失治理 17 万亩，祝家积存污泥加快处置。2019 年，加强土壤治理修复，确保祝家积存污泥全面解决。同步大力实施黑土地保护战略，落实轮作休耕制度，促进化肥农药减量增效，开展沙化土地治理修复。加强自然保护区管理，推进卧龙湖生态区和辽中蒲河、法库獾子洞、康平辽河国家湿地公园建设。2022 年，棋盘山地区成功获得第六批国家级“绿水青山就是金山银山”实践创新基地命名，康平卧龙湖湿地生物多样性保护入选全国40个生物多样性优秀案例。“十二五”中期至“十三五”中期，沈阳森林面积由22.87万公顷提升到39.802万公顷，增加16.93万公顷。2000—2021年，沈阳建成区绿化覆盖率从24.5%提升至40.68%，建成区绿地率从21.39%提升至38.87%，2021年人均公园绿地面积13.65平方米。

二、减污节能降碳协同增效

近年来，沈阳突出抓好危险废物监管体系、危险废物处置能力建设，同步推进水资源、能源集约节约安全利用，加快促进产业发展全面绿色转型。

（一）固体废物与化学品环境管理能力显著提升

党的十八大以来，沈阳坚持“减量化、资源化、无害化”总体要求，推动全市固体废物与化学品环境管理各领域工作不断取得新进展，“十三五”期间一般工业固体废物处置利用率保持在91%以上，至2020年，危险废物综合处置能力跃居辽宁省第一位。2021年，沈阳全市产生工业固体废物968.36万吨，综合利用量850.01万吨，处置量106.86万吨，贮存量11.49万吨，处置利用率98.8%。全市工业企业产生焚烧处置残渣、废矿物油、其他废物、表面处理废物、废酸等危险废物20.35万吨，综合利用量4.23万吨，处置量16.09万吨，处置利用率达到99.8%（其余0.2%为小微企业跨年度贮存）。全市城区生活垃圾日产生量约6900吨，建有生活垃圾焚烧设施3座，日处理能力7500吨，做到日产日清，无害化处理率100%；城区餐厨垃圾日产生量约600吨，无害化处理率达到100%。沈阳实现生活垃圾全域焚烧零填埋，跻身全国领先行列。

（二）水资源、能源集约节约利用取得积极成效

沈阳依托国家循环经济示范城市、国家低碳试点城市建设，持续加大节水节能减排力度。2009年3月，沈阳市被评为“国家节水型城市”，管网漏

损率逐年下降，截至 2021 年底，管网漏损率低至 9.58%，再生水利用率达 20.22%，日用水 20 吨以上的用户用水计划下达率达 90.53%，2021 年度沈阳市有 19 家单位被评为省级节水型单位。“十二五”以来，沈阳按计划开展治理淘汰黄标车及老旧车辆工作，拆除小燃煤锅炉，同步完成部分工业燃煤锅炉、供暖锅炉清洁能源替换工程，实施最严格的秸秆禁烧制度，强化工业排放、建筑工地扬尘管理，推进绿色工厂建设，推广装配式建筑和精装修，提高清洁供暖比例，积极发展节能环保、清洁能源产业，促进产业结构变“轻”、产业形态变“绿”。2022 年，沈阳规模以上工业综合能源消费量 763.3 万吨标准煤，比上年下降 4.9%，是自 2019 年以来的首次负增长。能源绿色低碳转型步伐加快，2022 年全市规模以上工业单位增加值能耗降低率为 7.8%。

三、生态文明制度建设卓有成效

沈阳持续推进生态文明建设工作，通过强化高位统筹、强化组织机构建设，建立起以市环境保护督察整改工作领导小组、市蓝天行动领导小组等生态环境保护突出问题专项整治领导小组为主体的组织机构体系，指挥与协调全市生态文明建设相关的各项工作。坚持严格监管与帮扶指导并重，通过制度创新、强化练兵等手段，破解环境执法人员少、监管压力大难题，持续提升环境执法效能，实行“市区两级审核，市局集体合议”三级案件审核机制。创新使用“二维码”回访评价模式，聘用“隐形”监督员，大力规范执法行为。2022 年初，沈阳市第一轮中央环保督察及“回头看”反馈的 35 项整改任务，全部销号；第二轮督察 21 项任务已完成 9 项，完成率名列全省前茅，入选 2022 年“督察整改看成效”全国先进典型

第四节 沈阳民生保障情况

民生保障是老工业基地振兴发展的出发点和落脚点，沈阳振兴发展 20

年间，居民可支配收入水平显著提升，城乡居民收入差距近年来呈现逐步收敛态势，居住条件及环境大幅改善。同时沈阳注重持续扩大教育、就业、医疗、养老等基本公共服务覆盖面，切实增强人民群众在振兴发展中的获得感、幸福感。

一、城乡居民收入水平不断提升

2003—2022 年，沈阳市城镇居民人均可支配收入从 7691 元增长到 51702 元，增长 5.72 倍；农村居民人均可支配收入从 3818 元增长到 22352 元，增长 4.85 倍。截至 2022 年，农村居民人均可支配收入增速已连续 11 年快于城镇居民人均可支配收入增速，2022 年农村居民人均可支配收入增速（3.2%）快于城镇居民（2.2%）1.0 个百分点，城乡居民人均可支配收入之比在进入"十三五"时期后呈现收敛态势，从"十二五"末（2015 年）的 2.72 降低至 2022 年的 2.31（见表 3–4）。注重以农村改革、产业发展等推进联农带农，建立县有支柱产业、乡有主导产业、村有优势产业、户有到户扶贫项目产业体系，确保农村地区每个脱贫户至少有 2 项以上产业带动增收措施，实现巩固脱贫攻坚成果与乡村振兴有效衔接。

表 3–4　　沈阳市城乡居民人均可支配收入变化

指标	2003 年	2008 年	2012 年	2015 年	2020 年	2022 年
城镇居民人均可支配收入（元）	7691	17013	26431	36643	47413	51702
农村居民人均可支配收入（元）	3818	8029	13045	13486	19598	22352
城乡居民可支配收入之比	2.01	2.12	2.03	2.72	2.42	2.31

数据来源：沈阳市统计年鉴。

二、居民居住条件明显改善

随着沈阳城乡融合发展格局的逐步形成以及基础设施补短板的扎实推

进，全市城镇居民居住面积和设施配套，农村居民居住环境均得到明显改善提升。

（一）城镇居住环境提质升级

2002—2021年，城镇居民人均住房建筑面积从19.1平方米增加到33.8平方米，农村居民人均住房建筑面积从23.0平方米增加到39.2平方米。2012—2021年，沈阳大力推进城镇老旧小区改造工作，持续改善老旧小区居住环境，群众住房条件不断改善，累计完成棚户区改造3.75万套，共投入49.36亿元，共改造老旧小区2006个，惠及居民78万户。主要实施市政配套设施、旧住宅区环境及配套设施、建筑物本体、公共服务设施等项目改造，同步实施绿化提升、道路维修、更换和维修庭院排水等项目。扎实推进住宅小区供水、供气、供暖管网改造。“十三五”期间，沈阳在供水方面共完成三环内62个住宅小区（67眼自备井）配套改造，共涉及住宅楼803栋、居民4.41万户。供气方面，共完成三环内126个住宅小区供气改造，共涉及住宅楼882栋、居民4.35万户。供热方面，淘汰和改造三环内城乡接合部20吨/小时以下的燃煤供热小锅炉房32座（锅炉60台），共涉及住宅楼785栋、居民4.18万户；完成该区域70公里老旧供热管网配套工作，共涉及居民楼476栋、居民2.53万户。

（二）农村人居环境整治成效显著

振兴发展以来，沈阳农村人居环境农村路、水、电、气、讯等配套条件全面提升，两县一区一市行政村通沥青（水泥）路面比率已达100%。截至2022年10月，全市有农村供水工程1697处，分布在9个涉农地区、126个乡镇（街道），农村集中供水工程覆盖率99.93%，自来水普及率99.39%，高于水利部“十四五”确定的88%的规划目标。

260个行政村已开展生活污水收集处理，农村垃圾处理能力逐步提高。分别成立了城乡一体化环卫所、乡镇环卫所、村级保洁队伍，所有行政村日常清扫保洁基本实现全覆盖，行政村基本实现常态化保洁。

市农业农村局成立人居环境整治专班，至2023年初，已全面完成74258座农村问题户厕阶段性整改任务，农民满意率达到95%，探索出一整套北方高寒地区农村改厕成熟经验。

三、社会保障覆盖面持续扩大

沈阳市委市政府积极承担责任，持续加强教育、就业、医疗、养老等基本公共服务供给能力，兼顾好服务的普惠性、基础性、兜底性，推动民生事业实现全面进步。

（一）各级各类教育快速协调发展

振兴发展以来，沈阳各级各类教育投入持续增加，2003—2021年，教育总投入从18.8亿元增长到178亿元，接近振兴之初的10倍。财政一般公共预算教育支出逐年增长，2017—2021年，年均投入达118.48亿元，最高达到123.65亿元。2012年以来，出台扶持教育发展政策措施20余项，建立了学前教育奖补制度，截至2021年，学前教育三年毛入园率达到93.5%，普惠率达到87.3%，公办率提升到51.4%。全面实行集团化办学，创建“名校+小校、名校+普校、名校+新建校”的办学模式，组建教育集团86个，义务教育优质资源覆盖率达到97.4%。出台各类教育生均公用经费标准，全市城乡中小学公用经费实行统一定额，为全省最高水平。大力推进职业教育工厂化办学、双元制教学，建成中等职业教育集团18个，参与企业千余家，每年为沈阳市输送3万余名技术技能型人才。扎实推进终身学习活动品牌，开设“教育慧邻”社区大讲堂，实现居民点单、教育送课，年均送课1.5万课时以上；开通教育政策进社区直通车，定期宣讲教育政策，把教育问题解决在社区。

（二）“舒心就业”民生工程持续推进

2012—2021年，沈阳市城镇新增就业每年都在10万人以上，全市公共人力资源服务机构召开各类招聘活动4000余场，服务市场主体21万家次，提供就业岗位信息 26 万条，服务求职者 250 余万人次。2012—2022 年，全市经营性人力资源服务机构从 106 家增长到 1403 家，增长超过 12 倍。常态化开展“全市就业困难人员大走访”“就业援助月”等系列活动，确保全市困难家庭高校毕业生百分之百实现就业，零就业家庭实现动态清零。2012—2020 年，帮助 14 万名就业困难人员实现就业，吸引近 70 万名应届高校毕业生，促进农村劳动力实现转移就业 50 余万人。以举办高规格创业大赛为抓手，持续激发劳动者创业积极性，2012—2020 年，扶持创业带头人近 4 万名，带动就业 22 万人。“舒心就业”工作得到国务院督查组的高度认可，并在 2022 年获得 1 亿元中央财政补助金。

（三）形成全方位全周期健康服务体系

振兴发展以来，沈阳聚焦打造优质高效医疗服务体系，提升群众看病就医获得感。尤其是党的十八大以来，全市卫生健康事业发展持续加快。2012—2021 年，沈阳市居民个人卫生支出所占比重从 31.89% 降到 26.72%，人均预期寿命从 79.31 岁提高到 81.14 岁，孕产妇死亡率从 10.12/10 万降至 8.17/10 万，婴儿死亡率从 4.35‰降至 2.27‰，5 岁以下儿童死亡率从 5.32‰降至 2.76‰。紧盯危急重症救治，建成 3 个创伤中心、4 个儿童气管异物救治定点医院、8 个国家胸痛中心、27 个危重孕产妇和新生儿救治中心、35 个卒中救治定点医院，建成智慧化 120 急救指挥调度平台，实现院前院内急救服务有效衔接。设置 193 家社区卫生机构、113 家乡镇卫生院、616 个村卫生室，实现老百姓身边有 15 分钟医疗卫生服务圈，基本建成全方位全周期医疗服务体系。落实基本公共卫生服务政策，年人均服务经费补助标准从 2012 年的 25 元提升到 2021 年的 79 元，基本公共卫生服务免费项目从 10 类扩展到 14 类，建成数字化预防接种门诊 216 家。聚焦高血压、糖尿病 2 种基础病，心脑血管病、癌症、慢性呼吸系统病 3 类重大疾病，出生缺陷、儿童青少年近视、精神卫生 3 类公共卫生问题以及“一小一老”2 类重点人群，构建“2+3+3+2”的“防、筛、治、康、养”一体化健康管理模式，健全覆盖一岁到终老的全生命周期健康服务体系。

（四）养老模式实现改革突破

沈阳作为第一批参加国家普惠养老城企联动专项行动地区、全国首批居家和社区基本养老服务提升行动实施地区，在探索医养结合、普惠养老、智慧养老等多种新型养老模式方面不断改革突破。目前全市养老机构实现100%提供医疗卫生服务，医疗卫生机构100%建立老年人就医“绿色通道”，二级以上综合医院100%开设老年病科或老年病门诊。2013年以来，全市养老机构床位从2.8万张增至4.2万张，其中，护理型床位由8500张增加至2.2万张，占比达到55%，提前完成“十四五”规划目标。2013—2021年，全市区域性居家养老服务中心从10个增至279个，社区养老服务站从400个增至955个，城市社区养老服务设施覆盖面大幅提升，“一刻钟”社区养老服务圈基本形成。针对90%以上老年人选择居家养老的实际需求，推出建设“家庭养老床位”新举措，为全市4500户经济困难、计划生育特殊家庭中的失能老年人建设家庭养老床位，把养老设施、标准化服务“搬”进失能老人家庭，每人每月可享20~45小时照护服务。

第五节　沈阳与市域人口规模相近城市发展对比情况

全国第六次人口普查数据显示，沈阳人口为810.6万人，同年市域人口规模在800万~900万的还有周口、青岛、杭州、徐州、赣州、菏泽、东莞、泉州、济宁、南京10个城市，比较沈阳与该10个城市在“六普”至“七普”间的变化可见，沈阳在经济规模和人均水平方面均有落后态势，但在人口聚集和科技创新方面仍保持了一定优势。

一、经济总量和人均水平增速相对偏慢

沈阳2010年GDP规模为3527.4亿元，人均GDP为4.4万元（见表3-5、

表3–6)，在“六普”中11个市域人口规模800万~900万人的城市中均排名第6。2020年，沈阳GDP规模达到6571.6亿元，人均GDP增长至7.3万元，较2010年名义增幅分别为86.3%、65.9%，实现了明显跨越。但相较于其他10个“六普”中市域人口规模800万~900万人的城市，增速仍偏慢，经济总量和人均水平均从“六普”时的第6位滑落至“七普”时的第7位，与杭州、南京、青岛、东莞、泉州的差距明显扩大，同时被作为地级市的徐州超过，相较于济宁、赣州、菏泽、周口等城市能级偏低的城市而言，仍保有明显优势。

表3–5 “六普”市域人口800万~900万城市GDP变化对比

排序	城市	2010年GDP/亿元	排序	城市	2020年GDP/亿元
1	杭州	5949.2	1	杭州	16105.8
2	青岛	5666.2	2	南京	14818.0
3	南京	5010.4	3	青岛	12400.6
4	东莞	4246.3	4	泉州	10158.7
5	泉州	3564.8	5	东莞	9650.2
6	沈阳	3527.4	6	徐州	7319.8
7	徐州	2951.5	7	沈阳	6571.6
8	济宁	2237.2	8	济宁	4494.3
9	赣州	1247.0	9	赣州	3645.2
10	周口	1228.3	10	菏泽	3483.1
11	菏泽	1227.1	11	周口	3267.2

数据来源：各城市统计年鉴。

表3–6 “六普”市域人口800万~900万城市人均GDP变化对比

排序	城市	2010年人均GDP/万元	排序	城市	2020年人均GDP/万元
1	杭州	7.1	1	南京	15.9
2	南京	6.6	2	杭州	13.7
3	青岛	6.2	3	青岛	12.4

续表

排序	城市	2010 年人均 GDP/万元	排序	城市	2020 年人均 GDP/万元
4	东莞	5.4	4	泉州	11.6
5	泉州	4.4	5	东莞	9.2
6	沈阳	4.4	6	徐州	8.1
7	徐州	3.4	7	沈阳	7.3
8	济宁	2.8	8	济宁	5.4
9	赣州	1.5	9	赣州	4.1
10	菏泽	1.5	10	菏泽	4.0
11	周口	1.3	11	周口	3.6

数据来源：各城市统计年鉴。

二、仍具备较强的人口吸引力

与经济规模和人均水平增速偏慢相比，沈阳在人口方面仍保持了较高的吸引力。2010 年（“六普”）市域人口规模在 800 万 ~900 万的 11 个城市中，沈阳处于第 9 的位置（见表 3–7）。“六普”至“七普”间，沈阳人口增长 96.7 万人，排名提前至第 6 位，超过泉州、赣州、菏泽、周口，与徐州的人口差距从 47.5 万人缩小至 1.1 万人。同时，沈阳在 11 个城市中持续保持了较高的城镇化水平，“七普”时城镇化率为 84.5%，仅低于南京（86.8%）和东莞（92.2%），较“六普”提升 7.4 个百分点，城镇人口从 624.7 万人增加至 766.7 万人，增长 142 万人。可以预见，作为东北地区的区域中心城市，沈阳的人口集聚态势还将得到保持。

表 3–7　“六普”市域人口 800 万 ~900 万城市人口规模变化对比

排序	城市	2010 年人口 / 万人	排序	城市	2020 年人口 / 万人	城镇化率/%
1	周口	895.3	1	杭州	1196.5	83.3
2	青岛	871.5	2	东莞	1048.4	92.2

续表

排序	城市	2010 年人口 / 万人	排序	城市	2020 年人口 / 万人	城镇化率 /%
3	杭州	870.0	3	青岛	1010.6	76.3
4	徐州	858.1	4	南京	932.0	86.8
5	赣州	836.8	5	徐州	908.4	65.6
6	菏泽	828.8	6	沈阳	907.3	84.5
7	东莞	822.0	7	周口	901.9	42.6
8	泉州	812.9	8	赣州	897.0	51.9
9	沈阳	810.6	9	菏泽	879.9	51.0
10	济宁	808.2	10	泉州	878.2	68.5
11	南京	800.5	11	济宁	836.1	60.1

数据来源：各城市统计年鉴。

三、保持着较强科技创新实力

2020 年（“七普”年份），沈阳共投入 R&D 经费 192.9 亿元，研发投入强度为 2.94%，在“六普”人口处于 800 万 ~900 万间的 11 个城市中位列第 4，高于青岛、徐州等东部沿海地区工业强市（见表 3–8）。截至 2022 年初，沈阳拥有国家级创新平台 64 个，各类各级创新平台总数达到 1285 个，各类新型研发机构 52 家、研发人员 1949 人，沈阳拥有本科大学 26 所，排在全国城市中第 13 位，其中 985 工程大学 1 所（东北大学），211 工程大学 2 所（东北大学、辽宁大学），拥有接近 80 万在校大学生。丰富的科教资源和大批人才将是新时代沈阳全面振兴全方位振兴的重要动能所在。

表 3–8　“六普”市域人口 800 万 ~900 万城市 R&D 投入对比

排序	城市	2020 年 R&D 投入强度 /%	2020 年 R&D 投入规模 / 亿元
1	南京	5.14	761.6
2	杭州	3.59	578.8

续表

排序	城市	2020 年 R&D 投入强度 /%	2020 年 R&D 投入规模 / 亿元
3	东莞	3.54	342.1
4	沈阳	2.94	192.9
5	青岛	2.43	300.9
6	徐州	1.79	130.7
7	赣州	1.57	57.3
8	泉州	1.40	142.1
9	周口	0.50	16.5
10	济宁	—	—
11	菏泽	—	—

数据来源：各城市科技统计公报。

参考文献：

陈晨，刘治国，胡毅军，2016.沈阳市棚户区改造历程回顾及模式创新[J].《规划师》论丛：129–134.

樊华，2022.沈阳加快构建全方位全周期健康服务体系[N].沈阳日报，08–11（6）.

封莳，2022.市教育局 沈阳教育迈入优质发展新阶段[N].沈阳日报，08–11（5）.

韩丽娜，2021.沈阳工业高质量发展成绩亮眼[N].中国工业报，03–17（3）.

黄超，2022.产业加速转型升级 引领沈阳振兴实现新突破[N].沈阳日报，07–08（2）.

黄超，2022.沈阳深化国企改革持续提质增效[N].沈阳日报，09–08（3）.

黄超，2023.沈阳工业企业延链建群点燃发展新引擎[N].沈阳日报，02–27（1）.

金晓玲，2021.沈阳开展“手拉手”帮扶补齐县域经济短板[N].辽宁日报，08–13（4）.

刘国栋，2022.沈阳数字经济发展驶入“快车道”[N].沈阳日报，07–07（2）.

刘洋，2023.2022年沈阳高质量发展步履坚实[N].沈阳日报，02-16（1）.

邱菊，2021.1+1对1：构建沈阳特色新型城乡关系[N].沈阳日报，08-12（3）.

邱菊，2022.市民政局 全力打造“品质养老”民生工程[N].沈阳日报，08-11（5）.

邱菊，2022.市生态环境局：大力推进生态文明建设 环境质量明显改善[N].沈阳日报，08-17（3）.

邱菊，2023.2022年全市生态环境保护工作成绩单亮眼[N].沈阳日报，01-08（3）.

邱菊，李文瀚，2022.聚焦“急难愁盼”在改善民生上实现新突破[N].沈阳日报，08-18（5）.

曲俊铮，2022.“舒心就业”民生工程托起经济社会发展重中之重[N].沈阳日报，08-11（6）.

曲俊铮，2022.保障民生 和谐邻里 沈阳有温度有情怀[N].沈阳日报，12-25（1）.

孙常福，2022.强统筹 重民生 提质量 全面谱写“幸福教育”的沈阳篇章[J].辽宁教育（20）：5-7.

陶阳，2023.2022年，沈阳收获了320个“好天儿”[N].辽宁日报，01-13（2）.

王晓婷，2022.开放包容合作共赢 一座充满活力的开放之城[N].沈阳日报，12-28（1）.

王晓婷，2022.沈阳积极构建完善内外贸一体化发展新格局[N].沈阳日报，12-30（1）.

王晓婷，2022.沈阳市积极开创商贸流通业发展新局面[N].沈阳日报，10-03（4）.

王晓婷，2022.沈阳展现与世界近距离的连通[N].沈阳日报，10-21（2）.

王晓婷，2023.“消费马车”蹄疾步稳 为经济增长赋能提速[N].沈阳日报，02-17（1）.

吴妍焱，2022.沈阳营商环境建设水平迈上新台阶[N].沈阳日报，08–18（1）.

杨荣华，2014.浅谈沈阳夜经济发展的主要途径[J].商场现代化（3）：185–186.

于海，2020.天更蓝水更绿城更美行更快[N].沈阳日报，12–23（1）.

于海，2021.沈阳为城市地下市政基础设施“查户口、做体检”[N].沈阳日报，06–04（5）.

岳雨，2023.2022年度沈阳科技创新十件大事[N].沈阳日报，01–12（4）.

岳雨，高靖博，2022.沈阳科创这十年 赓续前行创新奋进[N].沈阳日报，07–21（6）.

张晓宁，2020.沈阳成为全国首批综合运输服务示范城市[N].沈阳日报，03–16（4）.

张晓义，2010.幸福城市，魅力沈阳[J].品牌（理论月刊），23（12）：129.

张一弛，曲俊铮，2023.2022中国城市国际传播影响力沈阳名列东北地区首位[N].沈阳日报，02–16（1）.

张征，赵润汐，2022.沈阳这十年：营商环境建设提质提效[N].中国经济时报，08–19（2）.

朱华，2011.辽宁汽车物流业优化升级的思路与对策[J].产业与科技论坛，10（19）：40–42.

第四章　沈阳国家产业转型升级示范区发展成效

以《国家发展改革委关于同意沈阳市铁西老工业基地调整改造暨装备制造业发展示范区的复函》（发改装备〔2007〕1025号）、《国务院关于中德（沈阳）高端装备制造产业园建设方案的批复》（发改振兴〔2015〕218号）和《国家发展改革委关于支持首批老工业城市和资源型城市产业转型升级示范区建设的通知》（发改振兴〔2017〕671号）等重要文件为指导，沈阳老工业基地调整改造经历了从铁西“东搬西建”到中德园再到产业转型升级示范区建设的历史过程。

第一节　示范区建设进展总体评价

沈阳产业转型升级示范区建设取得了重要进展和显著成效，对推动沈阳市经济社会整体发展起到了重要作用，特别是通过加大改革创新力度和提高投入水平，在创新发展、绿色发展和民生保障等领域实现了较快发展。

一、经济发展质量实现新突破

产业转型升级示范区建设成为沈阳经济高质量发展的重要动力。示范区建设以来，全市项目建设成效显著，开放创新步伐加快，发展环境持续优化，重大改革深入推进，“稳”的基础不断打牢，“进”的态势越发明显。2022年，沈阳市地区生产总值达到7695.8亿元，2017—2022年增长率分别为

3.5%、5.3%、4.2%、0.8%、7.0%、4.0%，累计增长 27.38%。三次产业结构为 4.4∶37.5∶58.1，第三产业占比比 2017 年提高了 1.2 个百分点；2021 年人均地区生产总值达到 79706 元，比 2017 年增长 12.70%；一般公共预算收入 730.3 亿元，其中税收收入 586.5 亿元，固定资产投资 1937.3 亿元，社会消费品零售总额 4479.6 亿元，实际利用外资 16.5 亿美元，进出口总额 1072.8 亿元。

二、创新发展达到新高度

创新平台加快建设。转型升级示范区建设以来，沈阳新增沈阳铝镁设计院节能环保工程研究中心、华晨汽车企业技术中心等国家级科技创新平台 10 个，总数达到 69 个；新增辽宁省类生命机器人重点实验室、辽宁省有色金属合金材料专业技术创新中心、中科院计算技术研究所企业技术中心等省级以上科技创新平台 68 个；新增产业技术创新研究院等新型研发机构 42 家，总数达到 50 家；拥有市级以上重点实验室 382 个，其中国家级 8 个；市级以上技术创新中心（工程技术研究中心）279 个。

创新能力持续提升。产业转型升级示范区建设有效提高了沈阳市创新能力建设水平，高性能钛合金等重大科技研发和科技成果转化项目累计达到 323 项，实施超高压变压器等企业重大关键核心技术（“卡脖子”技术）攻关项目 137 项。科技型企业突破 1.5 万家，芯源微电子等 3 家企业入选国家首批“专精特新”小巨人企业，培育美行科技等省级瞪羚企业 44 家、壮龙无人机等省级独角兽企业 4 家。

创新生态进一步优化。中国（沈阳）知识产权保护中心投入运行，发明专利授权周期由 22 个月缩短至 3 个月。成立了沈阳市科技金融服务中心，156 家高新技术企业进入科技金融重点企业库。加快建设材料科学国家研究中心等国字号平台，依托“国字号”平台建设一批专业化的科技成果转化中心和创新创业孵化中心，建设 8 个科技成果转化基地和 20 个科技成果中试平台，2021 年将科技成果本地转化率提高到 40% 以上，技术合同成交额年增长率不低于 8%，技术转移示范机构达到 60 家，累计培育技术经纪人 450 人。拥有两院院士 25 名，其中中国科学院院士 5 名、中国工程院院士 20 名。

三、绿色发展迈上新台阶

绿色低碳循环发展经济体系逐步构建。坚决遏制“两高”项目盲目发展，推进工业、能源、交通、建筑等领域“碳达峰十大行动”，支持高耗能企业技术改造。推进能源结构转型，加快开发可再生能源，加快辽能康平 300 兆瓦风电项目。争取国家清洁取暖试点城市政策支持，推进沈北鑫盛 2×35 兆瓦项目建设。循环经济加快发展，工业固体废物综合利用量从 2017 年的 646.42 万吨上升到 2020 年的 845.8 万吨，工业固体废物综合利用率从 2017 年的 77.8% 提高到 2020 年的 79.0%。

环境质量持续改善。2022 年空气质量优良天数 320 天，比 2017 年增加了 64 天，提高了 25.00%，$PM_{2.5}$ 浓度从 2017 年的 51 微克 / 立方米下降至 2022 年的 32 微克 / 立方米，降幅达到 37.25%。实施燃煤发电机组超低排放改造，淘汰燃煤锅炉 190 台，完成挥发性有机物治理项目 130 个，秸秆综合利用率达到 91%。制定水体达标和重点断面河段突出问题整改攻坚实施方案，综合采取工程、生态、管理三大措施，强力实施水体达标攻坚，国控地表水断面达到或好于Ⅲ类水体比例从 2017 年的 73.1% 提升到 2021 年的 79.5%。2020 年沈阳化学需氧量、二氧化硫、烟（粉）尘排放量比 2017 年累计削减 71.43%、62.67% 和 79.61%。东部污水处理厂、南部污水处理厂二期试运行。大辛、西部、老虎冲生活垃圾焚烧发电厂并网发电，大辛餐厨垃圾处理厂投入运行。祝家现场堆存污泥全部完成清运。

城市生态系统质量不断提高。围绕城市生态绿化系统，推动“一河两岸”和环城水系建设，全力打造宜居舒适美好家园。推动浑河两岸绿化提升工程和马拉松标准赛道建设，建设东西绿地生态系统，以及浑河沿岸和南、北两个百里环城水系绿道。同时，组织实施辽河国家湿地公园等项目建设。城市生态宜居性持续提升，对城区 193 条街路、139 块绿地进行提升改造，2020 年公园个数达到 143 个，比 2017 年增加 27 个，公园面积由 2017 年的 4220 公顷增加到 2020 年的 5240 公顷，建成区绿化覆盖率提高了 2 个百分点，达到 41%，人均绿地面积提高 1 平方米，达到 14 平方米。

四、民生保障取得新进展

社会保障水平进一步提高。开展产业转型升级示范区建设以来（见表 4–1），民生支出占一般公共预算支出比重基本保持在 80% 以上，2021 年城镇企业职工基本养老保险参保人数 443.9 万人，比 2017 年增长 68.1 万人。企业退休人员养老金和城乡居民最低生活保障标准实现连年提高，2021 年企业退休人员基本养老金人均每月达到 3041 元，比 2017 年提高 562 元，全市城镇居民最低生活保障标准为每人每月达到 740 元，比 2017 年提高 105 元。

就业形势总体平稳。大力推动吸引储备高校毕业生来沈就业创业，2021 年达到 13.7 万人，2021 年扶持创业带头人 2499 人，发放创业担保贷款 1.9 亿元，增长 142.3%。失业保险金标准大幅上涨，年新增就业人数从 2017 年的 9.68 万人上升到 2021 年的 13.4 万人，城镇登记失业率始终维持在 3% 左右。

社会事业持续发展。启动新一轮教育现代化建设，全市普惠性幼儿园 1314 所，占比达到 84.3%，普惠幼儿园学位占比达到 87.3%，全市学前教育幼儿入园率 93.5%。推动义务教育城乡一体化发展，提前一年消除 56 人以上大班额，优质教育资源覆盖率达到 85%。全域推进职业教育体制机制改革，欧盟学院挂牌成立，中德学院和宝马实训中心主体完工，沈阳职业技术学院成为国家首批高水平专业群建设学校。2021 年城乡养老服务机构达到 1505 个，城乡养老服务床位达到 4.6 万张。加快构建优质医疗卫生服务体系，建成 4 个区域医疗中心和 5 个急危重症救治中心，实施“大病不出县”两年行动计划，异地就医实现直接结算。完成“15 分钟健身圈”建设，成功举办了国际马拉松赛、市民运动会等大型活动，“冰雪进校园”活动试点学校达到 34 所，15 所学校成为全国青少年校园冰雪运动特色学校。

表 4-1　　　　　产业转型升级示范区主要指标变化情况

序号	指标名称	单位	2021 年	2020 年	2019 年	2018 年	2017 年
1	地区生产总值增速	%	7.0	0.8	4.2	5.3	3.5
2	人均地区生产总值	万元	7.95	7.24	7.23	6.90	6.37
3	全员劳动生产率增速	%	9.3	6.8	—	—	—
4	地方一般公共预算收入	亿元	773	736.1	730.3	720.6	656.2
5	地方一般公共预算收入增速	%	5	0.8	1.3	10.0	5.7
6	全社会研发经费投入强度	%	—	2.97	3.2	2.8	—
7	全社会研发经费投入增速	%	—	18.6	17.6	15.7	—
8	国家级高新技术企业数量	家	3500	2560	—	—	—
9	国家级高新技术企业数量增速	%	39.60	39.4	—	—	—
10	常住人口城镇化率	%	84.97	81.2	81.0	81.0	76.72
11	城镇居民人均可支配收入增速	%	6.6	1.3	6.2	6.5	6.1
12	农村居民人均可支配收入增速	%	10.5	8.1	9.6	6.9	7.5
13	国控地表水断面达到或好于Ⅲ类水体比例	%	79.50	78.5	78.5	74.1	73.1
14	城市空气质量优良天数比率	%	86.3	78.6	77.80	78.08	70.14
15	单位地区生产总值能耗水平降低比例	%	3.2	—	—	3.6	3.7

数据来源：历年沈阳市国民经济和社会发展统计公报、沈阳市产业转型升级示范区自评估报告。

第二节　“一园三区”发展成效

“一园三区”是沈阳市产业主要集聚区和产业转型升级示范区的主要载体，在推动沈阳产业转型发展中起到了关键作用，集聚了重要的产业集群，形成了区域竞争优势。

一、中德（沈阳）高端装备制造产业园

（一）基本概况

中德（沈阳）高端装备制造产业园（以下简称中德园）规划面积55平方公里，东至中央大街，西至浑河26街西侧，南至浑河，北至沈辽路，建成区面积约20平方公里（见图4–1）。以汽车制造、智能制造为方向发展，初步形成了以华晨宝马为核心的国际制造业集聚区。园区发展定位为拉动沈阳市转型发展的新引擎、中国制造2025与德国工业4.0战略合作试验区、开放型经济新体制探索区、国际先进装备制造业发展示范区、创新驱动和绿色集约发展引领区。

2021年，中德园地区生产总值完成1056亿元，增长6.5%，占全市比重达到14.57%；一般公共预算收入完成42亿元，增长11%，固定资产投资完成130亿元，增长7%，规模以上工业总产值完成910亿元，增长7.3%；城镇居民人均可支配收入增长7.9%。

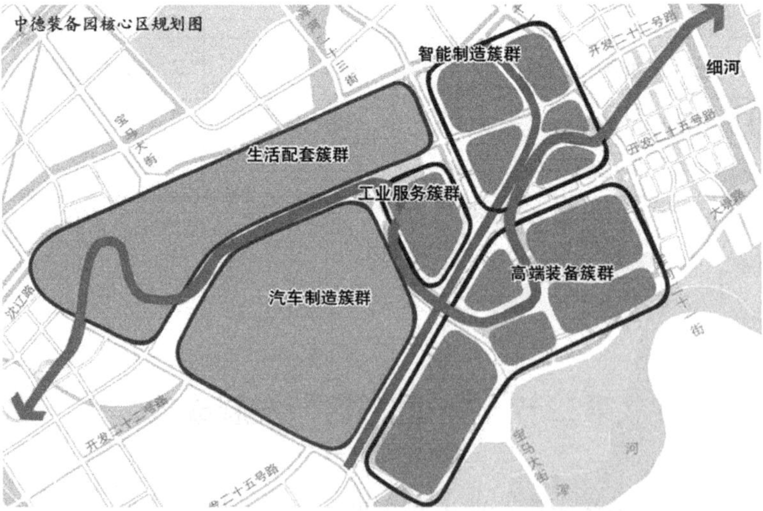

图4–1　中德（沈阳）高端装备制造产业园规划图

（二）主要产业和重点企业发展

中德园重点发展汽车制造、高端装备、智能制造、战略性新兴产业、工业服务等五大主导产业。

汽车制造是中德园的核心支柱产业。汽车及零部件产业成为规模和实力较强、上下游产业链较为完整的产业集群，对工业经济的拉动和引领作用不断增强。重点发展整车及新能源汽车，以及动力总成、车身及内外饰、传动系统、制动系统、转向系统、行走系统、汽车电子等。汽车及零部件产业 27 户规上企业，完成产值 792.5 亿元，同比增长 8.3%。重点汽车零部件企业中，龙头企业华晨宝马铁西工厂实现工业总产值 682.4 亿元，同比增长 8.4%，是宝马在域外的最大生产基地。重点汽车零部件企业中，本特勒、施德年产值超过 20 亿元，延锋彼欧年产值达到 10 亿元，海斯坦普、施尔奇、思拓威源等年产值达到 5 亿元。目前，博斯汽车、大众友邦涂装等新建项目已建成投产，本特勒二期、延锋彼欧三期等扩产项目已竣工。新增产能 40 万辆的华晨宝马新厂项目正按计划有序推进，德国慕贝尔热成型生产线项目、沈阳环普国际产业园佛吉亚项目、华翯汽车零部件产能提升项目、沈阳派格汽车饰件有限公司汽车零部件制造项目等汽车零件产业项目正在抓紧建设。

高端装备正处于加速发展期。重点发展数控机床、轨道交通装备、新能源及节能环保装备、特种用途机械、关键基础零部件、基础电子元器件及器材等。2021 年高端装备制造产业 33 户，比去年增长 22%；年产值 30 亿元，增长 50%。2021 年开复工项目有乔治费歇尔金属成型科技（沈阳）有限公司一期项目、远大压缩机高端氢气天然气压缩机装置智能制造基地、钛山装备高端钛合金零部件、沈阳清华锅炉有限公司新型高效节能环保锅炉研发制造基地项目等。

智能制造和战略性新兴产业正处于快速培育期。智能制造重点发展机器人及智能装备、增材制造、智能硬件产业、智能信息技术、智能工厂技术，包括已建成投产的纽卡特行星减速机、大族赛特维机器人、维顶机器人等，年产值 2.5 亿元。此外，林敏检测机器人、禄禧智能化自主移动机器人等项目也陆续开工建设，目前中德园已聚集机器人及相关企业 20 余家。其他战略性新兴产业（包括金昌蓝宇新材料等 4 户企业）年产值 3 亿元。战略性新兴产业目前微控磁悬浮飞轮储能项目已建成投产，北方药谷生物药国际 CDMO 基地、奥卡（辽宁）新材料科技有限公司高端装备制造业关键精密零部件产业化开发项目、农宝（沈阳）秸秆能源科技有限公司秸秆能源科技装备研发制造基地等项目加快建设。

工业服务业为工业发展提供支撑保障。重点发展金融服务、科技研发、工业设计、对外贸易、现代物流、电子商务、信息服务、职业教育。工业服务业规上企业现有 16 户，年营业收入 5 亿元。目前紫光中德、金杯全球物流、润邦达美汽车制造业供应链产业园等项目已建成投入运营，全球工业互联网大会会议中心项目目前已开工建设，工业互联网安全态势感知平台建设项目完成主体施工。

（三）重点平台建设

中德园“一个平台、五大体系”持续推进，成为“中德企业合作基地”、“中德智能制造合作试点示范园区”、“国家国际科技合作基地（国际创新园类）”、“产业转型升级示范园区”和“绿色工业园区”。中德园成功加入“中德智能制造科技创新合作联盟”和“中以创新生态联盟”，中国工业互联网研究院辽宁分院、SAP（思爱普）东北创新中心、紫光中德等一批平台项目入驻，国家工业互联网大数据分中心、辽宁工业互联网安全态势感知平台落地中德园，润邦达美汽车制造业供应链产业园等服务业项目顺利开展。沈阳经济技术开发区国际中德园离岸创新中心跨境电商平台已投入运营，中德装备园知识产权信息公共服务平台和中德园政务服务信息化平台上线运行。

二、沈阳经济技术开发区

（一）基本概况

沈阳经济技术开发区（以下简称沈阳经开区）始建于 1988 年，1993 年进入国家级开发区行列，2002 年与铁西区合署办公，2007 年与原细河经济区合并，规划范围 165 平方公里，建成区面积 72 平方公里。沈阳经开区相继获得国家“老工业基地调整改造暨装备制造业发展示范区”“国家新型工业化产业示范基地”“国家级生态工业示范园区”等荣誉。

2021 年，沈阳经开区地区生产总值完成 1056 亿元，增长 6.5%。规模以上工业总产值完成 2005 亿元，增长 7.5%。固定资产投资完成 284.1 亿元，增长 17.9%。一般公共预算收入完成 83.9 亿元，增长 0.6%。实际利用外资 1.7 亿美元，增长 51%；引进实际到位内资 150 亿元，增长 3.3%；进出口总额 390 亿元，增长 2.6%。

（二）主要产业和重点企业发展

经过近年来的发展建设，沈阳经开区形成了高端装备制造、汽车及零部件、生物医药、新一代信息技术四大产业。

装备制造业是开发区产业度最丰富、企业数量最多的主导产业。沈阳经开区能够生产 172 种装备产品（占 70% 以上），装备制造业企业 230 家左右，接近全省的 5%（4825 家、104 个县区），是我国大型装备制造基地、先进装备制造业聚集区、中国装备制造业的基础和骨干，拥有一大批国内同行业的排头兵企业，在重大技术装备制造和设备成套方面代表国家先进水平。装备制造业包括 7 个子产业，即机床产业、石化通用装备产业、工程机械及重矿产业、输变电装备产业、轨道交通产业、新能源装备、环保与资源综合利用装备等产业，特别是在沈鼓集团大型空分、百万吨乙烯三机，特变电工沈变集团 1000kV/1000MVA 及以下交流变压、±1100kV 及以下直流换流变压器等处于行业领先地位。三一重装生产国内首台成套大型矿山冶金及隧道装备——综采工作面纯水介质液压系统 SCR520 掘采机。铸造研究所有限公司生产国内首台大型高水头电站用大型电渣转轮体——百万千瓦级水轮机设备成套部件。

汽车及零部件产业发展迅猛。2021 年 48 户汽车及零部件企业完成工业产值 913.4 亿元，同比增长 8.4%，其中华晨宝马铁西工厂完成工业产值 682.4 亿元，同比增长 8.4%，占总量的 74.7%；整车产量 33.8 万辆，同比增长 8.7%，增产 2.7 万辆。在华晨宝马铁西工厂增产的强势拉动下，汽车零部件产业总体实现快速发展。

生物医药产业是辽宁省、沈阳市重点发展的战略性新兴产业之一。区内现有东药集团、三生制药、安斯泰来三家全国生物医药百强企业。生物制药领域，以沈阳三生制药有限责任公司和博泰生物制药为基础，打造生物医药研发和孵化基地、生物制药核心工艺装备基地、国际化生物药 CDMO 基地和生物制药原料辅材料生产制造基地。化药制药领域，东北制药集团是中国重要的医药生产企业之一，具备强大的生产能力，企业年生产原料药 3 万吨，同时也具有全球最大单条维生素 C 生产线。

新一代信息技术产业为制造业提质赋能。着力推进两化融合，依托德国 SAP、清华紫光云等创新中心，推动传统装备制造业向数字化、网络化、智能化方向升级。新增多个智能工厂和数字化车间，引导 40 户企业上云。

（三）重点平台建设

中科沈阳产业技术创新研究院首期 6 项产业化成果落地转化。中国工业互联网研究院辽宁分院、国家工业互联网大数据中心辽宁分中心正式挂牌。工业互联网安全态势感知平台、SAP 创新赋能中心、阿里工业云创新中心等平台落地。新设立日本离岸创新中心，德国海德堡离岸创新中心成为东北首家“国家海外人才离岸创新创业基地”。全球工业互联网大会永久会址落户沈阳经开区。经开区成为辽宁省唯一“科创中国”试点园区。

三、沈阳高新技术产业开发区

（一）基本概况

沈阳高新技术产业开发区（以下简称高新区）位于沈阳浑南新区，始建于 1988 年 5 月，1991 年被国务院首批批准为国家高新技术产业开发区，规划面积 170.3 平方公里，建成区面积 60 平方公里。高新区先后获批国家首批双创示范基地、国家电子商务示范基地、国家产学研合作示范基地、知识产权示范园区以及国家首批科技服务业试点区等荣誉称号，已成为全市具有重大引领作用的创新高地。

2021年，地区生产总值增长7%，一般公共预算收入100亿元，增长5.5%。规模以上工业总产值576.6亿元，增长12%。固定资产投资368亿元，增长11%。城镇居民人均可支配收入53880元，增长8%。主要经济指标稳中向好，多项指标总量增速排名全市前列。

（二）主要产业和重点企业发展

结合高新技术产业优势基础及浑南科技城、临空经济区等重点区域布局，集中力量优先发展新一代信息技术、高端装备、生命健康、临空经济等优势产业。推动产业链、创新链、资金链融合，完成产业协作与配套服务，发挥东软医疗、成大生物、拓荆科技等龙头企业引领，积极推动新兴产业壮大和制造业转型升级。

不断壮大新一代信息技术。辽宁宏图创展总部、北方实验室网络安全服务基地项目及沈阳鲲鹏产业孵化基地、集美智慧数据工厂等项目已落地，沈阳国际软件园二期沈阳数字经济产业园项目正在申请土地指标。

加快壮大高端装备制造。芯源微高端晶圆设备产业化项目投产，拓荆科技科创板上市。新松机器人工作站、拓荆科技亚常压化学气相沉积设备等15台套设备入选省级首台套重大技术装备目录。航天三菱、富创精密等14座智能工厂、数字化车间完成改造。

大力发展生命健康产业。完成了干眼分析仪、紫外交联仪等眼科医疗装备的部分工程化任务，启动智能化、小型化OCT眼科装备的项目立项及原理样机的研制。新松医疗新厂区已于2021年10月竣工，鹿系列产品生产研发基地项目已竣工，成大生物已成功上市。

积极布局临空经济产业。推进中国航发燃机产业化基地项目，项目用地已取得土地批复，浑南航空产业园二期已开工建设。C919飞机后机身前段批产首架和ARJ21飞机EWIS优化批产构型产品成功交付。

（三）重点平台建设

沈阳浑南科技城规划建设进展顺利，材料科学国家研究中心、国科大机器人与智能制造学院、中科院机器人与智能制造创新研究院等重大科技创新平台加速建设。中科产业技术创新研究院挂牌成立，沈阳市知识产权运营服务平台正式落户，完成东北科技大市场线上平台改造。沈阳国家材料科学研究中心等一批国家级创新平台投入使用，新增各类研发机构近 100 家，总数达到 299 家。国家真空仪器装置工程技术研究中心等 13 项新建科技设施如期推进。组建实质性产学研联盟 28 家，占全省 14%。

四、沈阳辉山经济技术开发区

（一）基本概况

2006 年 5 月，经省政府批复，沈阳蒲河新城管理委员会升级为省级开发区。2013 年 1 月，升级为国家级经济技术开发区。2014 年，沈阳蒲河新城管委会更名为沈阳辉山经济技术开发区管委会（以下简称辉山经开区）。开发区规划范围东至辉山临界、南至三环路、西至区界、北至新城子北部，规划面积 155.4 平方公里，建成区面积 32 平方公里。

2021 年，预计地区生产总值完成 391.8 亿元、增长 6.5% 左右，规模以上工业增加值完成 119.5 亿元、增长 9%，固定资产投资完成 199.5 亿元、增长 3%，一般公共预算收入完成 46 亿元、增长 7%，城镇居民人均可支配收入完成 45516 元、增长 6.5%。

（二）主要产业和重点企业发展

辉山经开区重点发展农产品精深加工、先进装备制造、文化旅游三大主导产业。

农产品精深加工产业蓬勃发展。现有农产品精深加工企业 287 家。其中，规模以上企业 62 家，规模以下企业 225 家。农产品精深加工产业门类齐全，包括以双汇、雨润为代表的肉制品产业，以禾丰牧业、大北农为代表的饲料产业，以益海嘉里、香雪面粉为代表的粮油加工产业，以辉山乳业、伊利乳业为代表的乳制品产业，以希杰、科纳提克为代表的生物制剂产业，以今麦郎、好丽友为代表的食品产业，以燕京啤酒、怡宝为代表的饮料产业和以依生生物、东亚种业为代表的生物医药产业，是全省最大、全国重要的农产品加工基地。

先进装备制造产业逐步壮大。依托辽宁及沈阳雄厚的装备制造业产业基础和独特的区位、交通优势，现已集聚规模以上装备制造企业104家。其中包括邦迪、卡斯马等规模以上汽车企业27家；天气模、航安特铸等规模以上航空装备制造企业10家；利源轨道等规模以上轨道交通企业6家；以及汇聚了白色家电、机械加工、医疗设备等多门类企业的其他装备制造企业。

文化旅游产业加快培育。沈北新区是沈阳的“城市公园”，现有方特欢乐世界、怪坡、稻梦空间等A级以上景区13家，全年接待游客数量和旅游收入均占全市一半以上，是沈阳都市圈重要的都市休闲游目的地。

（三）重点平台建设

创新平台更加优化，“一区一园六组团”的科创空间布局初步形成，创业生态日臻完善，技术、人才、资金等要素供给持续优化，引进新型研发机构3家，市级以上科研平台达到110个，双创载体达到31家，成功承办2021年全国双创周辽宁分会场活动，沈阳工程学院科技园成功晋升为国家级大学科技园，嘉越电力、德恒装备等13家企业荣膺全市科技创新百强称号。沈阳工程学院大学科技园荣获国家级大学科技园称号，成为继东北大学、沈阳工业大学之后沈阳市第3家国家级大学科技园，也是辽宁省第7家国家级大学科技园。以沈北路光电信息产业园为基础，改造、新建面积15.6万平方米的科技成果转化基地。推进重点双创载体建设，中电光谷OVU创客星项目已全面投入运营，并作为常态化路演平台，举办了路演、创新创业培训等活动20余场次，得到广泛关注。智慧湾、创湃大厦等重点“双创”载体建设进展顺利。

第三节 示范区建设工作机制

辽宁省和沈阳市高度重视产业转型升级示范区建设工作，出台了一系列相关配套政策，努力推动产业转型升级示范区各项任务落地见效，沈阳市专门成立了产业转型升级促进中心，为工作推进提供了保障。

一、省级相关制度及支持政策

辽宁省委省政府高度重视产业转型升级示范区工作，在省级层面制定了一系列相关政策，完善相关任务举措，有力推动了辽宁中部产业转型升级示范区工作。

在总体制度安排方面，省发展改革委印发《关于做好产业转型升级示范区建设及近期重点工作的通知》（辽发改振兴字〔2020〕12 号），专题部署产业转型升级示范区建设方案修编、中德（沈阳）高端装备制造产业园建设方案编制、县城产业转型升级示范园区申报和协助国家制定政策文件等工作。2021 年 10 月 11 日，辽宁省发展改革委、辽宁省科学技术厅、辽宁省工业和信息化厅、辽宁省自然资源厅、国家开发银行辽宁省分行联合印发《辽宁中部（沈阳－鞍山－抚顺）产业转型升级示范区建设方案》（辽发改振兴字〔2021〕104 号）。

在具体工作部署方面，2021 年 6 月 28 日，辽宁省发展改革委印发《关于做好转型升级示范区及县城产业转型升级示范区建设有关工作的通知》（辽发改振兴字〔2021〕72 号）；2021 年 11 月 9 日印发《关于做好结构调整“三篇大文章”项目谋划 推动经济高质量发展的指导意见》（辽发改工业〔2021〕443 号）。此外，还印发实施了《关于做好产业转型升级示范区和重点园区建设 2021 年有关工作的通知》《关于全面推进我省新兴产业三年行动计划项目建设工作的通知》等。

在奖励机制设计方面，2020 年省发展改革委印发《辽宁省关于对企业债券真抓实干成效明显地方激励支持实施办法》等五项实施办法的通知（辽发改督考〔2020〕543 号），贯彻落实国家发展改革委的有关工作要求；2021 年 3 月 15 日，辽宁省人民政府办公厅印发《关于对 2020 年落实有关重大政策措施真抓实干成效明显地区、部门和单位予以表扬激励的通报》（辽政办发〔2021〕7 号）。

二、市级相关配套政策文件

按照国家和省相关政策文件安排，沈阳市大力推动产业转型升级示范区建设相关工作，各部门相继出台配套政策。按照国家发展改革委、科学技术部、工业和信息化部、自然资源部、国家开发银行等五部委联合印发《关于支持首批老工业城市资源型城市产业转型升级示范区建设的通知》（发改振兴〔2017〕671号）的有关要求，2017年，沈阳市出台了《关于促进产业转型升级三年行动计划》，制定了《沈阳市产业转型升级示范区建设方案》，并于2020年予以修编，出台了《沈阳市产业转型升级示范区建设方案（2020—2025）》，形成了产业转型升级示范区的顶层设计。

2020年，沈阳市制定了《推进沈阳市产业转型升级示范区建设2020年工作要点》，同时，各部门相继制定出台配套政策55个。2021年8月19日，沈阳发展改革委发布《关于下达重点地区转型发展专项（资源型地区转型发展方向）2021年中央预算内投资计划的通知》。2021年12月，沈阳市主要领导就国家发展改革委等五部门发布《"十四五"支持老工业城市和资源型城市产业转型升级示范区高质量发展实施方案》批示，由市发展改革委牵头，相关部门参与，制定具体方案。根据领导批示，目前沈阳市已出台了落实1618号文沈阳市级实施意见。

产业转型升级示范区相关文件汇总如表4–2所示。

表4–2　　　　产业转型升级示范区相关文件汇总

序号	文件名称	出台时间	主要支持措施
1	关于转发国家发展改革委等部门《"十四五"支持老工业城市和资源型城市产业转型升级示范区高质量发展实施方案》的通知（辽发改振兴字〔2021〕134号）	2021年12月15日	支持沈阳机器人等国家制造业创新中心建设；推动沈阳等都市圈产业协作；支持中德（沈阳）高端装备制造产业园完善基础设施和配套公共服务；支持鞍山通过技术创新、延伸拓展优势产业链、培育发展新兴产业等方式加快转型；推进大连长兴岛（西中岛）石化产业基地高质量发展；支持抚顺、鞍山按规定创建国家级开发区
2	关于印发《辽宁中部（沈阳–鞍山–抚顺）产业转型升级示范区建设方案》的通知（辽发改振兴字〔2021〕104号）	2021年10月11日	明确2021—2025年产业转型升级示范区建设工作重点任务

续表

序号	文件名称	出台时间	主要支持措施
3	辽宁省人民政府办公厅《关于对2020年落实有关重大政策措施真抓实干成效明显地区、部门和单位予以表扬激励的通报》（辽政办发〔2021〕7号）	2021年 3月16日	对真抓实干成效明显地区、部门和单位予以表扬激励
4	省发展改革委《关于做好转型升级示范区及县城产业转型升级示范区建设有关工作的通知》（辽发改振兴字〔2021〕72号）	2021年 6月28日	推动开展产业转型升级示范区相关工作
5	省发展改革委印发《关于做好结构调整“三篇大文章”项目谋划　推动经济高质量发展的指导意见》的通知（辽发改工业〔2021〕443号）	2021年 11月9日	部署改造升级“老字号”、深度开发“原字号”、培育壮大“新字号”相关工作
6	辽宁省人民政府《关于推进全省经济开发区高质量发展的实施意见》（辽政发〔2019〕26号）	2019年 12月17日	深化体制机制改革；提升产业集聚和发展水平；加快转型升级和创新发展；强化人才支撑；强化措施保障
7	沈阳市贯彻落实《中共中央　国务院关于支持东北地区深化改革创新推动高质量发展的意见》实施方案	2019年 4月5日	建设稳定公平透明可预期的营商环境，支持民营经济发展壮大，坚定不移推进国资国企改革，全面深化国家优化金融生态改革试验，深入推进开发区改革，大力提升创新能力等
8	《沈阳市全面推进“证照分离”改革　加强事中事后监管实施方案》（沈政办发〔2019〕32号）	2019年 11月8日	持续优化市场主体准入服务，全面推进“证照分离”改革，切实加强事中事后监管，启动改革全覆盖试点工作
9	《沈阳市加快数字经济发展行动计划（2019—2021年）》（沈政办发〔2019〕27号）	2019年 10月16日	升级数字基础设施、构建数据资源体系、创新发展新一代信息技术产业、全面布局5G产业、构建工业互联网生态体系等

续表

序号	文件名称	出台时间	主要支持措施
10	《沈阳“16+1”经贸合作示范区实施方案》(沈政办发〔2019〕25号)	2019年9月29日	围绕互联互通基础设施建设、双向贸易、经济技术合作、科技人文交流、国际营商环境等方面，加强重点项目建设，着力打造全省“16+1”经贸合作示范样板城市
11	《沈阳市人民政府关于加快发展夜经济的实施意见》(沈政发〔2019〕18号)	2019年9月24日	围绕打造“三核”夜经济综合街区、金廊沿线和浑河两岸夜经济带、夜经济特色街，实施放宽沿街摆卖管制、加强夜间交通保障等10条具体举措
12	《沈阳市加快推进“一事一网一窗一次”改革实现“沈阳通办”实施方案》(沈政发〔2019〕15号)	2019年7月26日	以厘清“一件事”为基础，线上只进“一张网”，线下只到“一个窗”，现场“最多跑一次”，做到政务服务“业务贯通、系统联通、数据互通”，企业群众办事线上“一网通办”、线下“一窗通办”、简易事项“就近可办”
13	《沈阳市促进金融业发展若干政策措施》(沈政办发〔2019〕14号)	2019年5月16日	促进金融机构集聚发展的扶持政策、促进新兴金融业态集聚发展的扶持政策、积极发展股权投资机构和基金管理机构、促进多层次资本市场发展的扶持政策、优化金融生态环境
14	《沈阳市优化营商环境85条政策措施》(沈政发〔2019〕10号)	2019年4月9日	围绕开办企业、办理建筑许可、获得电力、获得用水用气、登记财产、纳税、跨境贸易、办理破产、获得信贷等18个方面，提出85条具体措施

续表

序号	文件名称	出台时间	主要支持措施
15	《沈阳市工业领域优先发展产业项目用地出让最低价标准管理办法（试行）》（沈政办发〔2019〕9号）	2019年 3月21日	为更好地发挥地价政策的宏观调控作用，促进工业有效投资，提高项目投资强度，加强土地集约利用，推动工业经济高质量发展，提出18条相关管理办法
16	《沈阳市人民政府关于支持“飞地经济”发展的实施意见》（沈政发〔2019〕4号）	2019年 1月29日	支持依托现有园区共建“飞地经济”园区，在资金、财政、土地、服务、人才等方面给予支持
17	《沈阳市人民政府关于改革国有企业工资决定机制的实施意见》（沈政发〔2018〕40号）	2018年 12月28日	深化国有企业工资收入分配制度改革，规范工资收入分配秩序，对工资、奖金、津贴、补贴、加班加点工资、特殊情况下支付的工资等方面提出具体实施意见
18	《沈阳市未来产业培育和发展规划（2018—2035年）》（沈政发〔2018〕37号）	2018年 12月16日	以带动经济高质量发展为核心，以未来产业创新平台、重大项目、重点企业为依托，以“未来技术产业化”和“现有产业未来化”为抓手，重点培育“3+2”未来产业体系
19	《沈阳市促进中小微企业融资服务若干政策措施》（沈政办发〔2018〕147号）	2018年 12月14日	开展主办银行制度及金融顾问试点、推动“应急转贷”专项资金发挥更大作用、建立“助保贷”风险补偿资金、引进保险资金开展“融保通”业务、鼓励复制和推广浑南区“盛京汇”模式等10个方面措施

续表

序号	文件名称	出台时间	主要支持措施
20	《沈阳市新一代人工智能发展规划三年行动计划（2018—2020 年）》（沈政办发〔2018〕144 号）	2018 年 12 月 6 日	以新一代人工智能发展水平跻身国内重点城市行列为目标，提出构建新一代人工智能科技创新体系、培育四大新一代人工智能核心产业、做大做强六大人工智能相关产业、打造新型智慧城市新标杆、优化人工智能产业空间布局五大方面 12 条具体任务
21	《沈阳市加快新能源汽车推广促进产业做大做强实施方案》（沈政办发〔2018〕142 号）	2018 年 11 月 25 日	提出加强新能源汽车推广应用、加快新能源汽车充电基础设施建设、优化新能源汽车使用环境、做大做强新能源汽车全产业链、建设中德装备园电动示范区等五个方面 20 条具体任务
22	《沈阳市促进民营经济发展若干政策措施》（沈政发〔2018〕35 号）	2018 年 11 月 16 日	围绕支持民营企业做大做强、加强民营企业融资服务、支持民营企业创新发展等七个方面，提出 34 条政策措施
23	《沈阳市推进科技资源共享深化协同创新实施方案》（沈政办发〔2018〕128 号）	2018 年 9 月 27 日	为促进重大科研基础设施和大型科研仪器等科技资源向社会开放，提升企业研发能力，提出推动科技资源开放共享、打造协同创新公共服务平台、完善科技资源开放共享政策支持体系等方面任务措施
24	《沈阳市推进电子商务与快递物流协同发展实施方案》（沈政办发〔2018〕125 号）	2018 年 9 月 17 日	提出创新协同发展政策、完善电子商务快递物流基础设施、优化电子商务配送通行管理、提升快递末端服务能力等六个方面 18 条任务措施

续表

序号	文件名称	出台时间	主要支持措施
25	《沈阳市加快推进科技和金融结合试点工作方案》（沈政办发〔2018〕120号）	2018年9月10日	提出建设覆盖企业全生命周期的基金投资体系、完善满足企业多元化融资需求的信贷支持体系等四个方面15条任务
26	中共沈阳市委办公室印发《关于充实市委贯彻落实习近平总书记在辽宁考察时和在深入推进东北振兴座谈会上重要讲话精神"1+8"系列文件的意见》的通知（沈委办发〔2019〕29号）	2019年8月1日	对标对表习近平总书记2018年10月以来的重要指示批示精神和党中央重大决策部署，认真落实省委有关要求
27	沈阳市工业和信息化局、市财政局关于印发《沈阳市支持智能升级示范项目政策及管理实施细则》的通知（沈工信发〔2019〕95号）	2019年8月14日	分层次、分领域推进各行业智能升级示范项目建设
28	《沈阳市水体达标工作领导小组关于印发沈阳市重点河流水体达标攻坚战实施方案的通知》（沈水体达标发〔2019〕1号）	2019年4月15日	加强组织领导沈阳地表水环境治理是省、市政府确定的重要工作任务；强化资金保障；建立水环境质量监控预警机制结合流域跨区断面水质考核有关要求；强化责任追究及绩效考核严格落实督查考核制度
29	《沈阳市蓝天行动领导小组办公室关于印发2019年沈阳市蓝天保卫战作战方案的通知》（沈蓝组办〔2019〕55号）	2019年3月21日	加强组织领导，实行党政同责；加大资金投入，强化专项统筹；建立健全长效管理机制；加强社会宣传，引导全民参与
30	关于印发《沈阳高新技术产业开发区关于加快智能制造、新能源汽车、生物医药与健康医疗、体育休闲四个主导产业发展的若干政策措施（试行）》的通知（沈高新区发〔2019〕4号）	2019年10月30日	以培育有竞争力的创新型产业集群为目标，重点围绕智能制造、新能源汽车、生物医药与健康医疗、体育休闲四个主导产业16个细分领域提出政策措施

续表

序号	文件名称	出台时间	主要支持措施
31	《关于印发铁西区（开发区）2019年利用综合标准依法依规推动落后产能退出工作方案的通知》（沈西政办发〔2019〕27号）	2019年7月19日	健全工作机制；强化信息公开；加强社会监督；加强监督检查；加强行业自律；做好宣传引导；抓好工作落实
32	《关于印发铁西区（开发区）2019年优化营商环境专项整治行动方案的通知》（沈西政发〔2019〕2号）	2019年6月18日	加强组织领导，落实工作责任；突出问题导向，动态调整内容；强化工作协同，形成工作合力；健全工作制度，严肃考核问责
33	《关于印发铁西区（开发区）加快推进科技和金融结合工作方案的通知》（沈西政办发〔2019〕3号）	2019年4月1日	加强组织领导；建立完善工作机制
34	《关于印发铁西区（开发区）推进"飞地经济"发展实施意见的通知》（沈西政发〔2019〕3号）	2019年8月12日	加强组织领导；明确责任分工；加强督查考核
35	《关于印发铁西区浑河、细河生态封育工作方案的通知》（沈西政办发〔2019〕1号）	2019年3月7日	高度重视、明确责任；强化组织、严肃纪律；稳妥推进、加强指导
36	《铁西区人民政府办公室关于印发铁西区（经开区、中德园）促进工业高质量发展若干政策的通知》（沈西政办发〔2019〕26号）	2019年12月2日	支持重点项目；支持智能制造；支持绿色制造；支持创业创新；奖励重点企业
37	《铁西区人民政府办公室关于印发铁西区（经开区、中德园）促进金融业高质量发展若干政策的通知》（沈西政办发〔2019〕32号）	2019年12月2日	提升金融服务实体经济能力，完善金融政策供给，吸引集聚优质金融资源，推动金融业可持续健康发展

续表

序号	文件名称	出台时间	主要支持措施
38	《铁西区人民政府办公室关于印发铁西区（经开区、中德园）加快服务业高质量发展若干政策的通知》（沈西政办发〔2019〕29号）	2019年12月2日	支持总部经济；支持商贸流通业；支持虚拟网络、电商、现代物流业及现代服务业；支持汽车贸易及关联产业；支持文创、文旅产业；支持楼宇经济；奖励重点企业
39	中共沈北新区委员会办公室、沈北新区人民政府办公室关于印发《沈北新区优化营商环境提升年工作方案》的通知（沈北新区委办发〔2019〕42号）	2019年3月22日	加强组织领导；深入解放思想；抓好典型引领；强化技术支撑；有效监督落实
40	中共沈北新区委员会办公室、沈北新区人民政府办公室关于印发《沈北新区优秀企业和优秀企业家奖励办法（2019年）》的通知（沈北新区委办发〔2019〕61号）	2019年12月30日	激发各产业、各行业企业家热情，激励入区企业为区域发展作出更大贡献
41	《关于印发沈北新区2019年优化营商环境专项整治行动方案的通知》（沈北新区政办发〔2019〕31号）	2019年7月13日	加强组织领导；健全工作机制；严肃追究问责
42	《关于印发沈北新区区属国有企业投资监督管理办法的通知》（沈北新区政发〔2019〕17号）	2019年5月22日	建立完善以管资本为主的国有资产监管体制，推动沈北新区区属国有企业规范投资管理，优化国有资本布局和结构，防范投资风险
43	《关于印发沈北新区区属国有企业负责人差异化经营业绩考核实施方案（试行）的通知》（沈北新区政发〔2019〕18号）	2019年5月22日	区国资局负责对一级企业实行年度和任期考核。各一级企业结合本方案，负责对所属子企业进行功能分类，实行年度和任期考核

续表

序号	文件名称	出台时间	主要支持措施
44	《关于印发沈北新区人民政府关于改革国有企业工资决定机制的实施意见的通知》（沈北新区政发〔2019〕21号）	2019年5月22日	提高思想认识；抓好工作落实；搞好舆论宣传；把握适用范围；明确实施时间
45	《关于印发沈北新区促进农产品精深加工产业发展若干政策的通知》（沈北新区政发〔2019〕28号）	2019年6月28日	省、市产业政策方面（3条），由辉山食品医药产业办提出申请，区农业农村局负责复核及上报落实；鼓励域内的农产品精深加工企业总部、区域销售中心回归区方面，由辉山食品医药产业办提出申请，区发改局负责落实奖励资金；鼓励域内农产品精深加工企业总部优先上华为云方面，由辉山食品医药产业办提出申请，区工信局负责兑现华为云服务资金；壮大协会方面，由辉山食品医药产业办提出申请，区财政局负责落实奖励
46	中共沈北新区委员会、沈北新区人民政府关于印发《沈北新区“亩均论英雄”改革实施方案》的通知（沈北新区委发〔2019〕12号）	2019年9月21日	加强组织领导；强化评价主体责任落实；强化考核激励；建设“亩均效益”综合评价大数据平台；加强宣传引导
47	关于印发《关于促进总部经济发展的若干意见》的通知（沈北新区政发〔2019〕25号）	2019年6月24日	成立区总部企业认定小组，经认定为总部企业的享受沈北新区总部企业经济贡献奖励政策
48	中共沈北新区委办公室、沈北新区人民政府办公室关于印发《沈北新区人才强区战略三年行动计划（2019—2021年）》的通知（沈北新区委办发〔2019〕58号）	2019年12月13日	严格落实人才工作的责任；加强人才工作的政治引领；强化人才入区的各项基础保障；加强人才政策和成果的宣传引导

续表

序号	文件名称	出台时间	主要支持措施
49	《沈阳市建设东北亚先进装备智能制造中心规划（2018—2030年）》（沈委发〔2018〕32号）	2018年5月6日	强化组织保障；建立协作机制；明确职责分工；确保责任落实
50	《沈阳市加快推进沈阳国家通用航空产业综合示范区建设工作方案》（沈政办发〔2018〕115号）	2018年9月12日	加强组织领导；资金支持保障；土地利用保障；人才支撑保障
51	《沈阳市关于补齐城市治理短板提升城市功能三年行动计划（2018—2020年）》（沈委办发〔2017〕67号）	2017年10月8日	加强组织领导；建立工作体系；拓展资金来源；坚持规划引领；优化设施管理
52	《沈阳市加快推进国家循环经济示范城市建设工作方案》（沈政办发〔2018〕116号）	2018年11月2日	加强组织领导；强化督查考核；完善政策体系；强化宣传引导
53	《沈阳市引导企业上云实施方案》（沈政办发〔2018〕124号）	2018年11月25日	建立协同推进机制；加强云计算基础设施建设和安全保障
54	《沈阳市人民政府关于改革国有企业工资决定机制的实施意见》（沈政发〔2018〕40号）	2018年12月5日	提高思想认识；抓好工作落实；搞好舆论宣传

三、市级相关工作推进机制

沈阳市产业转型工作由沈阳市主要领导牵头，沈阳市发展改革委、沈阳市产业转型升级促进中心具体组织实施，为产业转型升级示范区工作提供了组织保障。市级形成了相关组织架构，2020年2月20日，沈阳市老工业基地振兴领导小组办公室决定成立沈阳市产业转型升级示范区工作领导小组，市长任组长，办公室设在市发展改革委，主要任务是制定规划、完善政策、推进项目、督查指导、总结交流、报告工作。2020年3月10日，沈阳市产业转型升级示范区工作领导小组办公室召开2020年产业转型升级有关工作部署会（视频会议），部署全年产业转型升级有关工作。沈阳市发展改革委主要负责组织贯彻落实党中央、国务院和辽宁省全面振兴东北老工业基地的重大政策、规划和指导性意见，研究提出沈阳老工业基地振兴重大问题和有关政策建议，对区、县（市）老工业基地振兴战略进行指导、论证、综合平衡和衔接，承担市全面振兴领导小组办公室日常工作。

四、沈阳市产业转型升级促进中心

沈阳市产业转型升级促进中心是沈阳市政府直属事业单位，由中国国际装备制造业博览会沈阳市筹备办公室、市经济和信息化委所属的沈阳市中小企业服务中心整合而成。2018 年 7 月初，沈阳市委办公厅发布《沈阳市市直公益性事业单位优化整合方案》，沈阳市产业转型升级促进中心正式成立。其主要职责是，围绕贯彻国家和省、市产业发展战略及有关政策措施，开展相关公益性工作，促进沈阳市产业转型升级和创新发展，加快构建现代产业体系，参与制定市政府产业发展政策和鼓励措施，开展调研论证，提出建议和方案，进行政策执行效果评估及有关产业发展重大专项课题研究服务等工作。中心下设办公室、党群工作部（人力资源部）、财务部、传统产业服务部、战略性新兴产业服务部、创新创业服务部、产业研究所、产业金融部、培训辅导部、会展服务部、中小企业服务部、价格认证中心等 12 个部门，为沈阳市产业转型升级提供支持保障服务。

第四节　示范区建设主要成果

沈阳市开展产业转型升级示范区建设以来，围绕产业转型和高质量发展，加快推进改革创新，培育了一批优势产业集群、创新了一批体制机制、构建了一批重大功能平台、形成了一批试点示范。

一、培育了一批优势产业集群

依托“一园三区”载体，通过推动传统产业提质增效和新兴潜力产业培育，沈阳市形成了数个具有较强竞争力的产业集群，为高质量发展奠定了良好基础。

汽车及零部件产业集群。依托中德产业园，以宝马、通用等企业为龙头，瞄准汽车智能化、新能源汽车和车联网技术等发展方向，推进新能源汽车整车、动力电池基地建设，支持新能源汽车企业新建、技术改造和扩大投资，做大做强汽车产业集群。华晨宝马和上通北盛新车型陆续上市，宝马新工厂等重大项目竣工投产。

新一代信息技术产业集群。以高新区为核心，瞄准互联网、光通信、云计算、物联网等网络设备和新一代移动终端、可穿戴终端等信息终端设备，新兴软件及服务、“互联网+”、大数据等信息技术服务，集成电路、新型显示器件、高端储能、关键电子材料、高端整机产品等电子核心产业，网络与信息安全产品和服务，人工智能等相关领域。目前已聚集沈阳国际软件园、美行科技、辽宁向日葵、麟龙科技等一批大数据、云计算、人工智能领域的行业标杆企业，搭建了沈阳国家软件公共服务平台、沈阳国际软件园人才实训基地等公共服务平台。

机械装备产业集群。以沈阳经济技术开发区为核心，依托沈鼓集团、北方重工集团等企业，着力提升关键基础零部件、基础工艺、基础材料、基础制造装备研发和系统集成水平。

生物医药及高性能医疗器械产业集群。以沈阳经济技术开发区、沈阳高新区为核心，集聚了东药集团、三九药业、兴齐眼药、三生制药、成大生物、远大诺康、依生生物等骨干企业。

航空产业集群。依托国家航空高技术产业基地和通用航空产业综合示范区两大航空产业战略载体，拥有沈飞、黎明、沈飞民机等一批重点航空企业，在干支线飞机机体零部件转包生产领域处于国内航空产业链条的领先地位，航空制造业基础雄厚。

人工智能产业集群。以沈阳高新区为核心，形成“一核两翼多片”发展新格局，人工智能产业集群创新活力迸发，助力产业结构优化升级呈现欣欣向荣之势。沈阳市大力推动新一代人工智能产业创新发展，连续出台了《沈阳市新一代人工智能发展规划（2018—2030 年）》《关于新发展阶段提升科技创新能力的若干政策措施》等多个政策文件，大力支持人工智能产业发展，着力打造人工智能产业创新生态。沈阳市已在新一代人工智能方向突破了一大批“卡脖子”关键核心技术，人工智能产业发展迈出坚实步伐，中科院沈阳自动化所、东北大学、东软集团、新松机器人等创新主体在语音翻译、图像识别、传感器等领域不断取得新突破，3 个项目被评为国家“人工智能与实体经济深度融合创新项目”，沈阳新松机器人获颁国家“人工智能产业创新重点任务优胜单位”称号，沈阳市获批建设国家新一代人工智能创新发展试验区。

二、创新了一批体制机制

产业转型升级示范区建设以来，沈阳市加快理顺政府和市场关系，进一步转变政府职能，充分激发市场主体的活力和社会创造力，进一步简政放权，建立引导企业发展的政策体系，不断提高行政管理效能，持续优化营商环境，形成了科学完善、能够充分激发企业活力的体制机制。

深入推进财政金融和投融资体制改革。调整市与区县（市）财政管理体制，通过实行“定率环比上解财力”和“税收增量奖励”激励政策，将市级税收财力增量更多留给区县级，激发全市区县（市）发展经济、培植财源、增加收入积极性。推进财政事权和支出责任划分改革，理顺权责关系，在全省率先研究制定城建、农业农村、扶持企业发展领域市与区县（市）财政事权和支出责任划分方案，规范支出责任分担方式，建立完善权责匹配的市与区县（市）财政事权和支出责任划分体系，并继续向基层倾斜。积极做大做强国有融资担保机构，出台促进国有融资担保机构服务实体经济三年行动方案，引导金融资源高质量服务实体经济。稳妥推进农村信用社改革，依法妥善处置企业流动性风险，完成沈阳农商行、苏家屯联社及辽中联社的清产核资及资产评估，4家农信改革机构均完成股本意向募集任务，平均完成率102.7%，累计清收三年总任务的42.52%，苏家屯政府已完成政府关联类不良贷款的二次置换和变现，是全省第一家采取现金处置的改革机构，监管部门将“苏家模式”作为全省范例进行推广。积极推动跨境人民币业务创新，东北首家中外合资、总规模100亿元的QFLP基金成功落户沈阳自贸区。

扎实推进国资国企改革。以解决全市国资国企改革中的体制性障碍、机制性梗阻、政策性创新为切入点，扎实推进国企改革三年行动，有明确完成时限和标准的68项任务中已完成58项，完成率达到88%。启动国务院批复的辽宁沈阳区域性国资国企综合改革试验。沈鼓集团、航空集团入选国务院国资委“央地百对企业协作行动”。

持续深化开发区体制机制改革。按照“小政府、大社会、大服务”的原则，探索适宜开发区发展的运行模式。深入推进“管委会+平台公司”改革，将开发建设、招商引资、投资运营、专业化服务等事项通过政府购买服务、委托外包等方式交由市场承担，提高企业化管理、市场化运营水平。进一步做大做强以沈阳经济技术开发区为代表的国家级开发区，推进运营平台公司整体上市；有序推进以苏家屯雪松经济技术开发区为代表的省级开发区建设，促进政府和社会资本合作模式更加成熟；推广以法库经济技术开发区为代表的“开发区+主题园区”开发模式，实现园区健康快速发展。加速推动开发区管理体制向市场化运作、企业化管理方向转变。以指标论英雄，科学设置开发区考核体系，创新性将“新开工项目投资额增长率”作为考核指标，引入新开工和履约项目投资总额总排名等“融合性”考核方式，突出开发区对经济发展贡献度，倒逼开发区实施体制机制改革。启动《沈阳市规范开发区管理机构方案》编制，清理规范开发区管理机构，重新制定15个开发区“三定”规定，明确各级开发区管理机构的名称、管理体制、机构规格、人员编制、领导职数等机构编制事项，调整优化内部管理架构。

完善开发区分类考核评价和激励约束机制。建立亩均效益综合评价机制，推动“标准地”改革，将投资强度控制指标纳入土地“招拍挂”出让条件，提高开发区集约化发展水平。强化综合评价结果运用，率先在开发区复制推广自贸区改革经验，深化投资项目审批全流程改革，推行先建后验、容缺审批、告知承诺制等管理模式。结合国家高质量发展指标体系，在开发区率先实施监测评价，发挥开发区引领地区高质量发展的主阵地作用。强化对开发区党政班子的绩效考核，突出主业考核、差异化考核。

三、构建了一批重大功能平台

在产业转型升级示范区建设中，沈阳市加大改革创新力度，集聚各方资源建立了一批重大功能平台，为产业转型升级和高质量发展提供了便利条件。

市场化运营“四基”公共服务平台。构建功能完善的“四基”服务支撑体系，解决服务装备制造业的“四基”公共服务不足、“四基”创新成果转化应用效率不高问题，可有效支撑企业在技术、产品上的突破创新，有效提高企业在国际、国内市场的竞争能力。

社会化协同云制造服务平台。社会化协同云制造服务平台建设，使互联网、大数据、云计算与装备制造业深度融合成为可能，为智能制造奠定基础，形成自主可控的核心工业制造能力。平台面向社会开放，实现全社会机械加工制造能力共享。

推动校企共建实训基地。沈阳各大职业院校依托沈阳经济区域内重点企业，通过参与组建职业教育集团，开设101个企业订单班、冠名班合作育人，开辟校内外实训基地，开展教师与技师双向交流培训等方式，积极探索校企合作，努力实现校企共同办学、共同育人、共同管理、共同发展的一体化办学目标，实现学校、企业和学生的三赢局面。

建设前沿技术产业链股份制联盟。沈阳市面向重大战略新兴产业，针对产业链不完整、技术力量分散、同质化重复研发等问题，着力打通商业化成熟产业链技术难关，推动创新主体与产业主体，以股权为纽带建立“股份制”

式战略技术攻关联盟，推动全产业链上不同环节技术优势单位强强联合、交互持股，打造“血缘”型技术创新合作网络关系和利益共同体，共同制定规划、共同申报项目、联合技术攻关、共享创新成果、共同开拓市场，形成“共建、共享、共智”的科研力量组织机制。目前，已构建起联盟成员覆盖 IC 装备产业链条上的不同环节、不同技术和产品，上下游明确分工，技术和产品上相互配套，以产业链为基础建立软件控制系统 - 整机装备 - 零部件 - 子系统 - 整机 - 工艺处理的全供应链体系，6 家 IC 骨干企业联合申报国家 02 科技重大专项 18 项，累计获得国家资金支持 8.53 亿元，一批产业牵动力强、经济社会效益明显的重大创新成果实现本地转化。

四、形成了一批试点示范

沈阳市积极争取各领域试点示范，一方面加快了各领域改革创新的步伐，另一方面形成的典型经验模式能够得到更好推广，为全国开展产业转型升级工作提供借鉴和启示。

打造国家服务型制造示范区。沈阳积极打造制造业新竞争力。2021 年，工业和信息化部发布了《2021 年国家级服务型制造示范公示名单》，沈阳三一重装等 7 家企业上榜，沈阳位居全国 15 个副省级城市中的第二位。同时，在 2021 年省级服务型制造示范评定中，沈阳东方钛业等 25 家企业入选，位居全省第一。沈阳制造型企业在发展“服务型制造”方面起步早、成效显，政府也在推动企业向服务型制造转型的过程中提供要素保障，敢于给钱给力给政策。近年来，市工业和信息化局一方面牵头发展改革委等部门联合出台了推进服务型制造发展的工作方案，另一方面在出台的《沈阳市促进民营经济发展若干政策措施》中明确“支持生产性服务业发展。对被认定为国家（省）级服务型制造示范企业、示范平台（项目）的企业，给予一次性奖励 50（30）万元”。

获批建设国家新一代人工智能创新发展试验区。科技部正式发函批复，支持沈阳建设国家新一代人工智能创新发展试验区（以下简称试验区），为沈阳试验区建设吹响了冲锋号。在引领区域人工智能创新发展、助力转型升级新征途中，沈阳正以“排头兵”姿态阔步前行。近年来，沈阳市大力推动新一代人工智能产业创新发展，连续出台了《沈阳市新一代人工智能发展规划（2018—2030年）》《关于新发展阶段提升科技创新能力的若干政策措施》等多个政策文件，大力支持人工智能产业发展，着力打造人工智能产业创新生态。沈阳创新主体在语音翻译、图像识别、传感器等领域不断取得新突破，3个项目被评为国家“人工智能与实体经济深度融合创新项目”。获批建设试验区，为沈阳市建设国家中心城市，引领区域人工智能产业发展插上腾飞的翅膀。沈阳市人工智能产业已形成以浑南高新区为核心，以和平区、大东区为“两翼”，沈河区、皇姑区、铁西区、沈北新区等多区联动的“一核两翼多片”发展新格局，人工智能产业集群创新活力迸发，助力产业结构优化升级呈现欣欣向荣之势。沈阳市人工智能企业数量达到552家，2020年实现产值570.47亿元，同比增长20%。

开展政务服务标准化试点建设。沈阳建立政务服务标准化体系，对市区两级政务服务事项逐项梳理，规范事项名称、设定依据、适用范围、实施主体、办理条件、申报材料、办理程序及工作时限，取消兜底要件、压缩审批时限、优化受理流程。

“只提交一次材料”改革经验全省推广。沈阳市被确定为全省“只提交一次材料”试点城市。在供给侧，沈阳全面推动信息在线提交、材料共享获取、印章在线签署、证照在线出具。与试点前相比，全程网办事项占比提升37.1%、即办事项占比提升40.1%，网上实办率提升13.2%，政务服务“好差评”满意度达到99.9%，超过85%的办件应用“不见面”方式办理。在需求侧，从企业群众办事需求出发，为企业群众提供“一张表单、一套材料、一次提交、统一出证”的套餐式服务，优化线上线下政务服务办事体验。沈阳市是全国工程建设项目审批制度改革的试点城市。工程建设项目审批从立项到竣工验收和不动产登记的总体审批时限压缩至40个工作日内。

第五节　示范区典型经验和主要做法

经过五年的发展，沈阳产业转型升级示范区建设取得较大进展，形成了一批可复制可推广的经验模式，为全国老工业基地转型发展作出了示范。

一、注重发挥自身比较优势，加快推动产业高质量发展

（一）深入做好“老、原、新”三篇大文章，加快建设国家先进制造中心

沈阳市将先进制造业作为立市之本，利用装备制造业基础雄厚、体系完整的优势，通过谋划改造升级“老字号”、深度开发“原字号”、培育壮大“新字号”三篇大文章，实施制造业倍增计划，不断壮大沈阳市特色优势产业，加快建设国家先进制造中心。

改造升级“老字号”。推进汽车及零部件、通用机械装备、机床及功能部件、电力装备等产业链发展，提升“老字号”智能化水平，汽车、通用机械装备、石化重矿轨道交通及专用装备、机床及功能部件、电力装备等5个产业链增加值分别增长12%、11.5%、11%、38%和1.7%，华晨宝马、沈鼓集团、三一重装、机床集团、通用电气能源等重点企业产值分别增长17.9%、15%、21.1%、41.9%和2.4%。

深度开发“原字号”。引领区域产业布局和结构调整，有效利用周边资源，延伸下游高端产业链条，提高冶金、石化等原材料精深加工水平，农副产品加工、石油化工产业链增加值分别增长7.3%、11%，禾丰牧业、沈化集团、东方昆仑不锈钢等重点企业产值分别增长14.6%、19.2%和44.3%。

培育壮大“新字号”。聚焦新能源及新能源汽车、集成电路、航空、生物医药及医疗装备、机器人、新材料、节能环保等重点领域，在产业数字化上持续发力，占工业比重提高至24.5%，新能源汽车、集成电路、生物医药及医疗装备、机器人、新材料、节能环保、航空等7个产业链增加值分别增

长 88%、5%、2.2%、2.5%、15%、7.5% 和 23.3%，芯源微电子、富创精密、东软医疗、新松机器人、中铝沈阳有色、沈飞国际等重点企业产值分别增长 120%、68%、4.9%、11.1%、33.9% 和 14.3%。

（二）充分聚焦产业链价值链，提升产业品质和核心竞争力

以科技自立自强为导向实施高质量先进制造业行动，围绕“5+3+7+5”产业补链延链强链，发展优势产业链，提升产业基础高级化和产业链现代化水平，形成更加良性的产业生态。

大力提升产业链水平。在政府层面建立“链长制”，对产业链发展情况进行专题研究和调度；在企业层面，实施“链主制”，由龙头企业担任“链主”，发挥连接上下游、带动产业发展的作用，加快产业链建设和提升；在建立“链长 + 链主”制的基础上，为每个产业链配备“盟长、校长、行长”，着力构建完善市区协调、政企联动的工作格局，全力打好产业基础高级化、产业链现代化攻坚战。

大力引进重点产业链项目。围绕沈阳市产业链的薄弱环节，实施精准招商，紧盯主导产业、新兴产业深度谋划，不断增强产业发展的内驱动力。2021 年，总投资 100 亿元的正威大东新动能材料产业园、总投资 80 亿元的沈阳数字经济产业园、总投资 50 亿元的玖龙纸业 65 万吨智能制造再生纤维造纸、总投资 20 亿元的北方生物医药科技谷二期等项目签约落地。

注重数字经济赋能。以数字经济为引领，聚焦一二三产业融合发展，加快制造业产业链全要素数字化、智能化、网络化升级、转型和再造，在智能制造、新业态新模式等重点方向谋划推进一批标志性项目，建设东北区域能源大数据中心、运营商数据中心等一批高质量数据中心项目。2021 年，沈阳市数字经济核心产业营业收入 801 亿元，增长 7.8%。新一代信息技术产业链增加值完成 5.6 亿元，增长 19.8%。新建 5G 基站 8501 个，累计建成 15822 个，数量居全省首位。中国信息通讯研究院星火 · 链网超级节点落户，工业互联网标识解析二级节点达到 5 个，居全省首位。国家级工业互联网平台达到 4 个。互联网和相关服务业营业收入增长 81.4%。国网辽宁电力企业级业务应

用服务云化等 3 个项目入选工业和信息化部上云典型案例，累计建成智能工厂 10 家、数字化车间 22 个。发布企业数字化应用场景需求 2378 个，组织对接会 28 次，促成合作项目 100 以上。

（三）促进都市圈和区域合作，实现产业合理分工协作

围绕沈阳现代化都市圈建设加快推进区域合作。加强都市圈各市产业链协作和企业配套合作，推动特变沈变公司与鞍钢配套合作，推进沈阳工业设计、检测检验、科技条件等资源向都市圈城市辐射，构建研发设计在沈阳，生产制造在周边城市的产业分工协作格局。加强旅游产业深度融合，开展四季游活动，共同打造都市圈旅游精品路线。发展“飞地经济”，创新产业园区共建模式，推广辽阳企业沈阳飞地研发中心运作模式。举办了沈阳现代化都市圈装备制造业企业产品配套对接会、旅游业发展一体化推进会、农产品产销对接助力乡村振兴大会、沈铁合作交流工作座谈会。

积极承接北京非首都功能疏解。拓展京沈合作深度和广度，推进依生生物新冠疫苗生产基地、沈阳材料科学国家研究中心等一批产业项目建设，新签约光谷中电智谷、航天北斗卫星应用中心、数字科技协同创新产业园、依生生物治疗性狂犬疫苗生产基地等京沈合作项目 40 个，总数达到 400 个。沈阳市 15 家医疗机构与北京市相关医疗机构建立紧密型医联体。

深化沈阳大连合作交流。支持大连理工大学军民融合沈阳铁西研究院等创新平台建设。壮大发展县域经济，创新城区、开发区与县域“1+1 对 1”对口帮扶模式，对口帮扶事项数量达到 25 项以上。

二、成果转化与产教融合并举，加快培育发展新动力

（一）加快创新主体培育，提高科技创新效率

沈阳市始终坚持与国家创新发展同行，瞄准科技前沿、服务国家战略、取得一批具有原创性的科技成果，在技术创新、产品创新、成果转化等方面形成

了独特优势，为沈阳市产业高质量发展提供强大科技支撑。加强创新主体培育，加快培育科技型中小企业、高新技术企业、雏鹰企业、瞪羚独角兽企业等，实现以企业为主体的创新。举办2021年中国机器人技能大赛暨中国机器人创新与实践论坛，举办第七届中国聚变堆材料大会，16个项目荣获2020年度国家科学技术奖。加快科技创新平台建设，打造“5+4+7+N”创新平台体系，推动类生命机器人重点实验室、有色金属合金材料创新中心等省级以上创新平台落地。沈阳产业技术研究院投入运营，与江苏省产业技术研究院签署合作协议。积极申报中科院金属研究所高性能稀土钢国家级研发平台。

（二）依托“国字号”平台，促进科技成果转化

加速科技成果转化，深入实施科技“揭榜挂帅”，持续推进“带土移植”，以企业为“盟主”推进产学研合作联盟建设，70个联盟获批省首批实质性产学研联盟，占全省总数的35%。组织155家企业参加中科院驻辽科研院所科技成果本地转化撮合对接会，达成合作意向33项，签约项目8项，占全省26.4%。加快建设材料科学国家研究中心等国字号平台，依托“国字号”平台建设一批专业化的科技成果转化中心和创新创业孵化中心。建设8个科技成果转化基地和20个科技成果中试平台，增强科技成果落地承载能力。完善技术经纪人激励政策，年培育技术经纪人不少于50人。培育引进创新科技成果转化组织，提升东北科技大市场、技术转移示范机构等平台功能，大幅提高科技成果本地转化率，健全产学研一体化协同机制，2021年，全市高新技术产品产值占规模以上工业总产值比重59.2%，比上年提高4.1个百分点，106种重大新产品实现规模化生产。

（三）加快“数字蝶变”，提高制造业竞争力

沈阳市始终坚持走信息化和工业化融合发展的道路，确立了高档数控机床和机器人两大智能制造新型主导产业，突破了智能传感等一批关键装备技术，实现了智能生产、智能产品、智能服务水平的整体提升，不断提升老工业基地核心竞争力。2021年，沈阳市在全国数字化转型百强城市中排名第15位，居

东北首位。沈阳市紧紧围绕落实《工业互联网创新发展行动计划（2021—2023年）》等文件精神，制定并出台《“数字沈阳”建设行动方案（2021—2023年）》，加快构建工业互联网推广应用体系，高水平定位沈阳全产业链信息化建设，全力加快沈阳企业数字化转型步伐。沈阳市已初步建成4个国家级、17个省级工业互联网平台，全市上云企业达2.4万余户。通过建库培育、政策引导、义诊服务、评估诊断等方式，持续推动制造业智能转型，建成智能工厂10家、数字化车间22个，沈阳智能制造入库项目累计已达400余个。

（四）建设产教融合试点，培育吸引科技人才

沈阳市以国家“首批产教融合型试点城市”建设为引领，立足产业转型，聚焦高素质技能人才培养，深化产教融合、校企合作，提高服务本地企业的质量和水平。沈阳市主动对接产业发展需求，围绕机器人、新能源汽车、物联网、机加数控和智能制造等50余个新兴产业所需专业，基本覆盖沈阳支柱产业，持续优化职业教育专业布局，开辟校内外实训基地，开展教师与技师双向交流培训等方式，积极探索校企合作，努力实现校企共同办学、共同育人、共同管理、共同发展的一体化办学目标，实现学校、企业和学生的三赢局面。2021年，沈阳市已建设18个产教融合实训基地。沈阳市把“留住人才”作为鼓励创新创业的第一要务，出台了人才新政“3.0版”，政策覆盖了人才“引、育、用、留”各个环节，在“找得着”“引得进”“用得上”“帮得好”“合得来”等5个方面与人才实现价值共创，让人才有成就感的同时有归属感。2021年沈阳市共认定高层次人才1344人，引进博士352人，落实科研团队“带土移植”项目40多项。

三、切实为企业发展服好务，着力提升产业发展环境

（一）持续深化“放管服”改革

沈阳市持续落实减税降费政策，出台支持市场主体复苏25条和稳定市

场主体 15 条政策措施。为助力产业类项目抢抓工期、提早开工建设，沈阳市大胆突破创新，优化再造流程，针对产业类项目大力推广“带方案出让”办理模式，实现审批服务再上新台阶。“带方案出让”模式是指意向企业签订土地出让合同前，依托工程建设项目联合审批平台，提前开展策划生成、设计方案联合审定及公示，完成施工图设计审查（或备案）等前期工作。企业在取得土地后，直接进入工程审批平台，并联办理国有建设用地使用权首次登记、用地规划许可、建设工程规划许可以及人防工程审批、消防设计审查、施工许可等审批事项。以“只提交一次材料”为牵引、“一网通办”为路径，通过优化再造流程，前置审查和评估环节，上线运行“带方案出让”审批模式，总体办理时间减少 31 个工作日。为强化制度保障，出台《工业带方案出让土地项目操作流程（试行）》，对产业类项目办理施工许可前涉及的 21 个审批事项实施告知承诺制，依托一体化政务服务平台实行清单制管理。合并立项用地规划、规划许可、施工许可 3 个审批阶段为工程许可阶段，总体时限控制在 10 个工作日内。将环评、水保、文勘、地灾等 8 项评估评价事项纳入区域评估，在签订土地出让合同前完成，依托平台实现区域评估成果共享，豁免或简化后续审批手续办理。

（二）狠抓国资国企改革

沈阳市不断完善中国特色现代企业制度，提升治理水平，确保国有资产保值增值。截至 2021 年 11 月底，沈阳国企改革三年行动提前实现完成总体改革任务 80% 的年度目标。沈阳市属 20 户国有及国有控股企业资产总额同比增长 11.5%，净资产同比增长 18.6%；营业收入同比增长 17.7%。一是优化国有资本布局结构。开展市属企业压层级减户数工作，185 户三级以下企业压减 89 户。二是完善中国特色现代企业制度。市属一级企业全部完成董事会向经理层授权工作。沈鼓集团等一级企业完成董事会专门委员会建立。三是积极稳妥推进混合所有制改革。坚持“不求所有，但求所在”，竞争类企业放开股比限制，公益类企业原则上以国有相对控股为主实现股权多元化，推进了沈鼓集团等 6 户企业集团层面混改。沈鼓集团通过增资方式引入战略投资者，已在沈交所公开挂牌。四是健全市场化经营机制。推开市场化选聘经理层，累计 45 户各级企业市场化选聘经理层成员 84 人，推进经理层成员任期制和契约化管理。五是完善国资监管体系。完善清单管理的同时，优化监管方式，目前沈阳市已经完成国资监管平台一、二期建设，以水务集团、地铁集团为试点实现大额资金实时监管。向产投集团等 8 户市属企业外派财务总监。

（三）创新发展生产性服务业

沈阳市紧紧围绕“六稳”“六保”工作大局，坚定高标准打造东北区域生产服务中心、金融服务中心、创新服务中心、商贸流量中心、文化创意中心目标，积极应对新冠疫情对服务业的重大冲击，服务业保持平稳运行，特别是金融、信息、科技、物流等生产性服务业集聚服务功能全面提升，生产性服务业对工业转型升级和农业现代化的服务支撑能力逐步提高。2021 年，沈阳金融机构本外币贷款余额 18871.5 亿元，增长 5%；普惠型小微企业贷款余额 759.6 亿元，增长 28.6%；多式联运和运输代理业营业收入增长 72.8%，邮政业务总量增长 41.8%，航空运输总周转量增长 15.9%，沈阳获批国家生产服务型物流枢纽。

第六节　全国产业转型升级示范区典型经验借鉴

自国家设立产业转型升级示范区以来，20 个产业转型升级示范区聚焦实体经济发展，注重转变发展方式、优化产业机构、推进绿色低碳转型，取得了显著的成效。

一、坚持集聚发展，提升产业竞争优势

老工业基地振兴，产业振兴是主攻方向。“十三五”时期，各示范区以

产业振兴为重点，坚定不移实施制造强国战略，支持重点产业链发展，提升传统产业竞争力、发展壮大新兴产业、培育壮大市场主体，建设了一批特色鲜明竞争力强的产业集群。

（一）加快延伸拓展产业链，提高传统优势产业竞争力

河北省唐山市按照“降总量、提品质、延链条、增效益”模式，实施钢铁产业延链、补链、强链、育链行动。山东省淄博市做好“优存量”和“扩增量”两篇文章，实施“四强”产业攀登计划，推动新材料、智能装备、医药、电子信息等产业快速发展。安徽省铜陵市围绕全产业链发展思路，构建“铜冶炼－铜深加工－铜高端产品研发”等产业相互融合、一体多元的完整产业链。湖南省株洲市探索“标准引领＋会展经济＋清洁改造”的陶瓷发展模式，形成集陶瓷材料、陶瓷制造、陶瓷机械、陶瓷颜料等于一体的产业集群。四川省自贡市推动形成“盐卤－工业盐－新材料”产业链，建设川南新材料产业基地。

（二）以龙头企业为牵引，培育发展新兴产业

山西省长治市推动能源企业向发展新能源转型，形成“硅矿－工业硅－多晶硅－单晶硅－电池片－太阳能组件－光伏发电”产业链体系，光伏玻璃、太阳能光伏全产业链规模位居省内第一。辽宁省沈阳市以龙头企业为依托，实施华晨宝马新工厂等重大项目，做大做强汽车及零部件制造业，培育千亿级汽车及零部件产业集群。湖南省株洲市依托龙头企业打造轨道交通产业集群，轨道交通产品远销全球 70 多个国家和地区，轨道交通牵引设备交流传动和控制系统产品约占国内市场份额的 80%，先进轨道交通装备集群在先进制造业集群竞赛中胜出，产业集聚集群发展水平显著提升。四川省宜宾市依托龙头企业开展产业链招商，积极构建动力电池主体、电池结构件、电池材料、电池回收循环利用以及动力电池科技研发全产业链，截至 2020 年底，已吸引 29 家相关企业落户。

（三）充分发挥比较优势，积极承接产业转移

辽宁省沈阳市、大连市，吉林省长春市积极落实与北京市、上海市、杭州市对口合作实施方案，建立年度推进机制，加快发展新兴产业。广东省韶关市充分发挥省内对口帮扶机制，积极推进“广韶同城”和“深韶对接”，推动产业合作共建，实施莞韶共建产业园。湖北省黄石市积极对接武汉光谷，发展电子信息配套产业，实现了电子信息产业的从无到有。湖南省娄底市积极融入长株潭都市圈，探索与长株潭建立产业联盟，200 多家企业与长株潭开展产品配套合作。江西省萍乡市抓住沿海地区梯度转移机遇和湘赣边区域合作机遇，采取“政府 + 企业”共建模式，为落户企业量身定制标准化厂房，建设 200 多万平方米标准化厂房，增强产业承载能力，提高土地集约利用水平。

（四）立足资源禀赋，发展壮大特色优势产业

吉林省吉林市依托冰雪资源，按照“冰雪旅游 - 文体旅融合 - 先进冰雪装备制造”的发展路径，大力发展冰雪产业。广东省韶关市坚持差异化发展定位，积极建设粤港澳大湾区“菜篮子”“果盘子”“米袋子”“花瓶子”。四川省自贡市积极挖掘“盐龙灯”历史文化资源，建设自贡方特恐龙王国，做大做强“自贡灯会”品牌，建设独具特色的文化旅游品牌。贵州省六盘水市立足山地资源优势，打造猕猴桃“吨产园”、刺梨“千斤园”、茶叶“万元田”，形成全国最大的刺梨基地、全省最大的猕猴桃基地。

二、坚持创新驱动，提升转型升级内生动力

创新是引领发展的第一动力，也是老工业基地提高发展活力和竞争力的关键。“十三五”时期，各示范区加快建设创新平台、强化创新研发、提升企业创新能力、优化创新体制机制、激发人才创新创业创造活力，形成了以科技创新和体制创新为引领的产业转型升级动力机制。

（一）围绕产业链布局创新链，加强科技成果转化

辽宁省大连市围绕新兴产业发展，建设洁净能源创新研究院、中科院大学能源学院、人工智能研究院、干细胞与精准医学研究院等平台。吉林省长春市构建以一汽、吉大和中科院光机所、应化所为代表的大企、大学、大所产学研创新联盟，推进科技成果加快转化，新增国家高新技术企业增幅居全国副省级城市第三位。山西省长治市与国内外160多个院校和科研院所建立联系，攻坚深紫外LED、超级碳纤维、碳化硅三代半导体材料、氢储存等一批关键技术。山东省淄博市围绕“卡脖子”技术和共性关键技术，建立“企业出题、高校院所破题”的产学研用合作模式，全社会研发投入占GDP比重居山东省第一位，2020年引进本科及以上学历人才4.5万人。河南省平顶山市推动建立“高校院所+技术平台+产业基地”的创新链条，实施高新技术企业、科技型中小企业“双倍增”工程，建设炼焦煤资源开发及综合利用国家重点实验室。四川省自贡市紧扣产业链布局创新链，与浙江大学合作建成浙大自贡创新中心和众创空间，与清华大学、四川理工大学开展创新战略合作，建设成渝科技成果转移转化基地。

（二）完善产教融合体制机制，培育吸引科技人才

辽宁省鞍山市借鉴德国“双元制”职业教育模式，初步形成“政府引导、企业主体、平台支撑、机制创新”的技术技能人才双元培育体系。安徽省铜陵市实施高新技术企业倍增计划和规上工业企业创新行动，规模以上工业企业研发机构覆盖率达43%，“十三五”期间高新技术企业增长约75%，成为“科创中国”首批试点市。重庆市永川区坚持“打好职教牌、改变一座城”，优化整合壮大17所职业院校，每年培养技术技能人才4万人以上，学生年均就业率保持在96%以上。四川省宜宾市将应用型高等院校建设作为聚集人才的引擎，整体规划大学城和科创城，截至2020年底，在宜高校总数达12所，在校大学生人数7万余人，建成省级以上研发（孵化）平台106个，培育50家以上产教融合示范企业。

（三）加快培育发展数字经济，促进产业数字化和数字产业化

北京市石景山区利用区域资源禀赋，培育发展虚拟现实产业，成立工业互联网产业园和北京城市大数据研究院，开展产业转型升级十大攻坚工程。辽宁省沈阳市实施数字沈阳、智造强市三年行动计划，入库智能升级项目 110 个，新建 5G 基站 2360 个，建设“星火链网”沈阳超级节点。山东省淄博市出台支持政策，积极布局工业互联网等 11 条新兴产业链，全市上云企业累计超过 1 万家，培育智慧工厂 35 家，智慧车间 327 个。河南省洛阳市建成全省唯一的国家工业互联网标识解析二级节点，“1+6”工业互联网平台建成投用，在 2020 年国家新型工业化产业示范基地发展质量评价中，洛阳高新区装备制造示范基地获评五星示范基地。河南省鹤壁市统筹发展大数据、5G、人工智能等新兴产业，在现代农业大数据、社区数字服务、工业互联网等领域形成新业态。广东省韶关市高标准建设韶钢智慧中心，实现 5 公里以上跨工序、跨区域、远距离、大规模集控，打造世界首个贯通铁钢轧全流程的一体化中心。湖北省襄阳市深入开展“千企登云”行动，实施智能制造和智能化改造，建设数字化生产线、数字化车间、智能工厂和机器换人示范企业。湖南省湘潭市促进数字经济融合发展，全市规模以上工业企业全流程数字化覆盖率超过 85%，华菱湘钢智慧钢铁解决方案获评 2020 年行业优秀解决方案。

三、坚持产城融合，提升城市综合承载能力

老工业城市和资源型城市建市早，工业区和矿区分布集中，城市功能亟待完善。“十三五”时期，各示范区结合产业结构调整，加快融入经济区和城市群建设，深入开展城市更新改造，提高人口和经济支撑能力，构建了产城融合发展的有效方式，为地区经济发展和城市群一体化发展发挥支撑作用。

（一）以产业园区为载体，培育壮大市场主体

辽宁省沈阳市积极支持中德（沈阳）高端装备制造产业园建设，深入推进“管委会＋平台公司”改革，建立亩均效益综合评价机制，推动“标准地”改革。截至2020年底，共引进华晨宝马等重点项目362个，总投资1200多亿元。吉林省长春市研究制定省级支持中韩（长春）国际合作示范区建设的专项政策，单列土地年度计划指标，2020年引入重大项目19个。江苏省徐州市依托开发区培育壮大工程机械产业集群，国家工程机械产品质量监督检测中心、江苏省特种机器人等技术平台加快建设，2020年徐州经开区综合实力跃居国家级开发区第24位。河南省洛阳市依托装备制造业基础，布局建设高端装备、智能制造、大数据、轨道交通等“六大产业园”。湖北省襄阳市支持高新区建设国家智能网联汽车质量监督检验中心，2020年实现地区生产总值1020亿元，在国家级高新区中综合实力跃居第29位。

（二）持续完善体制机制，优化城市发展环境

山西省长治市推进工业用地改革，从2021年起所有新增工业项目用地都以“标准地”方式供应，将项目施工“三通一平”以及节能评价、环境影响评价等纳入“标准地”前置条件，企业拿地即可入场施工。辽宁省沈阳市依托全面创新改革试验，将国企改革放在重要位置，东北制药集团三项制度改革、沈阳机床综合改革、沈鼓集团股权结构优化改革等对沈阳产业转型升级产生积极影响。山东省淄博市推行行业综合许可“一证化”改革，在全省率先开展全领域“无证明”城市建设，免提交证明事项超过1.3万项。湖北省黄石市在全省率先开展企业投资项目“先建后验”改革试点，精简报建事项、开展多图联审、简化竣工验收、加强事中事后监管，为企业发展创造良好环境。

（三）推进城市更新改造，提升城市功能品质

北京市石景山区将工业遗产保护和城市更新改造有机结合，全力筹办北

京冬奥会和中国服贸会，创新工业建（构）物改造利用审批模式和审批流程，建设新首钢国际人才社区，释放首钢老工业区转型发展动力。江苏省徐州市积极探索采煤沉陷区综合治理，在全国首创“基本农田整理、采煤塌陷地复垦、生态环境修复、湿地景观开发、村庄易地搬迁”五位一体综合治理模式。湖北省黄石市在关停露天采石场、沿江小码头、高耗能厂矿的基础上，加强工业遗产再利用和矿区生态恢复，推动“工业锈带”向“生活秀带”转变。湖南省株洲市实施老工业区企业关停与土地收储、搬迁转型、人员安置、污染治理和园区建设“五个同步”，全面完成清水塘老工业区企业关停搬迁，实现生态保护、城镇化建设和产业转型升级的有机统一。

四、坚持绿色转型，提升可持续发展能力

老工业基地重工业和能源资源产业集中，节能降碳任务艰巨。“十三五”时期，各示范区按照生态文明建设要求，推动重点领域绿色低碳发展，发展循环经济，保护生态环境，提高人居环境质量，促进经济社会发展全面绿色转型。

（一）促进能源资源循环节约集约利用

黑龙江大庆市加大协调力度，支持石油石化企业加快低效气井开发，组建油气资源产业技术创新联盟。安徽省铜陵市全面开展全市省级以上开发园区循环化改造，加快资源综合利用，强化尾矿、磷石膏等大宗工业固体废弃物综合利用，建成全省唯一的国家“无废城市”试点市。四川省自贡市积极布局发展节能环保产业集群，东锅公司完工世界最大干煤粉辐射废锅气化炉项目，国内市场占有率超过1/3。贵州省六盘水市按照“减量化、再利用、资源化”的原则，对产业“存量”实施循环化改造，对“增量”进行循环化构建，全面推进煤炭、电力、钢铁等传统产业绿色转型。

（二）全面改善生态环境质量

北京市门头沟区关闭全部270家乡镇煤矿，结束了北京千年采煤史，先

后实施永定河综合治理、百万亩造林绿化、废弃矿山修复等生态保护重点工程，铸牢首都西部生态屏障。内蒙古自治区鄂尔多斯市出台绿色矿山建设条例，计提矿山地质环境治理恢复基金，截至2020年底完成露天煤矿治理复垦面积2万多公顷。吉林省松原市统筹推进查干湖生态保护和可持续发展，退耕还湿1400多公顷，查干湖水质提升至四类水体，2020年接待游客187.6万人。湖北省黄石市把长江生态保护放在首位，在做“减法”的同时也做“加法”，引导全市模具钢企业达标升级、退城入园，实现模具钢产业华丽转身。

（三）因地制宜发展新能源产业

江苏省徐州市以生态修复为重点，同步对宕口、矿坑、裸岩和断崖实施生态修复，支持依托采煤沉陷区建设光伏发电基地。宁夏回族自治区石嘴山市制定清洁能源产业高质量发展推进方案，将采煤沉陷区发展光伏发电列为重要内容。宁夏回族自治区宁东能源化工基地支持对16万亩荒漠化土地实施生态治理，创建了“上方光伏发电、下方生态治理”的“农光一体化”发展模式，区域植被覆盖率从不到30%提升到85%。

参考文献：

董峰，2017.助推“中国制造2025”与“德国工业4.0”有效对接[J].中国经贸导刊（4）：28–29.

何珺，2021.多部门推广“十三五”时期产业转型升级示范区典型经验[N].机电商报，11–08（A02）.

胡海林，2021.我省七项典型经验获通报表扬[N].辽宁日报，10–31（1）.

黄超，2021.沈阳闯入国家服务型制造“第一方阵”[N].沈阳日报，10–21（1）.

黄超，2021.沈阳国企改革三年行动总体任务完成80%[N].沈阳日报，12–14（1）.

金晓玲，2021.沈阳打出“组合拳”提升产业链水平[N].辽宁日报，06–09（7）.

李晓娜，2021.抓好产业转型升级牛鼻子[N].中国矿业报，12–03（1）.

罗磊，岳宇，李天娇，2021.沈阳市老工业园区调整改造路径和重点任务研究[J].辽宁经济，445（4）: 26–35.

梅天磬，2021.沈阳营商审批更精准有温度[N].沈阳日报，12–16（3）.

孟凡君，2021.四部门联合推进　重构老工业基地制造业优势[N].中国工业报，10–22（1）.

孙潜彤，2021.沈阳优化人才创新创业环境[N].经济日报，11–03（1）.

吴妍焱，2021.沈阳市“只提交一次材料”改革经验全省推广[N].沈阳日报，10–13（2）.

于长洹，2021.人工智能“国家队”再扩容：郑州入围，东北城市首次入列[N].21世纪经济报道，12–10（6）.

岳雨，2021.助力国家中心城市建设　引领区域人工智能发展[N].沈阳日报，12–02（4）.

行业篇

第五章　沈阳产业领域振兴发展典型经验
第六章　沈阳创新驱动发展典型经验
第七章　沈阳改革开放发展典型经验
第八章　沈阳绿色发展典型经验

第五章　沈阳产业领域振兴发展典型经验

自2003年党中央作出实施东北地区等老工业基地振兴的重大战略决策以来，沈阳市以老工业基地调整改造和产业转型升级示范区建设为引领，不断加强产业布局，统筹推动产业结构转型升级，推动优化提升经济发展内生动力。特别是党的十八大以来，沈阳坚持新发展理念，围绕技术创新和产业升级、强化园区平台集聚发展等领域加大探索实践力度，在产业结构优化调整方面取得了积极成效，产业转型升级步伐明显加快。

第一节　产业发展总体评价

2003年以来，沈阳市产业结构明显优化，其中第二产业多元化和工业高端化趋势明显，第三产业快速发展，数字对经济赋能明显，农业生产能力和效率大幅提升，多点支撑、多业并举、多元发展的产业发展格局基本形成，有效支撑和促进了沈阳市经济高质量发展。

一、三次产业结构不断优化

自振兴东北老工业基地战略实施以来，产业结构调整大致经过四个阶段（见图5-1）。2003—2008年，沈阳市GDP从1401.9亿元增长至2941.1亿元，经济总量翻一番；其中，第二产业占比稳步提升，从41.9%稳步提高至48.7%，同期农业占比从6.1%下降至4.9%。2008—2014年，沈阳市

GDP 增长至 5053.1 亿元；产业结构保持较高稳定，三次产业占比基本在 5∶49∶46 左右。2014—2016 年，第三产业占比明显提升，从 49.5% 增长至 59.4%，增长近 10 个百分点，同期第二产业增加值下降至 35.9%。2017 年以来，沈阳市经济规模从 5288.9 亿元增长至 2021 年的 7249.7 亿元，产业结构不断趋于优化，其中第二产业占比基本平稳，而第三产业占比稳步提升至 2021 年的 60.0%。

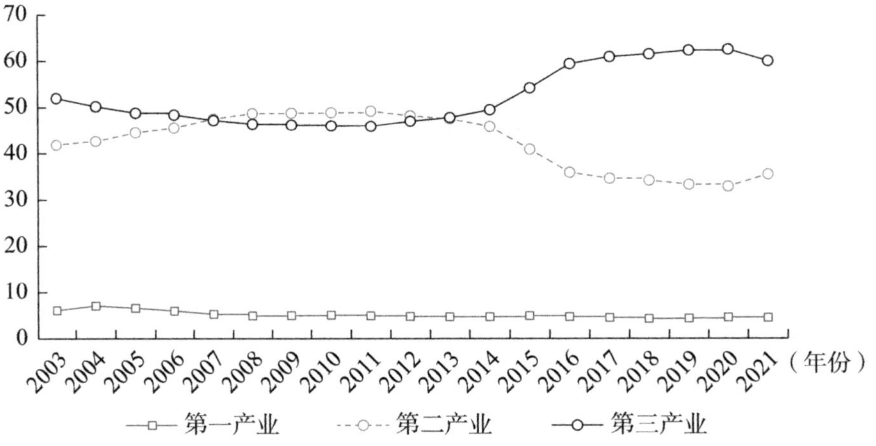

图 5-1　2003—2021 年沈阳市三次产业结构变化（%）

数据来源：2022 年《沈阳市统计年鉴》。

二、工业发展提质增效

轻工业占比有所提升。2003—2019 年，规模以上工业增加值从 1064.4 亿元增长至 5746.3 亿元，年均增速达到 11.1%，高出 GDP 同期增速（9.6%）。2003—2012 年，规模以上工业总产值中，轻工业占比从 23.8% 稳步提升至 26.4%，相应的重工业总产值占比下降（见表 5-1）。

表 5-1　　　　沈阳市工业结构变化（按轻重工业划分）

指　标	单位	2003 年	2008 年	2012 年	2015 年	2020 年	2021 年
工业企业单位数	个	1349	5226	4034	3284	1604	1774

续表

指　标	单位	2003 年	2008 年	2012 年	2015 年	2020 年	2021 年
轻工业	个	452	1617	1179	932	461	496
重工业	个	897	3609	2855	2352	1143	1278
工业总产值	亿元	1064.4	6529.5	12702.3	—	—	—
轻工业	亿元	253.4	1676.8	—	—	—	—
重工业	亿元	811.0	4852.7	9348.6	—	—	—
工业企业单位构成	%	100.0	100.0	100.0	100.0	100.0	100.0
轻工业	%	33.5	30.9	29.2	28.4	28.7	28.0
重工业	%	66.5	69.1	70.8	71.6	71.3	72.0
工业总产值构成	%	100.0	100.0	100.0	—	—	—
轻工业	%	23.8	25.7	26.4	—	—	—
重工业	%	76.2	74.3	73.6	—	—	—
工业总产值发展速度	%	137.2	136.4	116.7	67.2	102.5	114.8
轻工业	%	160.3	137.3	117.5	64.0	96.4	110.1
重工业	%	129.1	136.1	116.5	68.2	104.0	115.9

数据来源：相应年份《沈阳市统计年鉴》。

所有制结构不断调整。2003—2008 年，沈阳市港澳台投资企业及外商投资企业个数分别从 110 个、223 个大幅提高至 163 个、551 个，工业总产值分别从 87.0 亿元、410.3 亿元增长至 324.3 亿元、1220.4 亿元。2008 年以来，随着我国经济进入新常态和东北经济持续低迷，沈阳市港澳台和外商投资企业数量大幅下滑；尽管企业数量有所下滑，港澳台和外商投资经济工业增加值增速表现优于内资企业，2020 年，内资、港澳台、外资工业增加值增速分别为 96.3%、107.5%、108.3%（见表 5–2）。

表 5–2　　　　沈阳市工业结构变化（按登记注册类型分）

指　标	单位	2003 年	2008 年	2012 年	2015 年	2020 年
企业单位个数	个	1349	5226	4034	3284	1604
内资企业	个	1016	4512	3606	2916	1340

续表

指　标	单位	2003 年	2008 年	2012 年	2015 年	2020 年
港、澳、台投资经济	个	110	163	122	99	58
外商投资经济	个	223	551	306	269	206
企业单位个数结构	%	100.0	100.0	100.0	100.0	100.0
内资企业	%	75.3	86.3	89.4	88.8	83.5
港、澳、台投资经济	%	8.2	3.1	3.0	3.0	3.6
外商投资经济	%	16.5	10.5	7.6	8.2	12.8
工业总产值	亿元	1064.4	6529.5	12702.3	—	—
内资企业	亿元	567.1	4984.9	9979.1	—	—
港、澳、台投资经济	亿元	87.0	324.3	459.9	—	—
外商投资经济	亿元	410.3	1220.4	2263.3	—	—
工业总产值结构	%	100.0	100.0	100.0	100.0	100.0
内资企业	%	53.3	76.3	78.6	—	—
港、澳、台投资经济	%	8.2	5.0	3.6	—	—
外商投资经济	%	38.5	18.7	17.8	—	—
工业总产值发展速度	%	137.2	136.4	116.7	67.2	102.5
内资企业	%	92.7	149.4	117.8	62.3	96.3
港、澳、台投资经济	%	127.3	139.7	117.0	73.8	107.5
外商投资经济	%	283.3	100.3	112.1	84.2	108.3

数据来源：相应年份《沈阳市统计年鉴》。

企业规模结构不断优化。2003—2021 年，大型企业增加 27 家，而中小企业增加 109 家，微型企业增加 289 家。从工业总产值结构来看，大型企业工业总产值占比明显下滑，从 2003 年 32.1% 下降至 24.4%，下降约 11.3 个百分点；同期，小微企业总产值占比从 26.9% 提高至 59.0%，增长一倍有余。此外，从工业总产值增速来看，2003 年、2008 年、2012 年及 2020 年中小微企业增速均高出大型企业工业增加值增速（见表 5–3）。

表 5-3　　　　　　　工业结构变化（按企业规模分）

指　标	单位	2003 年	2008 年	2012 年	2015 年	2020 年	2021 年
工业企业单位数	个	1349	5226	4034	3284	1604	1774
大型企业	个	24	32	68	51	47	51
中型企业	个	141	218	370	344	152	154
小型企业	个	1184	4976	3529	2460	1193	1280
微型企业	个	—	—	67	429	212	289
工业总产值	亿元	1064.4	6529.5	12702.3	—	—	—
大型企业	亿元	341.1	1357.6	3093.8	—	—	—
中型企业	亿元	436.8	1461.2	2119.9	—	—	—
小型企业	亿元	286.4	3710.7	7458.6	—	—	—
微型企业	亿元	—	—	30.0	—	—	—
工业总产值结构	%	100.0	100.0	100.0	—	—	—
大型企业	%	32.1	20.8	24.4	—	—	—
中型企业	%	41.0	22.4	16.7	—	—	—
小型企业	%	26.9	56.8	58.7	—	—	—
微型企业	%	—	—	0.2	—	—	—
工业总产值发展速度	%	137.2	136.4	116.7	67.2	102.5	114.8
大型企业	%	78.7	103.1	109.2	84.2	95.2	118.7
中型企业	%	920.1	141.9	136.3	53.8	108.4	99.5
小型企业	%	84.9	152.1	117	62.2	103.8	114.4
微型企业	%	—	—	26.1	161.5	289.2	122.7

数据来源：相应年份《沈阳市统计年鉴》。

制造业转型升级加速推进。制造业高端化趋势明显，2005—2019 年，规模以上工业高新技术产品产值从 977.8 亿元增长至 3033.6 亿元，年均增速达到 8.4%，高出同期规模以上工业总产值增速 1.3 个百分点；占规模以上工业总产值的比重从44.5%提高至52.8%，增长8.2个百分点（见图5–2）。特别是“十三五”以来，制造业转型升级成效显著，高端装备制造业在装备制造业总产值中所占比重由16%上升至26%。同期，汽车产业成为工业第一支柱，2021年工业增加值达到1075.2亿元，拥有上汽通用、华晨宝马等世界级企业，带动零部件配套企业357户，累计生产整车923.7万辆，规模近3000亿元；新能源汽车产量快速增长，近6年年均增速超过100%（见表5–4）。

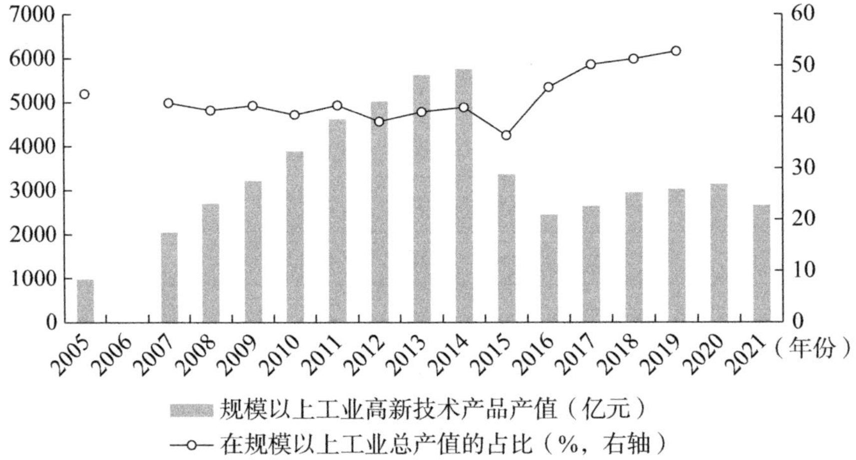

图5–2　2005—2021年沈阳市规模以上高新技术产品产值及占比变化

数据来源：相应年份《沈阳市统计年鉴》。

表5–4　2021年沈阳市地区生产总值比重前十的“大类”行业统计表

排序	行业编号	行业类别	工业总产值/亿元	工业增加值/亿元	工业企业个数/个
1	C36	汽车制造业	4010.9	1075.2	234
2	C39	计算机、通信和其他电子设备制造业	249.9	121.5	140
3	C27	医药制造业	266.5	110.1	70
4	C16	烟草制品业	133.8	105.9	2
5	C34	通用设备制造业	464.1	100.7	278

续表

排序	行业编号	行业类别	工业总产值/亿元	工业增加值/亿元	工业企业个数/个
6	C13	农副食品加工业	675.3	89.5	242
7	C33	金属制品业	219.3	62.3	148
8	C30	非金属矿物制品业	266.9	60.5	217
9	C35	专用设备制造业	274.3	58.3	123
10	C38	电气机械和器材制造业	346.7	56.4	228
全市第二产业（B 采矿业、C 制造业）合计			8455.7	2251.4	2562

数据来源：沈阳市产业转型升级示范区 2021 年度进展评估材料。

战略性新兴产业成为全市转型升级的重要动力源。“十三五”以来，沈阳市加快推动产学研用结合和技术成果转化，培育壮大了一批战略性新兴产业，形成了机器人及智能制造、IC 装备、生物医药及医疗装备、民用航空、新材料、新能源汽车、软件和信息技术服务等 7 个重点产业集群，正在积极争取纳入国家战略性新兴产业集群发展工程；培育了以新松集团、三生制药、芯源微电子等为代表的一批龙头企业。“十三五”期间，沈阳市战略性新兴产业产值在规模以上工业总产值中所占比重由 15.9% 上升至 25%。

专栏 5-1

沈阳市部分代表性战略性新兴产业发展情况

航空产业保持平稳增长。2016—2020 年，沈阳市航空产业产值增长 14%，保持平稳增长的态势。2020 年，沈阳市拥有规模以上航空企业 20 户，实现总产值 450 亿元，其中民用航空产值 19.2 亿元。建立了涵盖军用飞机及航空发动机整机、民用飞机大部件转包和零部件制造、通航及无人机整机以及航空运营和维修服务于一体的全产业链航空体系。主要产品包括空客A220、Q400、ARJ21、C919等民机大部件，AGT-7、AGT-15、AGT-25和AGT-110等“三轻一重”燃气轮机，以及泰克南、锐翔等2~4座级通航整机，相关产品研制能力达到了国内领先、国际一流水平。

机器人产业保持高速增长。“十三五”期间，沈阳市机器人产业年均增速为14.9%，龙头企业带动作用日益突出。2020年，沈阳市机器人产业实现产值110亿元，同比增长8.9%。当前，沈阳市拥有包括中国科学院沈阳自动化研究所、国家机器人创新中心等国家级创新资源，以及新松、通用、众拓等69家骨干企业，其中规模以上机器人相关企业15户。机器人及智能制造产业集群进入国家先进制造业集群决赛，沈阳市获评国家服务型制造示范城市，“海星6000”有缆遥控水下机器人创我国ROV下潜最深纪录，深海机械手实现首套出口国外。

生物医药及医疗装备产业稳步壮大。2016年以来，沈阳市生物医药及医疗装备产值年均增长9.3%，增幅超过2.6倍。2020年，生物医药产业实现工业总产值188.7亿元，同比下降4.9%；医疗装备产业实现工业总产值38.9亿元，同比增长35.4%。沈阳市拥有规模以上的生物医药企业43户，主要涉及化学药、生物药、中药三个行业12个主要剂型的近3000个品种；拥有规模以上医疗装备企业11户，主导产品以诊断检验装备为主，包括512层CT、医用血管造影X射线机、高质量呼吸湿化治疗仪等。

三、现代服务业加快推进

现代服务业规模不断扩大。2003—2021年，沈阳市第三产业增加值从729.0亿元快速攀升至4353.0亿元，年均增速为10.4%，高出同期GDP增速（9.6%）；第三产业占比从2003年的52%快速增长至2021年的60%，增长8个百分点（见图5-3）。

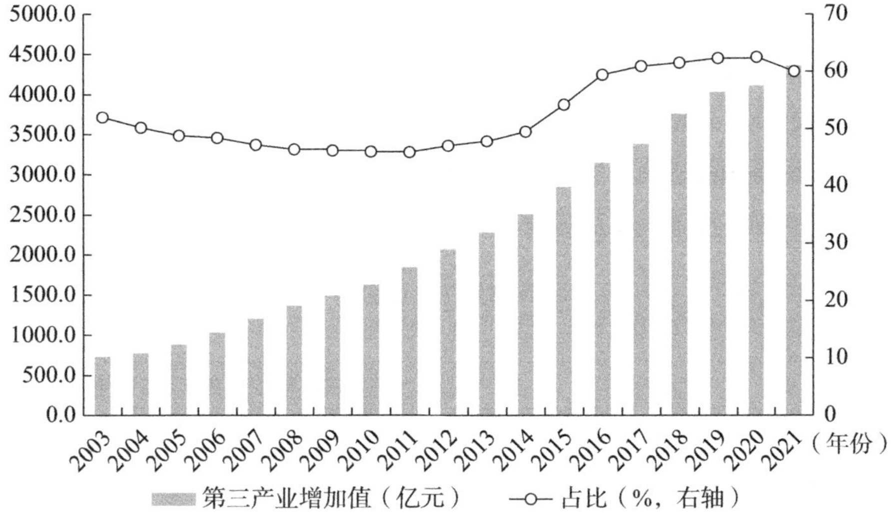

图 5-3　2003—2021 年沈阳市第三产业增加值及占比变化

数据来源：相应年份《沈阳市统计年鉴》。

金融服务功能大幅增强。2002—2017 年，金融业增加值从 65.3 亿元快速增长至 457.1 亿元，增长近 6 倍，至 2017 年在第三产业增加值占比提高至 13.7%，较 2002 年提高了 5.1 个百分点，至 2020 年底辽宁股权交易市场挂牌累计 878 家（见表 5-5）。2021 年，金融机构本外币贷款余额 18871.5 亿元，增长 5%。普惠型小微企业贷款余额 759.6 亿元，增长 28.6%，支持小微企业 19.8 万户，比年初增加 10 万户。辽沈银行正式开业，设立辽宁碳排放权交易中心。成大生物在上交所科创板上市，地铁集团成功发行 10 亿元碳中和债。

旅游产业不断壮大。2021 年，接待国内外旅游者 6983.1 万人次，增长 40.5%；旅游总收入 628.5 亿元，增长 37%。发放文旅惠民消费券 1100 万元、体育惠民消费券 500 万元，直接拉动消费 5166 万元。2022 年，中街入选首批国家级旅游休闲街区，老北市成为国家级夜间文化和旅游消费集聚区，沈阳工业博物馆成为国家工业旅游示范基地，稻梦空间景区晋升国家 4A 级。

科技服务、信息服务及批发零售等行业发展迅速。2002—2017 年，科学研究和技术服务业增加值从 17.9 亿元增长到 127.7 亿元，在第三产业增加值占比从 2.4% 提高到 3.8%（见表 5–5）。同时，信息传输、软件和信息技术服务业以及批发零售业发展也较为迅速，2017 年增加值占比分别为 7.4%、22.3%，较 2008 年增长 1.8 个、1.0 个百分点。此外，交通运输商贸、房地产等行业取得积极进展，特别是商贸物流领域，先后推动京东“亚洲一号”、沈阳物流园等一批重大项目落地。

表 5–5　　　　沈阳市第三产业结构

单位：%

行　业	2002 年	行　业	2008 年	2012 年	2015 年	2017 年
批发和零售贸易业	21.9	批发和零售业	20.4	20.5	20.0	22.3
交通运输、仓储及邮电通信业	17.3	交通运输、仓储和邮政业	10.7	9.7	10.1	9.6
餐饮业	11.5	住宿和餐饮业	5.9	6.1	5.8	3.9
金融、保险业	8.6	信息传输、软件和信息技术服务业	6.4	5.6	8.4	7.4
房地产业	2.6	金融业	9.9	11.5	14.7	13.7
科学研究和综合技术服务业	2.4	房地产业	9.6	12.0	8.2	11.0
地质勘查业、水利管理业	0.3	租赁和商务服务业	5.3	6.0	6.9	4.0
社会服务业	20.3	科学研究和技术服务业	3.0	3.9	3.1	3.8
教育、文化艺术及广播电影电视业	6.4	水利、环境和公共设施管理业	1.2	0.9	0.9	1.0
卫生、体育和社会福利业	3.5	居民服务、修理和其他服务业	3.9	3.1	2.8	3.1
国家机关、政党机关和社会团体	3.6	教育	8.7	7.8	6.8	6.4
其　他	1.2	卫生和社会工作	4.4	4.4	3.4	4.4
		文化、体育和娱乐业	2.8	2.8	2.6	1.5
		公共管理、社会保障和社会组织	7.9	5.7	5.6	7.4

数据来源：相应年份《沈阳市统计年鉴》。

四、现代农业快速发展

农林牧渔业呈现稳定良好发展态势。2003—2021 年，沈阳市农林牧渔业总产值从 161.6 亿元提高至 657.3 亿元，规模显著扩大（见图 5-4）。从分行业结构来看，沈阳市农林牧渔业主要以农业及牧业为主，长期以来两者合计占农林牧渔业总产值的 90% 左右。从纵向维度来看，农业及农林牧渔服务业发展较快，其占比分别从 2003 年的 44.0%、2.9% 提高至 46.4%、4.3%，增长了 2.4 个、1.4 个百分点（见表 5-6）。

图 5-4　2003—2021 年沈阳市农林牧渔业总产值变化（亿元）

数据来源：相应年份《沈阳市统计年鉴》。

表 5-6　　沈阳市农林牧渔业产值及结构

指　标	2003 年	2008 年	2012 年	2015 年	2020 年	2021 年
农林牧渔业总产值（亿元）	161.6	350.1	603.3	523.6	609.8	657.3
农业	71.2	133.5	242.4	227.5	287.0	304.8
林业	3.8	6.6	10.5	9.7	9.6	9.7
牧业	71.4	182.0	304.5	241.2	259.4	286.8

续表

指　标	2003 年	2008 年	2012 年	2015 年	2020 年	2021 年
渔业	10.6	14.8	24.7	22.2	26.7	27.7
农林牧渔服务业	4.7	13.2	21.2	23.0	27.0	28.2
农林牧渔业产值构成（%）	100.0	100.0	100.0	100.0	100.0	100.0
农业	44.0	38.1	40.2	43.5	47.1	46.4
林业	2.3	1.9	1.7	1.9	1.6	1.5
牧业	44.2	52.0	50.5	46.1	42.5	43.6
渔业	6.5	4.2	4.1	4.2	4.4	4.2
农林牧渔服务业	2.9	3.8	3.5	4.4	4.4	4.3

数据来源：相应年份《沈阳市统计年鉴》。

农业日趋多元化发展。2003—2021 年，农业总产值从 71.2 亿元增长至 304.8 亿元，规模发展迅速（见表 5–7）。从细分行业来看，谷物及其他农作物、蔬菜食用菌及花卉盆景两类占据绝对主导地位，其中谷物及其他农作物总产值占比逐步下降，从 2003 年的 64.3% 下降至 2021 年的 46.4%；而蔬菜食用菌及花卉盆景等总产值占比从 29.4% 快速提升至 2020 年的 45.2%，提高了 15.8 个百分点。与此同时，水果、坚果等作物和中医药总产值占比也在稳步提升，2003—2021 年分别增长 15.6 个、5.7 个百分点，农业结构逐步丰富多元。

表 5–7　　沈阳市主要农作物产值及结构

	2003 年	2008 年	2012 年	2015 年	2020 年	2021 年
农业总产值（亿元）	71.2	133.6	242.4	265.2	287	304.8
1. 谷物及其他作物	45.8	74.3	89.1	97.8	119.6	122.8
2. 蔬菜、食用菌及花卉盆景园艺产品	20.9	47.4	118.7	128	129.6	143.6
3. 水果、坚果、饮料和香料作物	4.4	11.5	34	39.3	37.2	38.0
4. 中药材	0.1	0.4	0.6	0.1	0.6	0.4
农业总产值构成（%）	100	100	100	100	100	100
1. 谷物及其他作物	64.3	55.6	36.7	36.9	41.7	46.4
2. 蔬菜、食用菌及花卉盆景园艺产品	29.4	35.5	49.0	48.3	45.2	18.7

续表

	2003 年	2008 年	2012 年	2015 年	2020 年	2021 年
3. 水果、坚果、饮料和香料作物	6.2	8.6	14.0	14.8	13.0	21.8
4. 中药材	0.1	0.3	0.2	0.0	0.2	5.8

数据来源：相应年份《沈阳市统计年鉴》。

主要农牧产品产量稳定增长。农作物总播种面积稳中有进，2003—2021年，从547.9千公顷增长到676.5千公顷。同期，粮食总产量和蔬菜总产量分别从283.2万吨、255.9万吨，增长到418.6万吨、390.8万吨，分别增加135.4万吨、134.9万吨。农业生产效率明显提升，粮食单产量从每公顷6708.0公斤提高到7718.0公斤，单产增加1010.0公斤（见图5-5）。同时，2003—2015年，沈阳市肉蛋奶及水产品产量稳定上升，特别是肉类及禽蛋产量分别增长51.5万吨、43.4万吨；2015年以来奶产品产量保持小幅上升态势，2020年奶类产量达到54.4万吨，较2015年增长3.9万吨（见图5-6）。

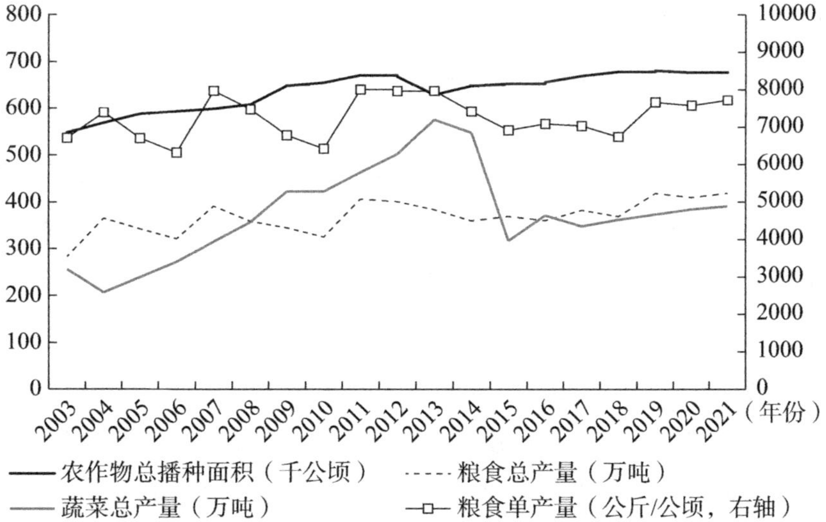

图5-5　2003—2021年沈阳市粮食播种面积及农作物、蔬菜产量及粮食单产量

数据来源：相应年份《沈阳市统计年鉴》。

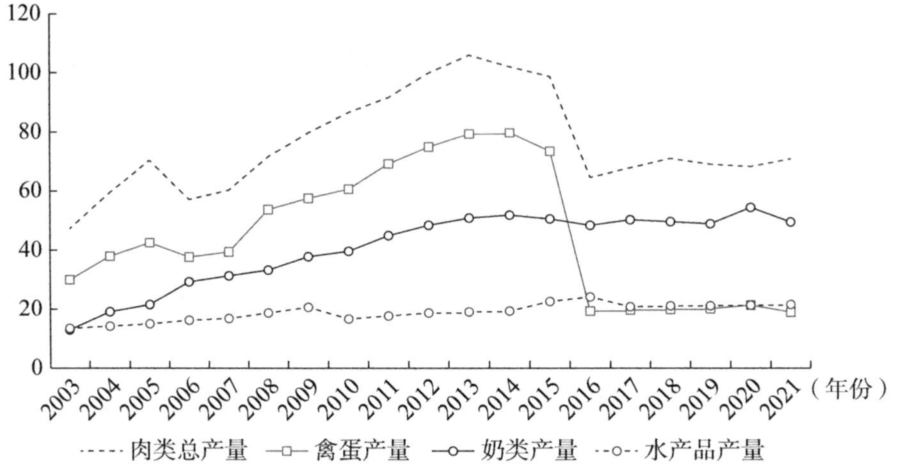

图 5-6　2003—2021 年沈阳市肉蛋奶产品产量（万吨）

数据来源：相应年份《沈阳市统计年鉴》。

农业安全保障能力显著提升。紧紧围绕土地、种子两大关键要素下功夫，沈阳市已连续 19 年实现粮食丰收，进一步夯实了作为全省“米袋子”“菜篮子”的重要农业生产基地地位。2021 年沈阳市粮食产量占全省 1/6，蔬菜产量占全省 1/5，肉蛋奶及淡水产品产量占全省 1/4。沈阳市农产品加工业产值常年位居全省首位，拥有禾丰牧业、昊明禽业等多家龙头企业，打造寒富苹果、沈阳大米等知名品牌，建设有良种奶牛、辽河粳稻等诸多产业集群，并形成粮油、畜禽等优势产业，极大地保障了全省粮食、重要农副产品的供给安全，也促进东北地区农业高质量发展。

农业转型升级动能增强。沈阳市大力发展现代种业，通过科技赋能黑土地保护。十年来，在生产基地建设、新品种审定等方面，先后安排 2000 万元资金予以推进，并建成了全省唯一国家蛋鸡扩繁推广基地——华美禽畜；在耕地保护方面，建设“高标准农田 + 智慧农业”示范区，建立省级保护性耕作整体推进县 3 个、高标准应用基地 68 个，采用智慧云平台监测作业，完成计划面积的 133%，并在全国首创农田损毁工程保险制度。

五、数字经济蓬勃发展

数字产业化建设加快推进。2021 年，沈阳市软件和信息技术服务业营业收入预计 1310 亿元，同比增长 10.3%，全市规上企业 1200 余家。2021 年底，沈阳获批建设国家新一代人工智能创新发展试验区，按照“一核两翼多片”总体规划布局，打造人工智能创新产业集群。沈阳已成为 IC 装备产业集聚的国内三大重地之一，拥有相关企业 18 家，所生产的 X 射线、无创呼吸机等设备远销海外发达国家，包括日本、德国、美国等。其中，东软医疗的 CT 设备销售市场包括全球 110 多个国家的 9000 多家医院，企业还面向全球发布了国内首款高端全自研光纤分布磁共振设备。此外，以美行科技、向日葵等为代表的一批新兴科技企业现已在国内各行业中处于领军地位；沈阳创新设计被获批成为首批“国家级工业设计中心”之一，拥有东北地区唯一的装备制造业工业设计平台；中国工业互联网研究院和国家工业互联网大数据中心落户沈阳市，加速推进工业互联网领域发展。

工业数字化建设取得积极进展。党的十八大以来，沈阳市每年上“云”的工业企业超过 1000 户。至 2022 年 7 月，沈阳重点企业中数字化研发设计工具的普及率达 74.1%、关键工序数控化率达 60.3%，高于全国平均水平。在工业互联网建设方面，拥有 7 个国家级平台、17 个省级平台、25 家 5G 全连接示范工厂、6 家示范园区。“5G+”数字化工厂中的典型代表是位于沈阳市铁西区的华晨宝马生产基地大规模升级项目（以下简称里达工厂），其大量采用了人工智能、模拟仿真、数据科学等技术。此外，推动制造业智能化改造项目 400 余个，遴选培育三一重装、新松机器人等 16 家企业建立示范化智能工厂，支持金杯延锋、凌云瓦达沙夫等企业建立 32 家示范性数字化车间；全市现有 47 家企业被纳入国家或省两化融合管理体系贯标试点。

服务业数字化成效显著。在电子商务、“互联网 + 健康医疗”、数字文旅、数字科技金融等服务行业均取得了突出成效。2018 年 7 月沈阳市获批成为“全国第三批跨境电子商务综合试验区”，开通沈阳中欧班列运邮专线，截至2022年7月已累计实现跨境电商交易额46.4亿元。目前，沈阳市拥有电子商务企业3.5万余家、网络店铺数量21.3万余家，较2014年增加两倍以上。据统计，2021年沈阳市规上企业的电商零售额达456.1亿元，占全省电商零售总额的83.8%。在“互联网+健康医疗”方面，沈阳市全面启动“云医院”建设，加快建设“健康辽宁影像云”管理平台，已建成互联网医院17家。在文旅产业数字化方面，91家国家A级景区已实现“20秒一码入园”，37家星级酒店已实现“30秒一码入园”，几乎全部图书馆均已实现“一码借阅”。在数字科技金融方面，东北地区首家服务平台已上线运行。

农业数字化稳步推进。在农业生产、质检、销售等方面大力推动数字化建设，并获批了一个国家级数字乡村试点（辽中区）、一个省级数字乡村试点（新民市）、一个国家电子商务进农村综合示范县（法库县）。截至2022年7月，沈阳市已培育省级以上农产品加工龙头企业43家、数字化养殖企业5家，拥有3000台套数字化农机设备，实现数字化种植大田作物20万亩。同时，沈阳市初步建立农产品质量安全检测体系，每年开展定性检测37400个，基本全覆盖重点生产主体和重点农产品品种，通过安全监管服务平台已实现对10个品类89种产品检测数据的动态更新、实时可查。此外，沈阳市初步建立县、乡、村三级协同发展的基层电商服务体系，建成9个县域电商服务中心、9个电商小镇、46个电商专业村。

数字生态正加速形成。沈阳国际软件园连续5年荣获“中国最具活力软件园”称号，在全国民营软件园中排名第一，目前软件园二期——数字经济产业园已启动建设，着力打造数字经济产业集聚区；沈阳市作为永久会址，连续3年成功举办全球工业互联网大会，连续2年成功举办中国（沈阳）智能网联汽车国际大会，吸引世界目光关注沈阳乃至辽宁数字化发展成果。近年来，沈阳市相继成立中国（沈阳）数字经济研究院、沈阳数字经济企业协会、“辽宁元宇宙产业联盟”，为数字经济发展营造良好环境。

第二节　产业领域重大项目和典型案例

本节以代表性强、带动示范突出为原则，分别从工业、新业态服务业、新兴产业、农业四大领域中，选取汽车、航空航天、机器人、石化重矿等专用设备、中欧班列、电子商务等重大项目和典型案例进行深入分析。

一、工业领域重大项目和典型案例

（一）汽车产业成长为支柱产业

自东北地区等老工业基地振兴战略实施以来，沈阳凭借重工业发展基础雄厚优势，吸引了宝马等一批全球知名汽车企业投资，汽车行业得到快速发展。2003—2014 年，沈阳市汽车产量从 12.56 万辆增长到 108.72 万辆，产量翻了三番（见图 5-7）。特别是 2016 年以来，汽车产业成长为沈阳市工业第一支柱，截至 2022 年 7 月，沈阳拥有华晨宝马、上汽通用等世界级企业，带动华晨宝马发动机、本特勒、采埃孚伦福德、李尔、名华模塑等零部件配套企业 357 户，累计生产整车 923.7 万辆，规模近 3000 亿元；特别是沈阳市新能源汽车产量连续 6 年快速增长，年均增速超过 100%。

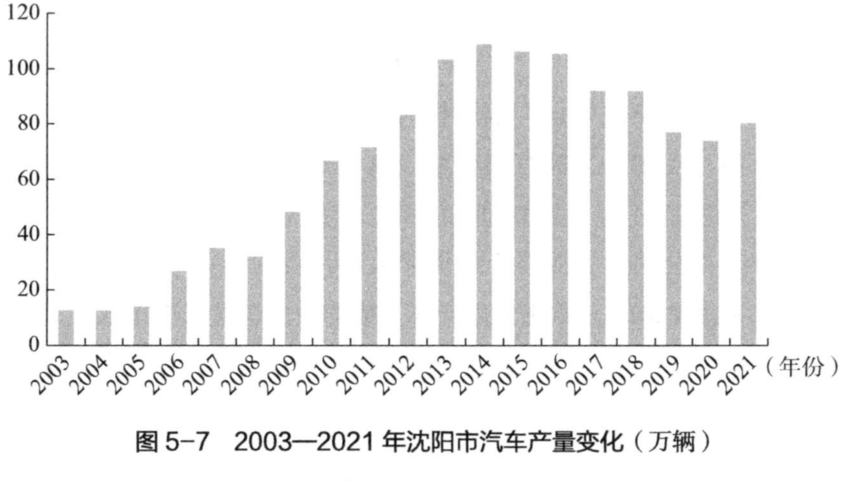

图 5-7　2003—2021 年沈阳市汽车产量变化（万辆）

数据来源：相应年份《沈阳市统计年鉴》。

其中，沈阳市整车生产企业以华晨宝马铁西工厂为核心，而沈阳也已成为宝马全球最大生产基地。自2003年5月华晨宝马汽车有限公司成立以来，宝马在沈阳的投资不断扩大。2018年10月11日，华晨汽车集团与宝马集团签订协议并联合宣布，两者合资时间延长至2040年；宝马集团增加30亿欧元投资，用于沈阳生产基地工厂的改扩建；华晨宝马的产能在未来3~5年内逐渐增加到65万台/年，预期创造5000个新就业岗位。2022年6月，华晨宝马生产基地大规模升级项目（里达工厂）正式开业。截至目前，华晨宝马已连续16年成为沈阳最大的纳税企业，2021年纳税额超430亿元。华晨宝马极大地促进了本地产业集群的发展，2021年的本土采购额达714亿元，其中60%的份额来自辽宁当地供应商。

（二）航空领域在民机大部件、燃气轮机、通用航空等方面建立比较优势

在民机大部件、燃气轮机、通用航空等领域建立了比较优势。民机大部件方面，与波音、空客等国内外航空龙头企业建立合作，产品涵盖国内外主流型号民机大部件，中航－波音创新中心（MIC）和中国商飞上飞院机体设计中心相继落户沈阳，民机大部件研制能力进入世界一流行列。Q400和A220机身段大部件国外市场占有率100%，ARJ和C919等机身后段和尾段大部件国内市场占有率30%。燃气轮机方面，组建中国航发燃机公司，成为国内唯一具有完全自主知识产权燃机研发试验、制造集成、成套维护于一体的轻型燃机产业中心，拥有四种型号自主知识产权民用燃机产品核心技术，具备燃气轮机部件、系统和整机的自主研发和生产能力。通用航空方面，与意大利泰克南公司建立战略合作伙伴关系，收购泰克南P2006T、泰克南P2008C、泰克南P2010三款飞机生产线，成为我国少量具有单双发通航整机制造能力的城市。锐翔RX1E和锐翔RX1E-A两款飞机实现量产，成为我国唯一具备新能源电动飞机量产能力的城市。

（三）沈阳新松机器人的研制技术处于全国前列

沈阳新松在机器人本体的科技研发、生产制造等方面均走在全国前列。

在科技研发方面，沈阳新松机器人通过国家高端装备制造业标准化试点，积极探索技术专利化、专利标准化、标准市场化的机器人产业发展之路，形成了以自主核心技术、核心部件、核心产品及行业系统解决方案为一体的全产业链。在生产制造方面，沈阳新松机器人自动化股份有限公司成长为世界级企业，创造了百余项国内行业第一，机器人综合市场占有率位居国内企业第一，达到20%。2020年营业收入1188亿元，同比增长55%，实现产值71.9亿元，占沈阳市机器人产业整体产值的61%。在平昌冬奥会“北京8分钟”舞蹈中，沈阳新松公司的机器人登台亮相。

（四）石化重矿等专用设备研制技术处于世界前列

作为国家重要的装备制造基地，沈阳以沈鼓集团、北方重工集团、三一重装公司等规模以上企业打造了一批“大国重器”，推动高端装备制造业产值占比稳步提升。2021年，沈阳市高端装备制造业在全市装备制造业总产值中所占比重达26%。

沈鼓集团是国家压缩机行业协会会长单位，担负着行业技术标准制定发布及相关装置的检验检测工作，为大型离心压缩机行业龙头企业，离心压缩机的国内市场占有率超过85%。沈鼓集团攻克了多项百万吨级乙烯“三机”关键核心技术，使我国成为全球第四个具有百万吨级乙烯“三机”设计及制造能力的国家；研制成功国内首台套10万等级空分压缩机组，使我国成为全球第二个掌握该关键核心技术的国家。北方重工集团是国家技术创新示范企业，拥有国家级技术中心、全断面掘进机国家重点实验室，通过并购法国NFM、美国Robbins公司，研制出多种具有自主知识产权的软土盾构机、硬岩盾构机、混合型盾构机等；开发了世界首台主梁中置换步行走式煤矿掘进机，还研制了我国首台100%国产化盾构机，并应用于沈阳地铁1号线东延线工程。三一重装公司研制的用于薄煤层开采的刨煤机成套开采设备打破了国外产品垄断，宽体矿车装配线建成投产。

二、服务业领域重点项目和典型案例

（一）中欧班列集结中心有序推进

沈阳市区位条件优越，班列运行质量好。截至2021年底，沈阳中欧班列累计开行约1300列，进出口货值49.6亿美元。其中2021年开行510列（折算列），货运量20888箱，货值18.9亿元，班列开行数量创历史新高，保持东北第一、全国第七。根据国家发展改革委部署和省委省政府要求，沈阳市正在依托蒲河铁路物流基地（全国18个铁路集装箱中心站之一），打造立足国内、面向东北亚、联通欧洲腹地的中欧货物集结中心。已编制完成《国家中欧班列（沈阳）集结中心建设方案》，并已安排国有资金1800万元，于2022年9月开始项目施工的招投标工作。

（二）"中国快递示范城市"建设提速

近年来，沈阳市以建设"中国快递示范城市"为引领，充分发挥并大力巩固东北地区交通枢纽优势，不断强化铁路客运枢纽，完善沈阳站、沈阳西站、沈阳南站综合交通枢纽功能，加快建设沈抚示范区高铁站。同时，沈阳市特别重视沈阳铁路综合货场建设，重点加快其内部的海关监管场站、铁路口岸建设，并联同沈阳国际物流港建设，积极打造服务于东北地区的商贸服务型物流总部枢纽。完善邮政快递枢纽，发展航空快递与高铁快递。在不断完善相关平台基础上，沈阳着力引入了韵达快递辽宁总部、唯品会东北物流中心、京东"亚洲一号"沈阳物流园等一批商贸物流项目，初步实现与通航点城市国际快递3天送达、与国内主要城市2天送达、东北区域与京津冀地区1天送达。

（三）电商经济蓬勃发展

内贸电商全面普及。2014年沈阳市获批创建国家电子商务示范城市，截至目前已建成浑南、于洪2个国家级电子商务示范基地，拥有京东、唯品会、苏宁等国内知名电商平台的区域总部。已建成5个省级电商直播基地，直播用户超500万人。2020年，成功举办辽宁首届电商直播节等活动，实现交易额85.6亿元，位居全省第一。2021年限额以上单位网上销售额456.1亿元，占全省83.8%；“2021年网上年货节”成为市民和就地过年的外来务工人员采购方式的首选。

跨境电商稳步发展。近年来，沈阳市跨境电子商务产业发展基础逐渐夯实，先后建成跨境电子商务二级节点和公共服务平台、5个跨境电子商务监管作业场所、5个跨境电子商务产业园区，实现了跨境电子商务“1210”和“9610”两种模式进出口业务的全面开通。已经完成“9710”“9810”环境测试和实单通关测试，已打通B2B业务申报和连通海关总署的数据传输通道。跨境电商海外仓建设取得突破，盛大门公司向沈阳海关递交位于美国得克萨斯州、德国莱法州两个海外仓备案申请，盛京经贸公司与米仓供应链关于马来西亚、泰国海外仓合作项目正在洽谈推进中。截至2021年，沈阳市跨境电子商务交易额累计突破十亿元，沈阳跨境电子商务综合试验区建设取得突破性成果。

三、新兴产业领域重点项目和典型案例

（一）工业互联网体系日益完善

沈阳是东北地区最大的网络通信枢纽节点，也是东北地区唯一的国家级互联网骨干直连点。全市互联网出口带宽已达到7800G，互联网根服务器镜像节点、国家顶级域名节点部署完成，“星火·链网”超级节点（沈阳）正式上线，成为东北唯一布局城市。2022年1月，沈阳市获批建设沈阳国际互联网数据专用通道，该通道涵盖中国（辽宁）自由贸易试验区沈阳片区、中德（沈阳）高端装备制造产业园、沈阳－欧盟经济开发区、沈阳国际软件园4个重点外向型园区，使其能够直接接入国际专属数据通道，降低国际互联网访问延时，提升用户跨境信息交互体验。沈阳市已安排900万元资金，采

用“双奖补”方式支持通道建设与使用。沈阳市成为全球工业互联网大会永久会址，中国工业互联网研究院辽宁分院落户中德园，禾丰牧业、辽宁联通两个工业互联网二级解析节点成功与国家顶级节点连接并启动运营，华盾安全二级节点获批建设。位于沈阳国际软件园的沈阳鸿宇科技有限公司自主研发的鸿宇科技装备信息模型解决方案，成功入选国家工业和信息化部目录，成为全国仅有的 13 个信息模型应用案例，未来将在国内工业互联网领域发挥示范引领作用。

（二）数字经济提速发展

2016 年 10 月，国家发展改革委、工业和信息化部和中央网信办联合批复沈阳市成为东北地区唯一、全国副省级城市中唯一的国家大数据综合试验区。沈阳市围绕大数据制度创新、公共数据开放共享、大数据创新应用等方面开展了一系列试验，已初步形成运营商数据存储中心，东北区域超算中心，华为云、紫光云、腾讯云等云计算数据中心，东北能源大数据中心，国家工业互联网大数据中心辽宁分中心等行业大数据中心的建设布局，规模达到 3.5 万台架。

数字产业化强劲发展。2021 年，沈阳市数字经济核心产业增加值比上年增长 15.0%，居东北地区前列。软件和信息技术服务业营业收入连续四年突破千亿，处于东北地区首位。截至 2021 年底，拥有集成电路装备企业 18 家，形成半导体装备和零部件体系，成为国内该产业的三大重点集聚区之一。国家新一代人工智能创新发展试验区获批建设，大数据、数字文化创意、新一代移动通信、机器人及智能制造等领域涌现一批创新型企业。

数字赋能产业转型提速。沈阳市工业、农业、服务业数字化转型加快推进。重点企业数字化研发设计工具普及率达 74.1%，关键工序数控化率达 60.3%，后者高于全国 5.26 个百分点；工业互联网平台数量居全省第一，拥有国家及平台 7 个。数字化种植、养殖生产效率提升；辽中区获批国家首批数字乡村试点，沈北新区确定为第二批辽宁省数字乡村试点，法库县创建国家电商示范县。

（三）5G 融合应用示范

2018 年 3 月，国家发展改革委批复同意中国移动在沈阳开展“5G 智慧工厂应用示范工程”。同年 12 月，沈阳成为中国移动在全国开展 5G 规模试验和应用示范的 17 个城市之一，也是东北地区首个 5G 应用示范城市，全面推进“智慧 5G”、“先行 5G”和“绚彩 5G”三大项目。截至 2021 年底，5G 基站建设突破 1.7 万个，物联网终端用户数达 450 万。

5G 融合应用已初见成效，涵盖 5G 与工业互联网、车联网、医疗健康、融媒体、智慧文旅、智慧教育、城市治理、智慧农业等八大领域。工业领域，华晨宝马率先打造全球领先的 5G 汽车生产基地，新松机器人、特变电工等 20 余家工业企业启动建设基于“5G+ 工业互联网”的智能工厂。车联网领域，铁西区规划建设基于 5G 网络的智能网联汽车测试区，大东区启动建设智慧公交线路，以 5G 为基础推动车路协同；美行科技提供 5G 自动驾驶高精度地图服务。医疗健康领域，东软医疗打造 5G 脑卒中分析平台和基于 5G 网络的急救系统；医大一院、盛京医院、省人民医院等开展 5G 远程诊断、5G 远程手术试点示范。融媒体领域，沈阳广播电视台上线 5G 艺卡智能拍摄机器人，开通“5G+4K/8K”超高清节目报道，打造全国领先的网络视听产业生态圈。教育领域，文艺二校、朝阳一校等教学机构探索“5G+VR”远程沉浸式教学；沈阳建筑大学等在沈高校启动 5G 智慧校园建设；华为（沈阳）VR 云创新中心在和平区顺利上线，首届和第二届华为 VR 开发应用大赛成功举办；推动中德装备产业园积极打造省级 5G 应用示范区，重点布局和发展“5G+ 工业互联网”“5G+ 车联网”等垂直行业，推动 5G 产业形成集群式发展态势。

四、农业重点项目和典型案例

（一）辉山国家农业科技园区申建沈阳国家农业高新技术产业示范区

沈阳辉山农业高新技术开发区成立于 2002 年 1 月 28 日。2006 年，沈阳市人民政府批准设立沈北新区，沈北新区和沈阳辉山农业高新技术开发区合署办公。2010年，沈阳辉山农业高新技术开发区以总分第一的成绩，被科技部等国家六部委正式命名为辽宁辉山国家农业科技园区。目前，沈阳正支持依托辉山国家农业科技园区，重点发展现代种业，积极创建国家农业高新技术产业示范区。

（二）全国“一村一品”示范村镇

“一村一品”专业村是农业农村现代化的基础工程，也是振兴乡村产业、深化农业供给侧结构性改革的重要抓手；自 2011 年开始，国家开始推进全国“一村一品”[①]示范村镇评选工作，现在已经公布十一批建设名单。截至 2022 年初，沈阳市共有 8 个村镇入选（见表 5-8）。其中，苏家屯区来胜堡村以设施农业温室大棚为主导产业，年收入 3500 余万元，占全村收入 75% 以上，人均可支配收入 3.1 万元，超出八一红菱街道人均可支配收入 60% 以上。近年来，该村大力发展旅游产业，水果以草莓、葡萄采摘，苹果、油桃种植为主要特色项目，蔬菜以油菜种植为主，销往全国各地，2020 年从事设施农业人员 730 人，占全村常住人口 54%，经济状况全街道领先。

表 5-8　　　　沈阳市全国“一村一品”示范村镇列表

时　间	批　次	全国“一村一品”示范村镇
2021 年	第十一批	辽宁省沈阳市新民市柳河沟镇解放村（西甜瓜）
2020 年	第十批	辽宁省沈阳市苏家屯区八一镇红菱街道来胜堡村（棚菜）
2019 年	第九批	辽宁省沈阳市新民市大民屯镇（设施蔬菜）
2018 年	第八批	辽宁省沈阳市辽中区刘二堡镇皮家堡村（葡萄）
		辽宁省沈阳市辽中区冷子堡镇金山堡村（淡水鱼）
2012 年	第二批	辽宁省新民市大民屯镇方巾牛村（辽绿蔬菜）
2011 年	第一批	辽宁省辽中区养士堡镇养前村（棚菜）
		辽宁省法库县登仕堡子镇（树莓）

数据来源：根据农业农村部公开信息整理。

① “一村一品”是指按照国内外市场需求，充分发挥以村为基本单位的本地资源优势，使特定区域内的一个村（或几个村）拥有一个（或几个）区域特色明显、市场潜力大的主导产品或产业。

第三节　产业领域发展典型经验

近年来，沈阳市不断加快产业转型步伐，在强化创新驱动、促进产业集群发展、培育壮大新兴产业、强化转型市场动力及政策支持方面开展了大量实践探索，形成了一批成熟且具有示范推广价值的经验做法。

一、以创新驱动和集群式发展为重点，做强做优做大制造业

强化科技创新驱动，引领产业转型升级。沈阳市重视创新驱动，构建“5+4+7+N”创新平台体系，为产业转型升级集聚优秀科技人才。在高新技术企业中，强化产学研合作，提升企业创新能力和产业创新水平。充分发挥各类人才工作站的服务支撑平台作用，有序引导各类人才、创新资源、创新技术向沈阳集聚。在以上创新平台的支持下，沈阳市科技人员在一大批重大创新成果中作出了突出贡献，包括“嫦娥五号”月壤钻杆、“奋斗者”号钛合金载人舱、“海斗一号”全海深自主遥控潜水器等，有93个项目获得国家科技奖励。

注重产业园区建设，促进集聚发展。沈阳市依托重点优势产业，以骨干企业为基础、以产业园区为载体、以运营平台为核心、以项目建设为重点、以基础配套为保障、以改革创新为手段、以信息服务为纽带，全力建设汽车及零部件、机械装备、生物医药等特色产业集群，形成了引进龙头大项目－搭建运营平台－集聚上下游产业链－培育产业生态圈－提升发展新动能的产业集群规划建设新模式。

坚持全产业链推进，促进链条式发展。按照“圈层式、轴带布局”空间发展模式，规划形成“一核（中部现代服务业核心区）、三板块（汽车及零部件、智能装备制造、战略性新兴产业核心板块）、四园区（近海、康平、法库、新民特色产业园区）”的开发区产业发展格局。推动将原来分散化、同质化的33个产业聚焦到12个主导产业，培育了1500余家规模以上工业和服务业企业，形成了汽车及零部件制造、机械装备制造、电力装备制造、生物医药和

医疗器械、信息技术、农产品加工等相对完整的产业链（见表 5–9）。

表 5–9　　　　　　沈阳市重点产业在开发区分布情况汇总表

序号	开发区	汽车及零部件	机械装备	电力装备	生物医药及医疗器械	信息技术	农副产品	现代物流	金融	材料
1	沈阳经济技术开发区（中德园）	※	※	※	※			※		
2	沈阳高新技术产业开发区				※	※		※		
3	沈阳辉山经济技术开发区		※	※	※		※	※		
4	沈阳浑河民族经济开发区					※				
5	沈阳金融商贸开发区								※	
6	沈阳首府经济开发区									
7	沈阳 – 欧盟经济开发区	※						※		
8	沈阳永安经济开发区		※	※			※	※		
9	沈阳雪松经济开发区	※								
10	辽宁新民经济开发区				※		※			
11	沈阳近海经济区		※							
12	辽宁法库经济开发区									※
13	辽宁康平经济开发区						※			※

注：※ 表示该产业集群位于对应开发区内。

数据来源：沈阳市发展改革委提供。

二、锻长补短并重，做好“老、原、新”三篇大文章

改造提升“老字号”，推动传统工业加快向智能、绿色、高端、服务化转型升级。以智能制造为主攻方向，以基础能力建设、数字赋能增效、重大技术改造为突破口，实施产业规模倍增计划，加快产业基础再造、产业链提

升、工业园区建设，打造新的增长极，推动向智能、绿色、高端、服务化方向的制造业转型升级，打造具有国际影响力的先进装备制造业基地。

深度开发"原字号"，向产业链"微笑曲线"两端延伸。针对石化、冶金建材、农产品深加工三大行业，以精细化、规模化、高级化产业发展为重点，做好产业链供应链设计，努力做到链条完整、集聚度高、拥有关键核心技术。重点发展铜铝钛镍等产业，推动高品质特殊钢实现突破；大力发展高端轮胎产业，发展高端精细化工产业；继续加强粮油制品、肉制品、乳制品及饮料制品、饲料加工、速冻食品等产业发展。

培育壮大"新字号"，开拓"沈阳制造"新未来。近几年，通过积极发展新能源及新能源汽车、集成电路、航空、生物医药及医疗设备、机器人、新材料、节能环保等"新字号"产业，加快推进建链补链延链强链，在产业数字化上不断发力，持续引育壮大新动能，推动传统制造城市转变为"智造强市"。

三、数字赋能助力制造业转型升级，促进工业化和信息化融合发展

加快推进新型基础设施建设。实施数字沈阳、智造强市三年（2021—2013 年）行动计划，入库智能升级项目 110 个，新建 5G 基站 2360 个，建设"星火·链网"沈阳超级节点。沈阳市成为全球工业互联网大会永久会址；国家级通信及工业互联网基础设施落地，获批建设 10 个辨识解析二级节点。沈阳国际互联网数据专用通道获得工业和信息化部建设批复，成功入选 2021 年度建设信息基础设施和推进产业数字化成效明显市（州）名单、省政府提高头部企业本地配套率成效明显市（地区）通报奖励名单。

重点推动园区数字化转型。密切把握国家和省政府的激励政策，推动中德装备产业园、和平区、沈北新区联合申请入选第十批国家新型工业化产业示范基地名单，成为东北地区的首个工业互联网领域示范基地。铁西区获评建设信息基础设施和推进产业数字化成效明显县（市、区），浑南区则被评

为“全省促进工业稳增长、推动先进制造业集群发展、实施产业基础再造工程、保持制造业比重基本稳定等方面成效明显的区”，大东欧盟开发区则成为全省第三个、全市第二个国家级绿色工业园区。

四、培育龙头企业和专精特新企业，带动产业转型升级

强化龙头企业培育带动产业增强。围绕“老·原·新”和新一代信息技术中的重点产业链，选择产业规模大、经济效益好、创新能力突出、带动作用强的龙头企业为中心，筹划建设10个头部企业配套园区、特色重点工业园区20个，分类发展航空航天、企业、生物医疗设备、石化重矿机械设备等。此外，沈阳市实施乡村产业龙头企业3年培育计划，重点培育10家领域企业、44家“链主”企业。2021年，沈阳市新增3家国家级龙头企业、17家省级龙头企业、28家市级龙头企业。

实施“链主制”培育壮大产业链。工业领域，聚焦建设“5个‘老字号’+3个‘原字号’+7个‘新字号’”的产业体系，沈阳市识别作为不同产业链“链主”的龙头企业，推动其发挥连接上下游、推动产业整体发展的积极作用。2021年，沈阳市、区两级共梳理出130家龙头企业，做各自产业链的“链主”，构建上中下游企业协作配套、协同创新、融通发展的产业生态体系，实施统一有计划地供应链购销管理、共同质量管理、标准化管理体系，推动产业链整体升级壮大。农业领域，沈阳组建全国首个农业产业链协会，推进富虹、华美等10家“链主”企业发展壮大，在全省率先组建稻米和禽业等产业联盟，新创建产业化联合体15个。

着力推动“专精特新”优质企业发展。坚持抓大、培优、扶小、育新相结合，按照“双创→高成长型小微→规上企业→专精特新→单项冠军（小巨人）→领航企业”梯次路径，推动一批骨干龙头企业脱颖而出，中小企业茁壮成长，企业梯队活力迸发，综合实力、竞争能力显著增强。沈鼓集团、宏远电磁线公司入选工业和信息化部“制造业单项冠军企业”。培育国家和省级“专精特新”小巨人企业177户，省“专精特新”企业460户、产品（技术）

186 项。通过实施“小升规”“规升巨”培育计划，培育规模以上企业 1196 户、亿元以上工业企业 173 户，“企业 + 孵化”共生共赢生态正在加速形成。

五、坚持多措并举，强化产业升级政策支持和要素保障

建立健全产业转型服务平台及体系。近年来，沈阳市组建产业转型升级服务联盟，依托国家级中小企业服务示范平台，连通政府、社会专业机构、协商会及企业，服务渠道得到不断拓展，多功能、多层次、多方位公益性服务体系逐步形成。先后举办“把握时代趋势、助力产业升级”“转型驱动、创新发展”等大型主题论坛，开展“转型升级大讲堂”“中小高新技术企业贷款贴息申报”“专精特新”等政策解读培训，以及中小企业服务日、服务周和融资对接等各类服务企业活动 90 余场次，累计惠及企业人员 45000 余人，协助企业兑现贷款贴息 5189 万元。

实施产业创新舒心纳才工程。绘制“5+3+7+5”20 个产业链人才地图；实施产业链头部专班“人力资源专心帮”计划；推行重点产业链“链主舒心评”，加大产业与教育的融合力度，建立产业链头部企业与高职院校的定期对接机制，聚焦产业需求，开展定向培训、“双元制”教学等，为企业用工提供针对性的技术性人才，助力企业舒心纳才。

强化园区建设要素保障。聚焦后续重点推动的 12 个头部企业配套园区、24 个重点特色园区建设，出台一系列政策举措。建立“一园区一基金一银行”金融支持体系，围绕土地保障、平台建设、招商引资、人才引育、转型升级五方面，形成 25 条政策清单。

强化中小企业政策保障。2022 年初，沈阳市出台《沈阳市支持中小企业和个体工商户稳增长若干政策措施》，组织兑现“小微企业创业担保贷款”“中小企业招引青年后备人才”等政策，帮助 12.17 万户市场主体减税降费 3.6 亿元，发放创业担保贷款 2.9 亿元；为 22474 户新注册市场主体落实“放宽住所登记”政策，占全部新登记主体的 88.5%；借助“春风送暖政策落实月”活动，推动辽宁“27+22+24”条、沈阳“20+12”条政策落地见效，为广大

企业赶走“倒春寒”，送去“春日暖阳”。

第四节　发达国家促进传统老工业城市转型经验借鉴

老工业城市发展转型是世界各国在工业化过程中面临的普遍问题。发达国家的工业化进程较早，在老工业城市转型方面有不少成功案例，对沈阳市乃至我国的产业转型和振兴发展具有一定借鉴意义。

一、强调科学规划先行，明确产业发展战略方向与模式

世界上多数老工业城市，如美国的芝加哥和匹兹堡、德国鲁尔区的多特蒙德等，都形成了指导城市转型发展的规划或战略文件，为未来的长期发展提供了转型方向和目标，并规划了一系列对城市发展具有重要意义的规划项目。

德国的多特蒙德在 1999 年编制了市区综合发展规划（也被称为多特蒙德计划），着眼于新经济对全市经济发展的带动作用，旨在使其成为德国信息技术和微型机电系统、电子商务、电子物流管理等行业中的领导者，并相应地在城市层面确定了 6 个重大项目。美国匹兹堡曾制定指导其转型发展的纲领性文件——《21 世纪战略》，提出要最大限度地把握高新科技经济潮流和全球化市场与交流体系，创建多元经济体系，扶持具有全新创业精神和与高校相关的小企业发展；其后于 1993 年又提出了第二个区域发展战略规划——《2020 年转型愿景规划》，指引匹兹堡的城市发展和投资政策。美国芝加哥在 1909 年就编制了一个宏伟的总体规划，确定了近百年的发展框架，后来又陆续推出了《芝加哥中心区规划——为 21 世纪中心城市做准备》《前进到 2040 年区域综合规划》，为其未来数十年的城市转型发展提供纲领性指导。目前来看，由专业人士制定科学缜密的发展规划以及政府对规划的长期有效执行，是世界上诸多老工业城市成功转型的重要经验。

专栏 5-2

德国多特蒙德的市区综合发展规划（多特蒙德计划）

多特蒙德计划由多特蒙德市政府联合蒂森·克虏伯等 80 家本地私人投资企业共同发起，编制于 1999 年。该规划重点考虑新经济对多特蒙德经济发展的带动作用，旨在使其在信息技术与微型机电系统、电子商务、电子物流管理等行业成为德国国内的领导者。

多特蒙德市政府计划投入 6500 万欧元，预计带来 43000 个信息技术、9000 个微型机电系统、6000 个服务业、12000 个电子、物流、保险、生物技术方面的就业机会。

该规划在城市层面确定了 6 个重大项目，分别是：多特蒙德港向电子物流港转型，重点发展新经济、休闲、物流业；威斯特法伦恩特地区实现以物流业为主导的转型；老机场转化为以商贸、工业、服务业、住宅等功能为主；斯塔克鲁东区转型为以新经济和住宅功能为主；凤凰新区转型为以新经济、商贸、工业、休闲等功能为主；科技园转型为以新经济为主导的科技园区。

二、充分挖掘特色优势，推动多元化产业协同发展

以多元化思路提升产业发展韧性。世界上老工业城市的典型特征是严重依赖一两个主导产业，结构单一，容易产生路径依赖，产业转型升级难度很大。部分老工业城市，如美国底特律，尝试通过技术跟进和升级来延续原有制造部门的竞争优势，但 2013 年 12 月底特律政府的破产则宣告了发展单一产业的风险性。从提高产业发展韧性的角度考虑，老工业城市应尝试多元化战略，将发展重点转向服务业和高新技术产业，寻求新的经济增长点。美国芝加哥市在 1989 年就提出了建设“以现代服务业为主导的多元经济体系”，重点推动金融服务、商品交易、旅游会展、运输物流、法律咨询、医疗服务

等第三产业发展。匹兹堡市在20世纪80年代改变了百年来以钢铁工业为支柱的单一经济结构，逐步建立了教育、科研、高新技术产业、专业服务与商业服务综合的多元城市经济。

培育新兴产业与升级传统产业并重。作为老工业城市的经济支柱，传统产业吸纳了大量的就业人口，拥有较为雄厚的技术与设备基础。如果完全抛弃传统产业，很可能会增强地区内产业发展的断档风险。国外发达国家的不少城市都是在培育新兴产业的同时，也在改造提升传统产业。例如，德国多特蒙德市的凤凰新区在建设过程中，对采矿业、炼钢业等原有产业依然有一定程度的保留和更新，采用新技术改造旧产业的方式，使之融入整体的产业结构，并逐步向现代产业方向发展。

重点发展关联产业集群。遵循产业梯度延伸规律，发展以大企业为中心的产业集群，推动产业链向前向后延伸，并发展配套相关的生产性和社会性服务产业。以高新技术产业为例，其发展既需要相关产业提供必要的原材料、资金、人才、技术、服务等，又可以通过其产品提高工业、商业、服务业等行业的生产效率，从而促进国民经济各领域的经济增长。生产性服务产业包括各种商贸往来、金融保险、法律、房地产、科研开发、工程设计等活动，在很多老工业转型城市中已经成为服务行业中的主导类型。例如，2010年匹兹堡的生产性服务业占据了服务业比重的75%，成为匹兹堡经济振兴的重要发动机。社会性服务业包括教育、医疗卫生、政府部门的各类活动，有助于提升产业能级。

三、重视科技创新驱动，促进传统产业转型升级

推动校企之间开展创新研发合作。国际经验表明，大学和科研机构之间的创新研发合作在老工业城市转型发展中具有至关重要的作用。德国鲁尔区从1961年开始陆续建立多所大学，使其从一个没有大学的地区逐渐成为欧洲境内大学密度最高的工业区。其区内的所有大学均设立“技术转化中心”，形成从技术研发到市场应用转化的完整体系，帮助企业将技术转化为生产

力。美国匹兹堡鼓励发展以高新技术为基础的中小型企业，其辖区内30余所大学和学院通过参与棕地开发、增加技术供给、激励校园创业等形式，促进地区产业发展转型。日本北九州则通过建立“学术研究城”，吸引高新技术企业和研发机构集聚，形成产－学－研一体化合作发展模式，为老工业城市转型提供智力支持。

加强科技创新支持力度。美国联邦政府实施了多项举措来推动高新技术领域的创新发展，包括晶体管、激光、喷气推进、互联网和搜索引擎、无人机、无人驾驶企业、新材料、机器人等，并且对尖端前沿领域的支持力度越来越大。各州政府和城市政府也推了自己的创新扶持计划和措施，包括修改相关税法、资助基础研究、提供基础设施改造资金，等等。美国加州、内华达州、佛罗里达州和欧洲的瑞士、德国等甚至修改了相应的法律法规，以推进无人驾驶汽车技术的测试与应用。在政府和欧盟资助下，德国多特蒙德凤凰新区为成长型企业提供共享的实验室和无尘空间，并提供产业发展所需的金融和技术保障。

加快对传统产业的技术升级。德国鲁尔区多特蒙德对原有的支柱产业进行了升级调整，将原采煤产业逐步转化为以高科技为支撑的新兴能源产业，将原钢铁产业逐步发展为基础材料科学，将原运输业逐步发展为现代物流业。发展至今，多特蒙德市原有的煤炭、钢铁和啤酒三大支柱产业已经被信息技术、电子商务、电子物流等行业所取代。

四、精准政策要素支持，提高产业发展内生动力

高度重视人才教育培训。教育文化底蕴是老工业城市成功转型的重要支撑。相关研究表明，在匹兹堡市24~34岁的年轻人中，48%以上拥有学士及以上学位，在全美城市中位列第五。匹兹堡市还先后出台了中心城区中学“Kalamazoo承诺”奖学金计划、“匹兹堡承诺”奖学金计划等，吸引学生入学，使得该市公立学校报名人数大增。美国芝加哥地区教育、文化特别发达，共有680所公立学校、394所私立学校、83所学院、88所图书馆，提供从基础

的职业训练到高等的科学、商贸、技术、文化教育等。德国在培训管理和组织上建立了良好的运行机制：由代表雇主的行业协会、代表雇员的工会联合运作，形成能充分反应生产实际需要和产业发展需要的管理机制；采取由学校进行理论知识培训、由企业进行实践操作培训的方式，使受培训人员能够更好地适应生产需求。

设置企业区或特殊政策区。很多老工业城市通过空间的不均衡性来发挥各类发展资源的集聚效应，进而以点带面地推动老工业城市的全面转型。与开发区的性质类似，英国最早提出了企业区和机会区的概念和运行逻辑。政府或其他中介组织为入区企业提供全方位支持，包括减免税、提供优惠贷款等，借此来吸引外资。底特律市在市区划出特定区域，免征房产税等地方税收；芝加哥市设有“税收增额提留区”，区域内税收增量全部用作支持未来项目建设。

优化提升城市空间品质。在当前经济竞争中，城市空间质量已经成为重要的生产要素。城市质量高的区域往往具有复合功能，可以满足24小时的工作－居住－娱乐多种活动。提升城市空间品质时，还应特别注意建设和优化提升复合式交通组织。匹兹堡市在20世纪70年代就主要从步行空间、道路空间、停车空间和交通标准信号四个方面优化中心城区的交通环境，采取的措施包括：步行系统的连贯与组织、摆渡车线路的增设、公共汽车线路的进一步完善与合理化、分区域的共享停车空间配置以及停车辅助系统的全面应用。

提供必要的政策与资金支持。尽管欧美等发达国家都是市场经济国家，高度依赖市场机制的作用，但社会各界也普遍认为，在推动老工业城市转型发展上仅依靠市场力量是远远不够的。美国各级政府通过立法、政策引导、资金支持等方式，支持老工业城市的转型发展。

五、推动环境绿色发展，提升产业可持续能力

加强环境污染治理力度。由于原有的粗放式发展模式，历史上老工业城市的生态环境大多较差，使得城市发展潜力和城市吸引力不断下降。例如，

匹兹堡在20世纪40年代空气污染严重，被称为“烟雾之都”，甚至被比作“地狱”。从1941年起，匹兹堡出台了全美第一个《烟雾管制条例》，成功地控制了烟雾污染，并在之后一直是美国环境治理的先锋。匹兹堡绿色、可持续的生态环境也为其经济发展带来了良好的口碑和驱动力，自1990年以来，该市多次上榜“美国十大绿色城市”。

营造绿色休闲活动区。营造健康、绿色的活动空间，有助于提升城市吸引力，促进老工业城市转型发展。德国鲁尔区设置有区域性绿地系统，在凤凰新区内，在原有钢铁厂址基础上人工挖掘形成凤凰湖，面积约为37公顷，平均水深2.5米。以凤凰湖为景观核心，提供零售、休闲、美食和文化等服务于居住的职能。凤凰湖面临两个发展面：西侧是码头交通发展面，主要供城市使用；东北侧为自然景观发展面，形成以生态和景观为基础的软性空间。

参考文献：

陈晓东，2018.从美欧老工业基地创新发展看东北振兴的关键问题[J].中州学刊（10）：37–43.

韩丽娜，2021.沈阳工业高质量发展成绩亮眼[N].中国工业报，03–17（2）.

黄超，2022.沈阳加快产业转型步伐 蹚出产业振兴新路子[N].沈阳日报，04–26（2）.

姜四清，王任飞，赵文广，2013.经济多元化发展是老工业城市重振的必由之路——美国开展老工业基地调整改造对我国的借鉴[J].中国财政（15）：64–69.

姜四清，张庆杰，赵文广，2015.德国鲁尔老工业区转型发展的经验与借鉴[J].中国经贸导刊（10）：41–44.

刘向丽，盛新宇，2018.国际经验视阈下的老工业基地振兴模式及启示[J].渤海大学学报（哲学社会科学版），40（3）：65–70.

唐子来，王兰，2013.城市转型规划与机制：国际经验思考[J].国际城市规划，28（6）：1–5.

王静，王兰，保罗·布兰克–巴茨，2013.鲁尔区的城市转型：多特蒙德和埃森的经验[J].国际城市规划，28（6）：43–49.

王兰，顾浩，2013.匹兹堡中心城区转型的过程及其规划[J].国际城市规划，28（6）：36–42.

郑英英，蔡文芳，2019.匹兹堡经济转型对吉林经济发展的启示[J].服务外包（1）：58–61.

第六章　沈阳创新驱动发展典型经验

沈阳始终坚持与国家创新发展同行，瞄准科技前沿、服务国家战略、取得一批具有原创性突破性的科技创新成果，在技术创新、产品创新、成果转化等方面形成了独特优势，为沈阳创新驱动发展和经济高质量发展提供了强大科技和创新支撑。

第一节　创新驱动发展总体评价

二十年来，沈阳创新驱动发展取得显著成效，人才、技术、资金、企业等创新要素集聚和发展能力不断增强，科技创新对产业和民生发展的支撑作用明显提升，围绕创新的对内对外合作开放水平不断提高，创新平台、政策、体制机制等创新发展环境持续优化，促进科技创新成果转化能力不断增强。

一、创新能力不断增强

（一）人才队伍不断发展壮大

人才总量持续增长，素质结构显著改善，人才发展体制机制改革稳步推进，人才服务环境进一步优化。截至 2022 年 7 月，在沈院士 25 名，享受国务院政府特殊津贴专家 594 名，国家“百千万人才工程”人选 96 名，辽宁省“百千万人才工程”百、千层次人选总数450名，专业技术人员110万人，技能人才75万人，近十年累计接收应届高校毕业生70万人。自2017年实施“人才新政24条”以来，支持中青年人才、成果转化、创业扶持等项目千余项，支持创新团队200多个、创新人才1600多人。

（二）关键核心技术攻关重大科技成果集中涌现

一方面，海洋、航空航天、医疗、机器人、装备制造等领域关键核心技术取得重大突破。“奋斗者”号万米深海载人潜器、“嫦娥五号”“海斗”号全海深自主遥控潜水器、“海翼”号深海滑翔机、C919大飞机都凝聚着沈阳的创新智慧，极速能谱CT、3D-PECVD设备、120万吨乙烯三机、AP1000核主泵、i5智能数控系统等一批重大科技成果和创新产品在沈问世，为载人航天、探月工程、深海探测、航母、大飞机等国家重大工程作出贡献。双臂协作机器人亮相新中国成立70周年庆祝大会，“炫舞机器人”在2018年平昌冬奥会上完成了惊艳世界的“北京8分钟”；全球首台与医生智慧连接超高端CT在沈诞生；“海星6000”创造了我国深海ROV最大深潜纪录；国内首套汉文与民族文双向翻译系统居国际领先水平。另一方面，科学技术奖励、专利数量和技术市场成交额增长较快并在全省占据重要地位。荣获国家级科学技术奖由2015年的10项增加到2020年的16项、增长60%，占全省64%，数量质量均创新高，充分展示了沈阳科技创新硬实力。2016—2020年，全市累计获科技奖励715项，其中，获国家级科技奖励52项，省级科技奖励663项。专利申请量和授权量持续增长。2016—2020年，累计实现专利申请量125518件，年均增速达到5.34%，每万人新增发明专利授权量从2016年的3.31件增加到2020年的3.96件，年均增长4.9%（见图6-1）；2020年有效发明专利19795件，是2015年的2.17倍，2021年每万人拥有有效发明专利数量25件。全市技术合同成交额由2007年的51.82亿元增加到2022年的394.6亿元，年均复合增长率达到14.5%（见图6-2）。

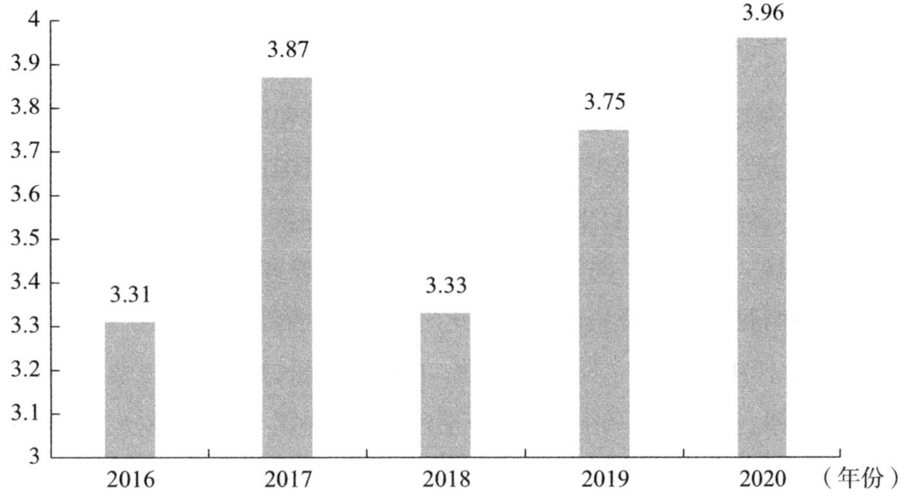

图 6-1　"十三五"时期沈阳每万人新增发明专利授权量（件）

数据来源：沈阳市统计局。

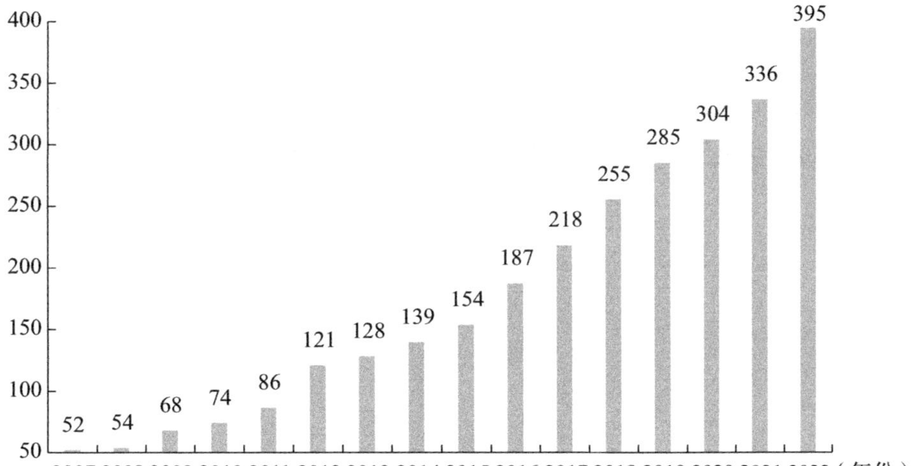

图 6-2　2007—2022 年沈阳技术合同成交额（亿元）

数据来源：沈阳市科技局。

（三）科技创新投入规模和强度持续增加

一是研究与试验发展（R&D）经费投入由 2003 年的 26.2 亿元增加到 2021 年的 215.5 亿元，投入强度由 2003 年的 1.74% 增加到 2021 年的 2.97%（见图 6–3）。二是持续加大科技创新项目支持力度。如实施科技创新“双百工程”、关键核心技术攻关项目，“十三五”时期累计支持重大科技研发和重大科技成果转化项目 442 项，安排科技创新专项资金 3.78 亿元，拉动全社会研发资金投入 75.36 亿元，积极争取 02、04、06、09 国家重大专项，配套资金超过 6 亿元。三是加快推进科技金融发展。构建“服务中心 + 服务平台 + 基金小镇 + 科技基金 + 科技担保”的科技金融服务体系，加大对初创期、成长期科技企业融资支持。充分发挥政府引导基金的引导放大作用，设立了天使基金、风险基金、产业基金等各类基金，盛京基金小镇、科技金融广场私募基金管理规模超 150 亿元，基金体系不断得到完善；设立了知识产权质押融资风险补偿基金和助保金贷款等多种形式的风险补偿资金，引入了知识产权评估机构参与知识产权质押融资，建设了盛京担保、科技担保等政策性担保公司，核准了 14 家商业银行分支机构为科技金融试点单位，为科技型企业提供综合贷款业务；建设了社会化科技金融服务中心、科技金融联盟、综合金融服务平台等服务机构，科技金融服务体系基本形成。

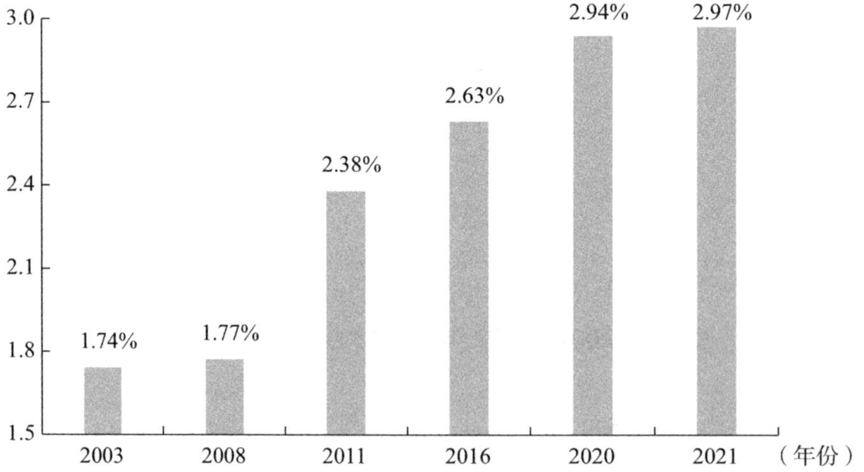

图 6–3　2003—2021 年沈阳研究与试验发展（R&D）经费投入强度（%）

数据来源：沈阳市统计局。

（四）企业创新主体地位不断凸显

围绕大幅提升科技型企业数量，大力推进科技型企业培育，规模以上工业企业 R&D 经费由 2015 年的 59.2 亿元增长到 2021 年的 98.8 亿元，增幅达到 67.0%。构建完整的科技企业梯度培育体系，科技型企业群体加快成长。高新技术企业从 2007 年的 465 家增加到 2022 年的 4200 家，高新技术企业总收入从 2008 年的 778 亿元增加到 2021 年的 3336 亿元，高新技术企业科研活动人员数量从 2008 年的 2.90 万人增加到 2021 年的 7.84 万人（见图 6–4）。截至 2022 年底，全市高新技术企业达到 4200 家、科技型企业突破 1.5 万家，科技型中小企业 9543 家，雏鹰企业 1385 家，瞪羚、独角兽企业 235 家；2022 年新增中科数控、世杰电器等国家级专精特新“小巨人”企业 25 家，总数达到 75 家。截至 2020 年底，组织企业建设创新联盟 291 家，其中典型实质性产学研创新联盟 141 家，中小企业提升类产学研联盟 150 家。全市规模以上工业企业高新技术产品增加值占规模以上工业增加值比重由 2015 年的 33.2% 增长到 2021 年的 61.6%，提高 28.4 个百分点。

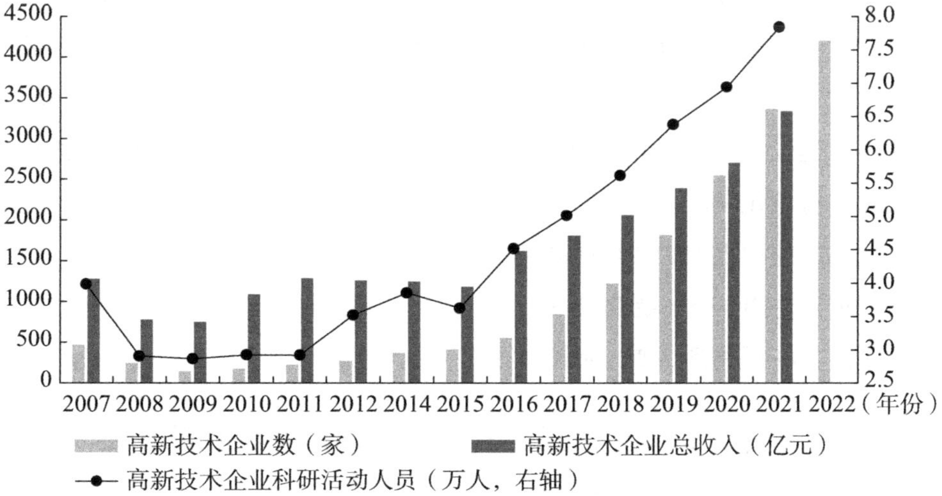

图 6–4　沈阳市高新技术企业数、高新技术企业总收入、高新技术企业科研活动人员数

数据来源：沈阳统计局。

二、科技创新对产业转型升级的支撑作用显著

（一）新技术新产业融合发展步伐加快

一是不断完善新技术新产业发展的支持政策体系。例如，出台《沈阳市新一代人工智能发展规划》《沈阳市未来产业培育和发展规划》《关于加快推进 IC 装备及相关产业发展的实施意见》《沈阳市新一代人工智能发展规划三年行动计划（2018—2020 年）》。二是加快产业数字化和转型步伐。建设智能工厂、数字车间，支持智能制造企业上云用云，新松、格微公司成为全国制造业与互联网融合发展试点示范单位。以信息技术推进制造方式创新、产品创新、业态创新和商业模式创新，加快汽车、轨道交通装备、压缩机、盾构机等装备制造业转型升级，一批大国重器研制实现突破，无人驾驶宽体矿车、煤矿巷道全断面掘进机、特高压变压器、跨音速风洞主压缩机等重大技术装备在沈问世。三是大力推进重大产业发展和服务平台建设。国家新一代人工智能创新发展试验区建设方案通过科技部专家论证。大力推进国家文化和科技融合发展，和平区国家文化和科技融合示范基地加快建设。支持沈阳机器人未来城、东软健康医疗城、光明小镇、IC 装备园、民用航空园等特色新兴产业园区建设，优化科技项目、平台、人才、服务布局，支持产业集群化、规模化和特色化发展。“十三五”期间，沈阳战略性新兴产业产值占规模以上工业总产值比重由 15.9% 提高到 24.3%，高新技术产品产值占规模以上工业总产值比重由 48.8% 提高到 58.5%，高端装备制造业产值占装备制造业产值比重由 16% 提高到 26%（见图 6–5）。

（二）依托产业创新联盟和新型研发机构等推动创新链与产业链、人才链、资金链深度融合

加快发展产业技术创新战略联盟，截至 2020 年底全市联盟达 56 家。IC 装备和机器人等新兴产业联盟运行机制不断创新，有力支撑产业升级和技术

迭代。“十三五”时期，“以研发为产业、以成果为产品”的新型研发机构从无到有，总数达到32家。其中，产业技术研究院28家，协同创新中心4家，涵盖了新能源、智能装备、生物技术等17个产业领域；在职人员1226人，其中研发人员868人，占71%；累计攻克关键技术161项，申请专利443件；2020年，研发投入达到4.76亿元，实现营业收入7.64亿元，利税8205万元。

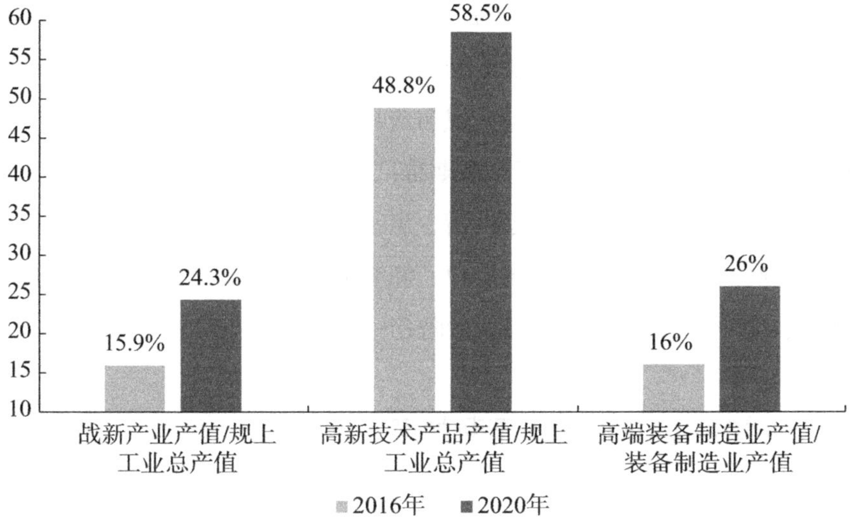

图6-5 沈阳“十三五”时期战略性新兴产业、高新技术产品、高端装备制造业占比变化（%）

数据来源：沈阳统计局。

（三）科技创新助力乡村振兴和脱贫攻坚

“十三五”时期，组织实施“双百工程”农业项目64项，建成省级农业科技园区3个，为县域经济高质量发展提供科技支撑。推动组建农民科技示范合作社36家，备案认定省级以上星创天地26家，“青年农民上大学”累计培训1337人，农村科技培训讲师团培训161场（次）、培训农民8439人（次），选派科技特派员1261人、特派团60个，科技服务已实现涉农区域全覆盖，助力康平县实现了脱贫“摘帽”。

（四）科技创新效能增进民生改善和生态环境保护建设

“十三五”时期，依托市级25家重点临床医学研究中心，推动基础研究与临床应用相结合，形成了以沈阳为主，联合全省及全国124家医疗机构的协同创新网络，中国医科大学附属第一医院获批东北首家国家级临床医学研究中心。计算机断层成像系统（CT）宽体能谱技术打破国外垄断，康复、养老、助残等领域医学机器人研发处于国内领先地位。国家科技专项“辽宁中部城市群大气污染联防联控技术集成与应用示范”项目落户沈阳，有力支撑打赢区域蓝天保卫战。“十三五”时期推广重点节能减排技术68项，助力城市绿色发展。特别地，针对新冠疫情，启动防控应急专项计划，构建起以疫情需要为导向，高校院所、科技企业、新型研发机构高效协同的科技攻关体系和模式，一批科研成果应用到疫情防控一线。

三、对内对外创新合作不断加深

近年来，沈阳注重整合东北乃至全国、全球的创新资源，建立“政产学研用”相结合的全链条、贯通式科技创新体制，以企业为主体，高效配置各类科技创新资源，探索建立基地、人才和项目相结合，科学、技术和工程相融合的新机制，解决行业领域科技资源分散、协同创新和联合攻关能力不强等问题。

（一）国际科技交流合作不断深化

近年来，工业互联网技术国际联合研究中心、中德国际智能创新园、先进机器人学与机构学国际联合研究中心等6家单位被科技部认定为国家级国际科技合作基地，截至2020年底，各类国际合作研发机构达到95个，中德创新委员会和中俄院士创新中心相继设立，全市国际科技合作能力不断增强。东软医疗等优势高新技术企业，面向“一带一路”沿线的发展中国家开展技术培训，加快沈阳优势科技产品“走出去”。2018年以来，组织和参与

“材料科学国际发展趋势论坛”“香山会议”“国际基因组学大会”“二维材料科学与技术前沿论坛”“沈阳‘一带一路’俄罗斯高新技术展览会”等大型科技交流活动94场，吸引近300名院士来沈交流合作，为沈阳创新发展献言献策，推动国际肥料科学中心、中国中东欧眼产业创新协会等7个国际协会、学会落户沈阳，有力提升沈阳科技创新的国际影响力。

（二）区域创新合作扎实推进

一是促进创新主体交流合作。京沈对口科技合作深入推进，清华大学与东北大学、北京航空航天大学与中国科学院沈阳自动化研究所、中国医科大学与中国科学院低温生物医学工程学重点实验室联合开展技术攻关；沈阳新松机器人自动化股份有限公司与清华大学智能技术与系统国家重点实验室合作开发“服务机器人智能人机交互系统”；北京科博会、中关村企业沈阳行等双向交流活动成为沈阳创新主体开放合作和拓展市场的重要平台。

二是促进创新资源交流共享。组建京沈合作（北京）离岸创新中心，建设沈阳·中关村智能制造创新中心，引进中关村领创空间等近20家双创机构、中介机构来沈创新发展，创新创业氛围更加浓厚。建立沈阳经济区科技创新合作会商制度，依托沈阳市科技条件平台，初步实现沈阳经济区各城市科技资源共享；依托东北科技大市场，促进沈阳经济区科技资源和要素交流互动，科技创新互动互通、共享共赢局面形成；与江苏省产业技术研究院合作，完成沈阳市新型研发机构开展专项绩效评价工作。

三是通过联合组建企业、平台等方式协同开展研发技术创新、共担成本共享收益。以股权为纽带，依托成立的混合所有制公司，整合国内行业领域内优势创新资源，搭建开放式协同创新平台，实行市场化运作、企业化管理、项目化推进，围绕核心技术、关键技术和前沿技术，开展联合攻关和协同创新，共同享有科技攻关成果和成果转化效益。例如，由沈阳自动化所、哈尔滨工业大学、新松公司等14家国内机器人优势单位共同出资，成立了沈阳智能机器人国家研究院有限公司，注册资本2亿元人民币。国家机器人创新中心与哈工大的科研团队进行沟通并建立了有效的合作机制，研究确定三年行动规划。中科院沈阳自动化研究所与哈工大及其他投资方共同商定，在控制器芯片和传感器芯片方向重点推进；研究设立机器人检测中心；共同研究推进智能机器人云平台建设，有效融合工业云、各投资方私有云、公众云的相关内容。

四、创新发展环境不断优化

（一）创新的平台支撑作用不断增强

着力构筑国家战略科技力量，打造“5+4+7+N”的科技创新平台体系，持续开展创新平台建设年系列活动。一是重大创新平台加速布局。材料科学国家研究中心、中科院机器人与智能制造创新研究院、中国科学院大学机器人学院等一批“国字号”创新平台在沈布局。截至 2020 年底，全市市级以上各类科技创新平台共 1167 个，其中重点实验室 337 个，比 2015 年增长 10.5%，国家级重点实验室 8 个；技术创新中心（工程技术研究中心）262 个，比 2015 年增长 11.5%；工程研究中心（工程实验室）180 个，是 2015 年的 2.3 倍，国家级工程技术研究中心 7 个、国家级工程研究中心（工程实验室）34 个；企业技术中心 331 个，比 2015 年增长 20.8%，国家级企业技术中心 14 个，宝马研发中心、雷诺研发中心、恒大轮毂电机和微软、华为、腾讯等一批国际级企业的创新平台落地；临床医学研究中心 57 个，比 2017 年建立之初增长 20.8%。

二是推进“双创”载体提质扩容。全市“双创”载体由 2015 年的 33 家增加到 2020 年的 212 家、增长 5.4 倍，孵化场地面积达 560 万平方米，为 1.3 万家小微企业、创业团队和 16.6 万人提供创新创业空间。推广国际软件园“四新五支撑”科技孵化园区发展模式，引进了启迪科技园、北京双创街、中关村领创空间、阿里云创新中心等 20 多家国内高端“双创”机构在沈布局发展。

三是国家自主创新示范区辐射带动作用逐步凸显。深入实施《沈阳市沈大国家自主创新示范区建设三年行动计划实施方案（2017—2019 年）》，

2017—2020年，自创区地区生产总值由775.2亿元增长到972.86亿元，增长25.5%；公共财政预算收入由120.23亿元增长到150.47亿元，增长25.1%；固定资产投资由331.32亿元增长到570.38亿元，增长72.2%；R&D经费支出由52.22亿元增长到80.17亿元，增长53.5%；规模以上工业总产值由1153.43亿元增长到1364.1亿元，增长18.3%。高新技术企业数量由288家增长到1041家，占全市41%；省级瞪羚独角兽企业数量达到30家，占全市34%；省级以上重点实验室、技术创新中心数量达到272家，占全市52%；省级以上众创空间、孵化器数量达到53家，占全市64%；市级新型研发机构数量达到18家，占全市59.4%。根据北京长城战略研究所对全国21个国家自创区综合评价，沈阳自创区综合排名由2017年的第15名提升到第10名。据科技部国家高新区评价结果显示，沈阳高新区在全国排名由2017年的第44位晋升到2020年的36位，连续三年实现晋位升级。

（二）科技创新政策体系、体制机制和科技成果转移转化服务体系不断完善

第一，持续优化完善科技创新政策体系。沈阳市委、市政府坚决贯彻“创新是引领发展第一动力”理念，对科技创新工作进行战略性、全局性谋划和系统性、针对性部署，不断强化创新驱动在振兴发展大局中的战略地位，先后围绕创新能力、创新平台、成果转化、创新人才等方面出台了《关于贯彻落实创新驱动发展战略建设东北亚科技创新中心的实施意见》《沈阳市建设东北亚科技创新中心规划（2018—2030年）》《关于以培育壮大新动能为重点激发创新驱动内生动力的实施意见》《沈阳市建设国家重要技术创新与研发基地实施方案》等一系列重要文件，基本实现了对科技创新各环节的全面覆盖。同时，配套制定了《高新技术企业科技小巨人企业“双培育”方案》《沈阳市科技创新“双百工程”工作方案》《关于支持新型研发机构和国际研发机构发展的暂行办法》《沈阳市新型研发机构管理办法》《沈阳市促进高校院所科技成果转化实施方案》《沈阳市关于深化项目评审、人才评价、机构评估改革的实施意见》《关于全面加快科技创新推动高质量发展的实施意见》

等一批政策、方案，对科技创新工作进行了科学、系统的谋篇布局。科技创新工作实现了由抓项目向抓政策的重大转变，“十三五”时期，累计落实政策项目2600余项，落实政策性补助资金近20亿元。科技创新主体对全市科技政策体系和落实满意率达到94.77%。科技政策环境不断优化的同时，开展国家自主创新示范区、科技和金融结合、知识产权强市等国家级创新改革试点建设，一系列重大创新举措集中实施，科技创新正在成为支撑沈阳高质量发展、新时代振兴的核心力量。

第二，科技成果转移转化服务体系不断完善。培育引进创新科技成果转化组织，提升东北科技大市场、技术转移示范机构等平台功能，健全产学研一体化协同机制，大幅提升科技成果本地转化率。规范化建设运营沈阳国际科技合作平台、沈阳市科技条件平台，品牌化打造科技成果转化对接平台，通过线上、线下一体化运行模式，实现十大类技术转移服务，“十三五”时期常态化组织科技成果对接会150场，推广数字化车间、秸秆炭化还田、大气污染源溯源预警、食品杀菌剂残留分析检测等一批先进成熟的科技成果。截至2020年底，建成各级技术转移机构达68家，累计培育技术经纪人600人，技术合同成交额由2015年的152.42亿元增长到2020年的303.94亿元，增长99.4%。

第三，科技体制机制改革深入推进。如“十三五”时期颁布实施了一系列科技体制机制改革重大举措。一是全面推行驻沈高校院所科技成果“三权”改革。东北大学入围首批高等学校科技成果转化和技术转移基地，沈阳化工大学“三定向”订单式成果转化模式、东北大学“收益共享激励机制”、沈阳工业大学科技成果转化5%“黄金股”激励机制等经验在全国和全省推广，有效调动科研人员投身科技成果转化积极性。完善成果动态征集和发布机制，推动成果供给端、需求端、资金端高效对接。二是积极推进以科技创新为核心的全面创新改革。打造前沿技术产业链股份制联盟、战略性科研项目实施经费滚动支持制度、股权合同引入社会资本参与军工类科研项目成果转化新机制等4项创新改革经验全国推广，占全市入选经验总数的50%，在不同领域激发创新驱动内生动力。三是深入开展科技计划管理改革。出台《沈阳市科技计划简政放权改革意见》，简化普惠性项目管理方式、验收管理方式，放宽项目变更管理权限和经费使用权限，切实减轻创新主体负担。修订《沈阳市科技创新专项资金管理办法》，规范科技专项资金管理，提高科技专项资金使用效益。修订《沈阳市科学技术计划项目管理办法》，突出支持重点，优化过程管理，明晰主体责任。

第二节　创新驱动重大项目和典型案例

近年来，围绕创新人才引进和培育、创新产业发展、重大创新平台建设和创新合作，沈阳出台实施了一系列重大举措和重大项目，为创新驱动发展提供了强大的要素保障、平台产业支撑和外部力量支持。

一、“兴沈英才计划”与人才引育“四大工程”

（一）“兴沈英才计划”

2022 年沈阳市发布《深入实施“兴沈英才计划”加快推进新时代人才强市建设若干政策措施》（沈人社发〔2022〕12 号），进一步聚焦创新平台建设、科技成果转化、科技企业培育、创新体系完善等全市科技创新重大任务，以科技人才的引、育、留、用，实现人才链、创新链、产业链、价值链融合发展。“兴沈英才计划”中涉及科技创新的政策措施，含金量相对很高、普惠面很广、突破性更大、操作性更强，充分体现了对中央、省委、市委人才工作会议精神的深入落实。2022 年“带土移植”高水平人才团队 89 个，新认定人才 2180 人，新引进高层次人才 627 人，为高校毕业生发放购房补贴和生活补贴 4.1 亿元，认定人才公寓 3616 套，人才驿站接待求职毕业生 4348 人次。

支持科技创新人才方面，每年引进 25 个左右能够破解企业“卡脖子”技术的创新团队，最高给予 2000 万元资助、给予团队最高 500 万元奖励；对产业发展具有关键支撑作用的战略科学家领衔的“项目＋团队”，采取“一事一议”方式给予项目资助。这是“兴沈英才计划”中含金量最高的政策。支持科技创业人才方面，聚焦提高科技企业增长率、科技成果本地转化率，每年引进支持25个左右在沈转化科技成果、创办科技企业的人才团队，视项目落地、实施情况，启动阶段最高可给予团队1000万元启动资金，发展阶段累计最高奖励可达2000万元。支持引进海外人才方面，每年引进25个左右与沈阳企业开展合作的外国专家团队，按业绩贡献给予团队最高20万元奖励；对引进的海外人才按年薪的一定比例，给予最高60万元资助。在支持中青年科技人才方面，每年支持100名左右40周岁以下的青年拔尖人才，给予每人最高50万元项目经费、10万元奖励。这些政策条款，形成了对科技创新人才、科技创业人才、海外引进人才、青年科技人才的政策支持体系，同时，更加注重“项目＋团队”的带土移植。

（二）人才引进培育“四大工程”

海内外高精尖科技优才集聚工程。聚焦主导产业和战略性新兴产业，对符合产业发展需要的新引进培养高层次人才，加大支持力度。一是对新当选的“两院”院士等A类高层次人才，给予每人500万元奖励、100万元科研经费、“一人一议”解决首套购房问题；二是每年支持5名左右为沈阳作出突出贡献的B类高层次人才，给予250万元奖励、110万元项目经费、150万元首套购房补贴；三是每年支持50名左右来沈在沈的C类高层次人才，给予50万元奖励、70万元科研经费、100万元首套购房补贴。同时，实施人才贡献专项奖励。根据人才作出的实际贡献，对在沈阳工作、上一自然年度依法纳税且年度工资薪金达到30万元及以上的高层次人才（A、B、C类）、科技型企业中的高级经营管理人才和科技创新骨干人才，依据贡献程度分类分档给予奖励，原则上最长资助3年。

产业人才支撑工程。按照沈阳重点产业发展的技术需求，精准寻找技术和人才，持续编制《沈阳市急需紧缺人才需求目录》，做到“按图索骥”。一是根据“老、原、新”20个重点产业链“龙头”企业发展对人才的实际需求，采取“多方式”“点对点”“一企一策”方式，精准编制“龙头”企业人才需求目录；二是综合考量区域产业重点发展方向，编制具有区域特点的区域产业急需紧缺人才需求目录；三是根据事业单位对各类急需紧缺人才需求，综合考量重点行业特点，编制具有行业特色的事业单位急需紧缺人才需求目录；四是对按照目录引进企业实际需求的人才，根据能力素质、紧缺指数、薪酬水平、贡献程度等条件择优分三年给予总计 6 万 ~30 万元奖励。同时，每年支持 50 名左右的优秀工程师，每人给予最高 30 万元奖励。

青年后备人才储备工程。着眼吸引储备优秀的青年后备人才，围绕购房、生活、创业、求职等实际问题，提供“一揽子”资助政策。一是按照博士毕业生 7 万元、硕士毕业生 4 万元、本科毕业生和技师 2 万元的标准，实施高校毕业生和高新技术企业人才首次购房补贴。二是针对毕业后在沈首次就业创业的高校毕业生，按照本科每月 600 元、硕士每月 1200 元、博士每月 2500 元的标准享受 36 个月的生活补贴。三是对在校大学生和毕业 5 年内的高校毕业生在沈创办企业或从事个体经营的，给予每年 1 万元的创业场地补贴，期限为 2 年。四是为来沈求职、应聘的外地高校毕业生提供最长 10 天免费入住人才驿站的服务。五是开发 800 个基层公共服务岗位用于招录毕业三年内的普通高校毕业生，每人每月工作和生活补贴 2800 元，并为其缴纳五险一金。

技能人才培养工程。着眼建设国家先进制造中心、落实“中国制造 2025”，加大政策支持力度，吸引一大批高技能人才留沈来沈。一是对新引进的高级工、技师、高级技师每月分别给予 600 元、800 元和 1000 元生活补贴，最长发放 36 个月。二是对新引进非沈阳户籍且在沈阳首次购房的高级技师、“全国技术能手”和“中华技能大奖”获得者，分别给予一次性 10 万元、30 万元、50 万元购房补贴。对经全国评选获得“中华技能大奖”“全国技术能手”的分别给予一次性 50 万元和 30 万元奖励。三是对评审出的市级高技能人才基地和“双元制”校企合作项目，给予 50 万 ~100 万元补贴。四是给予新获得技师、高级技师的企业职工分别给予 3500 元、5000 元培训经费。对完成新型学徒制培训，获得中级工、高级工等级证书的分别按照每人 5000

元、6000 元标准补贴企业。五是对获得市级一类竞赛各职业（工种）前 3 名的选手，分别给予 2 万元、1 万元、5000 元奖励；获得二类竞赛各职业（工种）前 3 名的选手分别给予 1 万元、6000 元、3000 元奖励。六是对职业院校（含技工学校）当年度输送 100 名以上毕业生进入沈阳纳税企业，并与企业签订一年及以上劳动合同，企业依法为其缴纳社会保险的，按照每名毕业生 1000 元的标准奖励职业院校（技工学校）。

在“四大工程”基础上，沈阳市进一步扩大三种权限：一是用人主体自主权。对市属事业单位新引进的高层次人才可突破本单位岗位职数限制，根据其专业技术任职资格等，直接聘用到相应专业技术岗位。二是企业人才认定权。在原有 10 家“链主”企业自主认定人才基础上，继续支持 70 家企业开展自主认定科技创新人才。三是高层次人才工资分配权。市属事业单位聘用的急需紧缺、业内认可、业绩突出的高层次人才，可实行年薪制、协议工资制、项目工资制等灵活多样的分配形式。

专栏 6-1

“创新沈阳”人才新政 3.0 版（简版）

一、人才激励

（一）高层次人才

1. 奖励和住房。对新引进培养产业发展需要的高层次人才，择优选拔：A 类：最高 500 万元奖励、“一人一议”解决首套购房问题。B 类：最高 250 万元奖励、150 万元首套购房补贴。C 类：最高 50 万元奖励、100 万元首套购房补贴。2. 子女就学。全市选择学校，A 类放宽到第三代子女。3. 医疗保障。沈阳范围内三甲医院优先诊疗；A 类每年两次免费体检，B、C 类每年一次免费体检。4. 配偶安置。可随迁、安置工作岗位，或发放生活补助。5. 发放“盛京人才卡”。提供交通出行、文化旅游、娱乐消费等便利服务。6. 外国专家资助。外籍人才获得国家级项目资助的，1∶1 给予用人单位匹配资助。7. 创业支持。高层次人才创办企业，启动阶段给予最高1000万元启动资金；发展阶段年主营业务收入达到100万元以上的，累计最高奖励2000万元。战略科技人才项目团队，“一事一议”资助。

（二）产业人才

1. 急需紧缺人才，择优奖励6万~30万元。2. 创新型企业家，择优支持15万元。3. 军事科研人才，择优奖励15万~50万元。4. 中青年科技人才项目，择优支持10万元。

（三）高校毕业生

1. 生活补贴（含租房补贴）。博士3万元/年、硕士1.44万元/年、本科0.72万元/年，最长3年。2. 购房补贴。博士7万元、硕士4万元、本科2万元。3. 博士后。每年10万元、最长2年进站资助；引进的博士后20万元生活补贴。4. 创业支持。最长2年最高6万元创业场地或场租补贴。5. 就业支持。按照1000元/人，及企业录用毕业生人数，给予企业用工补助；每年开发基层公共服务岗位。6. 盛京新阳卡。向在校大学生发放新阳卡，覆盖在沈吃住行等。

（四）技能人才

1. 生活补贴：最高1000元/月，最长3年。2. 购房补贴：最高50万元。3. “技能大师”带徒补贴：每带一名徒弟3000~5000元。4. 技能大师工作室、高技能人才培育基地、“双元制”校企合作：最高100万元资助。5. 专业建设补贴：对院校开设的紧缺专业，一次性50万~100万元；根据人才培养情况，给予院校最长3年、每年30万元。6. 输送毕业生奖励：按每人1000元奖励院校。7. 技能人才培训补贴：新获得技师资格3500元、高级技师职业资格5000元。8. 新型学徒制培训：给予企业每人每年4000~6000元。

二、平台载体建设

（五）科技创新项目支持

1. 研发机构支持。依托浑南科技城、沈阳中关村科技园引进研发机构，给予1000万~3000万元支持；重大项目“一事一议”。研发机构绩效评价达标的，给予1000万元后补助，连续支持3年。2.科研攻关支持。对企业与高校院所合作研发，开展“卡脖子”技术、关键核心技术等攻关的，给予企业实际支付技术合同费用20%~40%，最高2500万元支持。

（六）成果转化支持

1.出让方支持。按实际支付技术合同费用的3%给予职务科技成果完成人补贴，每年最高50万元。2.受让方支持。对技术需求提出企业按照中榜项目技术合同费用的50%给予最高300万元的前资助。3.平台支持。按企业实际支付技术合同费用的3%奖励，最高50万元。择优给予机构最高30万元奖励。4.技术经纪人支持。遴选“服务之星”技术经纪人，最高10万元奖励。

（七）人才创新载体支持

1.院士工作站。5年最高总计300万元奖励。2.专家工作站、候鸟型人才工作站、海智工作站。最长3年每年最高10万元支持。3.博士后工作站。新设国家、省级博士后工作站最高100万、50万元。4.海外创新载体。海外人才离岸创新创业基地、海外离岸创新中心、海外工作站引进海外人才和项目，择优给予10万~50万元补贴。

（八）人才交流平台支持

1.打造“凤还巢”招才引智系列活动等重大人才活动品牌。2.创新创业大赛。获奖落地企业给予5万~100万元奖励。3.学术交流活动。最高按活动总支出的50%给予主办单位最高100万元补贴；人才参加国际性学术会议、技术交流和研修深造，给予一定补贴。4.学会入沈支持。连续5年每年最高30万学会服务站支持。5.智库课题。针对沈阳科技创新和产业发展重大战略问题开展课题研究，给予经费支持。

（九）社会中介组织支持

1.人力资源服务产业园。市级以上产业园一次性建园奖励。运营良好的，给予20万~40万元贡献奖励。2. 人才中介组织支持。承办创新创业大赛、团队项目对接的，3万~6万元奖励；项目对接落地的，再给予5万~10万元奖励。3. 引才奖补。开展“带土移植”人才项目对接活动，择优奖励最多9万元；成功引进创业团队，最高奖励50万元。

（十）人才创业融资支持

1. 人才贷款支持。创新型创业项目可获金融机构最高500万元信用贷款，并按一年期市场报价利率（LPR）的最高80%比例给予后补助贴息，累计最多补助36个月。2. 人才投资支持。对向种子期、初创期创新型创业项目提供直接融资服务，并持有期满24个月的投资机构，按实际货币投资额的10%给予奖励、最高500万元。3. 融资速度支持。制定科创人才金融保障“白名单”，各类金融支持资金到账时间不超过20个工作日。

三、体制机制创新及服务保障

（十一）扩大用人主体自主权限

设立专项事业编制，用于事业单位引进高层次人才、急需紧缺人才。

（十二）人才认定

1. 高层次人才分为A、B、C三个层次。2. 试点授权产业链“链主”单位自主认定符合产业需要的人才，享受相应人才政策。3. 对经其他省会以上城市认定的人才可直接认定为沈阳相应层次人才。

（十三）专项贡献奖励

1. 专项贡献奖励。年薪30万元以上的高层次人才、企业高级经营管理人才、技术研发骨干人员，根据贡献，分档奖励。2. 外国专家年薪资助。对引进的海外人才按年薪划分为30万~50万元、50万~80万元、80万元以上3个区间，分别按年薪的40%、50%、60%的标准给予资助，最高60万元。

（十四）住房保障

1. 人才公寓。多种方式筹集人才住房，租金减免，轮候期间享受补贴。2. 公积金支持。高层次人才首次使用公积金贷款购买首套住房的，可享受贷款限额的1.5~4倍。

（十五）公共服务

1.人才窗口。实行人才窗口“一站式”服务。2.人才驿站。外地毕业生最长10天免费入住。

（十六）解决后顾之忧

1.配偶安置。按政策调动、推荐工作，或发放最长36个月生活补助。2.子女入学。按人才层次自主选择或就近统筹安排。3.就医诊疗。开通就医“绿色通道”，享受优先诊疗服务，提供免费体检。

（十七）工作保障机制

人才专项资金由市财政先行全额垫付，年终结算上解。

（十八）建立容错免责机制

二、创新驱动机器人产业集群培育

沈阳机器人产业以机器人本体制造端、关键零部件配套端、系统集成应用端为主，产品线集中了工业机器人、移动机器人、洁净机器人、特种机器人、服务机器人五大类产品，产业新型业态已初步呈现。产业规模逐步壮大，规模以上企业在机器人本体的科技研发、生产制造、支撑平台等方面均走在全国前列。拥有沈阳新松机器人公司、沈阳通用机器人技术公司、沈阳众拓机器人设备公司等多家重点机器人企业。2016年，机器人实现产值70亿元，到2020年增至110亿元，年均增长14.9%。产业拥有全球最全的机器人产品线，五大类近百种标志性产品已在汽车、航空航天、工程机械、半导体、医疗、公共服务等多个领域批量应用，累计出口多个国家和地区，成功应用于宝马、通用、福特等国际知名企业。

（一）培育了国内规模最大、国际知名的机器人龙头企业——沈阳新松机器人公司

新松机器人公司成立于2000年，是一家以机器人技术为核心的高科技上市公司。科技创新成效显著，2021年在国内自主机器人市场占有率达到20%，是中国机器人产业唯一的世界级企业，市值位列行业内全球前3位，机器人综合市场占有率国内企业第一。作为国家机器人产业化基地，新松拥有4000余人的研发创新团队，同时依托中科院沈阳自动化研究所强大的技术实力，坚持以市场为导向开展技术创新，形成了完整的机器人产品线及工业4.0整体解决方案。新松成功研制了具有自主知识产权的工业机器人、移动机器人、特种机器人、协作机器人、医疗服务机器人五大系列百余种产品，面向半导体装备、智能装备、智能物流、智能工厂、智能交通，形成十大产业方向，致力于打造数字化物联新模式。产品累计出口40多个国家和地区，为全球4000余家国际企业提供产业升级服务，其中移动机器人成功打开国际市场，国际市场占有率达到15%。

（二）打造了国内机器人领域的顶尖实验室——机器人学国家重点实验室

机器人学国家重点实验室的前身是始建于1989年的中国科学院机器人学重点实验室，是我国第一个专门从事机器人研究的部门实验室，亦是我国机器人学领域最早建立的部门重点实验室。2007年10月科技部发布国科发基〔2007〕645号文件，正式批准依托沈阳自动化所的中科院机器人学重点实验室建设机器人学国家重点实验室。经过持续不断的努力，实验室在科学研究、人才培养、国内外学术开放交流、条件建设等方面已步入良性及可持续性发展轨道，逐步发展成为我国机器人领域具有国际影响力的科技创新研究平台，以及高水平复合型人才的培养基地。实验室面向国家需求长期进行机器人技术研究，形成了一支由“院士、国家特聘专家、国家杰青、万人领军人才”领衔的优秀团队，是科技部创新人才培养示范基地，拥有1个科技

部重点领域创新团队、1 个国家基金委创新群体、4 个中科院交叉创新团队。实验室有 26 人次在国家科技重大专项、国家重点研发计划、军科委主题项目等担任专家组组长或成员。实验室是唯一在机器人学术、产业、标准等三方面主要国际学术机构均有重要任职（IEEE RAS 副主席、IFR 执委、IEC ACART 主席）的研究基地。

（三）以新松公司、中科院沈阳自动化所、沈阳通用机器人等企业为依托加快建设机器人未来城

机器人未来城于 2019 年开工建设，项目总投资 51.4 亿元，占地 637 亩，建筑面积 90 万平方米，未来将引进 1000 家以上科创企业，吸纳 3 万名高知人才在此工作。沈阳机器人未来城以打造智能制造总部经济产业集群区为定位，聚焦机器人、智能制造、人工智能、云计算、物联网和大数据等产业方向。主要建设工业 4.0 示范平台、智能装备研发平台、智能设备研发平台、机器人孵化器平台、人工智能孵化器平台、云技术智能发展平台、工业智能技术平台、智创联合研究平台等八大产业平台，打造“一芯、一游、两核、一辅”的智能制造总部经济产业集群区，推动沈阳成为全球机器人领域的创新创业引领区、科技成果集散区、智能产业聚集区和未来生态示范区。

三、国家级重点创新平台建设

（一）沈阳材料科学国家研究中心

沈阳材料科学国家研究中心（以下简称中心）定位于创建国际一流的综合性材料基础研究平台，在已经形成优势学科基础上，进一步交叉融合，开展材料科技领域的前瞻性、战略性、前沿性学科交叉基础研究。中心致力于建成国际一流、国内领先的从事材料科学前沿学科交叉基础研究，以及共性关键技术研究的国家级基础研究创新科研平台，打造国家材料重大创新基地。截至 2021 年底，中心拥有 13 个研究部，3 个研究分部（见图 6–6）。各

研究（分）部均依照设定的学科方向，独立开展研究工作。中心依托金属研究所拥有 43 个 PI 团队，在香港城市大学、重庆大学、上海交通大学、东北大学、中国科学院苏州纳米所等单位设立 16 个 PI 团队。

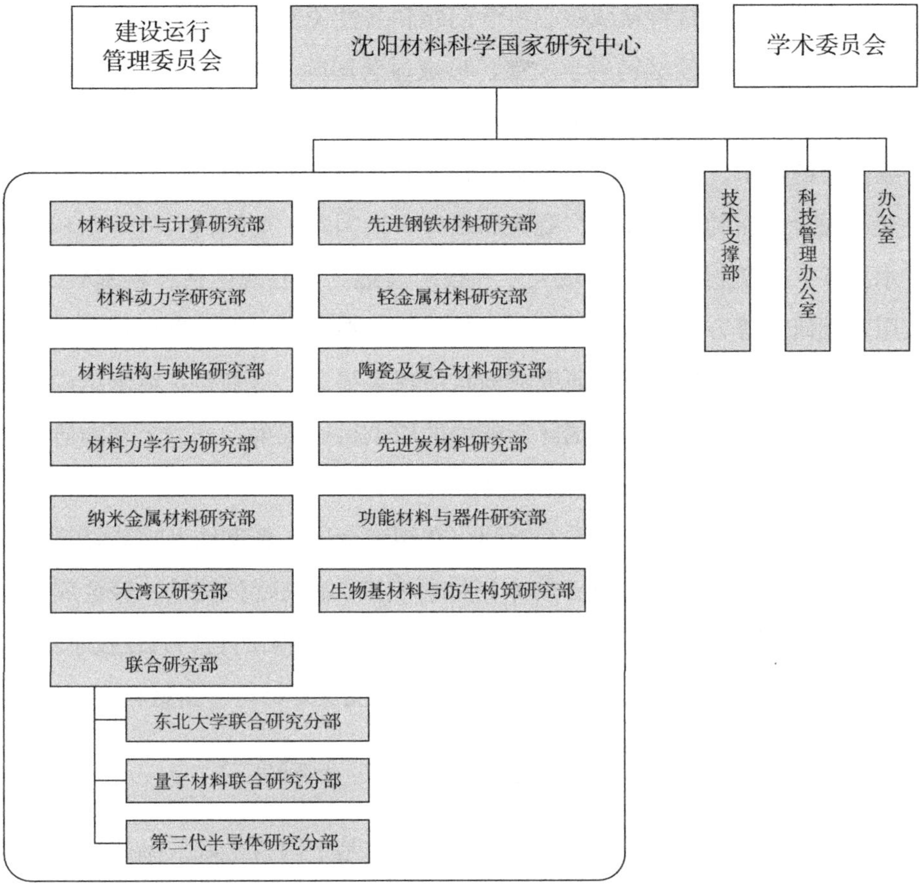

图 6-6　2021 年度沈阳材料科学国家研究中心科研组织与支撑体系图

数据来源：沈阳材料科学国家研究中心官方网站。

作为我国首批建设的 6 个国家研究中心之一，中心在原沈阳材料科学国家（联合）实验室和已形成优势学科群基础上，依托中国科学院金属研究所，于 2017 年 11 月 21 日由科技部正式批准组建，并于 2018 年 4 月 14 日正式通过科技部组织的中心组建实施方案专家论证会。中心建设得到了中国科学院、辽宁省人民政府以及沈阳市人民政府的大力支持，三方于 2018 年 2 月 5

日正式签署《共建沈阳材料科学国家研究中心协议》，在学科建设、人才引进、园区建设、成果转化等方面给予大力支持。中心主管部门为中国科学院，首届中心主任为卢柯院士。

中心主要针对材料领域核心科学问题和共性关键技术问题，开展基础及应用基础研究，引领材料科学发展，形成显著国际学术影响力；促进材料技术进步和材料品质提升，催生材料新技术，满足国家重大工程和经济建设可持续发展的需求。同时，建立高水平开放共享研究平台及运行机制，营造学科交叉融合创新的学术环境，凝聚和培育一批国际一流的材料科学家和专业技术人才，打造材料研究领域人才和技术高地。中心现已在材料基础研究、应用基础研究等方面取得多项原创科技成果，在纳米材料、碳材料、大型铸锻件、材料微观结构表征等研究方向科研成果显著，特别是在纳米结构金属材料等方面取得一系列具有国际影响力的原创科研成果，开辟了新的研究方向，在国际上持续引领该学科方向发展。

中心计划未来通过5年左右时间，在纳米金属、新型纳米功能材料等方面产生在国际上有重要影响力的原创科研成果；解决特种钢铁、轻金属等国家重大任务和装备制造业及新材料等产业转型升级急需的材料共性技术难题，支撑和培育纳米碳材料、量子材料、生物基环境友好材料等新材料产业发展。

（二）中国科学院机器人与智能制造创新研究院

中国科学院机器人与智能制造创新研究院是中国科学院“率先行动”计划首批试点的创新研究院之一，由中国科学院、辽宁省、沈阳市共建。2015年，中国科学院沈阳自动化研究所响应中科院“率先行动”计划四类机构改革号召，通过“总部+分部+联合实验室”形式，以沈阳自动化所为核心，联合中国科学院合肥物质科学研究院、宁波材料技术与工程研究所等优势力量筹建中科院机器人与智能制造创新研究院。当年9月，中国科学院、辽宁省人民政府、沈阳市人民政府签署了共建协议，院省市三方在创新研究院建设、土地、政策、资金、人才引进等方面给予支持。2017年12月，创新研究院通过验收进入正式运行阶段。2018年10月24日正式在沈阳揭牌。

研究院聚合中科院内外优势资源，秉持实现创新链与产业链有机衔接的目标，构建研发–行业/产业–地方协同式发展架构，通过建设国家机器人创新中心、国家机器人质量监督检验中心（辽宁）、国家机器人检测与评定中心（沈阳）和承担国家机器人标准化总体组秘书处工作，补全了机器人领域标准制定、产业技术和检验评估环节，初步实现了集“科学研究、工程应用、检测评估、标准制定”四位一体的开放式、全链条创新布局。研究院面向国民经济建设和国家安全战略的重大需求，产出了一批有影响力的创新成果。“‘海翼’号深海滑翔机完成深海观测”，入选2018年新年贺词；持股公司新松公司移动机器人亮相“北京8分钟”冬奥会闭幕式，等等。一系列重大成果的产出得益于创新研究院协同发展的土壤。

四、京沈对口科技合作

2017年建立对口合作关系以来，京沈两市按照国家关于对口合作工作总体部署，坚持“政府引导、市场运作，重点突破、示范带动”合作原则，完善合作机制，聚焦重点领域，逐项分解任务，细化实化责任，有力有序推进，一系列协同并进、融合发展的创新举措渐次展开，合作氛围日益浓厚，合作成果不断涌现，形成了政府大力搭台、社会广泛参与、市场高效运作的良好局面，仅2022年上半年，京沈两地实现亿元以上落地项目就达22个，投资总额239.5亿元。其中，围绕科技创新的合作是京沈对口合作的重要内容，两地科技资源加速融合，为沈阳释放出强大的创新协同和外溢效应。

（一）搭建智力资源共享机制和平台，促进京沈高端人才交流

人才是京沈两地交流的桥梁和纽带。为给引进优质干部人才提供有力支撑，沈阳策划开通“京沈人才专列”，发放高铁免费乘车卡，畅通北京市专家学者周末来沈“送智输才”渠道。

一方面，依托北京高端智力人才富集优势，结合沈阳实施“盛京人才”战略，搭建多种形式人才信息共享交流平台。建立两市高校毕业生就业信息

联动机制，举办“才领东北筑梦盛京”大型网络招聘会，面向清华大学、北京大学、中国人民大学、北京科技大学、中央财经大学、中国农业大学等多家重点院校，通过线上线下多种方式，吸引和促进在京高端人才来沈工作。例如，沈阳与清华大学签订合作协议，共建研究生社会实践沈阳基地，目前已有数十名清华大学研究生在沈阳多家用人单位开展社会实践，为北京知名院校学子了解沈阳、在沈阳投资兴业提供了平台。中国医科大学、中科院沈阳自动化所、东北大学等团队，依托北京脑中心成功对接“中国脑计划”和北京昌平国家实验室，推动“辽宁脑计划”高效实施，达成人才互访、博士生联合培养等多方面深度合作。

另一方面，举办“北京博士沈阳行”“院士专家沈阳行”等活动，邀请知名学者来沈进行学术交流，引进北京高校博士、院士专家等高端人才参与沈阳创业创新。同时，两市组织部、民政局、教育局等部门建立长期合作关系，采取插班、工作式培训等方式，每年组织沈阳处级干部、优秀教师、社区工作者赴京培训，不断拓展沈阳人才视野，提升能力水平。截至2021年底，累计邀请“两院”院士及众多知名专家学者46人次来沈进行学术交流，促成5位院士加盟沈阳院士工作站，形成3篇开展产学研合作的对策建议，繁荣沈阳学术氛围；成功引进北京高校博士64名。沈阳选派150名处长参加“推动高端产业发展构建高精尖产业结构”“创新驱动发展与园区建设”等专题对口培训班，选派优秀校长及骨干教师、社区工作者等500余人赴京参加“工作式”培训，人才交流助力沈阳各类人才加快成长；选派两百余名医疗技术人员赴北京进修学习，邀请北京专家来沈手术带教百余次，远程会诊超两千例。

（二）开展“揭榜挂帅”行动，促进京沈科技资源需求对接

为加快引进北京科技资源，服务企业技术需求，沈阳以培育高新技术企业为重点，以“揭榜挂帅”制度为契机，推动京沈创新主体开展科技合作。沈阳多次广泛调研本地科技企业技术需求，经初审、专家评审等环节，筛选符合“揭榜挂帅”条件的项目技术需求，并编制形成榜单在外网发布。同时，通过京沈对口合作机制，将榜单与北京市科委共享，通过北京市科委对接北

京大专院校、科研院所、高新技术企业等，促进京沈两地需求对接与科技资源共享。例如，促成北京格谱检测科技有限公司等4家北京单位与沈阳企业合作，协助沈阳顺义科技有限公司开展“基于物联网的多参数集成智能油液传感器”等多个项目的关键技术攻关，提升了京沈两地科技领域供需对接与资源共享。

（三）合作共建产业园区，培育沈阳中关村创新创业生态

以模式创新为主线，京沈两市合作共建沈阳中关村科技园，借助北京市中关村优质品牌、管理团队、招商经验等优势资源，创新北京市“软”投入为沈阳市“硬”产业赋能的产业园区共建新模式，进一步激发社会创造力和市场活力，加速资源聚集、资本融通。沈阳中关村科技园始终以“复制中关村模式，打造创新生态，厚植创新土壤，培育创新种子”为工作主线，京沈两市共同为沈阳本土创业团队和创新企业链接创新资源、配置创新要素，构建富有吸引力的创新生态系统，吸引更多高质量发展项目和潜力型中小科技企业聚集，留住沈阳好企业。科技园已形成“一中心、一基地、一园区”产业格局，截至2021年底，“一中心”（沈阳·中关村智能制造创新中心）签约企业80家，入驻企业49家，储备项目超100个，2021年入驻企业实现营业收入2.14亿元；“一基地”（沈阳·中关村科技创新基地）引入中铁建、中国二十二冶110亿社会资本推进土地整理、基础设施建设，创新大厦A座、科技大街地等项目全面开工；“一园区”内中航华亿、中南高科智造谷等20余个重大项目开工建设。同时，创办“京沈汇”活动品牌，举办各类创新活动100余场，不断扩大中关村品牌辐射效应，激发企业人才创新创业活力。2021年“沈阳中关村科技园”被评为产业转型升级示范项目，获国家发展改革委等四部委通报表扬。当前，沈阳中关村科技园正按一年打基础、三年见成效、五年大发展的工作目标，加速集聚创新要素、构建创新平台、营造创新环境，力争3年引进创新型企业300家，5年引进创新主体500家，形成更多可复制推广的经验，为辽宁乃至东北发展新经济、培育新动能、做好工业结构调整三篇大文章作出更大的贡献。

（四）搭建京沈IC装备产业联盟，推动产业、产品和技术融合

产业联盟是京沈两地企业共同搭建的合作平台，根据两地产业基础和资源优势，探索全方位合作，实现差异化发展。2019年8月，在京沈对口合作座谈会暨签约仪式上，北京电控集团与沈阳IC装备产业联盟正式签署战略合作协议，共同组建京沈IC装备产业联盟。几年来，京沈两地企业在资本、产品配套销售验证供应、信息共享等多方面紧密合作，特别是围绕02重大专项、共性技术和市场开拓进行联合攻关，通过“抱团出海”助推沈阳IC产业产品和技术等融合、嵌入北京上下游产业链条，成为其不可或缺的一环。同时，推动京沈产业合作从“单向招引”转为“双向共赢”的合作伙伴关系，促进形成京沈产业链融入、供应链协同、创新链提升的良好格局。京沈IC装备产业联盟骨干企业面向北京中芯国际、北京中科信、北京屹唐半导体等在京集成电路、航天领域的制造商、设备商，提供设备及零部件配套服务，2018—2020年，京沈IC装备产业联盟在京地区的销售收入分别为4474万元、17649万元、26531万元。

第三节　创新驱动发展典型经验和主要做法

沈阳推进创新驱动发展，始终牢牢抓住创新要素、产业需求和科技成果转化三大关键领域，加强人才和技术关键要素供给，大力推进创新成果转化，将创新作为传统产业转型升级和战略性新兴产业培育的重要抓手。

一、坚持把创新要素“内培外引”作为创新驱动发展的核心

（一）发挥人口流入和高校院所优势营造人才引得来留得住用得好的发展环境

区域性中心城市和高校（科研院所）密集分布为沈阳的创新发展提供了

强大的人口和人才基础和保障，沈阳也抓住这一优势，不断加强创新人才的培养和引进。作为区域性中心城市，沈阳“七普”人口总量相比于“六普”数据增加了 92 万人，增幅达 11.4%。截至 2020 年，沈阳普通高等院校数量为 47 所，占辽宁省普通高校数量的 40.87%，在校大学生近 80 万人，十年来接收应届高校毕业生 70 万人。

第一，把“留住人才”作为鼓励创新创业的第一要务。出台了人才新政“3.0 版”，政策覆盖了人才“引、育、用、留”各个环节，支持科技人才转化创新成果、鼓励科技人才创业、引育中青年科技人才等政策加快落地，在“找得着”“引得进”“用得上”“帮得好”“合得来”等 5 个方面与人才实现价值共创，让人才有成就感的同时有归属感。

第二，积极引进海外高层次人才。成立沈阳市高层次人才服务窗口，实施外国人来华工作许可、高端外国专家绿色通道制度，采取承诺制、容缺受理等方式，为高端外国专家来沈工作提供便利。积极开展引进市级海外研发团队项目工作，实施外国专家证和外国人就业证的“两证整合”工作，制定出台《沈阳市海外高层次人才服务工作办法》《沈阳市高端外国专家年薪资助实施细则》等文件，吸引和鼓励海外高层次人才来沈创新创业。例如，帮助华晨宝马、华晨雷诺等重点单位引进一批急需外籍人才，吸引激励国际人才投身沈阳振兴发展。

第三，编制人才目录和地图。对标国家中心城市，以产业链重点企业需求为导向，编制发布《沈阳市急需紧缺人才需求目录》，进一步引导企业、机构加强相应领域人才引进和培养，鼓励广大劳动者“按图索骥”，跟进“三篇大文章”，围绕“5+3+7+5”20 条产业链，绘制各产业链、各地区人才地图。

第四，为产业经济发展提供技术技能型人才保障。其中职业教育是重点。先后启动了“现代学徒制”等一批教改项目，成立了 18 个职教集团，共有近千个合作企业，基本形成了与沈阳高端装备制造、汽车及零部件、新一代信息技术等优势产业对应的专业布局和育人规格对接，每年为沈阳培养技术技能型人才 6 万余人。

（二）鼓励高校院所科研、技术创新供给与沈阳产业需求对接

支持和推动驻沈高校、科研院所围绕沈阳地方经济发展重大需求加强研发创新、加快科技成果转化。一方面，建立健全校地协同创新制度。在全国率先建立市长、大学校长（科研院所长）联席会议制度，解决高校院所创新发展问题和制度障碍，充分释放高校院所创新潜能、提升协同创新效能。积极推进东北大学与和平区、沈阳药科大学与沈河区、中国医科大学与浑南区、沈阳化工研究院与铁西区（经济技术开发区）等 6 个校地共建成果转化基地。2018—2020 年，累计协调解决 21 个科研院所 174 项问题、20 所高校 181 项问题，支持高校院所 67 项重大创新平台、85 项重大成果转化、63 项重大科技研发项目，充分发挥了高校院所资源优势，并建立了长效工作机制，有效拉动高校院所深度参与沈阳经济社会发展。另一方面，依托本地区高校、科研院所规模和质量双重优势，积极参与支持重大创新平台建设发展。如沈阳材料科学国家研究中心、中科院机器人与智能制造创新研究院、师昌绪先进材料创新中心、国家机器人创新中心 4 个国家级重大科技创新平台均是依托在沈中科院相关院所、高等院校等建立，同时沈阳当地政府作为重要的参与方和建设者，不仅大力支持这些重大创新平台的建设和发展，而且积极创造条件和机会推动重大创新平台更好融入和服务沈阳经济社会发展和创新创业。

二、坚持把产业需求作为创新驱动发展的引领

围绕产业链部署创新链、围绕创新链布局产业链是实现创新驱动发展的关键，沈阳作为重要的老工业城市，将坚持创新驱动发展作为振兴发展的核心内容，围绕产业发展需求，促进创新驱动产业转型升级和战略性新兴产业培育壮大。

一方面，依托老工业基地发展基础和优势，通过科技创新推进“老字号”高端化、智能化、绿色化、服务化发展等方面均取得显著进展。以汽车及零

部件、通用机械装备、石化重矿轨道交通及专用装备、机床及功能部件、电力装备为代表的“老字号”传统装备制造业经过数十年的发展，在创新能力、技术水平、产业规模、市场空间等方面不断实现突破，成为沈阳工业发展的支柱力量。2020年，全市规模以上“老字号”装备制造业企业556户，完成产值3310.5亿元，占全市工业总产值比重61.8%。智能化方面，2016—2020年共支持智能升级项目136个，其中“老字号”72个项目获得支持，占比52.9%，补贴资金3.55亿元，占比55.1%。高端化方面，截至2020年底，已建成“老字号”沈鼓集团等国家级企业技术中心8家，中航机电三洋等省级企业技术中心66家，斯沃电器等市级企业技术中心61家，合计135家，占全市企业技术中心比重为40.8%。《2020年规模化生产新产品名录》中“老字号”占比63.1%。2016—2020年“老字号”产业沈鼓集团、特变沈变公司、远大压缩机等31个项目获得国家首台（套）重大技术装备保险补偿资金支持，占比33.3%，获得补贴资金1.36亿元，占比86.1%，2020年获国家支持项目数量位居全国副省级城市之首。绿色化方面，中德（沈阳）高端装备制造产业园获批国家级绿色工业园区称号，华晨宝马、沈鼓集团等8户“老字号”企业获批国家级绿色工厂称号，中航机电三洋等42户“老字号”企业获批省级绿色工厂称号，三一重型、泰科流体2户企业获批省级绿色供应链称号。服务化方面，“老字号”沈鼓集团被评为国家级示范企业，三一重型等13户企业被评为省级示范企业；沈阳机床基于i5智能机床全生命周期管理的产融深度融合项目等3个项目被评为国家级示范项目，沈阳永安机床小镇服务型制造项目等9个项目被评为省级示范项目；沈阳世润重工有限公司减速机公共技术服务平台等6个平台被评为省级示范平台。

另一方面，加强研发创新和创新成果转化，促进新兴产业不断壮大。其中，“新字号”涵盖新能源及新能源汽车、集成电路、航空、生物医药及医疗装备、机器人、新材料、节能环保等7个产业，是创新链布局和服务的重点产业。2020年，“新字号”共有规模以上工业企业220户，7个行业合计完成产值1212亿元。面向重要战略性新兴产业，针对产业链不完整、技术力量分散、同质化重复研发等问题，沈阳致力于打通产业链技术难关，推动创新主体与产业主体，以股权为纽带建立“股份制”式战略技术攻关联盟，促进全产业链上不同环节技术优势单位强强联合、交互持股，打造“血缘”型技术创新合作网络关系和利益共同体，共同制定规划、共同申报项目、联合技术攻关、共享创新成果、共同开拓市场，形成“共建、共享、共智”的科研力量组织机制。例如，目前已构建起成员覆盖IC装备产业链条上的不同环节、不同技术和产品的联盟，该联盟上下游分工明确，技术和产品相互配套，是以产业链为基础，涉及软件控制系统－整机装备－零部件－子系统－整机－工艺处理的全供应链体系，6家IC骨干企业联合申报国家02科技重大专项18项，累计获得国家资金支持8.53亿元，一批产业牵动力强、经济社会效益明显的重大创新成果加快本地转化。

三、坚持把科技成果转化作为创新驱动发展的关键

长期以来，沈阳注重促进创新成果转化为现实生产力，强化实体经济支撑。一方面，注重全面提升科技成果转化服务能力。积极推进科技成果转化机制改革。围绕大幅提升科技成果本地转化率，从科技成果的形成、评估、发布、对接、转化、收益等多维度出发，构建科技成果转化体系。建立科技成果转化利益联结机制、科技成果供给侧信息清单，提高科技成果源头发掘能力。落实《国务院办公厅关于完善科技成果评价机制的指导意见》，提高科技成果价值发现能力，推动科技成果分类转化。加快畅通科技成果转化渠道。加快科技成果中试熟化，完善技术路径、熟化工艺路线，提高技术转移扩散能力。强化科技成果转化衔接，实行关键技术“揭榜挂帅”、组建实质性产学研联盟、促进技术转移机构专业化发展、建设科技成果转化基地，实现科技成果精准对接，积极推进沈阳市科技成果转化基地（中试平台）建设相关工作。另一方面，注重创新成果转化后对生产力和实体经济发展的持续推动作用。如探索“平台研发＋成果转化＋企业孵化＋园区生产”全链条孵化体系，培育“盛菁汇”等“双创”品牌，持续举办创新创业活动，推动设立沈阳市科技成果转化基金，举办科技金融服务活动，重点关注初创期、成

长期成果转化和创新创业项目。深入实施科技“揭榜挂帅”，加速科技成果转化，持续推进“带土移植”，以企业为“盟主”推进产学研合作联盟建设。2021年，依托东北科技大市场收集发布成果3961项，培训技术经理人58人，组织155家企业参加中科院驻辽科研院所科技成果本地转化撮合对接会，达成合作意向33项，签约项目8项，占全省26.4%，落实“带土移植”项目40多项。2021年70个联盟获批省首批实质性产学研联盟，占全省总数的35%，涵盖产学研合作单位621家，推进6个科技成果转化基地和10个中试平台建设。

第四节 发达国家（地区）创新引领老工业城市转型经验借鉴

以创新引领和驱动城市转型和发展是全球老工业城市成功转型、重新焕发发展活力的必由之路，在此过程中发达国家和地区积累了丰富的经验。结合区域发展条件和全球产业发展趋势，积极发挥央地政府的协同作用，推动创新资源高效集聚和优化布局、促进创新网络及创新生态系统构建和完善是其中的典型经验。

一、高效密集的研发创新资源是创新发展的重要依托

科技、人才和研发创新资源（如高校和科研院所、风险资本）是一个国家或地区科技资源的核心，也是支撑一个国家或地区科技知识的生产、扩散和应用的重要载体，在推动当地科技创新和经济社会发展方面发挥着举足轻重的作用。发达国家或地区创新引领转型较为成功的老工业城市均注重人才、科技、资本等创新要素的投入、共享和综合高效利用。一是创新型人才、技术人才是老工业城市（基地）提升创新和科技水平的前提和基础，充分发展、利用高校和科研院所资源十分重要。如鲁尔工业区大力兴建高等院校，从一个没有大学的地区变成了欧洲大学密度最大的地区；芝加哥是美国主要

的教育中心之一；新竹科技园区周围拥有台湾电子技术研究院、“清华大学”等一批高质量的大学和科研机构，聚集了相当一批高层次的专业人才；筑波科学城有46个国家级研究机构与教育院所，拥有众多的私人研究机构，聚集了几万名多学科、高水平的研究人才。二是高度重视高新技术的研发、转化和引进。如鲁尔区大学不仅设立研究所，而且还设有技术转化中心，与企业合作建立科研、开发、生产、营销紧密结合的技术机制。筑波科学城建立起了官、产、学相结合的先导性研究项目，政府重点支持大学和科研机构成立科技中介机构——技术许可组织，接受大学及研究者个人委托，为大学科研成果申请专利，进行技术营销，实施技术转移，有效地转变了筑波发展的模式，促进了政府、产业界和学术机构之间的相互促进。三是创新资本、产业资本、风险投资是提升老工业基地（城市）创新活力的重要动力。如鲁尔地区为优化产业结构，自1968年后三级政府用于经济振兴的投资超过200亿欧元，并由此带动了高达数倍的私人投资。中国台湾地区政府部门与多家银行、企业合作成立了多家风险投资公司，支持新竹园区的研发创新和企业发展。

二、完备的创新网络和创新生态系统显著提高创新效率

所谓创新网络，是指在特定范围内多元主体参与的、有多种创新资源流动的、开放的创新系统，是一种新的组合与运作方式。如鲁尔工业区、芝加哥、新竹和筑波创新网络中有四个最基本的行为主体：大学和研究机构、企业、政府以及具有创新黏结功能的中介机构。这四个不同的创新行为主体相互分工与协作，与不同的创新资源发生组合与配置，共同推进创新活动的开展。如日本筑波从高精尖产业创新生态系统构建模式和路径两大方面推动产业创新生态系统的形成和发展，形成了国家级科研机构、国立大学、民间非正式组织和国外研究人员的知识创新生态系统，多主体网络式交互，迸发出新知识、新发明和新创造。中国台湾新竹科学工业园在园区内设立“‘行政院’同步辐射中心”、“‘国家’毫微米元件实验室”、“‘国家’高速计算机中

心”、“精密仪器发展中心”、“‘国家’芯片系统设计中心”和“‘国家’太空计划室”等六个所谓“国家级”的实验室，营造官、产、研、学一体化的科技创新网络体系。

三、科技创新必须兼顾区域条件和产业发展大趋势

产业是科技创新的重要载体和支撑，成功的产业转型是实现地区转型和创新发展的前提、基础和关键特征，调整改造传统产业与培育新兴产业并重是众多老工业基地（城市）转型或向科技之城、创新之城转变的重要路径。传统产业是老工业城市的经济支柱，不仅与城市其他产业技术关联紧密，而且容纳了大多数的就业人口。同时，经过多年的发展，尽管传统产业已出现衰退，但仍拥有雄厚的技术、设备基础，因此，不能完全摒弃传统产业探索新的发展路径，否则会增强地区产业发展的断档风险。从老工业城市的产业转型升级经验看，应在对传统产业进行技术改造、促进传统产业升级的同时，大力培育新兴产业，促进地区产业结构的多元化，增强地区经济的稳定性。一方面，加快调整改造传统产业。一是对于一些比较优势丧失、缺乏潜力的资源型产业实行自我限产甚至关闭。二是依托传统产业发挥比较优势，实现产业转型升级，振兴老工业基地并不是意味着要全部放弃传统产业，而是要利用先进的科技改造传统产业，使其升级换代，提高市场竞争力。如鲁尔工业区在煤钢生产的基础上发展如汽车、电子、机械制造等新工业。另一方面，推进高新技术产业发展，大力发展新兴产业，打造网络化高新产业集群。鲁尔区注重与时俱进把握产业发展趋势和潮流，较早将信息产业确立为产业发展重点；芝加哥加快建立以现代服务业和优势制造业为主的产业体系成功完成产业转型；新竹产业定位具有战略眼光，较早布局电子信息产业并持续耕耘；筑波科技城紧紧围绕电子学、生物工程技术、纳米和半导体、机电一体化、新材料、信息工学、宇宙科学、环境科学、新能源、现代农业等优势领域进行产学研突破。

四、地方政府在创新发展中发挥着重要作用

第一，地方政府在中央（上级）政府专门组织机构的统筹协调下做好组织保障、政策对接和沟通协调。为了帮助老工业基地转型与振兴，欧美国家普遍设立了专门组织机构，如德国鲁尔地区发展委员会，负责制定经济结构调整政策、规划、项目审批和财政资助等事宜，老工业城市（基地）所在的地方政府在其指导和统筹下积极配合，形成中央和地方的政策合力。1980 年中国台湾成立新竹“科学工业园区管理局”，2014 年更名为“科技部新竹科学工业园区管理局”。第二，基于地方发展实际和发展阶段变化，科学制定符合本地区转型和振兴发展要求的规划、战略并与时俱进调整优化。如在建园之初，中国台湾地区政府就对园区进行统一的科学规划，确定了科学化、学院化、国际化的建区方针，前瞻性地为园区选择了电子计算机及外围设备、精密仪器机械、生物工程、集成电路、通信、光电等具有广阔前景的六大高科技领域。第三，政府的资源布局和政策重点调整发挥了关键性作用。筑波政府配合国家统一规划统筹，1973 年将东京教育大学迁到筑波，更名为筑波大学，现在已发展为日本著名的国立大学；在东京非首都功能疏解背景下，筑波通过与东京加强产业和创新合作，创新发展显著提速。第四，政府为转型和创新发展营造良好的环境、强大的平台支持。例如，芝加哥招商局作为全市唯一的专业招商引资单位，在收集和研究行业发展、经济数据，吸引目标企业、提升城市品牌形象等方面为城市的转型升级作出了巨大贡献。新竹政府在园区办理企业员工培训并邀请专家定期讲座，推动园区厂商与当地学术科研机构、大专院校的联系，奖励在园区的科技人员在职进修。

参考文献：

陈翁翔，林喜庆，2009.科技园区创新模式比较与启示——基于硅谷、新竹和筑波创新模式的分析[J].中国行政管理，292（10）：113–115.

梁馨月，2022.市人社局实施“四大工程”吸引“兴沈英才”[N].沈阳日报，

05–07（3）.

刘国栋，2022.绿色低碳循环发展：沈阳天蓝地绿城市美丽[N].沈阳日报，08–17（1）.

孟祥山，2022.辽宁沈阳实施“兴沈英才计划”推进人才强市建设[N].消费日报，05–11（A02）.

倪杰，马凯，2008.世界高技术企业发展模式的比较研究及对我国的启示[J].科技与经济，123（3）：28–31.

曲俊铮，2022.市委组织部：持续推进国家级高水平人才创新平台和人才成长型城市建设[N].沈阳日报，07–07（1）.

申红艳，2020.国外老工业城市产业转型的经验借鉴[J].宏观经济管理，435（1）：85–90.

施雪华，孙发锋，2012.老工业基地振兴：欧美的经验及其对中国的启示[J].黑龙江社会科学，134（5）：46–51，4.

唐礼智，2007.硅谷模式的模仿与创新——以新竹和班加罗尔为例[J].城市问题，147（10）：91–95.

王刚，孟凡超，钟祖昌，等，2021.国外科学城发展对光明科学城科技治理的启示[J].城市观察，73（3）：38–48.

王晓来，2004.发达国家老工业基地调整与改造的成功经验及其对我国的启示[J].大连大学学报（3）：40–42.

徐吉祥，孙遇春，董鑫，2011.知名开发区集群创新模式比较研究[J].管理现代化，176（4）：51–53.

周冉，2021.“共和国长子·新时代工业”铸造新中国的工业摇篮与国防利刃[J].国家人文历史，280（16）：34–41.

第七章　沈阳改革开放发展典型经验

党的十八届三中全会以来，中央先后在辽宁省及沈阳市部署一批改革试点任务，涵盖科技创新、国资国企改革、农村土地、对外开放等领域，为扎实推进沈阳振兴发展指明了方向和重点。围绕上述领域，沈阳不断加大改革创新力度，在重点领域重点环节改革创新上取得了积极成效，切实为沈阳推动实现高质量发展注入新动能新活力。

第一节　改革开放总体评价

2003 年以来，沈阳市坚持市场化导向，聚焦优化市场发展环境、培育市场主体、要素市场化配置改革、开放合作等领域加大政策发力，不断破解体制机制障碍，经济发展活力得到有序释放。

一、营商环境不断优化完善

连续两年获评国家营商环境标杆城市。2019 年，国家发展改革委组织在直辖市、计划单列市、省会城市和部分地县级市等 41 个城市开展营商环境评价，并在东北地区 21 个城市开展了营商环境试评价，沈阳市被列入示范引领的 15 个标杆城市，其中办理建筑许可和执行合同两个领域进入全国标杆城市行列。2020 年，国家发展改革委继续在 80 个地级以上城市和 18 个国家级新区开展营商环境评价；其中，沈阳排名第 19 位，营商便利度得分比

2019 年提高 10.4 分，是全国进步速度最快的 14 个城市之一，保护中小投资者、执行合同、招标投标、办理建筑许可、知识产权创造保护和运用、办理破产等 6 个指标成为全国标杆，劳动力市场监管、招标投标、获得信贷、跨境贸易等 4 项指标入选进步较快城市（见表 7–1）。

沈阳营商环境建设多项指标挺进全国前列。沈阳市“一网通办”达到全国一流水平，实际网办率由 53.4% 提升至 94.8%；工程建设项目总体审批时限压缩至 35 个工作日内，审批效率全国领先；“信易贷”平台被评为全国中小企业融资综合信用服务特色平台，开出全国首张投标保证金信用保函。

表 7–1　　　　2020 年沈阳营商环境评价结果

指　标	标杆城市	进步较快城市	指　标	标杆城市	进步较快城市
总体	19	14			
1. 开办企业	—	—	10. 保护中小投资者	17	—
2. 劳动力市场监管	—	9	11. 知识产权创造、保护和运用	18	—
3. 办理建筑许可	6	—	12. 跨境贸易	—	10
4. 政府采购	—	—	13. 纳税	—	—
5. 招标投标	19	9	14. 执行合同	16	—
6. 获得电力	—	—	15. 办理破产	18	—
7. 获得用水用气	—	—	16. 市场监管	—	—
8. 登记财产	—	—	17. 政务服务	—	—
9. 获得信贷	—	4	18. 包容普惠创新	—	—

数据来源：国家发展改革委网站，《中国营商环境报告 2021》。

二、重点领域和关键环节改革稳步推进

（一）全面创新改革试验成果显著

2016 年 6 月，国务院批复京津冀、沈阳等地区推进全面创新改革试验方

案。截至2020年1月，27项国家授权先行先试任务全面落实，国务院三批56条经验的复制推广任务全部落地，国企增量型混改成为老工业基地国企改革新模式，有“三定向”订单式科技成果转化等8条经验成为全国复制推广经验，有国防科技军民融合创新生态圈等12个案例入选国家全面创新改革百佳案例，成功争取到“国家材料科学国家研究中心”和“国家机器人创新中心”2个国家级重大创新平台在沈布局。特别是2020年，国务院公布的第三批20条全面创新改革复制推广经验中，沈阳市贡献了“三权”改革、军民融合等6条经验，居各试验区之首，得到了国家的充分肯定。

（二）国资国企改革取得重大进展

沈阳市聚焦国资党建、国企改革、国资运营、国资监管“四条主线”，坚持国企改革和功能性国资平台建设联动推进，坚持精干主体和解决历史遗留问题联动推进，坚持“一策一企”改革与整体改革措施联动推进，坚持加强国企党建与强化国资监管联动推进等“四个联动”，取得了扎实成效。特别是，沈阳市积极稳妥推进市属企业混合所有制改革，结合实际先后制定出台政策文件，形成了沈阳国有企业混改政策体系；通过市场化手段，积极引入非国有资本，推进东北制药、北方重工、沈鼓集团等企业集团层面改革；在重大基础设施、市政公用等行业，规范引入各类资本，实施股权多元化改革，保持国有控股，实现社会效益和经济效益相统一。

沈阳市属国有企业资产规模、资产质量、经营效益不断提升。至2020年，沈阳市属国有企业资产总额、所有者权益由2015年的2333亿元、739亿元增长到3024亿元、1167亿元，分别增长29.6%、57.9%；同期，国有企业累计上缴税金101.7亿元。同期，沈阳基本完成厂办大集体改革，改革企业814户，安置职工3.6万人；全面完成国有企业退休人员社会化管理工作，接收国企退休人员41万人。国有企业历史遗留问题基本出清，为开展混合所有制改革奠定了良好的基础。国有资本投资运营体系初步形成，“3+1+N”国资平台运营效能不断提升。

（三）开发区体制机制改革稳步推进

开发区管理体制逐步向市场化运作、企业化管理方向转变。以指标论英雄，科学设置开发区考核体系，创新性将“新开工项目投资额增长率”作为考核指标，引入新开工和履约项目投资总额总排名等“融合性”考核方式，突出开发区对经济发展贡献度，倒逼开发区实施体制机制改革。沈阳经济技术开发区 2020 年度位列全国第 19 位（218 个国家级经开区），在东北三省国家级经开区中位列第一；沈阳高新技术产业开发区 2020 年度综合排名全国第 36 位（169 个国家级高新区），实现连续四年稳步上升。启动《沈阳市规范开发区管理机构方案》编制，清理规范开发区管理机构，重新制定 15 个开发区“三定”规定，明确各级开发区管理机构的名称、管理体制、机构规格、人员编制、领导职数等机构编制事项，调整优化内部管理架构。

开发建设运营创新举措不断涌现。坚持向开发区放权与完善管理体制相结合，经开区与中德园合署办公，自贸区、高新区与浑南区融合发展。“管委会 + 平台公司”“开发区 + 主题园区”逐步推开，沈阳经开区率先打破体制“坚冰”，面向全国公开选聘人才。中德园获评国家级绿色工业园区，特色园区产业专业化水平不断提升，户籍新政、人才新政等聚才引智效应明显。开发区产业定位更加清晰，经济发展的主阵地作用进一步增强。全面创新改革试验 8 条经验、自贸区沈阳片区 5 条经验全国推广。

（四）财政金融和投融资体制改革深入推进

近年来，沈阳市大力调整市与区县（市）财政管理体制，通过实行“定率环比上解财力”和“税收增量奖励”激励政策，将市级税收财力增量更多留给区县级，激发全市区县（市）发展经济、培植财源、增加收入积极性。推进财政事权和支出责任划分改革，理顺权责关系，在全省率先研究制定城建、农业农村、扶持企业发展领域市与区县（市）财政事权和支出责任划分方案，规范支出责任分担方式，建立完善权责匹配的市与区县（市）财政事权和支出责任划分体系，并继续向基层倾斜。积极做大做强国有融资担保机构，出台促进国有融资担保机构服务实体经济三年行动方案，引导金融资源高质量服务实体经济。稳妥推进农村信用社改革，依法妥善处置企业流动性风险，完成沈阳农商行、苏家屯联社及辽中联社的清产核资及资产评估，4家农信改革机构均完成股本意向募集任务，平均完成率102.7%，累计清收三年总任务的42.52%，苏家屯政府已完成政府关联类不良贷款的二次置换和变现，是全省第一家采取现金处置的改革机构，监管部门将“苏家模式”作为全省范例进行推广。积极推动跨境人民币业务创新，东北首家中外合资、总规模100亿元的QFLP基金成功落户沈阳自贸区。

（五）稳步实施农村综合改革

农村土地改革稳步推进。于洪区和沈北新区获批国家宅基地改革试点，形成可复制推广的宅基地“三权分置”办法路径。沈北新区兴隆台街道、浑南区满堂街道、王滨街道获批省级农村闲置宅基地和闲置农房利用试点。沈阳市现已基本完成农村土地确权登记颁证，集体经营性建设用地入市准备顺利推进。截至2020年，土地确权登记颁证实现应颁尽颁，土地流转率达到39%；沈阳市土地流转面积达320万亩，流转率39%，高于全省平均水平；市、县、乡三级土地纠纷仲裁调解机构全面建立。

完成国家农村集体产权制度改革试点。组织制定发展壮大村级集体经济三年行动计划，积极探索股份合作经营、土地作价入股以及“强村+弱村”“多村+企业”联合发展等模式。截至2021年底，沈阳市建立村股份经济合作社1964个，完成率为99.6%；沈阳市村级集体经济纯收入为零村全部销号，纯收入在10万元以上的村超额完成年度目标任务，全年村级集体经济总收入3.6亿元，同比增长13.8%。沈阳市农交中心升级为省级平台，交易额达7.2亿元。

培育新型农业经营主体。开展县、市农民合作社示范社和示范家庭农场两级评选活动，已评选出155家区县级农民合作社示范社和99家区县级示范家庭农场，完成32.6万亩土地托管社会化服务任务合同签订工作。辽中区获批国家级农民合作社质量提升整县推进试点。

创新农村基层治理模式。自2019年国家开展乡村治理工作建设试点示范以来，至2021年沈阳市共获批国家级试点示范单位11个、省级试点示范单位10个，创建2个市级乡村治理体系建设试点示范镇，形成一批可复制、可推广的沈阳市乡村治理新模式。

（六）深入推进事业领域改革

深化教育领域综合改革。新高考改革平稳落地，“双一流”建设取得新成效，普通高校开放办学、学分制改革等多项工作走在全国前列，全面消除中小学大班额，推进职业教育双元培育基地建设，职业教育改革发展获国务院激励表彰。

卫生领域改革持续推进。健康辽宁建设和“三医联动”改革稳步推进，群众医药负担逐步减轻；基层卫生服务体系建设进入全国示范行列，成为全国首批居家和社区养老服务改革试点城市；重点建设47个高水平县域医共体、226所中心乡镇卫生院。

社会治理能力显著提升。创建国家安全发展示范城市，安全生产、防汛抗旱取得积极成效，食品药品、公共卫生、交通运输等专项整治力度不断加大，扫黑除恶专项斗争成果显著，社会大局持续稳定。

三、对外开放水平明显提高

外贸规模不断扩大。沈阳市已与全球190多个国家和地区实现贸易往来，且货物贸易与服务贸易均明显增长。2003—2021年，沈阳市商品贸易规模从42.6亿美元快速增长至218.9亿美元；进口贸易从22.6亿美元增长至143.9亿美元，出口贸易从20.0亿美元增长至75.0亿美元，外贸多呈现逆差且规模从2.5亿美元扩大至68.8亿美元（见图7-1）。2020年，面对新冠疫情压力，沈阳市完成服务外包执行额4.7亿美元，同比增长58.5%，是2016年获批服务外包示范城市当年的3.3倍。

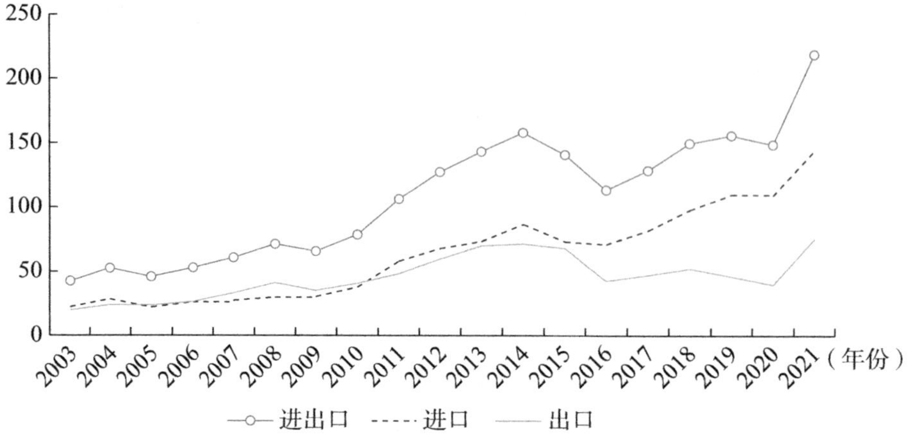

图 7-1　2003—2021 年沈阳市商品进出口总额变化（亿美元）

数据来源：相应年份《沈阳市统计年鉴》。

外贸商品结构不断提高。2003 年，沈阳市主要进口商品为汽车和汽车底盘（9.50%）、自动数据处理设备及部件（9.38%）、集成电路及微电子组件（8.64%），出口商品主要为自动数据处理设备及部件（26.04%）、电视机（7.93%）、医药品（6.93%）（见表 7-2）。2020 年，机电产品占沈阳市进口、出口额的比重分别达到 85.73%、66.64%，其中汽车零配件出口占出口总额比重高达 47.28%（见表 7-3）。出口产品附加值不断提升，高新技术产品出口占比从 2018 年的 18.9% 增加至 2020 年的 19.89%。

表 7-2　　2003 年沈阳市商品进出口额及占比情况

商品名称	进口		商品名称	出口	
	贸易额（万美元）	占比（%）		贸易额（万美元）	占比（%）
饲料用鱼粉	678	0.30	水海产品	169	0.08
天然橡胶（包括乳胶）	322	0.14	谷物及谷物粉	11821	5.90
合成橡胶（包括乳胶）	1072	0.48	蔬菜	458	0.23
纸浆	223	0.10	干豆	41	0.02

续表

商品名称	进口		商品名称	出口	
	贸易额（万美元）	占比（%）		贸易额（万美元）	占比（%）
棉花	514	0.23	鲜、干水果及坚果	464	0.23
纺织用合成纤维	510	0.23	茶叶	51	0.03
成品油	523	0.23	啤酒	24	0.01
乙二醇	924	0.41	药材	66	0.03
对苯二甲酸	2959	1.31	锯材	63	0.03
医药品	2124	0.94	黏土及其他耐火矿物	989	0.49
钛白粉	861	0.38	医药品	13883	6.93
聚合物油漆及清漆	147	0.07	中式成药	58	0.03
感光材料	156	0.07	初级形状的聚氯乙烯	65	0.03
初级形状的塑料	4017	1.78	新的充气橡胶轮胎	479	0.24
非泡沫塑料的板、片、膜、箔	594	0.26	家用或装饰用木制品	199	0.10
牛皮革及马皮革	397	0.18	纺织纱线、织物及制品	3905	1.95
纸及纸板（未切成形的）	234	0.10	合成短纤85%及以上纱线（缝纫线除外）	—	—
合成纤维纱线	345	0.15	合成短纤与棉混纺纱线（缝纫线除外）	425	0.21
棉机织物	527	0.23	棉浴巾	61	0.03
合成纤维长丝机织物	302	0.13	花岗岩石材及制品	121	0.06
合成短纤与棉混纺机织物	202	0.09	玻璃制品	372	0.19
涂覆浸渍塑料的织物	176	0.08	钢材	1147	0.57
针织或钩编织物	269	0.12	钢铁管配件	644	0.32
鞋靴零件、护腿及类似品	456	0.20	未锻造的铜及铜材	140	0.07
钢材	5356	2.37	未锻造的铝及铝材	73	0.04
钢铁制标准坚固件	1179	0.52	钢铁或铜制标准紧固件	138	0.07

续表

商品名称	进口		商品名称	出口	
	贸易额（万美元）	占比（%）		贸易额（万美元）	占比（%）
未锻造的铜及铜材	327	0.14	手用或机用工具	64	0.03
未锻造的铝及铝材	537	0.24	锁	74	0.04
钢铁或铝制绞股线及类似品	1744	0.77	电扇	65	0.03
活塞式内燃机的零件	10463	4.64	金属加工机床	619	0.31
液泵及液体提升机	571	0.25	自动数据处理设备及部件	52191	26.04
制冷设备用压缩机	2007	0.89	显示器	1613	0.80
机械提升搬运装卸设备及零件	1094	0.48	自动数据处理设备的零件	10796	5.39
建筑及采矿用机械及零件	1768	0.78	轴承	24	0.01
食品加工机械及零件	174	0.08	电动机及发电机	79	0.04
印刷、装订机械及零件	1210	0.54	变压器	316	0.16
纺织机械及零件	447	0.20	静电式变流器	875	0.44
金属冶炼铸造设备及零件	152	0.07	蓄电池	3042	1.52
橡胶或塑料加工机械及零件	1838	0.81	电视机（包括整套散件）	15892	7.93
阀门	437	0.19	录放音、像机及唱机的零附件	464	0.23
自动数据处理设备及其部件	21170	9.38	电视、收音机及无线电道信设备的零附件	4373	2.18
自动数据处理设备的零件	10940	4.85	通断保护装置及零件	351	0.18
电动机及发电机	684	0.30	二极管及类拟半导体器件	2931	1.46
变压、整流、电感器及零件	2165	0.96	集成电路及微电子组件	879	0.44
录放音、像机及唱机的零附件	365	0.16	电线和电缆	386	0.19
电视、收音机及无线电通信设备的零附件	10648	4.72	汽车和汽车底盘	184	0.09
电容器	800	0.35	汽车零件	6058	3.02

续表

商品名称	进口		商品名称	出口	
	贸易额（万美元）	占比（%）		贸易额（万美元）	占比（%）
电阻器	336	0.15	摩托车及自行车的零件	56	0.03
印刷电路	1625	0.72	医疗仪器及器械	337	0.17
通断保护电路装置及零件	3947	1.75	家具及其零件	2304	1.15
电视显像管	5111	2.27	床垫、寝具及类似品	383	0.19
二极管及类似半导体器件	1233	0.55	灯具、照明装置及类似品	129	0.06
集成电路及微电子组件	19494	8.64	旅行用品及箱包	93	0.05
电线和电缆	684	0.30	服装及衣着附件	11156	5.57
汽车和汽车底盘	21428	9.50	皮革手套	2193	1.09
汽车零件	6250	2.77	织物制袜子	637	0.32
飞机	0	0.00	鞋类	2203	1.10
航空器零件	1813	0.80	塑料制品	1713	0.85
医疗仪器及器械	1130	0.50	圣诞用品	1745	0.87
计量检测分析自动控制仪器及器具	5763	2.55	柳编结品	54	0.03
印刷品	101	0.04	人造花	739	0.37
塑料制品	843	0.37	空调器	4337	2.16
		0.00	阴极射线电视显像管	2526	1.26
		0.00	人造花、叶、果实及其零件	739	0.37
		0.00	西服套装	454	0.23
		0.00	其他漆木家具	490	0.24
		0.00	防盗或防火报警器及类似装置	1619	0.81
全　部	225599	100	全　部	200438	100

表 7-3　　　　2020年沈阳市商品进出口额及占比情况

商品名称	进口		商品名称	出口	
	贸易额（万美元）	占比（%）		贸易额（万美元）	占比（%）
农产品	21334	1.96	农产品	13786	3.48
成品油	1008	0.09	基本有机化学品	26949	6.81
基本有机化学品	3887	0.36	医药材及药品	12790	3.23
医药材及药品	16493	1.51	塑料制品	3398	0.86
美容化妆品及洗护用品	899	0.08	橡胶轮胎	14102	3.56
初级形状的塑料	6732	0.62	皮革、毛皮及其制品	1492	0.38
塑料制品	20085	1.84	木及其制品	1699	0.43
天然及合成橡胶（包括胶乳）	13348	1.22	纺织纱线、织物及其制品	12128	3.06
木及其制品	787	0.07	服装及衣着附件	8960	2.26
纸浆、纸及其制品	3004	0.28	鞋靴	638	0.16
纺织纱线、织物及其制品	4196	0.39	陶瓷产品	1897	0.48
服装及衣着附件	819	0.08	玻璃及其制品	5016	1.27
玻璃及其制品	17221	1.58	钢材	7642	1.93
钢材	17810	1.63	未锻轧铜及铜材	529	0.13
未锻轧铝及铝材	5032	0.46	家具及其零件	2418	0.61
机电产品	934308	85.73	体育用品及设备	533	0.13
机械基础件	22906	2.10	机电产品	263841	66.64
包装机械	1525	0.14	机械基础件	2322	0.59
通用机械设备	30604	2.81	通用机械设备	8196	2.07
机床	4166	0.38	纺织机械及其零件	631	0.16
半导体制造设备	1666	0.15	机床	2027	0.51
电工器材	101946	9.35	电工器材	27360	6.91
音视频设备及其零件	38151	3.50	家用电器	628	0.16
电子元件	17267	1.58	音视频设备及其零件	2273	0.57
汽车（包含底盘）	1664	0.15	电子元件	2168	0.55
汽车零配件	515208	47.28	汽车（包含底盘）	18532	4.68

续表

商品名称	进口		商品名称	出口	
	贸易额（万美元）	占比（%）		贸易额（万美元）	占比（%）
航空器零部件	5643	0.52	汽车零配件	47110	11.90
液晶显示板	506	0.05	计量检测分析自控仪器及器具	10483	2.65
计量检测分析自控仪器及器具	35822	3.29	医疗仪器及器械	11222	2.83
医疗仪器及器械	1520	0.14	灯具、照明装置及其零件	1090	0.28
高新技术产品	146067	13.40	高新技术产品	78731	19.89
生物技术	—	—	生物技术	3253	0.82
生命科学技术	6475	0.59	生命科学技术	31896	8.06
光电技术	7471	0.69	光电技术	651	0.16
计算机与通信技术	36128	3.32	计算机与通信技术	3912	0.99
电子技术	64566	5.92	电子技术	3153	0.80
计算机集成制造技术	22123	2.03	计算机集成制造技术	18706	4.72
航空航天技术	8862	0.81	航空航天技术	17003	4.29
电动载人汽车	—	—	电动载人汽车	7384	1.87
文化产品	15644	1.44	文化产品	11317	2.86
全部	1089768	100	全部	395908	100

数据来源：2021 年《沈阳市统计年鉴》。

贸易多元化趋势明显增强。2003 年，美国、韩国、日本是沈阳市外贸主要贸易伙伴，三者占其外贸总额 56.4%；其中韩国是沈阳最大进口来源地，美国是其最大出口国。2021 年，德国成为沈阳最大外贸伙伴，占沈阳市外贸总额 28.1%，其次为美国（9.6%）、日本（4.4%）；特别是受华晨宝马项目拉动和零部件供给需要，德国成为沈阳市最大进口来源国。2003—2021 年，日、韩、美、德等 10 国和中国香港占沈阳市外贸总额比重从 75.9% 下降至 54.0%（见表 7–4）。

表 7–4　　　　　　　沈阳市商品贸易国家占比（%）

国家或地区	2003 年		2008 年		2012 年		2015 年		2020 年		2021 年	
	进口	出口	进口	出口	进口	出口	进口	出口	进口	出口	进口	出口
日本	19.8	10.7	11.3	11.2	6.9	6.8	4.3	4.7	3.4	8.3	3.3	6.5
韩国	26.9	13.0	10.3	3.6	11.1	5.9	10.3	6.2	3.5	7.8	3.2	5.3
美国	6.4	36.4	11.0	13.7	5.0	17.8	5.6	18.8	5.8	16.4	5.4	17.6
英国	0.4	3.3	0.8	1.8	0.8	2.7	0.6	3.0	1.2	2.2	1.3	7.8
中国香港	0.4	1.7	0.5	2.3	0.1	2.6	0.0	5.0	0.1	1.7	0.0	1.5
德国	16.3	2.7	33.8	4.2	53.2	3.5	50.5	4.0	37.1	8.1	35.2	14.5
俄罗斯	0.3	3.5	3.0	3.6	1.1	2.1	0.2	1.6	0.3	2.2	0.1	1.8
荷兰	0.2	2.3	0.2	4.1	0.1	3.5	0.2	2.3	0.4	2.4	0.6	1.7
意大利	1.0	1.0	1.4	1.5	1.0	0.9	2.1	0.8	1.1	1.2	1.0	0.7
澳大利亚	0.4	1.1	4.0	2.1	3.5	2.0	1.3	2.2	0.2	3.4	0.1	2.4
新加坡	2.7	1.5	0.6	3.6	0.3	2.4	0.3	3.8	0.2	1.8	0.2	1.5
以上合计	74.8	77.1	76.7	51.7	83.2	50.2	75.3	52.4	53.1	55.4	50.3	61.2

贸易方式结构持续优化。2003—2021 年，沈阳市以一般贸易方式商品进出口规模从 18.87 亿美元提高至 175.21 亿美元，占沈阳市商品进出口总额由 44.3% 提高至 80.0%，增长超过 35 个百分点；同期，进料加工贸易规模从 18.46 亿美元小幅提高至 37.91 亿美元，占比从 43.3% 大幅下降至 17.32%，下滑达 26 个百分点（见表 7–5）。

表 7–5　　　　　　　沈阳市贸易方式及占比（%）

贸易类型	2003 年		2008 年		2012 年		2015 年		2020 年		2021 年	
	进口	出口	进口	出口	进口	出口	进口	出口	进口	出口	进口	出口
一般贸易	51.5	36.2	72.5	66.3	86.0	66.7	89.0	70.9	88.7	72.0	86.5	67.5
来料加工装配贸易	3.4	5.6	0.3	3.0	1.0	1.9	1.2	1.9	1.0	2.4	0.8	1.8
进料加工贸易	31.7	56.4	12.4	27.8	8.6	27.8	7.0	21.8	9.6	22.2	11.9	27.7
租赁贸易	0.004											
外商投资企业作为投资进口的设备、物品	7.3				3.4		2.0		0.03		0.02	
保税仓库进出境货物	5.3	0.7	6.1	0.2	0.6	0.3	0.1	0.1	0.1	0.1	0.1	0.1

投资合作规模不断扩大。沈阳市在90余个国家和地区有投资或承包工程项目。2003—2021年，沈阳市实际利用外资额累计达到604.5亿美元；“十三五”时期，实际利用外商直接投资累计56.24亿美元（见图7-2）。2018年以来，沈阳市成功引进华晨宝马、米其林轮胎、希杰生物等一批优质工业项目和沃尔玛山姆会员店、罗森连锁便利店等一批高端商贸项目，有效带动了相关产业转型升级和高质量发展。

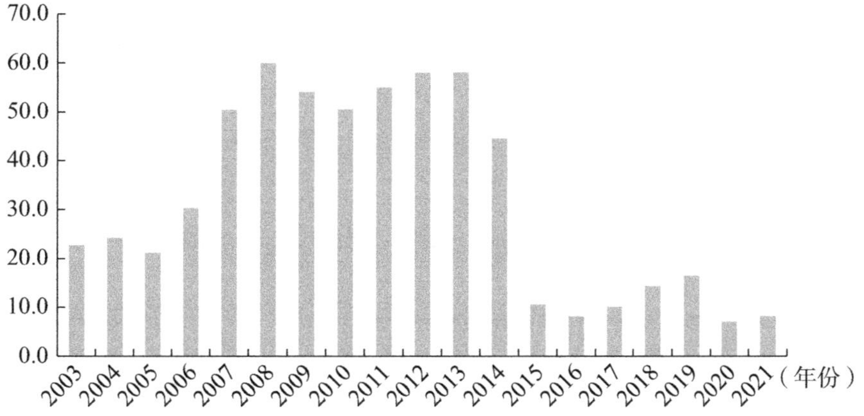

图7-2　2003—2021年沈阳市实际利用外资额变化（亿美元）

数据来源：相应年份《沈阳市统计年鉴》。

企业“走出去”步伐加快。2003—2021年，对外承包工程新增数量从34个快速扩大至166个，累计新增合同达到2665个；新签合同额从0.26亿美元扩大至12.2亿美元，累计合同额达到216.7亿美元（见图7-3）。特别是，特变电工几内亚阿玛利亚水电站、东电一公司孟加拉燃气联合循环电站、中铁九局刚果（金）铜钴矿3个境外工程承包项目合同金额超过1亿美元。同期，对外承包工程营业额从0.72亿美元提高至8.85亿美元，累计营业额达到127.0亿美元；对外劳务派出人数达到19.8万人次（见图7-4）。

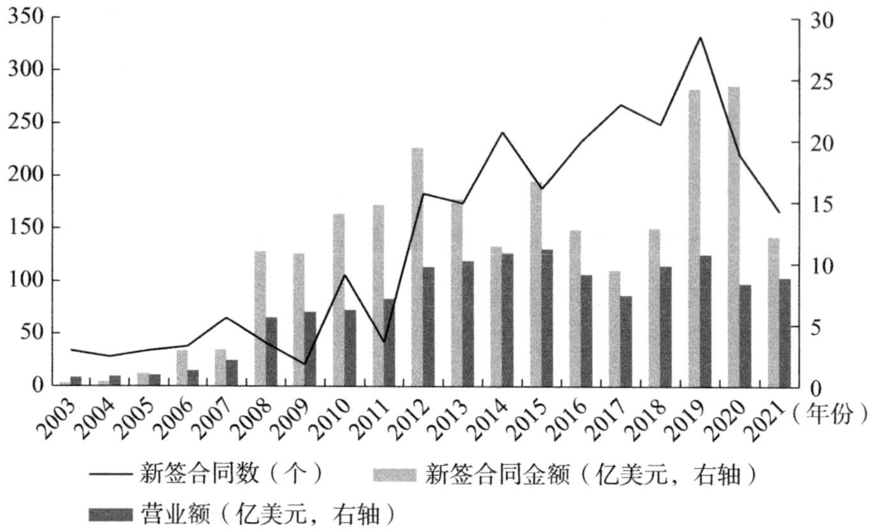

图 7-3　2003—2021 年沈阳市对外承包工程合同数及合同额、营业额变化

数据来源：相应年份《沈阳市统计年鉴》。

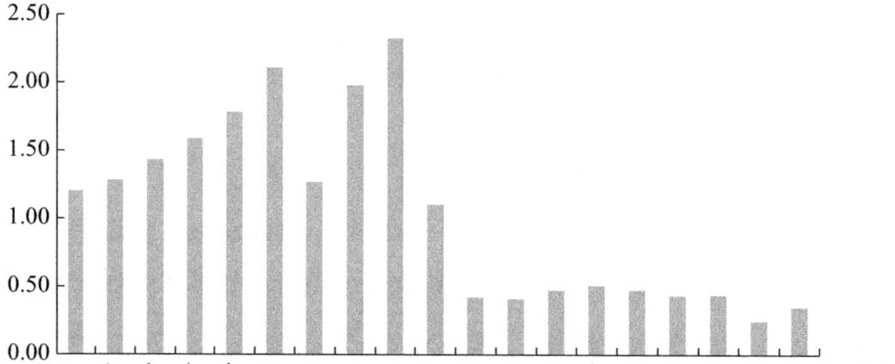

图 7-4　2003—2021 年沈阳市对外承包工程与劳务合作人数变化（万人）

数据来源：相应年份《沈阳市统计年鉴》。

四、区域合作稳步推进

现代化都市圈建设扎实推进。沈阳现代化都市圈城市间合作机制逐步完善。编制实施沈阳现代化都市圈规划和行动方案，支持沈阳与周边市县同城化发展，培育形成通勤便捷高效、产业梯次配套、生活便利共享的现代化都市圈，推进城际铁路等重大事项和项目 70 个。

与周边区域交流合作不断深化。沈大交流合作稳步推进，沈阳市与大连市签署《沈阳市与大连市合作交流备忘录》；与大连市联合起草并印发了《沈阳市与大连市合作交流实施方案》，明确十大方面重点内容；推进设立沈大合作交流工作领导小组，健全合作组织机构。此外，沈阳市还会同通辽市共同起草了《沈阳市与通辽市战略合作框架协议》，进一步推进沈阳与通辽的交流合作。

区域对口合作得到拓展深化。京沈对口合作取得新进展，目前沈阳中关村科技园形成了“一中心、一基地、一园区”的产业格局，亿达信创园、中南高科智造谷等重大项目正式落户；启迪中韩科技园加快建设，与韩国首尔大学联合开展预招商活动，共同开拓海外市场；中科北方高性能碳纤维等 266 个项目有序推进，园区共建、产业合作等成果更加丰硕。此外，京沈两地还推进落实了人才交流、资源共享、政策互鉴等一批重点合作事项，京沈对口合作取得了多领域、全方位的合作成果。此外，沈阳市与江苏、粤港澳合作不断深入，深入推动体制机制借鉴学习、产业项目合作、干部人才交流等。

第二节 改革开放重大项目和典型案例

围绕营商环境建设、重点领域及关键环节改革、对外开放及区域合作等领域，以梳理关键脉络、突出亮点为原则，筛选了一批重大项目及典型案例进行重点分析。

一、营商环境建设领域重大项目和典型案例

（一）“政务服务标准化试点”成为国家级“社会管理和公共服务综合标准化试点项目”

近年来，沈阳市持续推进政务服务事项和实施清单标准化，对市区两级政务服务事项逐项梳理，规范事项名称、适用范围、办理条件、申报材料、办理程序、设定依据、实施主体及工作时限，取消兜底要件、压缩审批时限、优化受理流程，建立政务服务标准化体系。截至 2023 年初，全市依申请政务服务事项可网办率达 100%，全程网办事项占比 100%；2022 年沈阳工程建设项目从立项到竣工验收和不动产登记的总体审批时限由 40 个工作日压缩至 35 个工作日，处于全国前列。

（二）“只提交一次材料”改革经验全省推广

沈阳市是国家工程建设项目审批制度改革的试点城市，也是辽宁省“只提交一次材料”改革试点城市。从服务供给和企业需求两方面出发，优化办事流程，工程建设项目审批从立项到竣工验收和不动产登记的总体审批时限压缩至 35 个工作日内。在供给侧，全面推动材料在线提交、共享获取、在线签章。在需求侧，从企业办事需求出发，优化线上线下政府服务办事流程，提供“一张表单、一套材料、一次提交、统一出证”的套餐式服务。2021 年，与年初相比，全程网办事项占比提升 37.1%、即办事项占比提升 40.1%，网上实办率提升 13.2%，政务服务“好差评”满意度达到 99.9%，超过 85% 的办件应用“不见面”方式办理。

（三）工程建设项目审批效率走在全国前列

沈阳市在深入推进工程建设项目审批制度改革方面，以推动建设项目科学生成、快速实施、提早开工为目标，对工程建设项目实施全流程、全覆盖

改革，形成一整套适应北方地域特点的协调、管理、运行、监督体系。

搭建“多规合一”平台。建设“多规合一”的信息管理、业务协同、联合审批三个平台，贯穿市区两级审批部门，实现对建设项目全生命周期管理及策划生成、空间协调、联合审批。

精简审批事项。取消企业投资项目核准评估审查等 8 项审批事项，简化建设工程规划许可等 4 个事项办理方式，向区级管理部门下放建设工程消防设计和竣工验收备案等 6 项审批权限，调整“节能评估”“环境影响评价”“水土保持评价”等环节办理时序。

重塑审批流程。分类型、分阶段地推动业务标准化和流程精准化。将沈阳市工程建设项目审批流程划分为立项用地规划许可、工程建设许可、施工许可、竣工验收四个阶段；将工程建设项目划分为政府投资市政工程项目、政府投资房屋建筑类项目、社会投资工业项目、社会投资小规模项目、社会投资一般经营性项目、社会投资非新增用地项目六种类型。

强化重点环节管控。将各部门分散进行的设计方案审查整合为“规划设计方案联合审定”；将消防设计审核、防雷装置设计审核、人防工程建设审查、施工图设计审查等环节整合为“施工图联合审查”。由建设部门牵头组织相关部门实施联合验收，着力解决审查评估环节分散、技术审查与行政审批纠缠、技术评估时限较长等问题，提高整体效率。

实行承诺制审批。在建设工程规划许可和施工许可阶段开展承诺制审批，项目单位可在调整优化设计方案和施工图设计文件的同时，签订“承诺协议书”，规划部门和建设部门据此发放“规划预许可证”和“施工预许可证”，推动工程建设项目尽早开工建设。

创新服务模式。在市区两级政务服务中心设置综合受理窗口，实行“前台综合受理、后台分类审批、统一窗口发件”，实现建设项目“统一登记、同步受理、并联审批、限时办结、同步出件”。

（四）“信易贷”平台获评 2021 年度“全国中小企业融资综合信用服务特色平台”

2021 年全国中小企业融资综合信用服务平台建设现场观摩视频会在国家

发展改革委召开，沈阳市“信易贷”平台获评2021年度“全国中小企业融资综合信用服务特色平台”称号，沈阳市将信用平台网站建设列为智慧城市建设重要一环，将其与信用信息和监管数据对接共享、完善信用信息归集及应用、加强专项领域信用信息公示、提升治理效能、促进信用监管精准化、打造营商环境、广泛开展惠民惠企“信易+”场景应用、增强信用支撑金融服务实体经济的能力等方面工作统筹来抓、协同发力、持续优化提升，从助力精准治理、优化资源配置、释放内需潜能、激发市场活力、提升诚信城市影响力等方面不断探索更优解决方案。

（五）人社系统“一网通办”成为全国示范

作为全市“一网通办”便民服务事项最多、涉及民生问题最广、网上服务体量最大的部门，沈阳市人社部门打造的“一网通办”，成为全国人社系统“快办行动”示范点，在国内率先完成了“打包办”改革试点任务。

通堵点数据更顺畅。信息化水平低曾经是人社部门工作的堵点，“一网通办”推动了沈阳人社系统的信息化革命，人社系统将77类9亿条数据纳入“一网”之中阳光运行；15个管理系统450项业务项目同“一网”衔接贯通，打通数据壁垒。同时，加快技术升级，依托信息化改造工作推动服务全面提速。目前，市人社局220个政务服务事项100%实现“网上可办”，100%实现“最多跑一次”，月平均受理服务诉求超过49万件次。

除痛点流程更简单。层级化、孤岛式管理造成的服务低质量曾经是人社工作的痛点。“一网通办”倒逼人社系统流程再造，让人社服务压哨跑、越野跑、接力跑。“前台一张网，后台多条链。”人社系统着力推进一站式“管家型”服务，目前已在市审批服务大厅开设高层次人才专区，全链条受理服务诉求；通过“颗粒化、情景化、简明化”推进服务“四减”，将平均材料数减少至2.9个，平均跑动次数压缩至0.15次，平均办理环节数减少至3.51个，平均办理时限压缩率77.38%。通过“技术融合、业务融合、数据融合”，推进“一件事一次办”，目前有就业、人才、社保、工伤等9个“一件事”上线运行，实现“不见面办、不找人办、不间断办”。

扩亮点办事更方便。能“网办”不是目标，人社部门以“一网通办”为纽带，推动实现多层次差异化服务。通过推动“网上办”“掌上办”“窗口办”“登门办”“免申直返补不用办”，“五办”相结合，让群众怎么方便怎么办。

二、国资国企改革领域重大项目和典型案例

（一）沈阳机床集团输血、止血、造血“三位一体”综合改革

2017 年，机床集团综合改革方案获国务院批准，按照马凯副总理“企业苦练内功，政府支持，止血、输血、造血三位一体推进”的总体思路全力实施。2019 年 1 月，与中国通用技术集团签订战略重组框架协议。在“止血”上，剥离沈机股份所属加工配套业务、非 i5 传统机床制造业务，2017 年实现盈利 1.18 亿元并摘帽保壳；采取改制、关闭和破产等方式处置 15 户辅助企业，除 2 户留壳承债外全部完成处置；孵化成立 7 个“双创”小微企业和 9 个“双创”团队，取得良好效果。在“输血”上，通过市政府及市属平台公司筹措资金，确保两笔到期债券按时偿付；实施东北地区首单地方国有企业市场化债转股，2017 年一期 67.51 亿元全部到位；利用国家降准新政推动实施新一轮债转股；对接中国诚通、国投创新等央企洽谈引入国企结构调整基金、先进制造产业投资基金；与国银租赁达成 100 亿元战略合作协议，已获金融支持 8.16 亿元。在“造血”上，对优质资源进行整合，打造混合所有制双创、沈机智能、沈机国际三大产业集群；依托 i5 智能机床推广“按时间、按价值、按产品”分享商业模式，签约建设有 76 个智能工厂和 12 个智造谷，工业云上共享机床 1.2 万台，累计提供服务 1660 万小时。

（二）东北制药集团三项制度改革

股权结构改革。为进一步推动国资国有企业改革，实现股权结构真混改，推动体制机制转变和发展动能转换，沈阳市政府及时抓住 2017 年东北制药

集团股份有限公司为维生素C生产线搬迁升级项目筹集资金的重要契机，将其确定为全市混改试点企业，向资本市场定向增发以引入优质的战略投资者。经过有关企业和沈阳市政府的协商，辽宁方大集团通过参与定增和增持股票等方式获得26.02%的股份，成为东北制药的第一大股东。此次改革后，东北制药由地方国有控股转变为民营控股、国有和社会资本参股、员工持股的新型股权结构。东北制药通过定向增发引入方大集团控股，同步引入成熟高效的治企理念、经营机制和管理方式。

“赛马”机制。东北制药在混改后采用了“前有金山、后有老虎”的“赛马”机制，以降本增效、奖惩分明为原则，实行严格的考核与奖励。综合考虑单位工作需要、各专业线横向联动、各部门纵向沟通等具体需求，公司内部各部门、各专业线、各员工都制定了具体的“赛马”点和“赛马”目标，共形成110项“赛马”方案。这些方案涵盖运营、人力资源、生产、安全、研发、销售、工会、环保、数据管理等各个方面。根据“赛马”点时所创造的经济效益，分阶段、分层次、分专业地按绩提成，由此极大地激励了员工的积极主动性。

“干到给到”激励机制。自混改以来，东北制药建立了“创造分享、干到给到”的全新激励机制和“对标先进、结果导向”的业绩评判标准。一方面，打破论资排辈的用人传统，形成“能者上、平者让、庸者下”的良性用人机制，促使公司管理干部队伍不断优化。另一方面，针对公司管理层和核心骨干实行限制性股票激励计划，将其利益与公司利益紧密地绑定在一起。自实行以来，该机制成效明显，不仅使全员定岗工资上涨50%，截至2022年8月还累计发放奖励近9500万元。

（三）沈鼓集团“整体上市+债转股+全面混改”改革

沈鼓集团多年来始终坚持深化改革与科技创新同频共振，围绕提高核心竞争力持续提升研发能力，逐步实现由技术引进、消化吸收向二次创新、掌握核心技术的自主研发方向转变，赢得了“国家砝码”美誉。在新一轮改革中，以推动核心业务上市及混改为抓手，以三项制度改革为突破口，转变总部职能，机构由原来的28个缩减为8个职能部门和4个业务中心，人员由591人缩减至300人以内；有序退出非核心非营利传统装备制造二级子公司，完成往复机事业部、通风公司混改，正在推进石化泵、容器公司混改；实施核电公司5亿元债转股；构建多层次、立体式创新体系，建立非领导职务序列，技术专家可享受集团总经理助理待遇；加快转型升级，高端装备占集团订单总量60%，出口交货值同比翻番，服务型制造收入同比增长43.5%，获工业和信息化部“服务型制造示范企业”称号。开展综合创新改革以来，沈鼓集团科学部署、稳妥推进劳动、人事、分配“三项制度”改革以及子公司改革等重要事项。数据表明，“十三五”期间沈鼓集团的工业总产值年均增加8.4%、工业增加值年均增长11.9%、新产品产值年均增加18.8%，全员劳动生产率增长12.9%，营业收入年均增长12%。

（四）北方重工破产重整案例

北方重工长期以来负重前行，特别是2019年以来，债务危机逐渐加剧，生产经营一度陷入困境。为帮助企业摆脱困境，市委市政府果断决策对北方重工实施破产重整，通过北方重工一个法人主体进入重整程序，一揽子解决整体债务问题。2018年6月22日，市中院公告受理重整案件，指定清算组作为管理人，招标确定审计、评估、法律及财务顾问等中介机构。同年8月17日，召开了第一次债权人会议。随后，审计、评估工作陆续结束，债权确认工作接近尾声，重整方案也已形成，召开了第二次债权人会议予以表决。2018年11月9日，正式发布公开招募战略投资者公告，两家民营企业有意愿参与重整，目前已完成尽职调查，正在围绕细节问题作进一步商洽。

三、开发区改革领域重大项目和典型案例

（一）中德（沈阳）高端装备制造产业园管理体制改革

中德（沈阳）高端装备制造产业园率先实施承诺制审批改革、市场化选

人用人、“管委会＋平台公司”运营机制，缩短审批时限3个月以上，改革经验入选全国审批改革百佳案例。同时，中德（沈阳）高端装备制造产业园还建立亩均效益综合评价机制，推动“标准地”改革，截至2020年底，共引进华晨宝马等重点项目362个，总投资1200多亿元。

（二）辽宁自贸试验区沈阳片区“事转企”背景下国有企业“三级跳”发展新模式

围绕体制机制改革，辽宁自贸试验区沈阳片区探索形成了“事转企”背景下国有企业“三级跳”发展新模式，于2021年被商务部纳入自贸试验区第四批18个最佳实践案例，供国内各地在深化改革、扩大开放过程中借鉴。

为摆脱传统体制机制约束、充分释放发展活力，沈阳国际工程集团成为该模式探索的试点单位，先后通过事转企、混合所有制改革、高科技转型三次重大改革，实现国企发展的“三级跳”。其中：“一级跳”是实现事业单位向现代化企业的转变。2017年，沈阳国际工程咨询集团在沈阳片区内注册转制为企业。沈阳市国资委、沈阳片区管委会联合出台《关于沈阳片区支持国有企业产业转型升级和结构调整的实施意见》，指导沈阳国际工程咨询集团完善管理、用人、激励等制度，建立现代化企业管理体系，具体措施包括：明确党委会、董事会、监事会、经理层“三会一层”的职权划分，实现集团化行政、财务、技术管理，确立市场化选人用人机制，实行以业绩为导向的激励制度。“二级跳”是指实行混合所有制改革。由集团下属的沈阳建设项目招投标中心作为改革试点，试行薪酬管理新方案，并实施股权激励。实践表明，该改革有效地激发了企业活力，仅2020年就承揽项目300个，合同额1033万元，较改制前增加20%。“三级跳”是推动高新技术转型。在沈阳片区的孵化、推动下，该集团被认定为国家新技术企业，2020年实现营业收入8872万元，高技术收入占比达78%，较2019年提高8.4%。

四、农业综合改革重大项目和典型案例

（一）农村集体产权制度改革

自2017年底开始，沈阳市在全省率先建立农村集体产权制度改革政策体系，以点带面，稳妥推进农村集体产权制度改革。2019年5月，被中央农办、农业农村部确定为全国农村集体产权制度改革试点单位。全市13个区县（市）、1972个独立核算的村级单位开展农村集体产权制度改革，涉及面和单位数量居全省首位。截至2021年底，共建立村股份经济合作社1964个，完成率为99.6%，完成了农村集体产权制度改革"上半篇"任务，为下一步发展壮大村集体经济打下坚实基础。在此期间，苏家屯区获评全国农村集体产权改革试点典型地区。

建立健全工作机制，奠定改革基础。市县乡村分别成立产权制度改革工作领导小组，市长任领导小组组长。全市农村集体产权制度改革领导小组各成员单位，统筹协调，各司其职。建立督查督办制度，将产权制度改革列入全市重点工作任务，市政府督查室全程督导检查，强力组织推进。

广泛宣传培训，营造良好氛围。通过发放"致农民朋友的一封信"、政策问答明白纸，悬挂宣传展板横幅等形式，加大对农村集体产权制度改革的宣传力度，做到家喻户晓、人人皆知，在基层村集体营造了全面发动、人人参与的良好局面。

深入探索创新，把握改革关键环节。各主要涉农区县（市）党委或政府在市级统一指导下，根据本地区的实际情况，制定成员确认、股权量化等相关政策。充分利用多年积累的农村"三资"管理经验和渠道，依托现有农经系统，搭建农村产权交易市场"市县乡"三级架构体系，率先在省内实现全部9个涉农区县（市）产权交易分市场全覆盖。

立足资源优势，发展村集体经济。为充分利用产权制度改革成果，结合全市资源禀赋、区位优势、产业特点制定了《关于充分利用农村改革成果壮

大村级集体经济的实施方案》，提出了发展特色产业、物业经济、服务经济、资源经济、旅游经济5种村集体经济发展路径，鼓励支持有条件的村集体经济组织利用自有资金、资产采取独立投资、入股合资等方式开展经营。

（二）供销社改革

根据全国供销总社、辽宁省供销社“三位一体”综合合作试点工作部署，沈阳市供销社积极稳妥开展试点工作，制定了《关于开展生产、供销、信用“三位一体”综合合作试点工作的指导意见》。沈阳市供销社着力从精心培育“三位一体”综合合作实施载体、搭建优化“三位一体”综合合作平台、提升新型农业社会化服务水平助力生产环节、完善现代农产品流通服务体系畅通供销环节、探索便捷有效的农村金融服务模式优化信用环节等5个方面开展试点工作，并确定了辽中、新民、法库3个试点区县。

搭建优化“三位一体”综合合作平台。试点工作开展以来，沈阳市供销社充分发挥供销合作社的系统优势，坚持以农业供给侧结构性改革为主线，积极探索面向三农、条块交融、功能完备的“三位一体”农业综合服务体系，强化新型工业社会化服务水平，降低农业生产成本，完善现代农产品流通体系，解决农产品销售困难等问题，增加农民收入。

加快打通生产生活“最后一公里”。沈阳市供销社提出创建村级供销合作社，深入基层以更好地服务于农民的生产与生活，打开为农服务“最后一扇门”。沈阳市供销社还推出“功效惠农·双减双增”试验示范项目，为农户免费提供技术指导，可实现平均减药50%、减肥30%、增收20%以上。2021年，沈阳市新增42个村级供销社，新增种植户500户，亩均增收过万元。春耕期间，沈阳依托全市供销系统农资企业组织化肥11.8万吨、农药3800吨。截至2021年11月，沈阳土地托管面积达28.33万亩，农业社会化服务面积77.77万亩。

完善现代农产品流通服务体系。沈阳市供销社成立了沈阳新供销运营管理集团有限公司，负责推进农村电商服务体系建设，重点推进电商村建设。截至2021年12月，该公司完成培训电商人才450余人，协助开办电商平台店铺225个，帮助孵化地域特色农产品品牌10余个。为解决农村电商发展中的突出性问题，沈阳市供销社还在法库县成立了县域电商运营中心，提供初级农产品商品化转化、包装分拣、物流快递统仓等多样化服务。目前，法库县电商运营中心已投入使用，辽中、康平等县域电商运营中心正在加快建设。

提升农业农村金融服务水平。沈阳市供销社与农业银行合作，依托“供销惠农·双减双增”试验示范项目，通过村级供销社面向农民开展科学种植和“惠农e贷·大光惠农贷”服务。目前，“大光惠农贷”模式已从辽中推广到于洪、新民等地，累计为农户发放200多笔贷款550余万元。沈阳市供销社下属企业金秋实农资公司与市农行签订了“惠农e贷·秋实惠农贷”协议，多渠道、多方式为农资经销商提供金融服务，目前已实现法库农行线上、线下双渠道为公司下游农资经销商放款近110万元，为保障农村化肥供应提供了资金支持。

五、民生领域项目和案例

沈阳市大力推进职业教育改革，取得的成效显著。2020—2021年，沈阳市在省政府对落实有关政策措施真抓实干成效明显表彰通报中连续两年位列第一。2021年，沈阳市被国家发展改革委、教育部联合认定为首批21个国家产教融合试点城市之一。当前，沈阳市有各类职业院校124所，在校生19万余人，每年培养毕业6万余人，近三年本地就业率达60%以上，省内就业率达90%以上，极大地支撑了沈阳和辽宁的振兴发展。

现代职教体系不断完善。沈阳市基本形成了“以本科职业教育为引领、以高职为主导、以中职为基础”的现代职业教育体系。沈阳市大力推进本科职业教育，持续推进沈阳职业技术学院开办本科职业教育、沈阳市艺术幼儿师范学校升专工作两项重点工作，预计增加本科生约900人、专科生约1000人。沈阳市中等职业教育持续发展，省“双优”中职学校数量位居全省第一。当前，沈阳市基本实现了职业教育、普通高中教育招生规模大致相当，二者生源规模约为 48∶52。

产教融合继续深化。为激发学校和企业的办学活力，沈阳市出台了《沈阳市职业教育改革实施方案》《沈阳市推进职业教育使用高效发展实施方案》等推动职业教育改革的一系列政策。根据产业转型发展需要，先后增设无人机、新能源汽车、增材制造（3D）等急需专业，并推动高端装备制造企业为职业教育人才培养提供实习机会。2021 年，新增校企合作企业 106 家，宝马生产学徒生 731 名；中职学校开设订单班 105 个，招收学生 11606 人；设立“1+X”证书试点项目，成功培养 2005 名职业教育学生。

提质培优稳步推进。沈阳职业教育在多个竞赛中所获奖牌数量均位居全省第一。2021 年，省“双优”项目的立项数量和奖补资金均位居全省第一；中职学校获得国家级奖牌 12 块，位居全省第一；2020 年，获得全省教学成果特等奖 1 个、一等奖 8 个，占总数的 27.6%。

六、对外开放领域重大项目和典型案例

（一）沈阳海关打造“中欧班列‘区港直通’管理新模式”

为破解中欧班列装载节点与自贸区、综保区物理区位隔离的发展瓶颈，沈阳海关打造“中欧班列‘区港直通’管理新模式”，实现综保区与班列节点“区港直通”，即对于综保区的中欧班列货物在途监管至班列节点，非特殊情况不再实施开箱查验，降低贸易流通的时间成本和物资消耗。沈阳海关打造“中欧班列‘区港直通’管理新模式”，在采取“四机制一模式”的基础上，实施“一次运抵、一次申报、一次装卸、一次验放”。一是专用机制。在综保区内划分区港直通业务进出专用卡口及专用查验区域。二是协调机制。建立中欧班列相关利益方之间的沟通协调机制，设置专门联络员，做好铁路公司、中欧班列运营方、报关企业与现场海关之间的协调工作。三是预约机制。施行“延时、错时 +7×24 小时预约通关”工作机制。四是流转机制。与周边港口海关建立特殊区域和监管区域之间的高效区间流转和国际中转货

物快速通关机制，提高中欧班列在辽沈地区的组货能力。五是“三优”模式。实施“优先申报、优先查验、优先放行”，加强中欧班列运输与国际陆海贸易新通道建设对接。2020年沈阳中欧班列开行数量、运输量和货值均呈现逆势增长态势，2020年沈阳海关共监管中欧班列336列、35207箱次、货值103.9亿元，同比分别增长61.5%、92.7%、73.6%。目前，沈阳中欧班列通过满洲里、绥芬河、二连浩特3个口岸并行常态化发运，业务覆盖21个国家200余座城市车站。

（二）中国（辽宁）自由贸易试验区沈阳片区大力推动制度创新

中国（辽宁）自由贸易试验区沈阳片区探索形成40项涵盖投资贸易便利化、金融服务创新等领域创新案例，“中欧班列‘区港直通’管理新模式”“一站一次解决诉求的‘税事通’工作室新机制”2项创新成果上报国家商务部；提报环评审批“即来即办”模式创新、“中欧班列‘区港直通’管理新模式”、国有企业差异化薪酬创新、子公司差异化混改等14项被纳入全省第五批复制推广制度创新案例。

（三）沈阳市浑南区国家外贸转型升级基地（装备制造）被批准认定为国家外贸转型升级基地

沈阳市浑南区持续推进开放型经济高质量发展，全面提升对外开放水平。基于辽宁自贸区沈阳片区的独特制度优势，浑南区积极拓宽跨境电商货物的进出口渠道，在全省首次开通沈阳至洛杉矶、伦敦、旧金山的跨境电商国际货运包机航线；建立出口退税综合性服务平台，提高企业办理退税便利性；开展综保区内物品流转、分类加工等一系列创新实验，促进企业成本降低。根据商务部公告，2021年沈阳市浑南区国家外贸转型升级基地（装备制造）被认定为国家外贸转型升级基地。该基地将成为沈阳市促进外贸发展提质增效的重要载体，也是区域产业补链强链的重要举措。

第三节 改革开放发展典型经验

过去二十年，沈阳市坚持市场化发展导向，围绕国资国企改革、营商环境建设、要素市场化改革、扩大对外开放等方面推出了一批重大改革举措，助力沈阳加快破除体制机制障碍、进一步释放经济发展活力，并形成了一系列有益经验做法。

一、以建立现代企业制度和提升国企竞争力为方向，加大国资国企改革力度

推进“一企一策”改革，精准服务国资国企改革发展。东北制药二次混改，引入战略投资者方大集团后，营业利润和员工收入实现大幅增长；机床集团入选国务院国资委“双百企业”，并成功引入战略投资者中国通用技术集团；沈鼓集团积极推进企业主板上市，股权结构得到优化，并推进下属往复机公司、通风装备公司、石化泵公司及压力容器公司混改；北方重工完成司法重整，引入战略投资者方大集团后，当年实现扭亏；燃气、水务、副食等重点企业按综改方案稳步推进各项改革；探索成功土地评估入股的新投资模式。

组建了“3+1+N”国资投资运营公司，为推动国企改革和国有资本优化布局提供了有力支撑。盛京金控发起设立了首期100亿元的政府投资引导基金，支持区域内战略新兴产业发展，综合运用多重金融工具支持区域内实体经济发展，其中应急转贷资金累计投放700亿元；城投集团发起设立了总规模100亿元的基础设施PPP项目基金，参与建设快速路、桃仙机场第二跑道等重点项目；产投集团发起设立了智能制造、军民融合和新旧动能转换基金，积极参与新松公司、燃气轮机等项目；盛京资产出资4亿元联合社会资本设立了首期20亿元的国企改革基金，支持市属国有企业改革重组，参与设立盛京方大混改基金等；航空集团坚持投融资和项目建设“双轮驱动”，打造相关产业投资运营公司。

加快推进混合所有制改革，激发企业活力。沈阳市坚持把国有企业混合

所有制改革放到全市改革发展大局中谋划，完善顶层设计，先后制定出台《沈阳市国有企业混合所有制改革的实施意见》《沈阳市市属国有企业混合所有制改革操作指引》等文件，明确操作程序，加强政策指导。完善中国特色现代企业制度，市属一级企业全部完成董事会向经理层授权工作。截至2020年底，沈阳市共有各级适宜混改企业579户，通过股权转让、增资扩股、出资新设等方式，累计完成359户企业混改，混改率达到62%。

大力完善法人治理结构，健全现代企业制度。加强和规范董事会建设，全面推行外部董事制度。至2020年底，面向全国公开遴选市属国有企业外部董事人才库人选，累计向22户市属企业委派41名外部董事，履行58个岗位职责，市属国有企业实现外部董事会全覆盖。推行市场化选聘经理层，其中35户企业实现经理层整体市场化选聘，共选聘经理层成员117名。开展3项制度改革，总结并推广沈鼓集团薪酬差异化试点经验；出台《市属企业工资总额管理暂行办法》，推动赋予企业更加充分的工资分配自主权。

积极解决国企历史遗留问题，国企综合实力明显增强。全面梳理市属国企改革中涉及的各类问题，“十三五”期间先后出台了4批共109条政策清单。全力推进国有企业“三供一业”分离移交工作，“十三五”期间驻沈央企和省属企业194个项目全部完工；开展处置国有工业类“僵尸企业”专项行动，完成249户“僵尸企业”处置工作；积极推进457户厂办大集体改革，共安置职工2.2万人；基本完成国有企业退休人员移交社会化管理，40.8万国企退休人员全部实现社会化管理。

坚持和加强党的全面领导，落实党建工作责任制。将企业党组织内嵌到公司治理结构中，市属企业全部将党建工作要求纳入公司章程，把党委会议研究作为董事会、经理层决策重大问题的前置条件，实现企业党组织“把方向、管大局、保落实”功能，保证领导核心和政治核心作用，党组织在公司治理中的法定地位进一步明确。建立沈阳市国资委党风廉政建设工作责任制，把推进“两个责任”的落实作为党风廉政建设工作的龙头认真组织实施，与直属党组织每年签订落实党风廉政建设工作责任状。

二、以强化企业全生命周期服务能力为重点，大力优化完善营商环境

强化顶层设计、完善推进机制。在营商环境方面，沈阳迭代推出1.0至5.0版改革方案，构建“1+N”政策体系，系统实施改革提升工程。2021年以来，沈阳市大力推动“价值观 + 一网通办”，以“只提交一次材料”为主线，深度整合服务流程，强化信息数据共享，优化服务流程，相关改革成果、经验做法在全省推广。

大幅缩减工程建设审批流程。沈阳市持续推进工程建设项目审批制度改革，优化审批流程、创新审批方式，全面提升工程建设审批速度，实施区域评估、建筑师负责制、告知制、带方案出让。通过一系列改革，工程建设项目的审批时限全部在40个工作日内。华晨宝马汽车产品升级项目，相比于常规审批方式节省了27个工作日。中国医大一院肿瘤医疗中心项目，从立项到取得施工许可证仅用20个工作日。

营造公平竞争环境。通过沈阳政务服务网和沈阳政务服务App，深入推进“一件事一次办”改革，满足企业和群众的实际办事需求。截至目前，已完成新生儿出生登记、公积金提取等491件“一件事”上线运行，累计访问量225万余次，办理量超47万件。

持续开展营商环境专项整治。着力整治政府失信、办事不方便等企业和群众反映强烈的突出问题。为企业当好“店小二”，推动“亲商、安商、富商”理念深入人心。在“万人进万企”“一联三帮”活动中，全市10473名干部联系帮扶16617家企业，帮助企业落实政策、解决问题、促进转型发展。

三、以要素市场化配置综合改革为抓手，集聚释放市场潜力和市场主体活力

大力优化市场环境。继续强化推进要素市场化配置改革，加强事中事后监管和“互联网 + 监管”，提高政策帮扶精准性有效性，降低要素交易成本、制度性交易成本、市场交易成本，力争促使企业综合成本降低20%。

公共资源交易领域持续创新。在扩大清单中诚信示范企业范围基础上实现全流程电子化，推出“信用保函 2.0”系统。截至 2022 年 8 月，“信用保函 2.0”已累计为企业节省保费 16.14 万元、释放流动资金 2254.32 万元；在新民市试点上线了东北首家履约电子保函金融服务系统，通过缴纳少量保函费用代替履约保证金，降低企业资金风险和压力。

土地要素市场化配置不断深化。依托现有一级土地交易市场，开通线下二级土地市场，并建立“1+4+N”推进体系，包括 1 个实施细则、4 个配套政策以及 N 个制式要件。深化农村宅基地制度改革和完善，在于洪、沈北开展国际级试点工作。加快推进工业用地标准改革，建立市级工作专班和联席会议制度。

劳动力要素实现有序流动。改革人才认定模式，着力构建“企业认可、市场评价、政府支持”的新模式，实施“兴沈英才”计划。探索人力资源服务新模式，试验人才服务中心与平台公司相结合的招用工运行机制，组建园区管理运营、招商运营、新业态用工和人才市场市场化运营公司，灵活采用云招聘、直播带岗等新形式。

数据要素开发利用不断创新。立足沈阳市工业基础以及海量工业数据形成的雄厚资源优势，启动工业大数据交易中心建设，目前项目已完成立项、选址、方案编制，正开展工业大数据交易技术研发、平台开发、探索数据确权及交易工作。

四、以融入共建“一带一路”为引领，促进全方位开放

加快畅通面向东北亚开放合作通道。发挥辽沈地区的区位优势，完善中欧班列和海铁联运运行体系，着力打造东北地区面向东北亚的物流大通道，支撑辽宁省融入“一带一路”建设。立足沈阳市“点位多、线路长、范围广”的独特地理优势，完善集疏运网络，建立中欧班列多式联运物流信息平台，与东北亚国家和东北欧国家建立共运共享合作机制，构筑“1+5+10+N”的物流网络体系，形成“公铁海航”四位一体中欧班列多式联运物流运输模

式。截至2022年上半年，沈阳中欧班列每周开行约10列，累计开行1628列，已实现常态化平稳运行。

搭建完善对外开放平台体系。沈阳市已经建设形成包括自贸试验区、综保区、国际产业合作园、外贸转型升级基地在内的多类型多层次开放发展平台体系。其中，自贸试验区形成40项制度创新成果，4项入选全国创新成果清单；综保区桃仙园区封关运行，并获批开通增值税一般纳税人试点业务，建成跨境电商二级节点。跨境电商公共服务平台上线运营，1210、9610模式开通，整体通关时间大幅压缩。中德产业园“一个平台、五大体系”架构初步形成，聚集宝马等127个外资项目，成为国家智能制造试点示范园区。2020年，全面推动中日产业园和中韩科技园招商，进一步强化中日韩经贸和投资合作。服务外包示范城市加快建设，辽宁中医药大学获批首批国家中医药服务出口基地，东软集团连续被评为“全国服务贸易领军企业”。沈阳金杯进出口等4家公司获批沈阳市二手车出口首批试点企业；经济技术开发区、辉山国家农业科技园区和浑南区（装备制造）等3个区，获批国家外贸转型升级基地。沈阳经济技术开发区连续5年进入全国经开区30强。

加快提升投资贸易便利化水平。出台《沈阳市进出口总量提升三年行动方案（2021—2023）》和《沈阳市提升贸易便利化水平推动通关时间最短化工作方案》，贯穿“抓大不放小”工作理念，深挖存量、培育增量。实施《沈阳市服务外包示范城市综合评价晋位升级行动计划（2021—2023年）》，抢抓国际技术进出口交易会、中国国际数字和软件服务交易会、国际服贸交易会等时机开拓国内外市场，改善促进服务贸易发展。

国际产能和人文交流合作不断拓展。组织企业参加广交会、进博会、辽洽会等各类商贸对接活动，引导企业及时把握国际市场最新需求，在巩固传统市场的同时，拓展俄罗斯、蒙古、RCEP成员国及“一带一路”沿线市场。对外国际合作取得新成效，国际友城数量达到22个，与190个国家和地区实现经贸往来。举办俄罗斯工业技术展、国际基因组学第二届眼科大会、“一带一路”高等医学教育论坛、沈阳“国际友好之夜”等一系列交流活动，开放触角向产业、科技、医疗、教育、文化等各领域延伸。

第四节 发达国家（地区）传统工业城市转型改革经验借鉴

传统工业城市的转型发展是一项复杂的系统工程，离不开对内改革和对外开放的支持。世界上发达国家的诸多传统工业城市在组织制度保障、强化转型发展合力、更新工业遗产开发思路、深化改革开放等方面积累了很好的经验。

一、设置专门统筹机构，强化组织和制度保障

设置城市转型发展的专门统筹机构。城市转型发展涉及方方面面，为增加组织协调和统筹力度，破除部门、层级隔离，有必要在不同层级上成立专门的统筹机构，并赋予一定的实际权力。例如，德国成立了鲁尔区地区发展委员会，负责编制鲁尔区的长期发展规划，区内各县市也大多设立了劳动与经济促进机构，吸引外地企业到本地投资，大力发展第三产业，北威州还专门成立了环境保护机构，以解决当时最严重的环境污染问题。此外，美国商务部内成立了经济开发署等，统筹传统工业城市的转型发展。美国匹兹堡市专门成立了防烟局，以统筹各方资源解决该市当时存在的严重烟雾问题。法国也设置了国土资源整治和转型部。通过设立专门统筹机构，可以对城市转型发展中的复杂问题形成全面的理解，进而将长远发展构想、实质发展计划、一系列经济社会措施和建设工程整合起来，统筹安排城市更新地区的发展和建设计划，预设行动阶段和发展步骤，避免一哄而上或过度投资。

制定城市转型发展的相关法律法规。传统工业城市的转型发展关乎城市内民众的长远福祉，有必要从法律法规的角度对转型过程中的诸多行为进行约束和保障。历史上，德国曾先后制定了《联邦区域整治法》《煤矿改造法》《投资补贴法》等，助力鲁尔工业区的转型发展；英国制定了《特别地区发展

与改善法》《就业安置与失业保险法》等，意大利通过了675号和130号法律，美国颁布了《地区再开发法案》，日本发布了《煤炭产业合理化临时措施法》等，都是保障传统工业地区转型发展的法律。

二、充分调动多元主体，塑造城市转型合力

鼓励以政府为主导的公私合作。世界上传统工业城市的成功转型发展案例大多是采用以多个公私机构合作的形式来进行具体实施推进的。开发的主体包括城市开发公司（如曼彻斯特）、科技股份公司（如多特蒙德）、以大学和科研机构等非营利组织为核心的公私合作（如匹兹堡）。德国鲁尔区的多特蒙德计划是由多特蒙德市政府主导、联合蒂森·克虏伯等80家本地私人投资企业共同发起的。多特蒙德市政府还与多特蒙德信用机构、多特蒙德工商联合会以及多特蒙德大学联合出资成立多特蒙德科技中心有限公司，建立推动城市转型发展的科技园区和共享平台。荷兰工业城市鹿特丹在南部岬角港区的更新过程中，采用了以政府公共资金投入为主导的公私合作伙伴模式，政府、规划师、开发商、社区组织和居民共同参与港区的设计与方案实施，并根据项目阶段来动态调整各方的参与程度。英国伯明翰市的大多数旧城改造项目是由政府组织英国水道局通过公私合作的方式来推动的，其合作伙伴包括私人参与者、公共机构与政府部门、志愿者和慈善机构。美国匹兹堡市在1943年发起了阿勒根尼社区发展会议，参与成员包括该市的大公司、市民和80多个社会团体成员，共同解决匹兹堡市转型发展中遇到的各种困难。基于政府和私人的共赢合作，不仅可以保障地方政府给予长期有效的政策支撑和公共投入，也可以保障市场力量广泛而深入地介入，实现经济利益与社会利益的兼顾与协调。

实行政府监管下的公司化运作。传统工业城市的转型中会涉及大量的利益再分配问题。政府可以发挥金融政策的刺激和撬动作用，吸引国有或私人企业参与城市转型发展。德国工业城市转型的经验表明，多层面政府的支持、政府监管下的公司化运作对工业区和工业城市的转型发展都非常有必要，有

利于避免再开发过程中地方政府开发意愿和工业企业利益诉求之间的错位。鲁尔区多特蒙德市凤凰新区的开发总耗资约2亿欧元，其开发机构是北威州政府监管下的德国NEW URBAN公司。英国曼彻斯特先后成立了公私合作的城市开发公司、城市更新机构、英国伙伴公司、曼彻斯特千禧年有限公司等，负责制定和管理中心地区的转型发展，吸引民间投资来促进城市基础设施建设。美国底特律政府设有半官方的底特律经济发展公司，其领导直接由市长任命，承担中心城区发展、棕地再开发等重要职能。美国匹兹堡市设有西南宾州区域产业发展公司等非营利性企业，利用政府资金或优惠贷款来具体实施老工业用地的再开发工作。

重视旗舰项目的市场引导作用。旗舰项目大多是大规模、独立性较强、具有显著声望和影响力的混合功能型开发项目。此类项目的落地，通常会被认为是地区活力复兴的标志，也可以作为强有力的市场力量，帮助城市在市场竞争中寻找到最合适的生态位。美国匹兹堡市在商业区中建立了教育、科学、娱乐并存的文化区，由市政府、卡内基基金会和匹兹堡文化信托基金会等共同出资建设。德国鲁尔区多特蒙德市凤凰新区的转型发展就是围绕区内的重点项目——微型系统技术工厂来展开的，该工厂可以为成长型企业提供办公空间、实验空间、硬件设备等方面的支持。英国工业城市曼彻斯特在20世纪90年代发起了声势浩大的申奥活动，吸引了大规模私人资本投入旧城老工业地区的更新。通过旗舰项目的推进，既有助于实现高质量的空间再开发，尽快改善城市形象，也有助于吸引多方市场力量，为后续转型发展提供更多资金和资源支持。

三、坚持新旧融合思路，更新工业遗产开发思路

树立现代与历史相融合的转型发展理念。传统工业城市的转型发展通常不是推倒重建，而是在历史环境中进行继承、延续和再创造。德国鲁尔区的埃森和多特蒙德在城市和建筑层面均注重新旧元素的融合。在城市建设过程中，既不大拆大建，也不修旧如旧，而是充分把握既有的城市肌理和建筑形

态，寻找历史建筑与现代功能之间的融合。英国伯明翰在转型发展中要求新建项目和改造项目均尽量做到综合利用，并与城市整体在物理和风格上相融合。美国匹兹堡市对现存建筑进行了考察和分类，确定了保护、修复、拆除等多种改造思路，既延续了其城市特色，保持了城市空间原有的密度与空间感，也形成了后续建设与改造的原则。大量历史经验表明，注重现代城市元素与历史文化相结合，并注重不同时期建筑与符号元素的融合发展，通常会使传统工业城市的转型发展得以更为顺利地推进和实施，也更容易获得长期的发展动力。

实行附加建筑留存要求的土地再开发机制。在德国，在土地出让时允许提出针对历史建筑的附加要求，通过评估用地性质和建筑用途转变所引起的地价变化，要求受让者补缴差额地价。通过这种机制，很多历史建筑在得到保护的基础上也实现了多元化的利用。在埃森，老建筑内可以通过玻璃、钢结构等现代手法来变更室内空间分割，增加使用面积以满足现代功能需求。也有部分地区采用建筑整体搬移的方式来获取较为完整的城市空间。在英国曼彻斯特，通过运行良好的土地再开发机制，实现通过私人投资地产项目来推动城市空间更新也是其转型发展的成功经验之一。

鼓励工业遗产资源的综合关联利用。针对传统工业城市内的历史建筑或工业遗产，仅从单体角度出发进行保护和利用通常很难推动城市整体转型，更需要从较长的时段、较广的空间对不同的工业遗产资源来予以综合考虑。例如，德国鲁尔区在1989年就开始实施“国际建筑展览10年行动计划”，对废弃的老工业建筑向各种服务设施和文化艺术景点的转型进行了规划。鲁尔区还借鉴英国、瑞典等国的经验，将区内已改造为博物馆、景观公园、购物游乐中心、现代工业科学园区等现代场所的多处工业遗产资源进行串联，大力发展工业遗产旅游。目前，鲁尔区内形成了25条旅游线路，串联19个工业旅游景点、6个国家级博物馆、12个工业城镇，较好地向外地游客展示了其壮观的工业发展历史，有效地提升了鲁尔区的区域地位和形象。

四、加大系列政策支持，以开放推动城市转型

设置多种优惠政策以吸引外部投资。传统工业城市的转型发展是一个长期过程，能否吸引外部资本对于其可持续发展至关重要。欧美国家诸多发达城市采用了给予各种优惠政策的方式来吸引外部资本和项目。例如：德国鲁尔区对外提供的商业用地售价仅为慕尼黑的1/10，写字楼的月租金仅相当于柏林的1/3；为了吸引外国企业投资，北威州政府采取了简化审批手续、提供政府资助、灵活招工等一系列措施；多特蒙德市政府还实行15年内减免房地产税的政策来鼓励外地企业前来投资。法国洛林地区除提供优惠用地外，还对特大型项目给予直接的资金资助，这也导致其国内50%的外商投资都集中在洛林地区。美国各级政府也采用多种优惠措施吸引外部资本到老工业城市建厂，匹兹堡在复兴过程中，通过税务减免、土地集中、低利率贷款、街道环境优化及其他各方面的合作来吸引开发商。日本北九州对于具有先进技术的企业会直接补助其投资总额2.5%的资金，并在土地使用上有额外的优惠政策。

优化中小型企业的成长环境。吸引中小型企业和新型工业企业落地，是促进传统工业城市转型的重要途径之一。德国北威州政府为促进鲁尔区的转型，为新建中小型企业特别是新技术企业提供财政补贴和咨询服务，并在鲁尔区内设立技术研究中心、科学技术革新信息中心、科研成果转化服务机构等，这些措施极大地促进了中小型企业数量的快速增加。据统计，北威州的软件企业从1994年的241个增加至1997年的2720个，其中绝大多数企业落户在鲁尔区。鲁尔区内中小型企业的快速增加，促进了该地区经济的多样化发展。

完善对外联系的基础设施建设。软硬件基础设施的完善是传统工业城市发生对外联系的重要物质基础，也是一个区域参与国际竞争的必要条件。德国鲁尔区在转型发展过程中，大力发展水路联运网络和高速公路建设，已经成为德国高速公路网最密集的地区。美国芝加哥市把健全城际交通体系和物

流中心作为促进城市成功转型的主要途径，不断扩建和改造芝加哥国际机场，加强国际、国内货运中心地位建设。美国匹兹堡市复兴过程中的重大举措之一是畅通与国内外的联系，新建国际机场和一批高速公路。此外，鲁尔区、汉堡、芝加哥等在转型发展过程中，也特别重视“工业 + 互联网”建设，并已取得了较大的成效。

参考文献：

白福臣，2006.德国鲁尔区经济持续发展及老工业基地改造的经验[J].经济师（8）：91–92.

曹晟，唐子来，2013.英国传统工业城市的转型：曼彻斯特的经验[J].国际城市规划，28（6）：25–35.

笪志刚，2005.日本、德国资源型工业区与振兴东北[J].世纪桥（8）：70–75.

冯革群，陈芳，2006.德国鲁尔区工业地域变迁的模式与启示[J].世界地理研究，15（3）：93–98.

韩冰，2021.沈阳人社系统“一网通办”成为全国示范[N].沈阳日报，11–26（1）.

郝晓明，2021.辽宁自贸区沈阳片区“三级跳”模式成国家级经验[N].科技日报，08–10（1）.

姜立杰，2005.匹兹堡——成功的转型城市[J].前沿（6）：152–156.

姜四清，王任飞，赵文广，2013.经济多元化发展是老工业城市重振的必由之路——美国开展老工业基地调整改造对我国的借鉴[J].中国财政（15）：64–69.

姜四清，张庆杰，赵文广，2015.德国鲁尔老工业区转型发展的经验与借鉴[J].中国经贸导刊（10）：41–44.

刘国栋，2022.“小切口、大突破”全面深化改革赛道渐进佳境[N].沈阳日报，08–04（2）.

刘向丽，盛新宇，2018.国际经验视阈下的老工业基地振兴模式及启示[J].渤海大学学报（哲学社会科学版），40（3）：65–70.

申红艳，2020.国外老工业城市产业转型的经验借鉴[J].宏观经济管理（1）：85–90.

唐子来，王兰，2013.城市转型规划与机制：国际经验思考[J].国际城市规划，28（6）：1–5.

王静，王兰，保罗·布兰克–巴茨，2013.鲁尔区的城市转型：多特蒙德和埃森的经验[J].国际城市规划，28（6）：43–49.

王兰，顾浩，2013.匹兹堡中心城区转型的过程及其规划[J].国际城市规划，28（6）：36–42.

王颖，2006.国内外老工业基地振兴政策的比较分析[J].辽宁经济（8）：20–21.

吴妍焱，2021.沈阳营商环境连续两年成为全国标杆[N].沈阳日报，11–28（1）.

杨晓兰，2008.伯明翰：城市更新和产业转型的经验及启示[J].中国城市经济（11）：38–41.

郑英英，蔡文芳，2019.匹兹堡经济转型对吉林经济发展的启示[J].服务外包（1）：58–61.

周忠凯，王露，赵继龙，2021.荷兰工业城市滨水空间转型再生——鹿特丹南部岬角港区更新经验[J].国际城市规划，36（3）：113–121.

第八章　沈阳绿色发展典型经验

沈阳振兴发展20年来，特别是党的十八大以来，沈阳市委市政府坚定不移贯彻落实国家生态文明建设的总体部署，以打赢打好污染防治攻坚战为主线，举全市之力开展抗霾攻坚、水体达标、土壤安全、风险防控等重大工程，绿色低碳发展各领域取得了显著成效，生态环境质量取得了转折性变化，形成了一批可复制可借鉴的经验模式。

第一节　绿色发展总体评价

沈阳市坚决贯彻绿水青山就是金山银山、冰天雪地也是金山银山的理念，持续深化生态文明建设，生态保护和人居环境建设达到国内先进水平。

一、绿色低碳发展水平逐步提高

能耗水平不断降低。大面积实施燃煤锅炉拆小并大，全面淘汰建成区20吨及以下燃煤锅炉4345台（占锅炉保有量的80%），总容量1.4万余吨，2022年底实现三环内工业燃煤锅炉清零。调整划定高污染燃料禁燃区，推进工业企业园区化和重点污染企业搬迁改造。严格控制过剩产能和高耗能行业新增产能项目，2017年起，沈阳没有新增严重过剩和高耗能项目。通过以上措施，沈阳万元GDP能耗由2014年的0.60吨标准煤/万元下降到2018年的0.52吨标准煤/万元，下降比率为12.58%；与2010年的0.70吨标准煤/万元相比，下降比率达到24.85%。2016—2019年，沈阳单位GDP二氧化碳排放累计降低 19.6%，超额完成省下达的考核指标（单位 GDP 二氧化碳排放下降目标为 18%）（见表 8–1）。

表 8–1　沈阳万元 GDP 能耗变化

指标	2012 年	2013 年	2014 年	2015 年	2016 年	2017 年	2018 年
万元 GDP 能耗（吨标准煤 / 万元）	0.65	0.62	0.60	0.58	0.57	0.55	0.52
万元 GDP 能耗同比下降（%）	3.77	3.77	3.77	2.5	1.98	3.68	5.09

数据来源：万元 GDP 能耗同比下降数据源于各年《沈阳市节能减排工作要点》等，2017 年的单位 GDP 能耗数据源于 2017 年《沈阳上半年经济形势调查报告》中“上半年万元 GDP 能耗约 0.55 吨标煤”，其他各年万元 GDP 能耗依据各年的万元 GDP 能耗同比下降率推算得出。

水资源消耗水平大幅下降。按照省政府明确的沈阳市取用水总量控制指标，制定年度用水计划，加强计量管理，完善远程监控措施。多年来用水量呈下降趋势，2017 年用水总量 28.38 亿立方米（省下达用水指标 30.54 亿立方米）、2018 年年用水总量 27.28 亿立方米（省下达用水指标 30.81 亿立方米）、2019 年用水总量 27.15 亿立方米（省下达用水指标 31.07 亿立方米）。地下水漏斗面积由 2002 年 248.8 平方公里减少至 2018 年 81.4 平方公里（均以枯水期为例），呈现逐年缩小趋势。多渠道挖掘再生水利用潜力，北部污水处理厂尾水转输工程（蒲河生态补水工程）已于 2019 年末竣工，2020 年已实现向蒲河补水 20 万吨 / 日，老虎冲焚烧生产用水项目、大辛焚烧生产用水项目、沈海热电厂搬迁项目均已落地，市环卫系统已与 20 个污水处理厂对接。通过上述措施，沈阳已经提前实现再生水利用率 20% 的目标。

可再生能源利用超过全国平均水平。截至 2019 年，全市火电装机容量为 391.8 万千瓦，由于严格落实国家煤电建设风险预警机制，除已列入国家规划的民生热电外，未核准任何大型煤电机组，煤电装机比重由 2015 年的 74% 下降到 70.5%。截至 2019 年，全市非化石能源装机达到 164.3 万千瓦，占全市比重由 2015 年的 26% 提高至 29.5%。非化石能源消费量占比为 18%，已超过全国非化石能源消费量占比 15% 的水平。其中，风电装机容量为 122.6 万千瓦，较 2015 年风电装机容量提高了 12%，风力发电量达到 30.2 亿千瓦时，是“十二五”末期的 1.5 倍；光伏发电装机达到 41.7 万千瓦，实现 2015 年无光伏装机的突破，年发电量达到 5.5 亿千瓦时（见表 8–2）。

表 8–2　　2018 年沈阳市可再生能源发电量与装机规模

项目	风力发电	光伏发电	生物质发电	水力发电	合计
发电量（亿千瓦时）	29.17	4.88	0.6301	0.0265	34.7066
发电量占比（%）	84.05	14.06	1.82	0.08	100.00
装机规模（万千瓦）	122	49.63	0.8	0.14	172.57
装机规模占比（%）	70.70	28.76	0.46	0.08	100.00

数据来源：沈阳市“十四五”能源发展规划前期研究。

二、环境质量逐步改善

大气污染治理取得显著成效。环境空气质量优良天数大幅增多，由 2013 年的 215 天提升到 2022 年的 320 天，较 2013 年增加了 105 天，提升率为 48.84%。$PM_{2.5}$ 浓度大幅下降，由 2013 年的 72.7 微克 / 立方米下降为 2022 年的 32 微克 / 立方米，降低了 40.7 微克 / 立方米，降低率为 55.98%（见图 8–1 和图 8–2）。

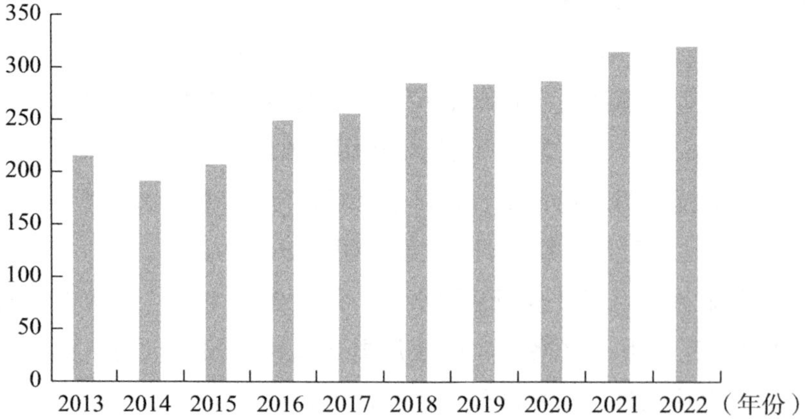

图 8–1　沈阳环境空气质量优良天数（天）

数据来源：历年沈阳市国民经济和社会发展统计公报。

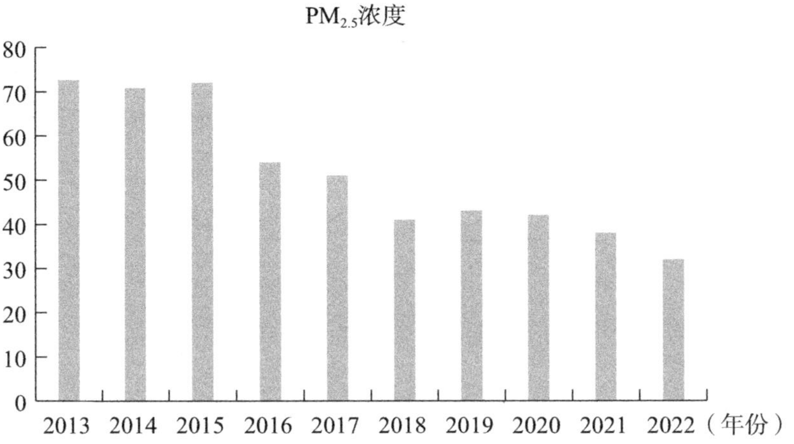

图 8-2　沈阳空气环境质量变化情况（微克 / 立方米）

数据来源：历年沈阳市国民经济和社会发展统计公报。

水环境质量大幅提升。从整体上来看，沈阳水质呈现出向好发展趋势，特别是省考以上断面全部消灭劣Ⅴ类断面。2016—2021 年，沈阳市地表水环境质量逐年改善，全市 20 个省考以上断面劣Ⅴ类比例下降至 0（2016 年劣Ⅴ类断面占比 35.29%），优于Ⅲ类（含）的断面数量比例由 0 提升至 55.0%。2021 年，辽河干流、浑河干流沈阳段达到Ⅲ类水体标准。2022 年与 2015 年相比，化学需氧量、氨氮分别累计减排 83837 吨、6694 吨，累计削减比例达到 34.83%、36.03%，超额完成国家下达的减排工作任务。与此相对应的，沈阳城市的污水处理能力稳定提升，2020 年处理能力达到 242 万吨 / 日，与 2010 年的 117 万吨 / 日相比，提升了 106.84%（见图 8-3）；人均污水日处理能力由 2010 年的 144.34 千克 / 日・人，提升到 2020 年的 165.08 千克 / 日・人，提升率为 114.37%。

生活垃圾处理能力处于全国领先行列。沈阳市生活垃圾年处理量从 2010 年的 215 万吨提升到 2020 年的 253 万吨（见图 8-4）。2019 年，大辛、老虎冲、西部 3 个垃圾焚烧发电项目均建成投运，形成处理能力达到 7500 吨 / 日（合 273.75 万吨 / 年）的垃圾焚烧能力。沈阳实现生活垃圾全域焚烧零填埋，跻身全国领先行列。同时，沈阳市老虎冲垃圾处理场内建成日处理 200 吨的厨余垃圾处理项目、日处理 120 吨处理能力的厨余垃圾处理项目二期工程，形成厨余垃圾处理能力共 320 吨 / 日（合 11.68 万吨 / 年）。2020 年沈阳完成老虎冲、大辛两座餐厨垃圾处理场建设，餐厨废弃物处理能力达到 720 吨 / 日（合 26.28 万吨 / 年）。

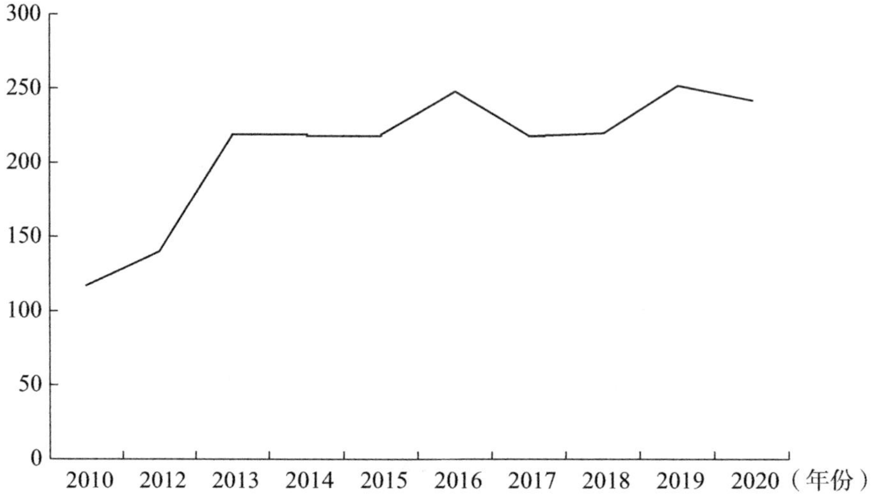

图 8-3　沈阳污水处理能力变化情况（万吨 / 日）

数据来源：历年沈阳市统计年鉴。

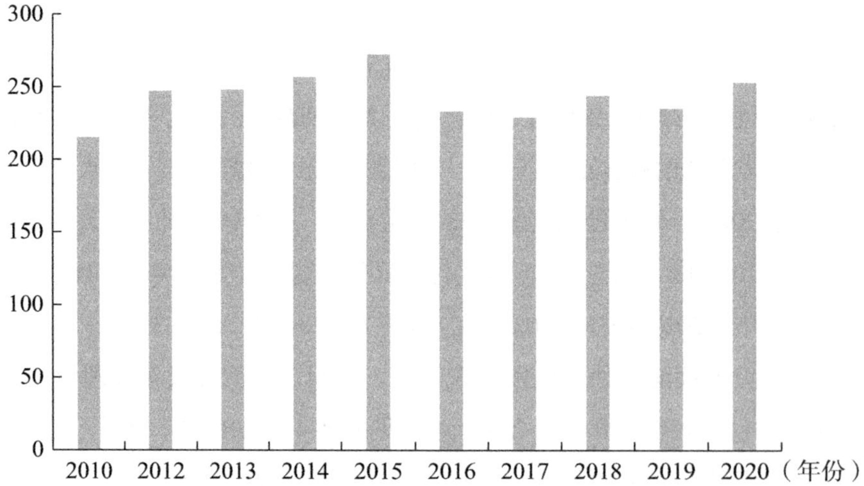

图 8-4　沈阳垃圾处理量变化情况（万吨）

数据来源：历年沈阳市统计年鉴。

三、城市生态系统逐步完善

森林生态系统质量不断提高。森林面积由 2013 年的 22.87 万公顷提升到 2020 年的 39.80 万公顷，增加了 16.93 万公顷，提升率为 74.02%。“十三五”以来，辽中区森林面积由 1 万公顷增加到 14.5 万公顷，净增 13.5 万公顷，沈北新区森林面积由 0.52 万公顷增加到 6.66 万公顷，净增 6.14 万公顷。

公园绿地品质持续提升。沈阳市高度重视公园绿地建设，2020 年公园绿地面积达到 8115 公顷，公园面积达到 5240 公顷，分别比 2011 年提高了 21.54% 和 66.99%，人均公园绿地面积达到 14 平方米，城市生态宜居性显著提高。沈阳通过推进“口袋公园”建设，因地制宜实施微更新、微改造，破解城区空间制约，将城市“零碎地”变成“金角银边”，初步实现了“推窗见绿、出门见景”的美好愿景。详见表 8–3。

表 8–3　　沈阳公园绿地指标变化情况

指　　标	2011 年	2014 年	2017 年	2018 年	2019 年	2020 年
园林绿地面积（公顷）	26686	28724	21789	22533	22491	24037
公园绿地面积（公顷）	6677	7282	6773	7239	7290	8115
公园个数（个）	63	66	119	88	82	143
公园面积（公顷）	3138	3138	4220	4580	4108	5240
建成区绿化覆盖率（%）	42	41.78	39	39	39	41
人均公园绿地面积（平方米）	12.42	14.1	13	13	13	14

专栏 8–1

沈阳口袋公园，精准“点活”城市绿色脉络

口袋公园作为最“接地气”的城市公园之一，具有面积小、成本低、选址灵活等特点，口袋公园虽小，但作用不小、功能不少，在高楼林立的城市中，这些“袖珍公园”，既改变了城市环境，也极大满足了城市居民对公共休闲场所的需求，提升了群众幸福感与满意度。

沈阳顺应城市发展新理念新趋势，结合城市更新推进口袋公园建设，通过规划建绿、拆违补绿、见缝插绿、拆墙透绿等途径，结合城区公园绿地分布现状，精心布局，在桥下空间、滨水空间、公园覆盖盲区开展口袋公园建设。2021 年，沈阳建设完成口袋公园 1070 座。2022 年，沈阳保持口袋公园大规模、高质量建设势头，完成 1000 座口袋公园建设。

沈阳市坚持问需于民、问计于民，按照群众需求增加了健身器材、体育设施、休憩座椅、建筑小品、景观雕塑、城市书房等人文时尚元素，着力打造青年友好型公园，让市民出门就享受到运动和休憩功能。比如，大西边门、五里河绿地等口袋公园在设计过程中采取“园路一体”理念，充分借鉴郑州碧沙岗公园等改造方案，实现了人行道和公园慢行道路无缝对接。同时，沈阳非常注重公园建设的内涵与品质，将口袋公园建设与区域特点、历史特色、公园景观融为一体，传承历史文化，讲好百姓故事，让百姓对城市的发展脉络有了更深刻的记忆，让乡愁真正有处寄放和抒发。比如，老龙口、东建园、渤海园等口袋公园在设计中融入了铁路文化特色，劝工园、会客之仪、游戏盒子等体现了沈阳历史文化特色。

第二节　绿色低碳发展重大项目和典型案例

通过开展绿色低碳发展、能源清洁化与资源节约集约利用、生态保护修复、环境污染治理等相关重大工程项目，沈阳市绿色低碳发展水平和生态环境保护修复水平不断提高，沈阳逐渐成为人与自然和谐共生的生态宜居之城。

一、绿色低碳试点示范重点项目及典型案例

国家环保模范城创建系列工程。2002—2005 年，沈阳市为创建国家环保模范城投资 150 亿多元，实施环境保护和建设项目千余个，城市环境面貌不断提升，污染控制能力逐年提高，主要污染物排放总量不断下降，全市水、大气环境质量稳步提升。

国家森林城市建设系列工程。2006—2010 年，沈阳市共计投资 55 亿元，完成绿化用地拆迁、拆违总面积 727 万平方米，新栽树木 1900 余万株，新增绿地 69 平方公里。全市建成区绿地率由 2000 年的 20.87% 提高到 35.97%，绿化覆盖率由 23.91% 提高到 40.65%，人均拥有绿地面积由 3.7 平方米提高到 12.4 平方米。

全国环境建设样板城创建工程。沈阳实施了一批再生资源综合利用示范工程，启动沈阳经济技术开发区、浑南高新技术开发区、沈阳航空高科技产业基地 3 个国家级生态工业园区试点，落户项目达到 50 余个，产值能力达 100 亿元。国家级生态工业园区工作正式启动，分 3 批实施了 69 个样板城示范工程。

二、能源清洁化与资源节约集约利用重大项目和典型案例

清洁能源利用工程。推进城市供暖领域电能、天然气等清洁能源替代工程，完成建成区内 10 吨 / 小时（或 7MW）及以下燃煤锅炉，以及非建成区具备替代条件的燃煤锅炉联网或清洁能源改造，对 10 吨 / 小时（或 7MW）以上具备联网或清洁能源改造条件的燃煤锅炉，加大力度推动实施联网、替代工作，进一步提高燃气分布式供热、电采暖、地（水、空气）源热泵等清洁能源供热比例。老虎冲垃圾焚烧发电厂、大辛垃圾焚烧发电厂项目投入使用，两座垃圾焚烧发电厂可日处理生活垃圾各 3000 吨。在农作物秸秆资源丰富的农村地区，积极推进秸秆气化、秸秆固化燃料、秸秆发电等秸秆能源

化工程建设，年实现秸秆能源化利用量 150 万吨。

能源支撑通道建设工程。中俄天然气东线正式投产，输气量达到 380 亿立方米 / 年，其中供应东北地区的气量为每年 135 亿 ~150 亿立方米，与 2018 年市场消费总量基本相当，基本保证能源稳定供应。中俄东线投产以后，秦沈线输送陕京线系统的资源将逐步退出，增加中俄东线天然气资源的输送，资源流向将从“由南向北”变为“由北向南”。“十三五”期间，沈阳电网累计完成投资约 90 亿元，为解决负荷增长、主变重载、线路“N–1”要求、缩短供电半径等问题，推进沈阳盛京 220 千伏输变电工程、沈阳铁路枢纽东北环线 220 千伏供电工程等多项电网重点工程建设，500 千伏主输电网架进一步加强，220 千伏电网分区分片运行，城区 10 千伏配电网全部实现自动化运行，地区电网供电能力和供电可靠性进一步提升，为沈阳绿色低碳转型发展提供强有力的支撑。

静脉产业发展工程。沈阳大力开展资源综合利用、再生、回收和循环利用工作。加强对化工、医药、装备制造、电力、建材、造纸、酿造等废弃物产生多、污染严重行业的管理，推动各行业间和企业间通过产业链的链接，实现废弃物的综合利用和循环利用，提高工业废渣、废水、废气的综合利用率。成功运作了从事工业固废物业管理的专业公司——牧昌工业固废处置有限公司，并已与金杯通用、航天三菱、一汽大众等大型公司签订了企业固废物业管理合同，帮助企业在生产环节上减少废物的产生量，集中进行综合利用或专业处置。建设城市废物资源化交换体系，建立废物信息交换平台，开发运行废物信息交换计算机软件系统，初步实现企业、行业、区域间的废物交换与利用。沈阳积极推进城市生活垃圾资源化处理，在现有垃圾已实现无害化填埋的基础上，开展垃圾分类收集试点，积极争取参与国家第一批餐厨垃圾资源化处理城市试点，推进餐厨垃圾无害化、资源化项目，两个大型垃圾填埋场均建设了沼气发电装置，目前运行状况良好。

三、生态保护修复重大项目和典型案例

水生态保护工程。实施浑河景观带、蒲河生态廊道、辽河七星湿地公园等重点生态廊道保育，保护重要水生态功能区。辽河干、支流沈阳段生态封育75万亩，涉农区域实施退耕还湿面积约2.64万亩，持续巩固辽河保护区生态建设。

集中式饮用水水源地保护工程。2017—2020年，先后完成水源井一级保护区内42处环境风险和109眼隐患水井的整治；同步加强水源地保护区规范化建设，累计设立242个水源地保护区标志牌，实现城市集中式饮用水水源保护区标志牌全覆盖；划定15个农村"千吨万人"水源地保护区；对长期铁、锰超标的丁香水源、砂山水源井等22处水源进行永久性封停，逐步优化调整水源保护区；建立多部门联动水质公示制度，开展水源水质月例行监测。

小流域综合治理工程。以康平县、法库县、苏家屯区、浑南区、沈北新区及于洪区等6个县区为重点，以小流域为单元，山水田林路综合规划，合理安排农、林、牧、副各业用地，促进农村产业结构调整，有机结合水土保持农业耕作措施、林草措施与工程措施，形成综合的防治措施体系，以达到保护、改良与合理利用小流域水土资源小流域综合治理的目的。综合治理小流域38条，已完成治理面积达到88平方公里。

生态清洁小流域建设工程。以康平县、法库县、苏家屯区、浑南区、沈北新区等5个县区为重点，以小流域为单元，以生态系统良性循环、人与自然和谐发展为核心，重点开展综合治理、生态自然恢复、面源污染防治、垃圾处置、村庄人居环境改善及沟（河）道和湖库周边整治等。治理小流域29条，已完成治理面积约24平方公里。

废弃矿山治理工程。重点对苏家屯区白清街道，康平县郝官屯镇、西关屯蒙古族满族乡，法库县包家屯镇、登仕堡子镇、冯贝堡镇、丁家房镇、十间房镇，以及沈北新区石佛寺街道的废弃矿山开展治理。通过工程措施和生

态措施，治理废弃矿山水土流失，改善农业基础条件，推动废弃矿山水土保持治理试点工程，使周边地区水土流失得到缓解，生态环境明显改善，所在地区走上生产发展、生活富裕、生态良好的高质量发展道路。已治理面积达到 2.1 平方公里。

专栏 8–2

辽河沈阳段综合治理历程

辽河是辽宁人民的母亲河，是全国七大江河之一，辽河沈阳段河长 307 公里，占干流总河长的 57%。辽河流经沈阳市的康平、法库、沈北、新民和辽中，地处沈阳经济区轴线位置。由于承载经济社会发展压力，长期的高强度区域开发导致辽河流域河流生态空间受到挤占，河滩地大面积用作耕种，乡土植被破坏殆尽，河流水系生态退化，整个流域的生态安全受到严重影响。为从源头上扭转流域水生态恶化趋势，按照省委、省政府的部署，沈阳市在辽河流域开展了大规模的河流生态修复，对沈阳市辽河流域重点河流实施了退田还河、生态封育，目前已经取得阶段性成果。

1. 采取的主要措施

一是在空间、区位上合理布局，形成全市重要河流水系生态网络。在全省统一实施的辽河干、支流生态封育基础上，沈阳市结合本地实际，因地制宜推进实施了浑河、蒲河、细河、北沙河及其重点支流的生态封育，覆盖辽河、蒲河、浑河、北沙河等主要河流及其重点支流，形成网状的河流生态廊道，成为沈阳市生态安全屏障的重要组成部分。

二是生态封育工作总量在全省最大。2011 年以来，按照全省统一部署，沈阳市先后对辽河干流主行洪保障区、生态示范节点及支流部分区域实施了生态封育。辽河干流封育范围为河流主行洪保障区范围内，在辽河支流包括柳河、秀水河等节点区域实施了生态封育，辽河沿线干、支流生态封育面积达 31.5 万亩。2019 年，为了加强重点河流的水体治理，沈阳市对浑河、蒲河、细河和北沙河及其重点支流实施生态封育，生态封育面积26.6万亩。2020年按照省政府关于开展辽河流域生态修复的统一部署，辽河干流全线封育，新增生态封育面积42.9万亩。沈阳市所有河流中通过生态封育实施生态修复的总面积达到101万亩，占到沈阳市市域面积的5%。

三是秉持“保护优先、自然恢复”的生态修复技术路线。沈阳市将河滩地中由于历史原因形成的耕地，通过补偿的方式将使用权流转过来，不改变土地的性质，全部实施退田还河。对自然恢复后形成的林草植被和水体、湿地实施严格保护，建设了封育围栏等设施，减少由于人为原因对河道内动植物及其生境所造成的干扰，逐步恢复生物多样性。结合实际，沈阳市制定了河流生态修复的路线图，到2020年底辽河干流实现全线生态封育，河流生态廊道全线贯通，辽河干流河滩生态封育区植被覆盖率达到90%以上，水生态系统功能显著恢复，生态环境质量明显改善，生态系统呈现良性循环；到2022年底，沈阳市辽河水生态系统功能稳步提升，实现岸绿、水清、鱼游，河流治理、保护和利用格局基本形成，初步实现生态保护与经济发展良性互动。

2. 河流综合治理效果初显

一是水环境和水生态状况明显改善。沈阳市全部实施生态封育的河流中，共实施退田还河63万亩，按沈阳市农业种植亩均化肥施用量20公斤、亩均农药使用量0.14公斤计算，沈阳市每年河道内减少化肥1.26万吨，减少各类农药88吨，大幅减少了农药化肥入河所造成的水体环境污染和对土壤所造成的板结等破坏。通过恢复自然生态，重点河道管理范围内的农业面源污染基本得到根治。

二是河湖生态功能逐步修复。自2011年辽河干流实施生态封育以来，辽河封育区植被覆盖率由13.9%提高到90.2%。2019年度辽河干流沈阳段生态多样性评估调查结果显示：辽河干流有植物374种，其中有33种湿地生植物，36种水生植物，305种陆生植物；动物栖息地也得到恢复，调查发现鸟类72种、鱼类27种。动植物物种的增加，指示出河道内的生物多样性得到恢复，河流水生态环境正在逐步改善。

三是国家湿地和自然公园不断呈现。辽河沈北段通过生态封育，实施支流河口水环境综合治理工程，打造了国家级辽河七星湿地公园，已经成为沈城的一处靓丽生态名片，成为百姓休闲的好去处。辽河康平段已经申报获批国家级湿地公园，总面积达到2723.93公顷，总长度59公里，具有生态保育、生态恢复、宣教展示等多种功能，自然生态美景独具一格。随着2020年辽河生态廊道得到全线贯通，辽河新民段、辽中段自然开阔，河道蜿蜒，独具北方平原江河的天然禀赋，下一步将重点打造成自然公园，为人民群众提供体验水生态和水文化的好去处，为人民群众增添幸福感。

四、环境污染治理重大项目和典型案例

水体达标重点工程建设。2018年组织实施了20项水体达标重点工程，2019年以来，全面推进13大类47项重点治污工程，针对北沙河和白塔堡河的12项工程措施全部完工，5个重点河段15项工程措施全部完工，逐步发挥地表水环境改善效应。

工业固定污染源及园区污染防治工程。18家工业集聚区已全部建成污水处理设施，11个省级以上工业集聚区均已安装自动在线监控装置，工业集聚区污水实现集中处理。实施十大行业企业专项整治，纳入沈阳市“水十条”中的20家重点行业企业完成治理，沈化、东药2家重污染企业搬迁入园。2017年以来，逐年逐行业核发排污许可企业1591家，登记12131家，共有124个行业、18475家固定污染源企业纳入排污许可管理。

市政污水收集处理能力提升工程。北部等6座污水处理厂提标改造、浑南产业区等3座污水处理厂改造工程均已完成；2017年以来新（扩）建的8

座污水厂均已投入运行，日处理能力万吨及以上污水处理厂达到34座，每日污水总设计处理能力达到306万吨，全部达到国家一级A排放标准并稳定运行，2020年启动实施了新一轮污水收集处理补短板工程。重点直排节点污水截流工程成效明显，日均截流（转输）污水26万吨以上，雨污混接摘除400余处。建成区基本实现了污水全处理。

黑臭水体综合治理工程。2017年，建成区12条黑臭水体完成治理，完成国家下达年度工作任务；2019年持续巩固治理成果，实施15条建成区外围黑臭水体治理，初步实现“长治久清”阶段工作目标，获评全国黑臭水体治理示范城市；同年，在省内率先启动农村黑臭水体排查整治。2020年推进8项重点工程，圆满完成“十三五”期间黑臭水体治理任务。

排污口监管和治理工程。组织开展全市入河排放口排查，累计排查各类排放口3606个，为入河排污口整治打好基础。强力推进河流污染问题大排查大交办大整改工作，解决污水直排量约60万吨/日。

土壤污染修复治理工程。完成全市2046个农用地土壤采样点位核实，协助省农业农村厅完成400个农产品（水稻）采集点位的核实和农产品样品的采集。实施511家企业土壤信息采集和风险筛查工作，完成132家重点监管企业和工业园区周边土壤采样和检测，开展法库县孟家镇蔬菜种植基地耕地污染源头治理试点和铁西区重金属污染耕地土壤治理与修复试点示范项目。建立土壤污染重点监管企业名单，完成14家省级土壤污染重点监管企业自主检测。对642家重点源产废单位和8家持有省、市颁发的危险废物经营许可证和收集许可证单位进行规范化管理考核。推进土壤污染治理与修复，完成原红梅味精厂东地块等10个场地的调查评估、治理修复和风险管控工作，累积修复面积108.29万平方米，管控污染地块面积约96万平方米。

固（危）废处理补短板工程。西部、大辛、老虎冲3座生活垃圾焚烧发电项目投运，实现生活垃圾100%焚烧处理。沈阳东泰和辽中中化两个总处置能力5.3万吨/天的危废焚烧项目投运。老虎冲、大辛餐厨垃圾处理项目完成建设。全面完成祝家污泥整改，累计清运处置污泥90.84万吨，累计回填土方量 131.7 万立方米，累计种树 1.7 万棵。

专栏 8-3

“十三五”沈阳市完成的生态环境保护重点项目

沈阳市西部污水处理厂扩建工程项目：总投资 6.3 亿元。项目位于沈阳经济技术开发区沈西九东路 58 号（化工园污水处理厂西南侧），占地面积 12 万平方米，建筑面积 8 万平方米，建设大型污水处理厂，设计规模 25 万立方米 / 天。其中：东药生产尾水 7 万立方米 / 天、生活污水 18 万立方米 / 天。设计出水处理程度达到国家一级标准中的 A 级标准。

石庙子污水处理厂：总投资 1.5 亿元。占地 6 公顷，规划日处理污水 8.5 万吨。一期日处理污水 4 万吨。

沈阳市老虎冲生活垃圾厂及垃圾焚烧发电项目：总投资 14 亿元。项目位于陈相街道，占地 120 亩，日处理垃圾 3000 吨，年处理垃圾 100 万吨。

虎石台污水处理项目：总投资 11 亿元。项目位于虎石台街道，占地面积 11.3 万平方米，建筑面积 11.3 万平方米。主要建设污水处理材料加工基地、研发中心等配套设施等。

满堂河、辉山明渠沿线污水管网：项目位于沈抚新城、大东区和沈河区，对东部辉山明渠、满堂河沿途约 13 万吨 / 日污水截流处理，全部引入新建东部污水处理厂集中处理，并为未来区域开发后新增污水处理预留水量。

沈阳西部、北部污水处理厂和仙女河污水处理厂提标改造工程：总投资 10 亿元，项目位于经开区和于洪区，计划将二级处理标准提升至一级 A 标准。

沈阳南部污水处理厂二期扩建工程：总投资 6 亿元。位于苏家屯区、浑南区及和平区。集中收集处理三环以北、建筑大学以西、南京街以东地区的城市生活污水，同时替代浑南新区上夹河污水处理厂，收集浑南区 1 号、东区、教场及西区泵站及浑南新区上夹河污水处理厂污水及和平段长白地区污水。

"拆小并大"工程：总投资140亿元。2017年以前，全部拆除剩余400座20吨以下燃煤供热锅炉房。

全面实施燃煤锅炉净化设施升级改造工程：总投资1.8亿元。大力推动除尘器清洁化改造。

实施清洁能源替换工程：总投资4.2亿元。对不能联网的燃煤锅炉，除大型工业企业因生产需要保留外，其他企、事业单位自有燃煤锅炉一律拆除或改为天然气、电等清洁能源。

加气站建设项目：总投资14亿元。建设120座加气站，满足全市加气需求。

蒲河生态湿地修复工程：全面改造和修复蒲河生态规划带生态环境，恢复湿地9.19平方公里；修复森林植被1500亩；生态改造棋盘山排灰场1300亩；对望滨地区进行退耕还林17平方公里；对区域内满堂河进行生态整治。

金沙河流域综合改造工程：总投资11亿元。项目规划面积5100亩、全长14.2公里。实施金沙河流域综合改造工程，将泡子沿水库与尚屯水库连通，贯穿东湖新城、中心城区、经济开发区、通航产业基地。工程包括地形整理、河道清淤、生态绿化、护坡、坝体、桥梁、道路、亮化、征地、拆迁、村屯改造等工程。目前已经完成引水管线、东湖公园地形整理及绿化、河道一期工程1300米。征地拆迁以河道为中心，对两侧100米范围内进行征收。

第三节　绿色低碳发展典型经验

沈阳市始终坚持绿水青山就是金山银山理念，坚持尊重自然、顺应自然、保护自然，坚持节约优先、保护优先、自然恢复为主，统筹兼顾经济、社会和环境效益，有效遏制环境污染和生态破坏，持续改善和提升城市环境质量，为人民创造良好生产生活环境，取得了丰富的经验，可为全国推动绿色低碳发展提供借鉴。

一、坚持以体制机制改革创新为动力，加快推进环境治理现代化

（一）以顶层制度设计为根本推动建立绿色低碳发展长效机制

持续完善绿色低碳发展相关制度和管理体系。在长效机制和综合管控制度方面，出台了《关于加快推进生态文明建设的意见》等5个指导意见，成立了沈阳市生态环境保护委员会，建立了环保110综合管理平台。在责任体系方面，出台了《环保责任规定》等6个规定办法，于全省率先完成了生态环境保护责任、考核评价和责任追究制度体系建设。在自然资源保护和监管制度方面，出台了《实施河长制工作方案》等4个工作方案，完成了国有林场改革。在生态环保市场制度方面，编制了《排污权有偿使用和交易管理办法》等3个管理办法。在大气治理方面，修订了《沈阳市大气污染防治条例》，制定了《蓝天行动实施方案》《抗霾攻坚行动实施方案》《建筑扬尘管理办法》等系列政策。在水质断面达标方面，构建了“1+4+N”文件体系和“五水同治”工作体系。在固定污染源管理方面，印发了《沈阳市控制污染物排放许可制实施计划》《沈阳市环保局控制污染物排放许可制工作方案》，分期、分批、分行业核发排污许可证。

（二）以生态环保考核评价和责任追究机制引导全社会推动绿色低碳转型

建立健全生态文明相关考核奖惩机制。出台《沈阳市生态文明建设考核目标体系》等政策文件，加大生态环保考核权重。出台《环境保护责任规定（试行）》《环境保护目标责任制实施办法》《党政领导干部生态环境损害责任追究办法（试行）》《党政领导干部生态环境损害责任追究实施细则（试行）》，每年与各区县（市）签订生态环境保护目标责任状并实施党政同签。将自然资源资产离任审计纳入了全市全面审计工作。

（三）以绿色循环发展机制推动实现资源节约集约利用

在总体绿色低碳发展机制下构建了绿色循环经济发展机制。明确优化开发区域、重点开发区域、限制开发区域和禁止开发区域的范围和功能定位。出台了低碳发展规划、循环经济发展规划和绿色发展规划等专项规划，发布《加快推进国家循环经济示范城市建设工作方案》，通过建立“3+1”模式的循环经济发展体系，推动城市逐步实现绿色循环低碳发展。

（四）以生态要素管控机制加大生态系统保护力度

推动建立山、水、林、田等生态要素确权和损害赔偿机制。分别出台《市青山保护绩效考评标准和评价办法》《海绵城市建设管理办法》《沈阳市湿地保护条例》《林业建设保护条例（修订）》《土壤污染防治工作实施方案》《沈阳市生态环境损害赔偿制度改革工作方案》等系列法规及相关文件，有力推进全生态要素综合管控。印发《关于健全生态保护补偿机制的实施意见》，推进生态保护补偿机制研究及实施。

（五）以审批环保监督执法机制加大管控力度

完善双重巡查交办、复查督办、延时重访、考核问责的闭环办结工作机制。出台《推行环评审批“先批后审＋全生命周期服务”改革 建立“1+6”环评审批服务新模式若干举措》等系列举措，大幅增强审批环评效能。推进生态环境系统垂直和生态环境综合执法改革，制定《关于公安环保联动协作机制实施意见》等政策文件，进一步理顺生态环境系统内部关系。制定《环境监管随机抽查办法》，强化多元化监管手段。

二、坚持以重大试点示范创建为引领，系统化开展绿色低碳转型

（一）创建国家环保模范城，城市环境实现历史性跨越

2002年，沈阳市实施《创建国家环境保护模范城市三年行动计划》，全

面启动“创模”工作。通过“创模”，市民环境意识极大提高，城市环境质量发生了历史性变化，彻底改写了“世界十大污染城市”的历史，增强了沈阳综合实力和城市竞争力，促进了全市经济社会的全面、协调和可持续发展。2005年6月，沈阳市国家环保模范城市正式挂牌，成为沈阳环境保护和生态建设的一个重要里程碑。

（二）建设国家森林城市，生态建设迈上新台阶

“十五”期间，沈阳市委市政府提出了“生态立市，建设森林城市”的战略决策，开展了大规模的以植树造林、城市绿化为重点的生态建设。作为一个北方城市，沈阳逐步告别了缺水少绿的历史，由一座色彩单调的重工业之都变为绿意盎然的生态之城。2005年，沈阳成为我国第二个国家森林城市。

（三）率先开展全国循环经济城市试点，循环发展理念逐步推广

沈阳是我国发展循环经济较早的城市，2002年，以国家和辽宁省将沈阳作为循环经济试点城市为契机，以振兴老工业基地为动力，市委、市政府作出了全面推进循环经济的战略决策。通过积极开展循环经济试点，沈阳迈出了发展循环经济实践与探索的第一步。

（四）推进低碳城市试点建设，绿色低碳水平持续提高

2017年国家发展改革委确定沈阳市为我国第三批低碳试点城市。在国家发展改革委所确定的第三批低碳城市的峰值目标中，沈阳市的碳排放峰值年预估在2027年。2017年以来，沈阳通过深入实施低碳城市试点方案，全市二氧化碳排放强度持续降低，2016—2019年全市单位GDP二氧化碳排放累计降低率为19.6%，超额完成累计进度目标。

（五）建设国家系统化全域推进海绵城市建设示范城市，打造北方特大平原城市的海绵城市建设样板

2022年沈阳市正式成为“十四五”第二批国家系统化全域推进海绵城

市建设示范城市，也是辽宁省唯一获此殊荣的城市。“十三五”以来，沈阳市坚持以人民为中心，秉承“以水润城、以绿荫城、以园美城”，系统化全域推进海绵城市建设工作，探索出一条灰绿结合、蓝绿交融的海绵城市建设路径。

（六）创建“无废城市”，加快推进资源节约集约利用

2022年4月，沈阳市成功纳入国家“十四五”时期首批“无废城市”建设范围。沈阳将重点开展工业固废、生活垃圾、危险废物、农业固废、建筑垃圾、“无废”单元以及政策体系等7大类41项重点工作。

三、坚持以加强组织领导为保障，提高生态文明建设决策和执行水平

成立由市委书记、市长任主任的生态环境保护委员会，成员单位由40余个部门构成，出台《沈阳市生态环境保护委员会议事规则及工作制度》等系列政策。建立任务台账、挂图作战、督察考核、信息报送、联席会议五大工作机制，形成了较为完整高效的统筹协调推进机制。沈阳市通过强化高位统筹，强化生态文明建设工作的组织机构，建立完善以市环境保护督察整改工作领导小组、市蓝天行动领导小组以及市蓝天行动领导小组的生态环境保护突出问题专项整治领导小组等为架构的组织机构体系，协调指挥沈阳生态文明建设相关的各项工作。

市环境保护督察整改工作领导小组。沈阳市环境保护督察整改工作领导小组主要负责环境保护督察整改工作的方案制定、具体工作部署、环境保护工作督查等工作。该领导小组是关于沈阳生态文明建设工作较为全面、综合的领导机构。

市蓝天行动领导小组。沈阳市蓝天行动领导小组主要负责沈阳大气污染防治、蓝天保卫工作的方案制定、具体工作部署、大气污染防治工作督查等工作。该领导小组负责组织制定与印发各年的《沈阳市蓝天保卫战作战方

案》、对市抗霾攻坚工作进行部署，是关于沈阳大气污染防治、蓝天保卫工作的专业性领导机构。

生态环境保护突出问题专项整治领导小组。2018 年，沈阳市生态环境局成立了生态环境保护突出问题专项整治领导小组，组长由市生态环境局局长担任，各副局长任副组长，成员包括各责任部门、各生态环境分局，协调推进专项整治问题落实。该领导小组主要负责沈阳市生态环境保护突出问题专项整治工作的具体领导与协调工作。

四、坚持以国际先进绿色发展标杆为对照，创建环境建设样板城

2009 年，市委、市政府代表团对日本川崎市进行了全面考察，成立了以市长为组长的创建全国环境样板城工作领导小组和专门工作机构，高标准完成了环境样板城建设总体规划和 7 个专项规划，提出了“一城、四区、五大示范、百项工程”的建设总体思路。完成了全市可再生资源状况调查，进行了静脉产业园选址和规划，在近海经济区设立环保产业示范基地，大力发展静脉产业和循环经济，实施了一批再生资源综合利用示范工程；启动沈阳经济技术开发区、浑南高新技术开发区、沈阳航空高科技产业基地 3 个国家级生态工业园区试点。环保产业基地落户项目达到 50 余个，产值达 100 亿元；国家级生态工业园区工作正式启动，分 3 批实施了 69 个样板城示范工程，通过样板城的创建工作，大力推动了沈阳环境保护、生态建设和节能减排工作。

参考文献：

高健，2017.沈阳市推进清洁能源替代工作之我见[J].中国工程咨询（6）：31，19.

李淑梅，2020.5月底新增生态封育面积27.4万亩 沈阳市计划2020年底辽河干流实现全线生态封育[EB/OL].（2022–07–06）[2022–04–20]. http://www.cinn.cn/dfgy/202007/t20200706_230605.html.

刘韬，2005.沈阳市循环经济发展对策研究[D/OL].辽宁：东北大学.

彭跃东，2016."煤改电"供暖面积将新增600万平方米[N].沈阳日报，10-20（2）.

邱菊，姚亮，2022.碧水荡清波[N].沈阳日报，06-05（4）.

温娜，郑重，2022.沈阳低碳试点城市发展策略研究[J].品牌与标准化（1）：66-69，72.

于海，2022.沈阳入选国家系统化全域推进海绵城市建设示范城市[N].沈阳日报，06-11（2）.

于海，2022.沈阳口袋公园精准"点活"城市绿色脉络[N].沈阳日报，07-06（3）.

于海，2022.推进城市精细化管理　绣出沈阳高品质环境[N].沈阳日报，07-15（7）.

于海，2022."海绵"让城市更有"弹性"和"韧性"[N].沈阳日报，09-27（1）.

展望篇

第九章 “十四五”时期沈阳振兴发展形势展望
第十章 “十四五”时期沈阳振兴发展新任务新举措

第九章 “十四五”时期沈阳振兴发展形势展望

“十四五”时期是我国全面建成小康社会、实现第一个百年奋斗目标之后，乘势而上开启全面建设社会主义现代化国家新征程、向第二个百年奋斗目标进军的第一个五年，也是沈阳加快建设国家中心城市、推进新时代全面振兴全方位振兴取得新突破的关键时期。在历史新起点上，党的二十大报告明确指出，推动东北全面振兴取得新突破。沈阳仍处于重要战略机遇期，机遇与挑战并存，挑战具有复杂性、全局性，但机遇更具战略性、可塑性。要准确识变、科学应变、主动求变，完整、准确、全面贯彻新发展理念，加快构建新发展格局，精准破解经济社会发展中长期未能有效解决的突出问题，努力实现更高质量、更有效率、更加公平、更可持续、更为安全的发展。

第一节 新发展阶段东北振兴发展的新趋势

进入新发展阶段，东北振兴发展呈现新的趋势，推动全面振兴、全方位振兴实现高质量发展，夯实维护国家国防安全、粮食安全、生态安全、能源安全、产业安全的战略使命，强化改革创新引领培育发展新优势，对接区域重大战略融入新发展格局，将有效支撑东北振兴取得新突破，探索走出一条质量更高、效益更好、结构更优、优势充分释放的发展新路。

一、推动全面振兴、全方位振兴实现高质量发展成为内在要求

（一）全面振兴、全方位振兴具有丰富内涵

2018 年 9 月，习近平总书记在沈阳召开的深入推进东北振兴座谈会上强调，新时代东北振兴是全面振兴、全方位振兴，要从统筹推进“五位一体”总体布局、协调推进“四个全面”战略布局的角度去把握，重塑环境、重振雄风，形成对国家重大战略的坚强支撑。这一重要论述，为东北振兴提出了更高要求，远远超出并深化了此前提出的“东北地区等老工业基地振兴”战略的内涵和外延。一方面，“全面振兴”意味着在空间上突破老工业基地的范围，在内容上不仅仅局限于体制机制改革、产业结构调整、经济社会协调和资源枯竭型城市转型等方面，更多是要推动整个东北地区在产业发展、城市建设、对外开放、民生保障、生态保护等方方面面的振兴。另一方面，“全方位振兴”是立体的振兴，既包括经济、社会的振兴，又统筹政治、文化、生态的振兴，协调推进中国式现代化、全面深化改革、全面依法治国、全面从严治党等方面的工作，在各个方向上均实现振兴。

（二）全面振兴、全方位振兴是高质量发展的内在要求

从 2003 年，党中央作出实施东北地区等老工业基地振兴战略的重大决策以来，在党和国家大力支持和全社会共同努力下，东北振兴取得阶段性成就，特别是党的十八大以来，东北地区经济运行逐步企稳，营商环境进一步优化，结构调整扎实推进，粮食综合生产能力显著提升，基础设施不断完善，社会事业蓬勃发展，人民生活水平不断提高。但也应该看到，与全国其他地区相比，东北地区在全国的经济占比不断下降，产业发展、民生保障、体制机制改革等方面还面临一系列亟待解决问题。在新的历史阶段，高质量发展成为全面建设社会主义现代化国家的首要任务，必须完整、准确、全面贯彻新发展理念，统筹推动东北地区全面振兴、全方位振兴，以更大决心、下更大力气推动质量变革、效率变革、动力变革，加快实现高质量发展，正是解

决这些问题的关键之所在。

（三）围绕“六项重点工作”推动全面振兴、全方位振兴

一是以优化营商环境为基础，全面深化改革，重点是要深化国资国企改革，完善中国特色现代企业制度和市场化经营机制，优化调整国有经济布局，深化国有企业混合所有制改革，推动中央企业与地方融合发展。二是以培育壮大新动能为重点，激发创新驱动内生动力，重点是要推动产业结构调整升级，改造升级传统优势产业，培育壮大新兴产业，大力发展现代服务业，着力提升创新支撑能力。三是要科学统筹精准施策，构建协调发展新格局，重点是要培育发展现代化都市圈，打造引领经济发展区域动力源，推动资源型地区转型发展和老工业城市调整改造，强化与国家区域重大战略的对接和交流合作，促进南北互动。四是更好支持生态建设和粮食生产，巩固提升绿色发展优势，重点是要加快推动形成绿色生产生活方式，大力发展现代农业，筑牢祖国北疆生态安全屏障、巩固国家粮食安全“压舱石”地位。五是深度融入共建“一带一路”，建设开放合作高地，重点是要加大对内开放合作力度，提升东北亚国际合作水平，打造高水平开放合作平台，建设开放合作发展新高地。六是更加关注补齐民生领域短板，让人民群众共享东北振兴成果，重点是要完善基础设施补齐民生短板，完善区域基础设施网络，实施乡村建设行动，提升民生保障能力。

二、筑牢发展根基维护国家“五大安全”成为首要任务

（一）维护国家“五大安全”成为东北地区首要任务

习近平总书记在沈阳座谈会上强调，东北地区是我国重要的工业和农业基地，维护国家国防安全、粮食安全、生态安全、能源安全、产业安全的战略地位十分重要，关乎国家发展大局。“五大安全”战略地位的提出，主要是基于统筹发展和安全的理念，从构建优势互补、高质量发展的区域经济布

局的角度，要求增强经济发展优势区域的经济和人口承载能力，增强重要功能性区域的粮食安全、生态安全、边疆安全等方面的保障能力。这意味着中央不再简单以GDP增长作为考核内容，而是从全国一盘棋的角度来确定不同区域的定位，强调各地发挥优势，保障特殊功能。对于东北地区而言，筑牢发展根基维护国家“五大安全”，成为今后一段时期的首要任务。

（二）东北地区具备维护国家“五大安全”的战略优势

东北地位作为新中国工业的摇篮和我国重要的工业与农业基地，拥有一批关系国民经济命脉和国家安全的战略性产业，资源、产业、科教、人才、基础设施等支撑能力较强，发展空间和潜力巨大。国防安全方面，守护着东北边疆安全，拥有一重、沈飞等国防科工企业，生产了首艘国产航母、30万吨超大智能原油船、跨音速风洞主压缩机、吉林一号卫星等大国重器。粮食安全方面，东北地区是国家粮食“压舱石”，近年来，东北三省粮食产量占全国的1/5以上，商品粮量约占全国的1/4，粮食调出量约占全国的1/3。生态安全领域，东北地区是我国北方的生态屏障，森林、草原、湿地、冰雪、农业资源在全国独具特色，森林面积占全国森林面积的1/3左右，生态环境优越，是中国重要的冰雪旅游和避暑度假旅游目的地。能源安全方面，东北地区是我国重要的石油、天然气产地，也是重要的矿产资源产地，大庆油田是我国最大的陆上油田。产业安全方面，东北地区作为“共和国长子”，在装备制造业方面承继着最优良的基因和血脉，电力装备、燃气轮机、重型数控机床等领域在全国都占有重要地位，在机器人、航空航天、舰船动力、海工配套装备等领域实力强劲。

（三）从战略高度夯实“五大安全”根基

保障国防安全，要求加快健全强边固防机制，做强大国重器的国防工业体系，推动国防设施建设布局与区域经济发展布局有机结合，守好东北国门安全。保障粮食安全，要求加强黑土地保护，持续推进高标准农田建设，不断强化农业科技支撑，提升现代农业物质装备水平，建设国家粮食安全产业带，抓好“粮头食尾”“农头工尾”，打造保障国家粮食安全的“压舱石”。保障生态安全，要求全面加强自然生态系统保护，大力推进重点区域生态保护和修复，逐步夯实生态保护和修复支撑体系，使东北地区天更蓝、山更绿、水更清，筑牢祖国北疆生态安全屏障。保障能源安全，要推动太阳能、风能等清洁能源规模化、标准化开发，努力稳定油气田天然气产量，完善中俄天然气骨干支线管网，优化建设能源外送输电通道，构建多元能源生产和输送体系。保障产业安全，要求用新技术、新业态、新模式改造提升传统优势产业，推动短板产业补链、优势产业延链、传统产业升链、新兴产业建链，完善提升装备制造、汽车、石化等重点优势产业链，培育发展新兴产业，大力发展健康养老、寒地冰雪、生态旅游等特色产业，形成新的均衡发展产业结构和竞争优势。

三、强化改革创新引领培育发展新优势成为主要抓手

（一）深化改革创新引领是破解东北地区“四个短板”的关键

习近平总书记在沈阳座谈会上明确指出，东北在体制机制、经济结构、对外开放、思想观念方面存在的“四个短板”。东北当前遇到的困难和问题归根结底仍然是体制机制问题，是产业结构、经济结构问题，解决这些困难和问题归根结底还要靠深化改革。为此，习近平总书记就深入推进东北振兴提出的6个方面要求中，将全面深化改革作为首要任务，摆在新时代东北振兴的重要位置，要求从有利于深化供给侧结构性改革、有利于加快培育经济增长新动能、有利于激发各类市场主体活力、有利于增强人民群众获得感、有利于调动保护广大干部群众积极性等方面完善改革思路，做实改革举措，释放改革活力，提高改革效能。

（二）深化改革创新引领有助于培育发展新优势

深化改革创新是破解东北地区问题短板的关键，也是培育发展新优势的

重要途径。2019年，党中央、国务院专门出台《关于支持东北地区深化改革创新推动高质量发展的意见》（中发〔2019〕37号），对东北地区深化改革创新作出具体安排部署，强调要强化改革创新引领，破解体制机制束缚，释放发展活力，培育发展新优势，推动实现振兴发展。国家“十四五”规划中也提出，东北地区要加快转变政府职能，深化国有企业改革攻坚，着力优化营商环境，大力发展民营经济。《东北全面振兴“十四五”实施方案》中，将坚持有效市场、有为政府作为首要原则，要求处理好政府与市场的关系，下更大力气深化改革，围绕优化营商环境深化“放管服”改革，培育壮大市场主体，更大激发市场主体活力。

（三）深化改革创新引领需要加强顶层设计和整体推进

全面深化改革是一项复杂的系统性工程，需要加强顶层设计和整体谋划，注重扎实推进和久久为功。东北地区深化改革要围绕优化营商环境深化“放管服”改革，全力打造办事方便、法治良好、成本竞争力强、生态宜居的营商环境，让市场主体和群众办事更加便捷舒心。要围绕更大激发市场主体活力，积极推出更多更实措施，落实减税降费等政策，降低制度性交易成本和企业融资成本、物流成本、用能成本，着力破除“投资不过山海关”问题，“放水养鱼”培育壮大市场主体。要持续推进重点领域改革，推动有效市场和有为政府更好结合。深化国资国企改革，增强国有经济竞争力、创新力、控制力、影响力、抗风险能力。因企施策推进混合所有制改革，加快完善现代企业制度，推动央企与地方企业深化合作、协同发展。维护公平竞争，促进民营经济持续健康发展。着力营造尊重企业家、尊重创业者的社会氛围，弘扬企业家精神，鼓励创新创业创造，吸引更多企业和人才在东北发展。

四、对接区域重大战略强化区域合作成为关键路径

（一）区域重大战略是优化全国区域经济布局的关键之举

运用区域重大战略推动形成高质量发展的区域经济布局和国土空间支撑

体系，继而推动实现经济社会的可持续发展，是我国区域经济工作的一条主线。党的十八大以来，习近平总书记高度重视区域发展，多次主持召开重要会议，亲自谋划、亲自部署、亲自推动了京津冀协同发展、长江经济带发展、粤港澳大湾区建设、长江三角洲区域一体化发展、黄河流域生态保护和高质量发展等区域重大战略，党中央、国务院制定和实施了一系列配套方案和支持政策，推动京津冀、长三角、粤港澳大湾区逐渐成为引领全国高质量发展的动力源，长江经济带生态环境保护发生转折性变化，黄河流域生态保护和高质量发展迈出新的步伐，区域发展格局更加优化完善。

（二）对接区域重大战略有助于深度融入高质量发展的区域经济布局

当前，东北地区并未被纳入国家区域重大战略范围，在推进东北全面振兴、全方位振兴过程中，需要加强与区域重大战略的对接，畅通东北地区与全国其他区域特别是动力源等优势区域的商品和要素循环流动，深度融入新发展格局构建，拓展发展空间。东北地区对接区域重大战略，搭上国家重大战略快车，重点是要依托东北地区与东部地区部分省市对口合作，密切产业、市场、人才、体制机制等方面的对接，密切与京津冀、长三角、粤港澳大湾区联系，形成南北呼应、双向互动发展格局。

（三）统筹推动产业、市场、人才、体制四个维度对接

推动产业对接，要鼓励东北企业走出东北，在全国更大的范围内参与产业分工，同时要加大产业链招商力度，吸引产业的关联企业到东北投资设厂，补齐产业链、供应链关键环节。推动市场对接，要落实全国统一大市场建设要求，清理和废除妨碍全国统一大市场建设的各种规章制度，打破地区封锁和行业垄断，促进各类商品和要素有序自由流动，围绕重点区域建立品牌展示中心、市场集散中心、服务集成中心，集中开展品牌展示、信息发布、商品交易、服务提供等功能，提高市场对接和配置效率。推动人才对接，要推动搭建人力资源供需对接和高技能人才引进平台，结合产业发展需求共同培

养各类专业人才，实施“项目 + 团队”的“带土移植”工程，开展星期天工程师、候鸟式引才、城市合伙人等柔性引才，吸引支持东北建设。推动体制机制对接，重点是要协商制定互利共赢合作对接方案，建立市场化手段主导的合作关系，制定年度合作计划，建立合作领导协调机制、工作推进机制和任务考核机制，全方位学习借鉴动力源地区先进经验和理念，对标发达地区，改善营商环境，打造简政放权、放管结合、优化服务改革标杆。

五、把握国内国际形势融入新发展格局成为必然趋势

（一）新科技革命和全球经济结构调整带来新的发展契机

当前，世界百年未有之大变局加速演进，以大数据、人工智能、生物技术、量子通信等为代表的新一轮科技革命和产业革命深入发展，信息、生物、能源、材料、海洋、空间等应用科学领域不断突破，带动以绿色、智能、泛在为特征的群体性重大技术变革，催生出“互联网 +”、分享经济、3D 打印、智能制造、虚拟（增强）现实等新理念、新业态，创造出巨大的需求，蕴含着重大商机。在科技革命等多种因素共同影响下，全球经济正在加快深度调整，发达国家和新兴市场国家都在致力于本国的科技创新和新一轮的工业化战略，努力在全球范围内配置产业资源，积极展开对新科技革命话语权和产业发展制高点的争夺。国际分工的内容和形式发生深刻变化，由过去的产业部门分工、产品分工加速向产业链分工转变，全球价值链围绕研发、设计、制造、装配、营销、服务等环节再分工日益深化。与此同时，在大国博弈背景下，逆全球化思潮抬头，单边主义、保护主义明显上升，局部冲突和动荡频发，世纪疫情影响深远，全球性问题加剧，世界经济复苏乏力，国际经济格局、产业链布局进入新一轮调整期，抓紧机遇就能够在未来竞争中占据有利地位。

（二）东北地区凭借雄厚产业基础和创新资源能够在新发展格局中赢得一席之地

长期以来，东北地区布局了一批关系国民经济命脉和国家安全的战略性

产业，拥有大量的科研院所和高等院校，创新资源和人才储备较为丰富，具有坚实的产业基础和雄厚的创新资源，在抢抓国际科技革命和产业变革机遇方面具有明显优势。特别是对于沈阳来说，在智能机器人、无人驾驶汽车、工业互联网、新材料、航空航天、生物医药等前沿领域拥有丰富的技术储备和产业支撑，能够牢牢抓住“机会窗口”，积极参与全球产业再分工，在推动产业向高端化、智能化、服务化、绿色化迈进中赢得先机，全面提升在全球产业链价值链中的位势。

（三）准确把握新科技革命和产业变革机遇提升在新发展格局中的位势

在新一轮国际分工格局调整中，只有立足自身比较优势，准确识变、科学应变、主动求变，才能在危机中育新机、于变局中开新局。对于东北地区而言，抢抓新科技革命和产业变革机遇，关键是要依托沈阳等城市高水平科研机构和高校、高端科研成果、高层次人才密集的优势，发挥各类科技基础设施和创新平台作用，集聚创新资源，开展重大基础和前沿科学研究，建设哈长沈大科技创新走廊。推动产业链创新链深度融合，围绕产业链部署创新链，根据产业链各个环节的需要、产业链现代化水平提升的需求，进行任务的部署安排，定向提升重大产业技术创新能力，强化科技创新对区域产业发展支撑作用；围绕创新链布局产业链，结合创新优势领域建链、强链、补链、延链，积极承接发达国家和我国东部沿海地区先进产业的生产链、技术链、价值链转移，加快培育新兴业态，实现创新成果快速转移转化并推动产业结构转型升级，打造区域创新和产业发展高地。

第二节　沈阳贯彻新发展理念的新要求

新发展理念是一个系统的理论体系，完整、准确、全面贯彻新发展理念，要求把新发展理念作为发展的政治立场、价值导向，贯彻到经济社会发展全过程和各领域，深化供给侧结构性改革，扎实做好打基础利长远、理旧账补短板、防风险守底线工作，打好发展组合拳，加快推动经济发展质量变革、效率变革、动力变革。

一、坚定不移实施创新驱动发展战略，培育壮大振兴发展动能

（一）创新是引领发展的第一动力

创新是引领发展的第一动力，发展动力决定发展速度、效能、可持续性。从经济社会发展历程来看，发展动力依次经历了从资源驱动到要素驱动再到创新驱动的三大发展阶段。进入新常态以来，主要借助廉价资源和要素的发展动力呈现弱势、遭遇瓶颈，创新能力不强成为我国经济发展的“阿喀琉斯之踵”，通过创新引领和驱动发展已经成为我国发展的迫切要求。党的十八届五中全会明确提出，必须把创新摆在国家发展全局的核心位置，不断推进理论创新、制度创新、科技创新、文化创新等各方面创新，让创新贯穿党和国家一切工作，让创新在全社会蔚然成风。党的二十大报告进一步指出，科技是第一生产力、人才是第一资源、创新是第一动力。充分发挥创新在经济社会发展中的主导作用，体现了对社会主义市场经济发展的客观规律的深刻把握。创新发展要求加快推进创新驱动发展的步伐，调整生产关系和经济结构，不断塑造发展新动能新优势，赋予发展新的内涵。

（二）坚持走自主创新之路

创新是一个复杂的社会系统工程，关乎经济社会各个领域。2022 年 8 月，习近平总书记在沈阳调研时强调，实施创新驱动发展战略，才能不断提升我国产业水平和实力，从经济大国、制造大国向经济强国、制造强国转变，全面建设社会主义现代化强国，实现第二个百年奋斗目标，必须走自主创新之路。沈阳作为我国最早建立现代科学技术体系的城市之一，集聚了一大批高等院校、科研院所和国防科工企业，创新人才富集、创新实力雄厚，具备开

展原始创新、集成创新突破“卡脖子”技术的能力，要坚持创新在振兴发展全局中的核心地位，坚定不移走创新路、吃技术饭，面向全球聚合创新资源，加快建设开放型创新网络，发展创新型经济，叫响“创新沈阳”，全面提升城市综合经济实力和国际竞争力。

（三）要积极建设综合性国家科学中心

要加快创新平台载体建设，做强“一城一园三区多组团”科技创新空间载体，构建“5+4+7+N”重大科技创新平台体系，围绕智能制造、生物医药等领域谋划建设一批国家级科技创新平台，推进重大科技基础设施落地建设，提升原始创新、科技供给能力。要重视创新企业培育，健全“科技型中小企业－高新技术企业－雏鹰企业－瞪羚独角兽企业”梯次培育体系，优化技术、人才、资金等要素供给，推动创新型大型企业平台化转型，促进公共技术平台向配套中小企业开放，实现大中小企业融通发展。要强化创新人才培养，实施海内外高精尖优才集聚工程，依托高等院校、科研院所、高新技术企业加快培养本地人才，培养“盛京工匠”，完善人才服务保障机制，实行窗口“一站式”服务，积极营造“引人才、留人才、为人才服务”的良好氛围。要完善创新生态体系，推动建立以信任为前提、亲清包容的新型科研管理机制，深化科技成果使用权、处置权、收益权改革，通过设立科技创投基金、建设科技成果中试熟化平台、社会资本早期投入科技成果研发、孵化高新技术企业和高成长性企业等方式，建立科技成果转化新机制，大幅提升科技成果本地转化率。

二、坚定不移推动城乡区域协调发展，促进合理分工优势互补

（一）协调是持续健康发展的内在要求

协调是持续健康发展的内在要求，主要破解发展中不均衡的矛盾。经济社会发展进程中难免会出现各种偏差，协调发展就是要在纠正经济社会发展

严重偏差和失误的基础上探索经济发展的本质规律。当前我国发展不均衡、不协调、不充分、不稳健的矛盾仍旧比较尖锐，而不充分属于发展空间格局的不协调，不稳健属于发展级别和规模的不均衡。解决这些问题都有赖于掌握协调发展的本质要求。协调发展就是要维持发展格局、发展内涵、发展质量、发展方式、发展阶段的辩证统一，正确处理发展中的重大关系，重点促进城乡区域协调发展，促进经济社会协调发展，促进新型工业化、信息化、城镇化、农业现代化同步发展，在增强国家硬实力的同时注重提升国家软实力，不断增强发展整体性，防止和遏制片面发展、失衡发展、粗放发展、无序发展、错位发展。

（二）聚焦解决沈阳发展不平衡、不充分问题

沈阳市辖区面积广阔，各区县之间、城乡之间发展差距相对偏大，城乡区域经济发展中存在的不平衡、不充分问题导致城乡收入差距较大、二元经济转型滞后，这已成为制约沈阳经济高质量发展的“全局性”难题。全市各区县经济发展不平衡，现有 13 个区县中，和平区、沈河区等 10 个区的 GDP 之和占沈阳 GDP 总量的近 90%，而占沈阳面积 60% 的 3 市县即新民、法库、康平的 GDP 之和占沈阳 GDP 总量仅为 10%。区县间居民收入差距悬殊，和平区与沈河区城镇居民人均可支配收入超过 5.2 万元，而新民、法库、康平农村居民人均可支配收入不足 2 万元。破解这些问题，迫切需要在提升中心城区能级的同时，更加重视发挥辐射带动作用，加快构建高质量发展的动力系统，形成优势互补、高质量发展的区域经济布局。

（三）要统筹推动城乡区域协调发展

要在提升中心城市核心功能的同时，重视对外围区县和乡村地区的发展支持，借助中心城区与县域地区、优势园区与县域园区的对口帮扶体制机制，强化政策、资金、人才等方面支持，打好县域经济发展翻身仗，做大主导产业，着力提升县域开发区、产业园区承载力和吸引力。纵深推进飞地经济，创新城区与县域“1+1 对 1”对口帮扶模式，加快建立产业合作、公共服务

资源共享、人才交流，推动资源要素双向流动，构建具有沈阳特色的工农互促、城乡互补、协调发展、共同繁荣的新型城乡关系。要压茬推进中心镇建设，加速培育“小城市”和县域副中心，建成一批特色小镇、专业村。全面实施乡村振兴战略，加快农业农村现代化，统筹农村生产生活生态，全面实施乡村建设行动，建设具有沈阳特色的美丽乡村。

三、坚定不移加强生态文明建设，巩固提升绿色发展优势

（一）绿色是永续发展的必要条件和人民对美好生活追求的重要体现

绿色发展既体现了以绿色为基本价值导向的生态发展观，又是实现生产、生活、生态良性互动的重要表现。党的十八大报告首次将生态文明建设融入“五位一体”总布局，党的十八届五中全会立足于社会主义现代化建设全局，又旗帜鲜明地将绿色发展纳入五大发展理念，这充分体现了生产力发展规律、自然规律、人类实践规律的协调统一。党的二十大报告进一步指出，尊重自然、顺应自然、保护自然，是全面建设社会主义现代化国家的内在要求，必须牢固树立和践行绿水青山就是金山银山的理念，站在人与自然和谐共生的高度谋划发展。坚持绿色发展，必须坚持节约资源和保护环境的基本国策，坚持可持续发展，坚定走生产发展、生活富裕、生态良好的文明发展道路，加快建设资源节约型、环境友好型社会，形成人与自然和谐发展现代化建设新格局。坚持绿色发展，就是要坚持绿水青山就是金山银山理念，坚持尊重自然、顺应自然、保护自然，加快形成绿色生产生活方式，贯彻落实碳达峰碳中和行动计划，构建生态文明体系，推动经济社会发展全面绿色转型。

（二）以绿色为引领推动生态文明建设

党的十八大以来，沈阳市生态环境质量得到显著改善，但主要还是还旧

账的过程，生态环境保护结构性、根源性、趋势性压力总体上仍处于高位，离老百姓对美好生活的期盼、离建设美丽沈阳的目标还有很大的差距。坚持绿色发展，就是要坚持生态优先，坚定不移加强生态文明建设，贯彻落实绿水青山就是金山银山、冰天雪地也是金山银山理念，严守永久基本农田保护红线和生态保护红线，明确城市开发边界，合理布局生产、生活、生态空间，做好碳达峰碳中和工作，推动经济社会发展全面绿色转型，持续提升生态品质，建设天蓝水绿、绿水青山的美丽沈阳。

（三）要成为绿色低碳高质量发展的“模范生”

要统筹产业结构调整、污染治理、生态保护、应对气候变化，不断优化产业结构、能源结构、交通结构、用地结构，协同推进降碳、减污、扩绿、增长，推进生态优先、节约集约、绿色低碳发展。要扎实推进碳达峰行动，加快构建清洁低碳安全高效的现代能源体系，统筹推进工业、交通、建筑等领域节能降碳，创造条件尽早实现能耗“双控”向碳排放总量和强度“双控”转变，倡导简约适度、绿色低碳、文明健康的生活方式。要加强环境保护与生态修复，系统实施山水林田湖草沙一体化保护修复，落实永久基本农田、生态保护红线、城镇开发边界等空间管控要求，系统实施山水林田湖草沙一体化保护修复，持续改善大气、水体、土壤环境质量。要推动建立生态环境保护长效机制，健全环境治理监管评价体系，强化“三线一单”刚性约束，完善生态环境损害赔偿和公益诉讼制度，建立生态产品价值实现机制，建立相对完善的生态文明制度体系。

四、坚定不移促进更高层次开放合作，建设更高水平开放型经济新体制

（一）开放是国家繁荣发展的必由之路

开放带来进步，封闭导致倒退，开放是国家繁荣发展的必由之路。在世界经济一体化、各国思想文化交流日益频繁，人类命运共同体逐步确立的时

代背景下，只有深刻把握经济全球化这一发展主题，持续深化开放，才能深度融入世界经济体系，畅通国内国际循环，增强对全球资源的配置能力，获得更大发展空间，续写中华民族伟大复兴的新篇章。坚持开放发展，必须丰富对外开放内涵，以“一带一路”建设为重点，坚持引进来和走出去并重，积极借鉴引进先进的生产要素、管理理念、发展经验、优秀人才等，遵循共商共建共享原则，加强创新能力开放合作，形成陆海内外联动、东西双向互济的开放格局。提高对外开放水平，努力形成深度融合的互利合作格局。坚持开放发展，必须顺应我国经济深度融入世界经济的趋势，奉行互利共赢的开放战略，发展更高层次的开放型经济，协同推进战略互信、经贸合作、人文交流，积极参与全球经济治理和公共产品供给，提高我国在全球经济治理中的制度性话语权，构建人类命运共同体。

（二）扩大开放既是机遇也是要求

在新发展格局下，我国对外开放的大门将进一步敞开，同世界各国共享发展机遇，实现互利共赢。对于沈阳市来说，这既是难得机遇，也是最新要求。当前，全国正处于从商品和要素流动型开放向制度型开放迈进阶段，开放和改革之间存在互动关系，通过高质量对外开放，有助于牵引乃至倒逼对内深化改革，推动沈阳各领域有效提升技术水平和产品及服务质量，推动企业强化自主创新以突破“卡脖子”关键核心技术，促进技术结构、产品结构、行业结构、能源结构、人力资源结构、经济结构持续优化升级，为经济发展注入新动力、增添新活力、增加新动能、拓展新空间。

（三）要加快建设开放合作高地

在开放平台建设方面，要求开展自贸区沈阳片区新一轮改革试验，完善综合保税区和跨境电商综合试验区功能，高水平规划建设临空经济区，加快建设中德园、中日产业园、中韩科技园。在开放型经济体系建设方面，要加快推动外贸结构优化升级，加大吸引利用外资力度，推进优质产能抱团“走出去”，打造“引进来”“走出去”升级版。在开放制度体系方面，要以自由贸易试验区为引领，把制度创新作为自贸试验区建设的灵魂，形成更多独创性、突破性的创新经验，持续深化商品、服务、资金、人才等要素流动型开放，稳步拓展规则、规制、管理、标准等制度型开放。在开放环境方面，要完善更加有利于开放合作的政策体系，加快与国际通行经贸规则对接，加强涉外司法保障，打造公开、透明、可预期的投资环境。

五、坚定不移走全民共享共同富裕道路，持续增进民生福祉

（一）共享是中国特色社会主义的本质要求

共享发展就是要追求共同富裕、共同繁荣、平衡普惠、全民共享，这是以人民为中心的发展思想的集中体现。只有依靠共享发展才能使全体社会成员有更多满足感、成就感、优越感，进而极大地激发广大人民参与现代化建设的热情、活力和信心。只有坚持共享发展才能切实维护国家安定团结、社会公平正义、人民安居乐业，在构建融洽的经济利益关系的基础上助推经济社会的全面快速发展。推动共享发展，必须维护人民根本利益，增进民生福祉，不断实现发展为了人民、发展依靠人民、发展成果由人民共享，让现代化建设成果更多更公平惠及全体人民。

（二）推动共享发展要坚持以人民为中心

沈阳市推动共享发展，要坚持以人民为中心，始终把满足人民对美好生活的新期待作为发展的出发点和落脚点，把促进共同富裕摆在更加重要的位置，按照人人参与、人人尽力、人人享有的要求，坚守底线、突出重点、完善制度、引导预期，扎实办好民生实事，完善公共服务体系，保障群众基本生活，提升市域社会治理现代化水平，不断满足人民日益增长的美好生活需要，不断促进社会公平正义，增强人民群众获得感、幸福感、安全感，让发展成果更多更公平惠及全体人民。

（三）要持续推动改善民生福祉

要办好人民满意的教育，落实立德树人根本任务，培养德智体美劳全面发展的社会主义建设者和接班人。要加快提升卫生健康服务水平，优质医疗资源扩容和均衡布局，推动以治病为中心向以人民健康为中心转变。要完善养老服务体系，织牢兜底性养老服务网，扩大普惠型养老服务覆盖面，保障老有所依、老有所养。要加强就业和社会保障工作，实施更加积极的就业政策，促进更加充分更高质量就业，优化收入分配改革，扩大中等收入群体比重，增加低收入群体收入，完善多层次社会保障体系，保障妇女儿童、残疾人等弱势群体合法权益。要推动治理体系和治理能力现代化，坚持共谋共建共治共享，推动治理和服务重心下移、资源下沉，建设更高水平的平安沈阳，维护社会和谐稳定。

第三节 构建新发展格局对沈阳振兴的新机遇

加快构建新发展格局，是立足实现第二个百年奋斗目标、统筹发展和安全作出的战略决策，是把握未来发展主动权的战略部署。要坚持扩大内需这个战略基点，加快培育完整内需体系，把实施扩大内需战略同深化供给侧结构性改革有机结合起来，以创新驱动、高质量供给引领和创造新需求，加快构建以国内大循环为主体、国内国际双循环相互促进的新发展格局。

一、畅通国内大循环建设全国统一大市场为沈阳拓展发展空间创造了有利条件

建设全国统一大市场，强调打破地方保护和市场分割，打通制约经济循环的关键堵点，促进商品要素资源在更大范围内畅通流动，发挥市场在资源配置中的决定性作用，这有助于促进各类生产要素自由流动并向优势地区集

中，重点增强中心城市和城市群经济和人口承载能力。对于沈阳而言，统一大市场的构建，将有助于沈阳从在全国范围内优化配置资源，充分释放产业、科创、交通等方面优势。一方面，从供给侧来说，建立统一大市场要求提升供给体系适配性，以创新驱动、高质量供给引领和创造新需求。沈阳拥有支撑国家战略安全的雄厚产业基础，产业体系完备、门类齐全，41 个大类工业行业中，沈阳有 39 个，在装备制造、航空航天、工业机器人、电子信息等领域具有引领高质量制造的能力，能够长期保持制造优势，处于市场竞争有利地位。从需求侧来看，畅通国内大循环建设统一大市场要求坚持扩大内需这个战略基点，加快培育完整内需体系。沈阳常住人口达到 907 万，与其周边城市共同组成的沈阳都市圈常住人口超过 1500 万，同时沈阳还是东北地区最重要的中心城市，拥有庞大的腹地支撑，能够在更大空间范围上汇聚发展所需资源要素。此外，在强化区域合作背景下，京沈对口合作持续深化，务实推进了一批合作项目落地，苏辽对口合作机制不断完善，园区共建取得积极进展，具备承接北京疏解非首都功能、对接长三角和长江经济带的积极性和平台基础，有望在产业对接、人才交流、科技成果转化等领域深化合作，助推沈阳打造融入新发展格局的战略纵深支点。

二、国家深入推动东北全面振兴取得新突破为沈阳加快城市转型提供了重大政策机遇

国家对东北地区振兴发展高度重视，围绕推动新时代东北全面振兴、全方位振兴，出台了《关于支持东北地区深化改革创新推动高质量发展的意见》（中发〔2019〕37 号）（以下简称 37 号文）等系列文件，不断完善东北振兴“1+N+X”系列的政策体系，在体制改革、科技创新、对外开放、区域协调、民生福祉、财政金融和投资等多个方面提出了新要求、新举措和新政策，专门建立了省部联席落实推进工作机制，为新时代东北全面振兴、全方位振兴指明了前进方向、提供了根本遵循。尤为重要的是，37 号文对于沈阳作为东北地区重要中心城市的战略定位和战略作用予以明确和强调。为全面落实 37

号文等中央文件，国家推出新的战略性举措，实施东北振兴“十四五”实施方案，设立东北振兴专项转移支付给予倾斜支持，以及实施更大规模减税降费等各项政策，有助于沈阳加快城市转型，全面提升城市的竞争力、主导力、集聚度和辐射带动作用，把沈阳打造成为东北振兴的重要增长引擎。

三、辽宁构建“一圈一带两区”区域发展格局为沈阳培育发展动能拓展了经济腹地支撑

2021年12月，中国共产党辽宁省第十三次代表大会上，辽宁省委提出以沈阳、大连“双核”为牵引的“一圈一带两区”区域发展格局，将更加突出沈阳在全省经济社会发展中的牵动作用，在省级层面统筹产业布局，为实现沈阳国家中心城市的功能定位，提供资金和政策支持，全力提升沈阳的城市品质。加快建设以沈阳为中心的现代化都市圈被放在区域发展格局的首位，更加注重放大城市组团集聚辐射、产业协同和同城化效应，有助于沈阳借助周边城市弥补功能短板，扩大经济腹地，提升城市能级。加强沈阳、大连协调联动发展，将进一步提升沈阳的资源调配能力，吸引各类要素高效集聚，推动沈阳实现高质量、可持续发展。沈阳都市圈与沿海经济带的互动，有利于沈阳借助海洋经济优势、临港经济优势、航运优势，发展面向海洋的装备制造、精细化工、新材料等产业，同时借道出海，也有助于沈阳优势产业和优质产品出口，提高经济外向型程度。

专栏 9-1

辽宁省“一圈一带两区”区域发展格局中对沈阳的定位

完善区域政策和空间布局，建立更加有效的区域协调发展机制，充分发挥各地比较优势，突出沈阳、大连在全省经济社会发展中的牵动作用，加强沈阳、大连协调联动，促进各类要素合理流动和高效集聚，形成以沈阳、

大连“双核”为牵引的“一圈一带两区”区域发展格局（“一圈”即沈阳现代化都市圈，“一带”即辽宁沿海经济带，“两区”即辽西融入京津冀协同发展战略先导区和辽东绿色经济区）。推动“一圈”“一带”“两区”区域互补、融合联动，构建高质量发展的板块支撑和动力系统。

加快建设以沈阳为中心的现代化都市圈。沈阳按照国家中心城市的功能定位，提升城市品质，增强城市能级，提高集聚、辐射和带动能力。率先在制造业数字化、网络化、智能化改造上实现突破，在建设数字辽宁、智造强省中作出示范，着力建设国家先进制造中心。充分发挥科教和人才资源优势，提升科技创新策源能力，建设综合性国家科学中心。健全具有高度适应性、竞争力、普惠性的现代金融体系，建设区域性金融中心。加强国家历史文化名城保护与提升，打造一批具有较高影响力的文化地标和文化创意集聚区，建设区域性文化创意中心。大力发展枢纽经济和总部经济，建设国家现代综合枢纽。

四、融入共建“一带一路”和 RCEP 签署生效为沈阳参与国际竞争与合作营造了良好外部环境

“一带一路”秉持共商共建共享原则，已从中国倡议变成全球行动，在政策沟通、设施联通、贸易畅通、资金融通、民心相通等领域取得了丰硕成果，沈阳作为“一带一路”东北亚枢纽的位势不断凸显。作为全球经济体量和发展潜力最大的自贸区，区域全面经济伙伴关系协定（RCEP）于 2022 年 1 月 1 日起开始生效，其成员国人口、经济规模、贸易规模以及投资流量全球占比约 30%，协议内容不仅涵盖货物贸易，还囊括服务贸易、投资等市场准入、经济技术合作、知识产权、电子商务等领域，贸易投资自由化便利化等方面的经贸合作将进一步加深。随着协议生效执行，将推动沈阳全面提升对日韩开放合作水平，扩大与日韩澳新等发达国家投资和技术合作，吸引先

进制造业和高端服务业企业落户，助推沈阳产业转型升级。同时，随着贸易投资便利化，沈阳可以加强与东盟国家联系，布局建设了一批产业园区、厂矿和生产基地，推动优质产能走出去，密切区域内供应链和产业链合作，在更大范围内优化配置资源。

第四节　当前沈阳振兴发展面临的主要矛盾

沈阳振兴发展既面临多重机遇叠加，也面临诸多考验，目前仍处于滚石上山、爬坡过坎的关键阶段，一些深层次矛盾和问题刚刚破题。需要在加快发展中解决矛盾和问题，推动实现更高质量、更有效率、更加公平、更可持续、更为安全的发展。

一、推动高质量发展的紧迫性与新旧动能转换不够顺畅之间的矛盾

进入新时代以来，随着全国经济增速换挡和发展阶段转换，沈阳经济增速也持续放缓，迫切需要转变发展动能、培育新的经济增长点，而由于发展历史负担、路径依赖和体制机制束缚，新旧动能转换并不顺畅，二者之间存在突出矛盾。

一方面，推动高质量发展提振经济增速具有紧迫性。从内部来看，产业结构不合理，以重工业为主的传统产业占比较高，在化解过剩产能和去库存等政策作用下，产业转型过程中伴随着阵痛，突出表现在经济增速从 2010 年的 14.1% 降至新冠疫情前 2019 年 4.2%。从外部来看，发展增速放缓导致标兵渐远、追兵渐近，2010—2021 年，沈阳在全国城市 GDP 排名中从第 15 位下滑至第 31 位，在 15 个副省级城市中排名第 12 位，与排名第 10 的西安差距扩大至 3438 亿元，而仅比紧随其后的长春高出 146 亿元。内部增长压力和外部竞争压力迫切要求沈阳加快推动转型升级推动高质量发展。

另一方面，受多种因素影响新旧动能转换并不顺畅。沈阳良好的工业发

展基础在新时代某种程度上成为发展的负担，城市转型和产能化解带来的就业压力、民生保障负担重，发展路径依赖问题需要进一步破解，汽车行业“一枝独大”，在工业增加值中的占比接近一半，新能源汽车、新材料、航空装备、机器人、IC装备等产业仍处于成长期，尚未形成能够有效支撑经济增长的新兴产业集群。现代治理体系尚未全面建立，政府与市场关系有待理顺，新旧动能转换仍存在体制性和政策性壁垒。

二、“双碳”目标下资源环境保护约束趋紧与绿色低碳转型难度偏大之间的矛盾

我国将提高国家自主贡献力度，采取更加有力的政策和措施，二氧化碳排放力争于2030年前达到峰值，努力争取2060年前实现碳中和。“双碳”目标提出后，各地区、各行业纷纷制定时间表、路线图，对资源环境保护提出了更高、更明确的要求，而沈阳由于产业结构、自然环境、生活方式等方面因素，绿色低碳转型难度大，二者之间矛盾突出。

一方面，“双碳”目标对资源环境保护约束趋紧。在2030年前碳达峰和2060年前碳中和的目标约束下，国家先后制定了多个重点行业碳达峰行动方案和路线图，对各地的要求也将逐步明确。2021年中央经济工作会议提出，要正确认识和把握碳达峰碳中和，创造条件尽早实现能耗“双控”向碳排放总量和强度“双控”转变，加快形成减污降碳的激励约束机制。《2030年前碳达峰行动方案》进一步提出要明确各地区、各领域、各行业目标任务，要求在“十四五”时期推动产业结构和能源结构调整优化取得明显进展，重点行业能源利用效率大幅提升，绿色生产生活方式得到普遍推行，有利于绿色低碳循环发展的政策体系进一步完善。落实“双碳”目标，辽宁省制定了《碳达峰实施方案》，将沈阳市被设立为低碳试点城市，聚焦工业、建筑、交通等重点领域低碳发展。沈阳市制定和实施相关方案，这些都转化为对绿色低碳发展的硬性要求。

另一方面，受生产生活结构和方式等影响绿色低碳转型难度较大。从产业结构来看，沈阳产业结构偏重，重工业占比超过80%，节能减排任务重。

从能源领域看，沈阳市消费主要以煤炭为主，年煤炭消费总量约为2500万吨，占能源消费总量的80%左右，能源结构较为单一，清洁能源消费占比低。从交通运输领域看，交通运输结构不合理，铁路专线运输占比低，新能源、清洁能源机动车保有量较少，柴油货车中高排放的国三、国四标准车辆占比在60%以上，绿色交通发展相对滞后。从生活需求来看，沈阳作为东北城市，冬季取暖需求大，用于取暖的能源消耗存在刚性约束，而目前尚未形成以热电联产集中供热为主的供热框架、非电燃煤锅炉需深度治理、散煤治理较为薄弱，加之居民绿色消费理念相对薄弱，推行绿色生活方式任重道远。

三、强化中心集聚引领与高端要素资源流失之间的矛盾

当前，中心城市和城市群正在成为承载发展要素的主要空间形式，也是打造增长动力源带动经济总体效率提升的主要载体。未来的发展竞争，实质上将是以中心城市为引领的都市圈、城市群之间的竞争。沈阳作为沈阳现代化都市圈、辽中南城市群的核心城市，强化中心引领作用，集聚产业和人口是提升城市竞争力的重要途径。但目前沈阳乃至整个东北地区，都在面临高端要素资源流失、劳动年龄人口外流、科技成果本地转化率低等问题，不利于做强沈阳中心城市。

一方面，强化中心引领集聚对提升沈阳城市竞争力的重要性提升。沈阳无论是建设国家中心城市，还是打造现代化都市圈，都离不开中心集聚功能的增强。与现有的9个国家中心城市相比，沈阳经济总量不到现有其中经济规模最小的西安市的七成，且增长速度缓慢，差距有不断被拉大的风险，亟须通过强化中心引领集聚，吸纳优质要素资源，重塑发展动力，增强竞争优势。与此同时，现代化都市圈日益激烈，2021年以来，国家相继批复南京都市圈、福州都市圈、成都都市圈、长株潭都市圈、西安都市圈等发展规划，围绕核心城市建设都市圈，正成为区域发展的新变量。依托中心城市建设现代化都市圈，能够在更大空间范围内优化配置资源、推动区域分工合作，发挥规模效应，能够实现中心城市和都市圈整体实力双提升。

另一方面，沈阳正面临高端要素资源流失。从沈阳自身来看，青壮年劳动力和高素质人才持续外流，18~34 岁青年劳动力以每年 7 万人左右的规模缩减，劳动年龄人口占比持续下降。本地高端人才以及大学以上优秀毕业生流失现象严重，外地人才引进困难，近年来两院院士人数持续走低，“千人计划”“万人计划”专家增速缓慢。2016—2018 年，东北大学留辽率为 27.6%、24.1%、21.6%，辽宁大学留辽率为 56.29%、51.15%、48.64%，沈阳工业大学（中央校区）留辽率为 61.17%、49.72%、39.4%，均出现逐年下降现象。科技创新成果外流，科技成果向现实生产力的转化渠道不够通畅，科技成果本地转化率约为全国平均水平的一半左右，技术输出金额是输入金额的 2 倍多，大量科技成果流向长三角、珠三角等区域，科技创新投入对本地产业发展和经济增长的贡献率偏低。从周边腹地来看，沈阳所处的东北地区，整体经济增速偏低甚至为负，占全国经济的比重持续下降，经济长期低迷对区域内产业转型和社会发展等方面带来消极影响，不利于沈阳经济建设资金积累、人才引进和经济腹地的培育。同时，沈阳都市圈等周边地区产业结构相似，普遍面临增速放缓问题，转型压力大，对优质资源要素竞争激烈。

四、激发调动全社会积极性主动性与体制机制改革不到位之间的矛盾

沈阳振兴发展仍处于滚石上山、爬坡过坎的关键阶段，巩固和扩大向上向好的发展态势，需要调动全社会积极性，在调整经济结构、转换新旧动能、深化改革开放等多个领域持续发力。但由于体制机制不够顺畅，部分领域存在制度束缚和人为限制，难以适应高质量发展要求，发展动力未能充分释放。

一方面，推动沈阳振兴发展需要调动全社会的积极性主动性。对于沈阳而言，推动实现全面振兴、全方位振兴，涉及经济社会方方面面，补齐短板弱项，这绝不是轻轻松松、敲锣打鼓就能实现的。特别是在船到中流、人到半山的时刻，一点儿不能懈怠、一点儿不能松劲，必须充分调动各方面的积极性、主动性、创造性，凝聚起众志成城的磅礴之力。这就要求建立科学合

理的体制机制，广泛听取群众意见和利益诉求，建立激励机制和利益协调机制，充分调动激发干部积极性、科研人员积极性以及企业家的积极性，把最广大人民智慧和力量凝聚到振兴发展上来。

另一方面，体制机制束缚限制了社会发展活力的释放。体制机制不够完善，市场化程度不高，营商环境虽已取得显著改善，但距离有利于企业不断产生和成长壮大的要求还有较大差距。市场主体数量少，规模以上工业企业数量在副省级城市中排倒数第二位。国企改革红利有待释放，国企扭亏为盈的压力比较大；民营经济活跃度不高，成长速度慢。国家级试点试验中首创性、标志性改革举措不够，央企与地方经济融合度偏低，军民融合的优势未能充分发挥；开发区管理体制改革不到位，厂办大集体改革、僵尸企业处置等问题还没有彻底解决。社会思想观念不够解放，干部队伍思想观念、能力素质与新形势新任务要求还不够适应，治理效能存在差距，便企利民措施还不够完善，企业和群众的获得感不强，干事创业的积极性有待进一步释放。

第五节 沈阳振兴发展的战略导向

站在"十四五"的历史新起点，谋划沈阳振兴发展新思路，要坚持以习近平新时代中国特色社会主义思想为指导，全面贯彻党的二十大精神，深入贯彻落实习近平总书记关于东北、辽宁振兴发展的重要讲话和指示批示精神，勇于肩负沈阳等副省级城市成为东北振兴的主要依托的历史厚望，按照"直面问题、突出重点、靠势借力、强化统筹"总体思路，不断扬优势、补短板、强弱项，扎实推进各项工作。要按照《关于推动东北地区中心城市及城市群高质量发展的实施方案》(发改地区〔2022〕629号)和《关于沈阳都市圈发展规划的复函》(发改地区〔2023〕152号)的要求，努力推动沈阳加快建设东北亚国际化中心城市、国家先进制造中心、区域性文化创意中心，促进沈阳都市圈建设成为富有活力、开放创新、宜居幸福的现代化都市圈，在引领东北全面振兴全方位振兴、维护国家“五大安全”中作出更大贡献。

一、直面问题，深化改革补齐“四个短板”

坚持问题导向，沈阳在“十四五”时期需要大力推动深化改革，加快补齐体制机制、经济结构、对外开放、思想观念方面存在的“四个短板”。加快补齐体制机制短板，重点是要以制度创新为牵引实施高标准营商环境行动，打造“办事方便”政务环境、“法治良好”市场环境、“成本竞争力强”要素环境、“生态宜居”创新发展环境，加快推进国家区域性综改试验提质提效，实施央地合作行动计划，培育发展壮大民营经济，建设高标准市场体系，推动要素市场化改革，激发各类市场主体活力。加快补齐经济结构短板，重点是要以科技自立自强为导向实施高质量先进制造业行动，做好结构调整“三篇大文章”，提升产业基础高级化和产业链现代化水平，加快建设现代化产业体系，持续壮大产业规模，推进数字赋能增效，推动制造业与服务业融合发展。加快补齐对外开放短板，重点是要以扩大内需为基点实施高水平对外开放行动，着力完善通道平台，大力发展开放型经济，深度参与“一带一路”建设，打造东北亚国际化中心城市和面向东北亚开放新高地。补齐思想观念短板，重点是要树立正向激励的鲜明导向，让干部敢为、地方敢闯、企业敢干、群众敢首创成为最鲜明的特质，常破“心中贼”，勇于“涉险滩”，啃掉“硬骨头”，以锐意进取的精神谋划突破路径。

二、突出重点，加快建设“一枢纽、四中心”

努力建设国家中心城市，扎实推进中国式现代化，是沈阳在“十四五”乃至今后更长一段时期的重点任务，关键在于围绕“一枢纽、四中心”定位，全面提升沈阳功能品质、服务品质、生态品质、文化品质。建设国家现代综合枢纽，关键是要发挥沈阳国际性综合交通枢纽、国家物流枢纽、信息枢纽等优势，构建畅通发达枢纽网络，建设高质量枢纽载体，发展高能级枢纽经济，汇聚更广范围、更高层次的人流、物流、信息流，打造服务东北、融入环渤海、面向东北亚的门户枢纽。建设国家先进制造中心，关键是要发挥沈阳制造业基础雄厚、体系完整优势，着力做好改造升级“老字号”、深度开发“原字号”、培育壮大“新字号”三篇大文章，积极发展服务型制造，提升产业链现代化发展水平。加快建设综合性国家科学中心，重点是要发挥沈阳高校院所集中、科技人才资源丰富优势，积极争取布局国家重大科技力量，打造科技创新空间载体，营造一流创新生态，努力建成辐射全省乃至东北亚的科技创新高地。加快区域性金融中心建设，重点是发挥沈阳金融产业基础优势，高标准建设金融集聚区，创新发展新兴金融业态，提升金融服务实体经济能力，努力建成具有国际影响力的区域性金融中心。加快建设区域性文化创意中心，重点是要发挥沈阳历史文化底蕴深厚优势，擦亮历史文化名城“金字招牌”，增强文化创新产业竞争力，努力建设具有重要影响力的区域性文化创意中心和国际文化旅游目的地。

三、靠势借力，服务和融入构建新发展格局

“十四五”时期，沈阳发展的内外部环境都趋于复杂，各种可以预见和难以预见的风险挑战增加，深入服务和融入构建新发展格局，畅通城乡循环、加快开放合作、拓展腹地支撑，才能夯实沈阳经济发展的根基，增强城市竞争力、发展力、持续力。着力推进城乡融合发展，充分发挥乡村作为消费市场和要素市场的重要作用，全面推进乡村振兴，加快发展壮大县域经济，推进以县城为重要载体的城镇化建设，推动城乡融合发展，增强城乡经济联系，畅通城乡经济循环。科学把握城市发展规律，积极引领沈阳现代化都市圈建设，坚持规划共绘、交通共联、产业共链、平台共享、生态共保、文旅共建、社会共治，构建一体联通的基础设施网络，塑造协作共赢的现代产业创新体系，共建公共服务普惠便利的品质美好生活圈，协同打造国家新型工业化示范区、东北振兴发展重要增长极。加强区域合作，重点是要打消区域壁垒、打破自我循环，强化沈大交流合作，持续深化京津冀对接合作，积极对接长三角和长江经济带，全面加强面向粤港澳大湾区创新合作，促进各类商品和

要素合理流动，真正嵌入全国统一大市场。

四、强化统筹，增强发展的安全性和稳定性

统筹发展和安全，是今后一段时期经济社会发展的核心理念，这要求沈阳必须在维护国家“五大安全”方面发挥更加突出的作用，同时又能够不断提升人民群众的获得感、幸福感、安全感。围绕提升服务和保障国家安全能力，重点是要发挥沈阳产业发展优势，顺应产业发展大势，推动短板产业补链、优势产业延链、传统产业升链、新兴产业建链，增强产业发展的接续性和竞争力。围绕提升城市安全发展水平，重点是要坚定不移贯彻总体国家安全观，推进国家安全发展示范城市试点，强化经济安全风险预警、防控机制和能力建设，做好政府债务等风险管控，守住不发生系统性金融风险底线，维护重要基础设施安全，促进房地产市场平稳健康发展。围绕提升沈阳可持续发展能力，重点是要积极稳妥推进碳达峰碳中和，不断优化产业结构、能源结构、交通结构、用地结构，实施蓝天、碧水、无废城市建设行动，实施城市“铺满绿”工程，在绿色低碳发展上为全省作出示范。围绕建设更高水平的平安沈阳，重点是要完善社会治理体系，加强和创新基层治理，坚持和发展新时代“枫桥经验”，及时把矛盾纠纷解决在基层、化解在萌芽状态，完善社会治安防控体系，完善应急管理和物资保障体系，全面提升防灾减灾抗灾救灾能力。

参考文献：

程恩富，2022.从马克思主义基本原理领悟党的二十大精神的几个问题[J].马克思主义研究（11）：1–10，155.

程晖，2021.重塑环境重振雄风 形成对国家重大战略坚强支撑[N].中国经济导报，11–11（3）.

李海英，2022.市委经济工作会议召开[N].沈阳日报，12–29（1）.

李乐成，2023.政府工作报告[N].辽宁日报，01–18（1）.

吕志成，2023.政府工作报告[N].沈阳日报，01-13（1）.

马健永，2017.论五大发展理念的科学内涵及其逻辑关系[J].经济与社会发展，15（4）：27-31.

邵鹏璐，2021.加强协调督促 推动东北全面振兴重点领域取得新突破[N].中国经济导报，10-29（2）.

沈阳，2021.全面振兴全方位振兴实现新突破[N].人民日报，12-01（8）.

孙才志，刘天宝，2019.东北地区深度融入共建“一带一路”的多重背景、核心目标与行动策略[J].经济纵横（9）：46-56.

唐仁敏，2021.以改革创新为根本动力推进东北振兴取得新突破——国家发展改革委有关负责同志就《东北全面振兴“十四五”实施方案》答记者问[J].中国经贸导刊（23）：12-14.

王厚双，2018.撸起袖子加油干 推进沈阳全面振兴全方位振兴[J].沈阳干部学刊，20（6）：5-7.

许勤，2022.奋进新征程 再创新辉煌 为实现黑龙江全面振兴全方位振兴而奋斗——在中国共产党黑龙江省第十三次代表大会上的报告[J].奋斗（10）：12-34.

张国清，2021.全面贯彻习近平新时代中国特色社会主义思想 奋力开创辽宁全面振兴全方位振兴新局面[N].辽宁日报，12-30（1）.

第十章 “十四五”时期沈阳振兴发展新任务新举措

“十四五”时期，沈阳要锚定加快建设国家中心城市、为全省作出“五个示范”，履行维护国家“五大安全”政治使命，谋划和实施一系列新任务新举措，落实落细辽宁全面振兴新突破三年行动，加快补齐“四个短板”、扎实做好“六项重点工作”，持续做好结构调整“三篇大文章”，推进产业发展与转型、城市发展与转型、社会发展与转型，在奋力打好打赢新时代东北振兴、辽宁振兴的“辽沈战役”中展现更大担当和作为。

第一节 以优化营商环境为基础 全面深化改革

坚持市场化、法治化、国际化方向，以制度创新为牵引实施高标准营商环境行动，加大关键性标志性改革攻坚力度，扎实推进国资国企改革，促进民营经济健康发展，加快要素市场化改革步伐，完善产权保护、市场准入、公平竞争、社会信用等市场经济基础制度，促进市场环境更优、市场主体活力更强、资源配置效率更高。

一、打造市场化、法治化、国际化营商环境

（一）打造“办事方便”政务环境

深入推进“只提报一次”改革，通过精准政务服务、优化再造流程、改

进申报方式、加强数据驱动、强化监督评价，拓展“一网通办”“一网统管”“一网协同”“一码通城”深度和广度。构建亲清政商关系，建立健全干企帮扶体系，坚持“店小二”服务理念，建立健全线上线下服务引导和帮办代办，提供24小时不打烊自助服务，全面提升政务服务满意度和获得感。持续优化工程建设审批，优化再造审批流程，推动行政审批与技术审查分离，全面推行“拿地即开工”和“一站式竣工投产”，推行“建筑师负责制”“告知承诺制”，实施重大项目“定制化”审批服务。深入推进简政放权，围绕经济建设和社会民生重点领域和关键环节，继续精简下放高频政务服务事项实现整体放权、协调放权、链条放权。全面推行证明事项和涉企经营许可事项告知承诺制，扩大承诺制实施范围。持续推动政务服务从“可办”向“好办”“快办”“实办”转变。推行政务标准化、便利化建设，编制政务服务标准化和需求侧指引，统一规范事项名称、申报材料、审批流程等要素，实现全市范围同一事项、同一标准办理。

（二）打造“法治良好”市场环境

着力加强法治环境和诚信环境建设，深化涉企公共法律服务，加强社会信用体系建设。完善产权保护制度，依法平等保护各类市场主体。建立健全营商环境制度体系，适时制定出台《沈阳市优化营商环境条例》。以更加有效的政策措施彻底消除所有制歧视，实现各种所有制经济权利平等、机会平等、规则平等。建立健全知识产权维权和纠纷仲裁机制，提升发展知识产权服务水平。健全公共法律服务体系，完善知识产权保护体系，加大中小投资者保护力度。完善商事纠纷解决机制，建立多元化解平台，高效化解市场主体在金融、知识产权、劳动用工和其他商事领域的纠纷。完善政务诚信建设，建立健全政务和行政承诺考核、政务诚信约束和问责机制。推动社会和商务诚信建设，规范失信惩戒和信用修复，建立健全覆盖全社会的诚信体系。优化监管体系，强化跨部门、跨区域协同监管，实行包容审慎监管，创新监管标准和模式，推进“互联网 + 监管”，推动政府管理从“事前审批为主”向“事中事后监管为主”转变。

（三）打造“成本竞争力强”要素环境

降低企业市场准入成本，全面实施市场准入负面清单制度，减少社会资本市场准入限制，提升市场准入政策透明度和清单使用的规范性、便捷性。降低企业税费负担，全面清理物流、认证、检验检测、公用事业等领域经营服务性收费，对行政事业性收费能降全降、能免全免。全面降低企业用工、用地、用能、物流和融资等综合性成本，推进“共享用工”新模式，深化完善差别化用地政策，推动水电气暖重新核价。落实金融支持政策，扩大“助保贷”业务，启动信保基金业务，做大做强三个融资担保机构，创新开展“主办银行+银团贷款”金融服务，加快解决融资难、融资贵问题。建立数据开放利用管理机制，发布“沈阳机遇清单”，打造“成本洼地”。优化企业政策供给，深化支持企业发展政策措施，落实小微企业、企业研发、固定资产加速折旧等税收优惠政策。强化政策兑现力度，全面梳理需要使用财政资金支付的行政奖励、自助、补贴等各项优惠政策和产业促进政策，定期进行政策兑现效果第三方评估。

（四）打造“生态宜居”创新发展环境

营造清明政治生态，推进全面从严治党向纵深发展，构建行权治理体系，实现科学配权、改革限权、阳光示权、全程控权，纠正各种不正之风，着力营造政治上的绿水青山。落实生态优先理念，推进生态文明建设，统筹推进生态工程、节能减排、环境整治和城乡建设，共建山水林田湖草生命共同体，实现人与自然和谐共生。建设良好社会生态，提升教育、医疗、科技、文化、公共服务的水平和质量，全面落实“与邻为善，以邻为伴”理念，打造富有时代感、有吸引力的幸福生活场景，吸引越来越多的人到沈阳旅游观光、投资兴业和工作生活。构建综合创新生态，突出“创新、创业、创投、创客”的联动发展，加快发展新型研发机构和创新服务组织，培育壮大充满生机活力的创新主体，打造创新创业空间，形成鼓励创新、宽容失败、充满生机活力的创新生态，让来到沈阳的人有温暖、有尊严、有事业、有希望。

二、扎实推进国资国企改革

（一）优化提升国资国企竞争能力

实施国有企业振兴专项行动，完成区域性国资国企综合改革试验任务，全面提升国有经济竞争力、创新力、控制力、影响力和抗风险能力。优化国有资本布局结构，提升国有资本配置效率，发挥国有资本战略性支撑作用。以服务国家、省、市重大战略部署为出发点和落脚点，把关系老工业基地全面振兴、基础设施建设和民生改善的重要行业和关键领域作为优化布局重点，有效支撑“五大安全”战略。实施国有企业战略性重组，推动国有资本向基础设施与民生保障产业、战略性新兴产业、先进制造业、生态环保等领域集中。完善现代企业制度，深化国有企业劳动、人事、分配制度改革（“三项制度”改革），健全市场化经营机制，优化股权结构、治理结构、组织结构，加快建立各司其职、各负其责、协调运转、有效制衡的公司治理机制。

（二）积极稳妥推进股权多元化和混合所有制改革

按照完善治理、强化激励、突出主业、提高效率的要求，坚持因地施策、因业施策、因企施策，宜独则独、宜控则控、宜参则参，分层分类推进市属企业混改。重点推进母公司层面股权多元化和混合所有制改革，着力引入高匹配度、高认同感、高协同性的战略投资者，“一企一策”专班推进，竞争类企业原则上全面放开股比限制。实施集团战略，按照“产业相近、业务相关”的原则，推动国资国企重组整合。探索开展混合所有制企业骨干员工持股，优先支持人力资本和技术要素贡献占比较高的企业开展员工持股。

（三）提高国有资本监管效能

健全国资监管制度体系，实现授权与监管相结合、放活与管好相统一，进一步厘清监管机构与所监管企业权责边界，确保国有企业享有完整法人财产权和充分经营自主权，基本建立以管资本为主的国资监管体制。全面推开经理层契约化、任期制管理，保障经理层依法行权履职，全面建立国有企业董事会向经理层授权的管理制度。深化授权经营体制改革，有效发挥国有资本投资运营公司在授权经营、结构调整、资本运营和服务实体经济等方面的作用，做强国有资本投资、运营公司功能，提升国有资本配置和运营效率。完善考核评价体系，强化目标管理，落实业绩考核与薪酬分配协同联动。积极防范化解债务风险，推进解决国企历史遗留问题，坚决守住不发生国资系统内系统性风险底线。

三、促进民营经济健康发展

（一）培育民营市场主体

坚持“两个毫不动摇”，严格执行负面清单制度，全面排查和清理各类违规制定的负面清单，着力破除市场准入显性和隐性壁垒，推动“非禁即入”的深入落实。鼓励民营资本参与国有企业改革，支持具备相应行业资质的民营企业参与重大建设项目，承担或参与国家、省级科技计划项目和国家标准、行业标准、地方标准制定修订。开展“育苗护苗”行动，加快发展壮大民营经济。建设科技型中小企业、高新技术企业、高成长性企业培育库，加强“科技型中小企业－高新技术企业－雏鹰企业－瞪羚独角兽企业”培育梯度。针对大型民营企业急需的公平市场竞争机会、中小微企业急需的生产要素和政策支持、外商企业急需的同等国民待遇，实施精准分类扶持，培育“专精特新”中小企业和一批行业“隐形冠军”。

（二）优化民营企业发展环境

完善促进中小微企业和个体工商户发展的法律环境和政策体系，支持企业利用专利、商标、版权等知识产权形式保护创新成果。完善平等保护法治环境，规范办理涉民营企业案件，提高司法审判和执行效率，依法平等保护企业和企业家合法权益。构建亲清政商关系，加强政企沟通，完善企业困难和问题协调解决、帮扶支持机制，及时回应民营企业合理诉求。发挥中小企业公共服务平台作用，健全中小企业公共服务体系。依托辽宁小微企业名录系统，打造全面权威政策公示平台，实现对小企业精准支持和有效服务。深化土地、劳动力、资本、技术、数据五大要素市场化配置，改善市场环境和质量。落实减税降费政策，抓好降本减负，建立政银企联动机制，鼓励政府投资基金加大对民营企业的支持力度，缓解中小企业融资难融资贵。开展全国知名品牌创建示范，优化企业标准"领跑者"制度。

（三）弘扬企业家和工匠精神

大力弘扬新时代优秀企业家精神，促进企业家队伍健康成长，全方位呵护民营市场主体发展，让民营经济创新源泉充分涌流、创造活力竞相迸发。以职业化、市场化、专业化、国际化为方向，培养一批企业家和经营管理人才队伍。建立职业经理人评价评估机制，加强职业经理人培训，推进职业经理人队伍建设。持续开展"盛京大工匠"评选，完善技术工人评价制度，创新评价标准，推进评审社会化。完善企业家激励机制，建立企业家荣誉制度，大力弘扬履行责任、敢于担当、服务社会的企业家精神，引导树立充满激情、智慧，具备"工匠精神""长子情怀"的优秀企业家典型，让一批在沈阳成长起来的优秀企业家走向全国、走向世界。

四、建设高标准市场体系

（一）推进要素市场化配置

推进土地、劳动力、资本、技术、数据等要素市场化改革，有效降低各类要素成本。推进存量土地有序流转和开发利用，提供灵活高效的产业用地保障。实施标准地改革，建立企业投资工业项目"标准地"出让制度，实施创新型产业用地（M0）政策，探索建立"做地"融资机制，搭建支撑城市建设平台渠道。完善农村土地“三权分置”制度，进一步推动农村集体经营性建设用地入市，加快形成城乡统一的建设用地市场。发挥市场在实现人才流动中的主渠道作用，完善人才供求、价格和竞争机制，全面取消人才落户限制，畅通人才跨所有制流动渠道，健全人才柔性流动政策。加快发展技术要素市场，推动设立知识产权和科技成果产权交易机构，以市场导向推动成果转化。推动数据要素市场化定价和合规流动，推进政务数据整合共享与开放应用，加强对数据风险的控制和对消费者数据安全的监管。发挥资本市场枢纽作用，完善股票市场发行、交易、退市和投资者保护制度，增强资本市场服务实体经济能力，不断优化融资结构，加强金融有效供给。

（二）提升市场环境质量

强化消费者权益保护，完善消费纠纷在线解决机制，建立维权投诉处理结果消费者反馈评价机制。建设智能大市场，构建宽松便捷的市场准入环境、公平有序的市场竞争环境、安全放心的市场消费环境。建立公平竞争审查抽查、考核、公示制度，强化竞争政策实施，加强反垄断和反不正当竞争执法司法，培育和弘扬公平竞争文化，开辟违反公平竞争新现象、新问题反映和举报绿色通道。完善价格调控机制，防止价格大起大落。完善企业垄断认定、数据收集使用管理、消费者权益保护等方面的法律规范。

（三）提高政府经济治理能力

把科学精准实施宏观政策摆在突出重要位置，营造长期稳定可预期的制度环境，加强规制建设，提升经济治理能力。坚持系统治理观念，完善宏观经济政策制定执行机制，提升谋划重大战略、制定重大政策、部署重大任务、推进重大工作的能力。强化经济安全风险预警、防控机制和能力建设，实现重要产业、基础设施、战略性矿产资源、重大科技等关键领域安全可控。注重产业链供应链安全和韧性，增强产业链供应链本地布局配套系统性、协同性、稳定性，提升产业链供应链主导力和控制力。实施产业竞争力调查和评价工程，增强产业体系抗冲击能力。着力维护金融安全，防范化解重点领域债务风险，严厉打击非法集资等违法违规金融活动，有效处置高负债企业和法人机构风险，守住不发生系统性金融风险底线。化“卡脖子”清单为机遇清单，以更大勇气、更多举措破除深层次体制机制障碍，提高国有企业、科研院所、金融机构、国防军事单位对地方经济社会发展的融合度和贡献率。

第二节　以建设“四中心”培育新动能为重点激发创新驱动内生动力

坚持创新核心地位，深入实施创新驱动发展战略，统筹推动综合性国家科学中心、国家先进制造中心、区域性金融中心、区域性文化创意中心建设，积极扶持新兴产业发展，建设数字沈阳，挖掘内需潜力，推动凤凰涅槃、腾笼换鸟，加快建设现代化产业体系，尽快形成多点支撑、多业并举、多元发展的产业发展格局。

一、建设综合性国家科学中心

（一）布局国家重大科技力量

面向国防材料、武器装备、燃气轮机等国家战略性需求，以先进材料和智能制造为主攻方向，加快建设材料科学国家研究中心等国字号平台，推进重大科技基础设施落地建设，提升国家重点实验室原始创新、科技供给能力，围绕智能制造、生物医药等领域谋划建设一批国家级科技创新平台，构建“5+4+7+N”重大科技创新平台体系，跻身国家战略科技力量的重要组成部分。推进未来工业互联网创新基础设施建设，重点搭建未来工业互联网创新实验环境，创建新一代信息技术研发平台。面向打造国之重器、国之利器需求，部署实施重大前沿技术与颠覆性技术研究，攻克一批对外高度依赖的关键核心技术，形成一批占据世界科技前沿的优势技术。

专栏 10-1

沈阳“5+4+7+N”重大科技创新平台体系

5 个国家级重大科技创新平台：沈阳材料科学国家研究中心、师昌绪先进材料创新中心、中国科学院机器人与智能制造创新研究院、国家机器人创新中心、沈阳燃气轮机技术创新中心。

4 个国家大科学装置：高能射线多束源材料多维成像分析测试装置、超大型深部工程灾害物理模拟试验装置、工业智脑与边缘计算科研基础装置、轴承全生命周期研究评价设施。

7 个国家重点实验室：流程工业综合自动化国家重点实验室、高端装备轻合金铸造技术国家重点实验室、轧制技术及连轧自动化国家重点实验室、机器人学国家重点实验室、全断面掘进机国家重点实验室、新农药创制与开发国家重点实验室、玉米生物育种国家重点实验室。

N 个国家级科技创新平台：围绕先进材料、智能制造、IC 装备、人工智能和生物医药等产业创新方向，在轴承钢及高端轴承、水下智能系统、机器人化智能制造技术研发与验证等领域，争建一批国家级科技创新平台。

（二）打造科技创新空间载体

高标准规划建设浑南科技城，打造“创新沈阳”核心承载区、全市科技创新策源地、新旧动能转换发动机、新经济发展引领区。重点围绕先进材料、智能制造、信息技术、生命健康、数字文创等五大创新方向，打造重点实验室、大科学装置、研究型院校、新型研发机构、大企业创新中心等“五类”设施，新技术应用场景创新服务平台、新物种企业培育平台、检验检测认证平台、成果转移转化平台、科技金融服务平台、人才服务平台等“六类”平台。打造“一园三区”创新空间，沈阳北部科教融合园打造“双创”平台集群和高校（院所）科技成果转化基地；沈阳高新技术产业开发区构建以新一代信息技术为前瞻引领、智能制造为牢固根基、新能源汽车为亮点突破、生物医药与健康医疗为特色支撑的“高新”产业体系；沈阳经济技术开发区推进企业、产业、载体、人才、服务等五大创新方向协同发展；沈阳辉山经济技术开发区建设沈阳现代化都市圈一二三产业融合发展示范区，创建国家农业高新技术产业示范区。围绕高等院校、研究机构等知识技术源，依托现有科技园区、科研机构和高等院校，以产业创新为支点，重点建设一批集“工作、学习、生活、休闲”于一体的科创组团。

（三）营造一流创新生态

加强前沿性基础研究支持，建立基础研究政府、企业和社会力量多元化投入机制。落实研发投入奖励性后补助政策，降低企业创新创业成本。加快产学研深度融合技术创新体系建设，建立“市场导向、企业主体、政府引导、多方协同”的科技项目形成机制，构建“基础研究－应用研究－产业化”创新链条。加快建设沈阳产业技术研究院，通过设立科技创投基金、建设科技成果中试熟化平台、社会资本早期投入科技成果研发、孵化高新技术企业和高成长性企业等方式，建立科技成果转化新机制。强化东北科技大市场服务功能，打造服务东北乃至全国的成果转化交易平台。大力建设人才强市，全面落实人才新政 4.0 版，打造“人才特区”，实施海内外高精尖优才集聚工程、“盛京工匠”培养工程，完善人才服务保障，建设青年友好型街区和人才成长型城市，营造“引人才、留人才、为人才服务”的良好氛围。

二、建设国家先进制造中心

（一）做好制造业“三篇大文章”

坚持把发展经济的着力点放在实体经济上，推进新型工业化，实施“工业立市、制造强市”战略，着力做好改造升级“老字号”、深度开发“原字号”、培育壮大“新字号”三篇大文章，构建“5+3+7+5”制造业产业链，提升产业基础高级化和产业链现代化水平。夯实装备制造业基础，以实现重大产品和成套装备智能化为突破口，培育认定填补国内空白、首次实现产业化的重大技术装备首台套产品，实现从无到有、从有到优，全力打造一批“大国重器”，重振沈阳制造业国际地位。强化龙头企业引领，依托沈飞、沈鼓、北方重工等龙头骨干企业，谋划建设一批重点制造业新型配套园区，形成上中下游产业链集群，提升本地配套率。优化制造业布局，创新发展南部片区、巩固提升西部片区、优化布局北部片区，推进制造业集聚发展。加强军民统筹发展，强化科技协同创新，开展军民两用技术产品对接活动，探索“军工集团 + 地方政府 + 社会组织”军民产业协调发展模式。

专栏 10-2

沈阳制造业“三篇大文章”重点领域

改造升级“老字号”。重点推进汽车及零部件、通用机械装备、石化重矿轨道交通及专用装备、机床及功能部件、电力装备等 5 个传统产业发展，提升“老字号”智能化水平，打造具有国际影响力的先进装备制造业基地。

深度开发“原字号”。重点发展冶金建材、石油化工和农产品深加工等 3 个产业，提升精深加工水平，加快产业转型步伐。

培育壮大“新字号”。布局国家领先长期赛道，发展壮大新能源及新能源汽车、集成电路、航空、生物医药及医疗装备、机器人、新材料、节能环保等 7 个新动能产业，提升“新字号”产业对经济发展的支撑作用。

（二）积极发展服务型制造

高标准规划建设工业设计中心和技术创新中心，建设面向企业服务的涵盖技术、工艺、材料、结构、功能、产品创意等内容的设计公共服务平台，推动“设计 + 品牌”“设计 + 科技”“设计 + 文化”等商业模式和新业态发展，打造“设计 +”产业链。开展面向制造业全过程的专业化检验检测认证服务，积极推动检验检测认证服务市场化，争创国家级质检中心。推进共享制造平台建设，鼓励企业围绕产业共性需求集中配置通用性强、购置成本高的生产设备。发展总集成总承包，以价值链延伸与再造为重点，引导制造业企业从提供产品向提供系统化、集成化解决方案转变。创新信息增值服务，鼓励企业拓展系统集成和系统运维等新服务领域，推进企业拓展生产领域增值服务，实现从单纯硬件竞争向应用服务竞争转变。

（三）增强制造业产业链、供应链韧性

实施产业基础再造工程，加强基础零部件、基础材料、基础工艺、基础技术、基础软件领域的共性技术、高端技术、前瞻技术的研究攻关。推动产业链现代化，完善产业链条，聚焦重点制造领域和重点产业链，引进国际标准和先进标准，开展技术革新、技术改造、工艺升级、流程优化，提升产业链竞争能力。提高产业链安全水平，培育形成资本规模大、产业竞争力强、辐射带动能力明显的企业集团，引导龙头企业建立供应商采购目录，保证产业链和供应链配套质量稳定。优化供应链管理，加快设计、生产、销售、仓储、物流、金融等资源的整合和共享，推动仓储和商贸物流园区智能化建设，建设重要产品追溯体系，搭建流通与生产衔接的供应链协同平台、资源高效整合的供应链交易平台、专业化的供应链综合服务平台以及公共服务平台，形成高效协同、弹性安全、可持续的供应链网络。

三、建设区域性金融中心

（一）高标准建设金融集聚区

依托金融商贸开发区、和平金融街、浑南科技城，大力开展金融招商，引进或新设各类金融机构，引导金融机构开展金融产品和服务创新，加快形成“一区一街一城”现代金融服务布局。积极推进金融商贸开发区扩容，优化自然资源配置，拓展发展空间，提升综合承载力，打造其成为沈阳区域性

金融中心的核心金融集聚区，争取上升成为国家级开发区。依托沈阳金融商贸开发区、和平金融街、盛京基金小镇等核心功能区，吸引国内外知名银行业、证券业、保险业金融机构设立总部、区域性总部、功能总部、分支机构、特色专营机构和后台服务机构等，积极引进互联网、大数据、云计算、人工智能等金融科技企业，集聚金融要素资源，打造东北地区金融总部基地。

（二）提升金融服务实体经济能力

大力发展多层次资本市场，完善辽宁股权交易中心功能，创新发展金融资产交易市场，推动金融机构、产业集团和社会资本设立大宗商品、能源、环境等创新型金融要素交易市场，建设东北首家碳排放权交易市场、固体废物处置交易平台，打造区域重要的金融资产交易中心。聚焦新一代信息技术、高端装备制造和新材料、新能源及节能环保、生物医药等科创板重点鼓励发展领域，全力储备上市后备企业，推进优质企业在境内外资本市场挂牌上市，形成全国资本市场“沈阳板块”。加快发展创业投资基金、产业并购基金、基础设施投资基金，重点支持众创空间、科技企业孵化器、产业园区等建设。发挥政府基金作用，带动社会资本参与投资沈阳经济社会发展的重点领域和薄弱环节。强化金融科技创新，引进和培育金融科技企业，推广金融科技应用，拓展金融服务场景。扩大金融对外开放，创新跨境结算融资服务，扩大跨境双向投资通道，重点推进与东北亚等地区国际金融合作，探索建设融入中蒙俄经济走廊金融枢纽。

（三）创新发展新兴金融业态

大力发展科技金融，创新科技信贷产品和金融服务，支持银行、保险等金融机构组建服务科技企业的科技金融专营机构，积极推进园区集合贷、税融通、科技贷等科技金融产品。全面发展普惠金融，积极拓展“三农”普惠金融，深入推进农村金融服务综合改革试点，探索开展农村保险互助社试点；大力开展中小微企业普惠金融，引导金融机构利用微贷技术开展面向小微企业的订单仓单融资、应收账款质押融资、知识产权质押融资等业务。探索发展绿色金融，推动金融机构研发绿色信贷、绿色债券、绿色保险、绿色基金、绿色理财、绿色资产证券化等金融创新产品。

（四）防范化解金融风险

健全金融风险预防、预警、处置、问责制度体系，完善宏观审慎管理体系，保持宏观杠杆率以稳为主、稳中有降。加强系统重要性金融机构和金融控股公司监管，强化不良资产认定和处置，防范化解影子银行风险，有序处置高风险金融机构。完善债务风险识别、评估预警和有效防控机制，健全债券市场违约处置机制，稳妥化解地方政府隐性债务，严惩逃废债行为。密切监测、排查重点领域风险点，健全金融风险处置机制，建立信息共享机制，实现维护金融安全联防联控。

四、建设区域性文化创意中心

（一）提升历史文化名城影响力

充分利用沈阳历史文化名城的“金字招牌”，深度挖掘和弘扬传承历史文化、红色文化、工业文化，塑造“一核三轴”文化空间，深入梳理历史文脉，涵养城市文化底蕴，彰显城市文化品质。推进传统文化核心区更新发展，突出东西文化展示轴、南北文化传承轴，以及浑河滨水生态轴，加强重点文化片区呼应，提升文化体育设施功能，培育浑河沿线文化创意和国际交往功能。统筹开展文化遗存发掘、修复、保护与展示，整合市档案馆（文史馆）、沈阳市文博机构、高校院所等研究资源，实施历史文脉研究整理工程，加强重点遗址考古挖掘和保护，开展全域文化资源分类普查，建立文化遗产数据库。加强非物质文化遗产保护传承，有序开展非遗资源普查和数字化保护工作。推进历史片区、历史建筑、传统村落等文化遗产活化利用，打造标志性文化地标群。

（二）打造国际文化旅游目的地

丰富精品文化旅游产品供应，依托各类资源，打造“文化沈阳”游、“历史沈阳”游、“山水沈阳”游等系列主题旅游产品。挖掘乡村体验游，开发研学知识游，做强冰雪运动游，创新夜间沉浸游，繁荣多元文化旅游业态。开启“冰雪 +”多产业融合模式，壮大冰雪机械设备制造、体育服装、器材生产、运动健身、休闲康养、技能培训等产业，增强冰雪旅游吸引力和竞争力。加强文化旅游服务体系建设，提升旅游交通设施服务水平，推动旅游星级饭店服务配套设施提质达标，挖掘沈阳餐饮文化内涵，积极推进“多游一小时”智慧旅游系统建设，培育云旅游、云直播等线上数字化文旅体验产品，打造沉浸式旅游体验新场景。强化旅游开放合作，积极引领沈阳都市圈文化旅游一体化发展，积极参与中蒙俄文化旅游带合作，加强与“一带一路”沿线国家开展文化旅游产业双边或多边合作项目，共同构建国际文化旅游合作网络。

（三）增强文化创意产业竞争力

构建文化创意产业体系，做大文化创意设计，提升装备制造、航空工业、汽车制造、文创产品等设计水平，推动创意设计、现代科技等时尚元素与传统工艺品融合，打造“设计之都”。做强现代文化传媒，加快发展数字文创，积极培育动漫电竞产业，打造沉浸式文化装备及内容生产产业链。推进文创产业融合发展，促进“科技 + 文创”“工业 + 文创”“会展 + 文创”“体育 + 文创”等业态融合，打造一批文创融合发展的文创产业园、文创孵化器、科普基地。推动建设一批文化创意、数字技术、文化视听、艺术出版等文化产业园区（基地），形成文化产业园区、文创街区、文创空间等多层次文化产业空间体系。积极开发特色文创产品，推动盛京礼物品牌体系建设，积极发展文创周边产品，提高消费附加值和文创品牌影响力，打响“沈阳故宫”文创产品市场知名度。深入挖掘非物质文化遗产资源，研发特色非遗衍生品及现代文创产品。

五、建设数字沈阳

（一）推进数字产业化

加快打造东北数字第一城、全国数字名城，依托沈阳新一代人工智能创新基础、产业特点和人才优势，聚焦“机器人+”、智能制造、智慧医疗、智慧城市、智能语言、新基建等领域，推动新一代信息技术产业领域实现新突破。加快工业互联网创新发展，建设并运营一批企业级、行业级、跨行业跨领域的工业互联网平台，推动企业开展“5G+工业互联网”工厂建设。建设大数据交易中心，促进大数据创业创新、行业应用和产业发展，建设国家大数据综合试验区。加快推进LED、VR制造业创新中心建设，谋划布局人工智能产业园等新兴产业发展平台，打造东北地区战略性新兴产业高地。加快推进数字经济产业园建设，围绕数字经济新兴技术及未来信息技术领域，引入和培育优质创新企业，培育具有较强影响力的数字产业集群。积极发展数字创意产业，加快动漫、网络视听、数字出版等网络文化产业发展。

（二）推进产业数字化

推动制造业数字化、网络化、智能化改造，实施企业“上云用数赋智”行动，建设一批数字化车间、智能工厂项目，促进企业研发设计、生产加工、经营管理、销售服务等业务数字化转型。培育智能制造新模式应用场景，积极谋划实施“5G+智能制造”工业应用场景，将沈阳打造成为数字化场景应用东北第一城。积极发展电子商务，大力发展电商直播，支持开展体验消费、社交电商、近场零售等新业态，推广无人超市、自助售货等零售新模式。鼓励共享出行、共享租住、共享物品等新兴业态，发展共享经济。发展智慧文旅，推进线上旅游、VR/AR旅游等模式。积极推进“互联网+社会服务”，促进医疗、社区、家政、教育、健康等领域线上线下结合、跨界融合，推广形成生活新模式。以沈北辉山国家农业科技园区、浑南电商产业园、法库贵澳大数据农业科技产业园为重点，推进物联网、大数据、云计算、人工智能和移动互联等现代信息技术与农业产前、产中、产后三大环节融合。

（三）加快培育数据要素市场

推进政务数据开放共享，建立数据资源清单管理机制，搭建公共数据资源开放平台，推动各地区各部门间数据共享交换。加强社会数据资源挖掘，打造工业大数据中心，推广搭建农业、交通、教育、安防、城市管理、公共资源交易等领域规范化数据开发利用的场景，推进各种产业、业态、模式数据要素应用，提升数据资源配置效率。建设综合性大数据交易服务平台，探索发展数据商品交易、算法交易、数据服务交易、商业数据衍生品交易等交易品种，鼓励机构建设行业性数据资源开放平台。完善数据要素市场服务管理体系，探索数据要素定价、交易、结算、交付、安全保障等机制。完善数据资源管理体系，制定数据隐私保护制度和安全审查制度，加强对政务数据、企业商业数据和个人数据的保护。

六、挖掘内需潜力

（一）全面促进消费

顺应消费升级趋势，加快服务消费提质，促进实物消费升级，推动消费新模式新业态发展，创新线上线下消费场景，加快发展夜经济、假日经济、共享经济，大力发展冰雪经济，培育服务消费、体验消费等新热点。积极发展夜购物、夜美食、夜娱乐等业态，打造特色夜经济街区，创建具有沈阳个性的夜经济模式。优化供给结构，改善供给质量，提升供给体系对需求的适配性，创造市场新需求，做精做优消费品工业，增加新兴领域消费产品，鼓励社会资本进入服务消费领域，促进家政、养老、托育、培训、康养、文化、旅游、体育产业提质扩容，满足个性化、差异化消费需求。创新无接触式消费模式，探索发展智慧超市、智慧商店、智慧餐厅等新业态新模式。实施品牌培育宣介活动，提升知名度和美誉度，打造沈阳消费品品牌，促进购买力回流，吸引更多外市居民在沈阳消费。放宽服务消费领域市场准入，强化消费者权益保护。

（二）拓展投资空间

积极扩大有效投资，提高投资精准性和有效性，保持投资规模合理增长，发挥投资对优化供给结构的关键作用，重点支持“两新一重”建设。发展新一代信息网络，拓展5G应用，建设数据中心，增加充电桩、换电站等设施，推广新能源汽车，推进5G、人工智能、工业互联网等基础设施建设，激发新消费需求、助力产业升级。加大消费升级领域投资力度，积极发挥财政资金引导作用，加快推进现代流通、信息网络、服务消费等领域基础设施建设，提高投资质量和效益。围绕产业升级、创新驱动、生态建设、开放创新、民生发展、“文化+”、城市功能提升等关键领域，加强重大项目建设，做好资金、用地、用能等保障。释放民间投资活力，鼓励民间资本、有实力的数字科技企业发挥研发实力和经营创新优势，重点参与文化旅游、公共卫生与医疗健康、智慧交通、智能能源等领域，发挥民间投资在扩大有效投资方面的主力军作用。

第三节　科学统筹精准施策 构建协调发展新格局

以沈阳国家中心城市建设为引领，着力推进城市内涵式发展，打造现代化生态化国际化大都市，加快建设沈阳现代化都市圈，建设国家现代综合枢纽，在更高层次更宽领域汇聚资本和资源，更好发挥集聚辐射带动作用，加快构建高质量发展的动力系统，形成优势互补、高质量发展的区域经济布局。

一、打造现代化生态化国际化大都市

（一）优化城市功能品质

优化中心城区空间布局，突出南向，整合打造“科创+智造”的新浑南，

引领城市转型，形成“一主三副、一河两岸、一廊两轴”的空间结构。实施城市更新行动，加快低效工业用地腾退改造和批发市场统筹规划，持续推进老旧小区及背街小巷整治工程，突出宜居、绿色、韧性、智慧、人文要求，加强各类设施和公共活动空间共建共享，建设“完整社区”。分类整治城乡接合部，全面改善城乡接合部人居环境。推进老城区“生态+”，大力建设“口袋公园”、百里运河公园和郊野公园，提升城市公共空间品质。完善城区公共服务设施，优化教育、医疗、文化体育、养老托育等设施布局，提升城市功能品质。

（二）塑造良好城市风貌

围绕“以水润城”“以绿荫城”“以园美城”“以文化城”“四季有绿”“三季有花”，完善生态水系、城市绿地系统、城市公园布局，构建“一屏一带、两山七水多廊”市域生态空间结构，建设生态秀美之城。加强城市设计和风貌管控，按照“文韵盛京、绿水屏山、城塔形胜、活力家园”理念深化城市设计，展现北方城市的大气浑厚舒展。优化全域山、水、城理想空间格局，注重留白留璞增绿，提高国土空间的舒适性、艺术性和感知性。划定城市重点风貌管控区，加强中心城区天际线、轴线通廊、生态廊道等特色要素设计，构建层次分明的空间形态。深化城市滨水区、历史文化街区、交通枢纽、特色村镇等重点区域建筑管理，营造高品质人居环境和独特风貌。

（三）建设智慧城市

建设大数据、人工智能、区块链等城市大脑中枢平台，推进与政务外网、部门专网以及互联网的互联互通，强化数据融合计算和智能分析。建设智慧城市运行管理中心，整合政务服务、城市运行、政府办公、民生服务、企业服务、社会治理等全市基础应用和智慧健康、智慧交通等行业应用，支撑城市精细化管理与高效协同运行。拓展城市大脑应用场景，围绕城市管理、交通管理、生态环保和应急处置，搭建市政道桥、园林绿化、市容环卫、水治理、气治理、停车难、行车难等应用场景。推进城市基础设施智能化，加强城市设施智能化感知和监控管理水平，提升数据的智能解析和结构化处理能力，实现城市运行态势的即时感知、即时研判和即时处理。实行数字化城市治理，发展智慧警务，建设基层治理服务管理平台，深化社区数字网格化管理模式应用。

（四）建设韧性城市

推进“海绵城市”建设，完善雨水系统管线，加快海绵化建设技术措施的应用，实现源头减排，完善骨干排水通道，加快排水管网改造升级，兴建雨水调蓄池、深隧等大型排水工程。建设安全韧性城市，加强标准避难场所建设，满足辖区内居民紧急避险和临时安置等需求。新建市级物资储备库，提升防汛抗旱、抗震救援、卫生防疫、生活安置物资等应对自然灾害救助和突发公共事件转移安置群众所需物资储备能力。提高消防救援能力，增加高层灭火、隧道灭火等特种消防装备，完善各消防站装备配置，建立专业化消防力量。纵深推进城市体检，有效治理“城市病”，深入实施重点区域、关键部位整治行动，加强城市精细化管理，展现整洁有序安全智慧的城市管理新形象。

（五）推进以人为核心的新型城镇化建设

完善城镇化空间布局，构建市域“主中心－次中心－重点镇－一般镇”的城镇体系结构。加快农业转移人口市民化，深化户籍制度改革，促进有条件、有意愿、有城镇稳定就业和住所的农业转移人口在城镇优先落户。全面实行居住证制度，推进城镇义务教育、医疗、住房、社会保障等基本公共服务常住人口全覆盖，保障农业转移人口公平享受城镇基本公共服务。增加学位供给，保障农民工随迁子女以流入地公办学校为主接受义务教育。加强农业转移人口职业技能培训服务，完善城乡劳动者平等就业制度。切实维护进城落户农民土地承包经营权、宅基地使用权及集体收益分配权。

二、引领沈阳现代化都市圈高质量发展

（一）构建一体联通的基础设施网络

统筹推进一批重大基础设施项目，提升内外互联互通、互济互保能力。构建互联互通的综合交通运输网，推动利用既有普速铁路和高速铁路提供城际列车服务，促进沈阳地铁等轨道交通向周边地区延伸，构建以轨道交通为骨干的通勤网，打造轨道上的都市圈，加快推进高等级公路建设，实现沈阳至都市圈其他地区1小时通达。共建泛在安全的数字智慧都市圈，依托沈阳国家信息枢纽建设，协同实施5G规模化布局和无线宽带建设，提质扩容都市圈网间互联宽带，推进骨干网、城域网、宽带接入网的升级改造，共同争取国家级数据服务中心、呼叫中心、算力中心，整体提升都市圈内城市间信息传输能力。共同建立区域综合能源供应体系，谋划建设沈阳现代化都市圈国家零碳供热网示范区，协同完善都市圈天然气高压管网，共建城乡统筹的供水体系，打造互济互保的能源水利设施体系。

（二）塑造协作共赢的现代产业创新体系

加强都市圈重点行业全产业链深度协作，创新园区合作模式，推动专业化分工和特色化发展。强化沈阳科技创新龙头带动作用，推进沈阳科技条件平台、东北科技大市场等科技资源向都市圈城市辐射，整合区域内创新资源共同对接国家重点研发计划、重点科技攻关计划，打造高效协同的区域创新共同体。发挥沈阳在汽车、装备制造产业优势，加强与周边城市合作配套，在都市圈内部形成从关键零部件到整车（机）的完整体系和技术支撑体系，共同打造现代化产业基地。整合都市圈历史人文和自然生态资源，加强特色文旅、体育等产品供给，联合发展大宗商品物流、冷链物流、快递物流产业，加强都市圈金融部门交流合作，提升金融创新服务能力。共同培育壮大现代高效特色农业，联合开展农业种业创新攻关计划，建设区域性良种繁育基地。

（三）共建公共服务普惠便利的品质美好生活圈

建立健全校际合作机制，共同构建都市圈学校联盟，联合都市圈各市举办职业院校技能大赛，推进在线优质教育资源共建共享，共筑区域教育合作高地。强化与都市圈城市医疗卫生资源共建共享，鼓励发展专科联盟医疗联合体辐射都市圈。加快养老服务统一标准体系建设，建立健全医疗机构与养老机构业务同城化协助机制，共塑健康幸福都市圈。建设沈阳现代化都市圈一体化就业服务平台，共同组织召开就业推介会、招聘会。建立社会保险参保信息共享机制，深化社会保险关系转移接续服务。完善异地就医住院费用直接结算服务，逐步推进异地就医门诊费用直接结算工作，稳步扩大门诊结算适用区域范围及联网定点医疗机构数量。

三、建设国家现代综合枢纽

（一）构建畅通发达枢纽网络

打造高效便捷的航空枢纽网络，开拓国际航线网络，实现东北亚 3 小时和全球主要城市 12 小时到达。优化国内航线网络，增加与国内各区域中心城市间航线数量。积极争取第五航权，吸引基地航空和过夜航班，探索建立国际航空货运枢纽机场联盟。构筑“内客外货”的铁路枢纽网络，强化区域城市群协同互动，实现城际普铁互连互通，形成以普速干线铁路为骨架的环形放射状铁路网络。建设全域一体化公路网络，强化京沈高速通道联系，完善沈阳高快速路网布局，加密放射干道，形成四通八达的城市出口路体系。完善物流场站枢纽网络，依托沈阳生产服务型国家物流枢纽和商贸服务型国家物流枢纽建设，加快建设沈阳港多式联运中心，培育临港产业集群，打造沈阳陆港型国家物流枢纽。搭建信息枢纽网络，加快 5G 网络建设和窄带物联网部署，推进国家工业互联网大数据中心辽宁分中心建设，建设东北区域计算中心，打造大数据中心国家枢纽节点，争创国家“双千兆”示范城市。

专栏 10-3

沈阳交通领域建设重点

都市圈复合交通走廊。建设由高速铁路、干线铁路、城际铁路、高速公路、干线公路构成的沈大、沈盘、沈哈、沈丹、沈抚、沈康、沈彰七大复合交通走廊，“十四五”期间，共谋划新增跨市干线通道 15 条，7 条交通走廊通道由 36 条增加至 51 条。每条廊道至少包含 2 条轨道交通、3 条干线公路。

轨道交通。续建完成沈白高速铁路，启动建设沈金铁路。深化沈辽鞍、沈抚、沈铁、沈本等城际铁路规划研究。谋划沈新市域快线、沈辽市域快线与沈康市域铁路。启动新一轮轨道交通线网规划，续建完成第三期轨道线路，到“十四五”期末轨道交通运营里程达到 257 公里。

公路。推动沈阳都市圈环线高速新建项目，续建完成沈康高速，储备沈抚南环连接线。优化产业及旅游公路，打通西北连接线，规划建设东部旅游开发大道。完善县域公路网络，建设新民绕城南环线、辽中西部环线等县域公路。加快打通“断头路”，推进“四好农村路”建设。

航空。引入轨道交通，强化空铁联运，启动 K2 商务快线，串联桃仙机场、沈阳南站、沈阳站、沈阳北站、田义屯站五大客运枢纽，续建完成地铁 2 号线南延线，从西侧以最短路径引入桃仙机场 T3 航站楼，启动 T4 航站楼方案研究，预留高铁、城际铁路、轨道快线设站建设条件。

（二）建设高质量枢纽载体

加快沈阳国际空港建设，以航空物流为驱动，以临空产业为引领，提升货运中转和集疏能力，发展高端装备制造、生产性服务业等高附加值产业，深度参与国际产业分工协作，打造成为东北最具竞争力的临空经济示范区。规划建设国家中欧班列集结中心，构建“干支结合、枢纽集散”集疏运体系，加大国内货源和回程货源组织力度，增加中欧班列开行数量，全面提升沈满欧、沈连欧、沈新欧国际运输通道服务能力。加快发展综合保税区，加快推进保税加工、保税物流、国际贸易等业务发展。完善跨境电商综合试验区功能，建设跨境电商特色园区，推动知名跨境电商平台落户沈阳。

（三）发展高能级枢纽经济

依托沈阳临空经济区建设，大力发展航空物流、高端制造、电子信息、生物医药等临空、临港产业，带动金融信息、商贸物流、科技服务、旅游文化以及数字经济等相关产业快速发展，打造以航空为引领的现代产业基地。积极培育总部经济，围绕现有产业集群优势和上下游产业链关系，对接国家战略，吸引更多跨国公司、央企、行业龙头在沈设立研发中心、区域总部。培育现代物流、专业服务等亿元税收总部楼宇，形成楼宇经济发展新格局。建设国际消费中心城市，加快进境免税店、免税购物中心、进口商品展示交易中心和集散分拨中心建设，大力发展首发、首店、首秀等经济。合理规划百货商场、购物中心、商业广场建设，整合“游、购、娱、餐、住、行”要素，引导行业适度集中、品牌集聚、业态互补、错位发展，打造一批具有较强国际影响力的新型消费商圈。

四、发展壮大县域经济

（一）实施县域经济倍增计划

打好县域经济发展翻身仗，围绕九大主导产业及循环经济、商贸物流、汽车零部件、电商等四大优势特色产业，强化政策、资金、人才等方面支持，形成主导产业清晰、配套体系完备、上下游聚合的发展格局。完善产业平台配套设施、冷链物流设施和农贸市场，提升县城服务业发展水平，着力提升县域开发区、产业园区承载力和吸引力。纵深推进“飞地经济”，创新城区与县域“1+1 对 1”对口帮扶模式，加快推进重点项目建设。完善县域商业体系，加强县域商业市场主体培育。

（二）加快形成以城带乡的发展格局

充分发挥县城、中心镇、特色小镇及专业村的不同层级承接作用，引导资源要素向县域地区汇聚，探索农村一二三产业融合发展的新路径。发挥县城的资源、交通优势，主动承接市区及周边城市人口、产业、公共服务资源疏解转移，打造通勤便捷、功能互补、产业配套的卫星县城。促进农企进城，搭建平台帮助县区企业拓展城区市场，提高县区企业产品市场占有率。压茬推进中心镇建设，加速培育"小城市"和县域副中心，建成一批特色小镇、专业村。加快补齐县域基础设施短板，推动市政供水供气供热管网向城郊乡村及规模较大镇延伸，在有条件的地区推进城乡供水一体化。建设以城带乡的污水垃圾收集处理系统。建设联结城乡的冷链物流、电商平台、农贸市场网络，带动农产品进城和工业品入乡。建立城乡统一的基础设施管护运行机制，落实管护责任。

第四节　更好支持生态建设和粮食生产巩固提升绿色发展优势

牢固树立和践行绿水青山就是金山银山的理念，站在人与自然和谐共生的高度谋划发展，加强生态文明建设，持续改善环境质量，加快统筹山水林田湖草综合治理，提升生态系统质量和稳定性，使天更蓝、山更绿、水更清，巩固提升绿色发展优势。全面夯实提升粮食等重要农产品生产能力，深入实施乡村振兴战略，加快农业农村现代化，强化以工补农、以城带乡，推动形成工农互促、城乡互补、协调发展、共同繁荣的新型工农城乡关系。

一、扎实推进碳达峰行动

（一）科学有序推进碳达峰碳中和

坚持源头控制，减少物质消耗，严格实施能耗双控，严把六大高耗能行业和煤炭、造纸等能源消费头部行业的投资准入关口，确保“两高”项目零新增。实施能源绿色低碳转型行动，有序压减非电用煤，加快构建清洁低碳安全高效的现代能源体系。实施节能降碳增效行动，强化能源消费强度和总量双控，协同推进降碳、减污、扩绿、增长，推进生态优先、节约集约、绿色低碳发展。实施工业领域碳达峰行动，推进绿色制造和清洁生产，坚决遏制高耗能、高排放项目盲目发展。实施城乡建设碳达峰行动，大力发展节能低碳建筑和清洁取暖，严格控制新增建设用地规模。实施交通运输绿色低碳行动，加快绿色交通基础设施建设。实施循环经济助力降碳行动，强化固废、垃圾处置和资源化利用。实施绿色低碳科技创新行动，拓展绿色化产业场景。实施碳汇能力巩固提升行动，积极开发碳中和技术，实施碳中和项目，推动“森林沈阳”建设，提升生态系统碳汇能力。

（二）加快产业绿色低碳转型升级

加大产业结构调整力度，坚决禁止新增落后产能和过剩产能，推动高污染、高耗能产业有序转移。加快发展先进制造业、高新技术产业等低能耗、低排放的绿色新兴产业，推动农业绿色发展，加快现代服务业和传统商贸流通业态升级，推动绿色物流仓储等产业发展。大力发展循环经济，以化工、石化、建材等行业为重点，推动不同行业的企业以物质流、能量流为媒介建立跨行业的循环经济产业链。推进生产生活循环链接，加快发展资源综合利用产业、节能产业和环保产业，推进“无废城市”建设。扶持和培育节能环保业服务机构和龙头企业，在节能环保产业领域培育一批“专精特新”中小企业。推进产业集群和园区升级改造，以沈阳经济技术开发区、近海经济区为核心，深化高污染、高能耗企业绿色转型和退出，建设“双高示范区”。

（三）积极推广绿色低碳生活方式

引导绿色生活和消费，强化绿色标准指引，推进商品全生命周期管理，增强绿色产品供给。将绿色消费理念纳入学生思想政治教育、职工继续教育和公务员培训；把绿色消费作为地球日、环境日的主题宣传活动。推进生活垃圾分类和限塑工作，开展绿色出行、家电节能等社会活动。开展绿色学校、绿色社区、绿色机关、绿色商场等创建活动，打造绿色宣传阵地。

二、加强生态环境保护和生态修复

（一）完善生态管控体系

构建全域生态保护格局，落实生态保护、永久基本农田、城镇开发等空间管控边界，统筹做好与国土空间规划及各专项规划衔接。构建以国家公园为主体的自然保护地体系，实施更加严格的保护，构建生态资源及生物保护长效机制。加强生态空间刚性约束，明确生态安全底线与生态绿色发展高线，制定差异化生态控制区管控措施，确保对重要生态空间保护。改革生态环境监管体制，建立统一规范高效的自然保护地管理体制，分级行使自然保护地管理职责，推进自然资源资产确权登记，实行自然保护地差别化管控。建立健全生态产品价值实现机制，推动生态资源转化为经济资源。

（二）全面改善环境质量

深入打好污染防治攻坚战，强化多污染物协同控制和区域协同治理。深入开展抗霾攻坚，持续改善大气环境质量，推进大气污染物和碳排放协同减排，强化扬尘污染源管控，实施秸秆焚烧综合整治。强化河湖长制，构建水资源保护网，开展重点河湖水环境综合整治，提升水生态环境质量。持续加强土壤污染防治，推进受污染耕地和建设用地管控修复，构建土壤环境质量监管平台，建成覆盖全市的土壤环境质量监测网络，有效管控土壤污染风险。加强垃圾综合治理，完善生活垃圾投放、收集、运输、处理体系建设，推行生活垃圾“四分类”。强化农村环境治理与保护，全面推进农村污染防治，实施农村黑臭水体治理，建立长效运行监管机制，完善农村生活垃圾处理设施建设。加强大宗固体废弃物综合利用，规范发展再制造产业，搭建固体废物处置交易平台，推进废物循环利用和污染物集中处置。

（三）推进山水林田湖草沙一体化保护和修复

科学开展国土绿化行动，稳步有序退耕还林还草还湿。实施应绿未绿林地绿化，恢复采伐迹地、棋盘山受灾林地的森林植被。促进黑土地修复治理，建立与治理区域水土保持工作相适应的侵蚀沟综合防治体系，基本遏制治理区侵蚀沟发展趋势。促进黑土地修复治理，建立与治理区域水土保持工作相适应的侵蚀沟综合防治体系，基本遏制治理区侵蚀沟发展趋势。积极实施坡耕地水土流失综合治理工作，加强水土流失和土地沙化等生态风险监测预警能力建设，在康平北部沙区、法库西北部剥蚀丘陵地区和新民市辽河生态修复区培育疏林灌草湿型近自然林，创新防沙治沙、防治水土流失的模式。大力支持积造、加工生产有机肥，推广施用腐熟的有机肥，提高土壤有机质含量，培肥地力。

三、夯实提升粮食等重要农产品生产能力

（一）提高粮食综合生产能力

落实“藏粮于地、藏粮于技”战略，聚焦推进高标准农田建设，加大黑土地保护力度，坚决遏制耕地“非农化”、防止“非粮化”，稳定粮食生产面积。实施农作物高产创建、优质粮食生产、粮食安全保障、中国优质粮油工程等一批重大工程，强化粮食生产功能区、大豆等重要农产品保护区、特色粮食品种基地建设。大力发展现代种业，加快建立具有沈阳特色的玉米、水稻等种业科技创新体系，支持龙头企业开展现代种业能力建设，提高农业良种化水平。加强种质资源保护开发利用，鼓励涉农高校、院所及重点企业建设种质资源库，有序推进生物育种产业化应用，加快种源“卡脖子”技术攻关，建设优势良种繁育基地。完善粮食仓储、物流和市场建设，建设现代化粮食仓储体系，完善粮食批发市场体系，加强与国内重大粮食期货市场联系，优化市县乡三级粮食批发网络。全面落实“菜篮子”市长负责制，保持“菜

篮子”商品供应充足、价格稳定。

（二）提高农业质量效益和竞争力

大力发展现代农业，强化农业科技和装备支撑，推进品种培优、品质提升、品牌打造和标准化生产。强化农业科技创新引领，创建沈北国家农业高新技术产业示范区，健全新型农村科技服务体系。积极推广数字化、智能化农业机械应用，全面提升农业机械化水平。大力发展设施种植、设施养殖、设施渔业，稳步发展高效设施农业、工厂化农业，打造高附加值设施农业集聚区。实施“互联网＋现代农业”行动，推动农业物联网、大数据应用，提高现代农业智慧化及综合信息服务水平。建设农业农村大数据中心以及智慧农业云平台，加强农产品质量安全智慧化追溯和监管。加快培育新型农业经营主体，实施农民合作社规范提升行动，发展农民专业合作社联合社，培育一批规模适度、生产集约、管理先进、效益明显的家庭农场。支持村集体组织小农户开展农业基础设施建设和管护，引导小农户接受农业生产托管服务。

（三）优化农业生产布局

完善粮食、重要农产品、特色农产品生产布局，建设粮食生产功能区，打造高标准设施和露地蔬菜生产基地、畜禽养殖基地，建设重要农产品生产保护区和特色农产品优势区，共同打造农业生产核心区。建设环城都市农业产业圈，重点发展农产品加工、休闲旅游、文化创意、智慧数字农业等现代农业，依托蒲河生态经济带重点发展休闲旅游、高效设施农业和农产品加工等产业，打造都市农业主导区。坚持生态优先，在康平西北、法库北侧以及柳绕地区重点乡镇，推进还林造林还草还湿等工程，保障森林绿化生态用地，打造农林生态保持区。

四、全面推进乡村振兴

（一）巩固拓展脱贫攻坚成果同乡村振兴有效衔接

落实5年衔接过渡期要求，做好政策衔接和规划衔接。严格落实“摘帽不摘责任、摘帽不摘政策、摘帽不摘帮扶、摘帽不摘监管”要求，建立健全巩固拓展脱贫攻坚成果长效机制。健全防止返贫动态监测和精准帮扶机制，对易返贫致贫人口实施常态化监测，建立健全快速发现和响应机制，分层分类及时纳入帮扶政策范围。因地制宜发展壮大村级集体经济，培育发展主导产业和特色产业，提高产业带贫能力。强化扶贫项目的运营和管理，健全利益联结机制，做好发展衔接。开展政策宣传引导，加大技能培训和帮扶力度，强化低收入群体人力资本培育，激发内生动力，推动由脱贫向致富迈进。

（二）推动农村一二三产业融合发展

结合特色优势农业产业，推动种养加结合和产业链再造，提高农产品加工业和农业生产性服务业发展水平，壮大休闲农业、乡村旅游、民宿经济等特色产业。加强农产品仓储保鲜和冷链物流设施建设，健全农村产权交易、商贸流通、检验检测认证等平台和智能标准厂房等设施，引导农村二、三产业集聚发展。培育引导乡村新产业、新业态、新模式，实施农村电商发展行动，提升农业数字化、智能化水平。完善利益联结机制，通过“资源变资产、资金变股金、农民变股东”，让农民更多分享产业增值收益。

（三）深化农村综合改革

加强农村承包地管理，依法依规推进农村土地经营权流转。稳慎推进农村宅基地制度改革，抓好沈北新区、于洪区国家试点工作。积极探索农村集体经营性建设用地入市，引导农村集体经济组织以多种方式盘活集体建设用地，全面消除村集体“零”收入村。深化农村集体产权制度改革，因地制宜探索“三变改革”成果利用新机制，发展多种形式股份合作。发挥农村产权综合交易平台功能，推进符合标准的集体资源资产发包、出租、出售等项目进场交易，完善和规范农村产权流转交易流程。探索建立农民持有的集体股权流转、退出机制，完善农村集体股份权能。充实农村集体产权权能，健全集体资源资产监管机制，防止村集体经济组织资产流失。统筹推进供销社、集体林权、农业水价等领域改革。

（四）全面实施乡村建设行动

贯彻落实《乡村建设行动实施方案》要求，以普惠性、基础性、兜底性民生建设为重点，强化规划引领，统筹资源要素，动员各方力量，加强农村基础设施和公共服务体系建设，建设宜居宜业美丽乡村。统筹农村生产生活生态，落实村庄规划，保护传统村落，塑造乡村特色风貌。持续推进县乡村公共服务一体化，提高县城综合服务带动能力，加强乡镇为农服务中心建设，采取固定设施、流动服务等方式，推动教育、医疗、养老等服务重心下移、资源下沉，提高农村居民享受公共服务的可及性、便利性。加大农村基础设施建设投入，持续改善乡村水电路气等设施条件，建立健全长效管护机制。因地制宜推进农村改厕，统筹农村污水、黑臭水体和生活垃圾治理，推进“美丽庭院、美丽村屯、美丽田园”建设，组织实施好农村人居环境整治提升五年行动。

第五节　深度融入共建“一带一路”　建设开放合作高地

坚持实施更大范围、更宽领域、更深层次对内对外开放，大力发展高层次开放型经济，着力打造高能级对外开放平台，深度融入共建“一带一路”，强化国内区域开放合作，努力打造国内大循环的重要支点和国内国际双循环的重要节点。

一、打造“引进来”“走出去”升级版

（一）推动对外贸易高质量发展

巩固装备制造、特色农产品、石化冶金等传统优势商品出口规模，鼓励集成电路、医疗器械等高附加值产品对外出口，持续推动外贸结构优化升级。

支持优质外贸企业延长产业链、提升价值链，支持装备制造企业加快发展跨国经营。积极对接中国国际进口博览会，支持引导企业综合运用贷款、贴息政策，扩大重点产品进口规模。巩固美国、日本、欧洲等传统出口市场，积极拓展新兴贸易市场，不断提高新兴市场在对外贸易中的份额。推动服务贸易实现新突破，实施跨境服务贸易负面清单管理，支持沈阳国际软件园等服务外包产业基地建设，吸引国际、国内服务外包龙头企业入驻，推动信息技术、工业设计、维修维护等服务贸易发展。建立完善沈阳跨境电商二级节点和线上平台，扩展保税备货业务规模，丰富跨境电商模式。

（二）加大吸引利用外资力度

全面落实外资准入前国民待遇加负面清单管理制度，用好新加坡－辽宁经济贸易理事会、中德（沈阳）高端装备制造产业园区等平台，引导外资参与汽车及零部件、高端装备、集成电路等行业。聚焦日韩、欧美等重点国家和地区，重点围绕汽车及零部件、高端装备、机器人及智能制造、新一代信息技术、生物制药等主导产业开展产业链招商，围绕宝马、雷诺、通用电气等龙头企业开展配套招商，推动产业链上下游企业整合，推动国际高端要素进一步集聚、产业链全面升级。建立“云招商”平台，推动招商渠道和模式升级。依托沈阳全面创新改革试验区、沈大国家自主创新示范区、沈阳自贸区的政策优势，吸引更多世界500强、大型跨国公司、行业领军企业投资落户。

（三）推进优质产能抱团“走出去”

坚持企业主体，创新境外投资方式，优化境外投资结构和布局，加快形成面向全球的贸易、投资、生产、服务网络。聚焦高端装备、能源化工、汽车零部件等优势产业，引导企业“抱团出海”。鼓励企业承建或参与对外工程承包项目，带动大型成套设备出口。加快金融、咨询、会计、法律、设计等生产性服务业国际化发展，推动沈阳优质产品、服务、技术、品牌、标准走出去。鼓励有实力的企业采取参股、收购等多种方式参与境外并购。鼓励建设海外仓，保障外贸产业链供应链畅通运转。规范境外投资管理，加强企业风险防范意识，引导企业规范经营。

二、推动共建“一带一路”高质量发展

（一）拓宽对外开放通道

推进中蒙俄经济走廊建设，深化对俄装备制造、能源资源、科技人文等多领域合作，积极对接蒙古“发展之路”。完善以沈阳为中心的国际物流通道体系，拓展俄罗斯、德国、荷兰等欧洲国家物流通道，拓展面向日韩及东南亚国家的公铁海联运通道，探索沈阳中欧班列至俄罗斯扎鲁比诺港走行北冰洋航线直达欧洲的战略通道，与俄罗斯共同开辟冰上丝绸之路。

（二）深化国际产能合作

推动与日韩在高端装备、人工智能、节能环保、大健康、现代金融等领域深度合作。深化与欧美国家在高端装备、智能制造、汽车及零部件、民用航空等领域合作。加强与东盟十国产能与投资合作，加强电力装备、医疗设备、跨境电商等领域合作。支持企业积极参与“一带一路”互联互通基础设施重大项目建设，推动实施一批标志性重大海外项目。支持企业参与“一带一路”国家重点园区建设，引导企业优先投资和入驻省、市重点境外园区，加强境外投资、生产、经营风险管控。

（三）深化对外人文交流

加强与“一带一路”沿线国家开展文化旅游产业双边或多边合作项目，培育一批外向型文化企业和演艺机构，加快中国文化出口基地建设，推动沈阳文化企业、产品和服务“走出去”。深化与日韩俄蒙等国家文旅交流合作，积极参与中蒙俄文化旅游带合作，举办东北亚文化旅游创意博览会、国际旅游营销大会，打造东北亚文旅营销集散地。大力引进国外优秀文化演出，做

好“请进来”文化交流活动。持续实施“结知名友城，打造百城之好”计划，强化人文交往。

三、建设高能级对外开放平台

（一）高质量建设辽宁自贸区沈阳片区

全面提升制度创新实效，创新产品和服务，加快人流、物流、商品流、资金流等要素聚集，建设具有国际竞争力的高端高新产业集聚区和全面深化改革试验田。围绕维修再制造、数字贸易、服务贸易等领域，推进进口再制造试点建设，争取开展通用航空服务（FBO）企业外资开放试点。探索建立区块链数字贸易征信体系等，推动跨境服务贸易纳入“国际贸易”单一窗口管理。完善普惠开放的金融服务体系，设立外商独资或中外合资金融机构，开展外商投资股权投资企业合格境外有限合伙人（QFLP）试点，推动跨境金融结算便利化。鼓励发展电商平台、IDC、软件服务外包、云计算服务、信息安全、大数据交易等数字服务业，推动传统贸易形态数字化转型。

（二）高水平推进中德装备产业园建设

强化中德园集聚全球高端产业功能，聚焦汽车制造、智能制造、高端装备、工业服务等主导产业，引进一批行业领军企业，建成国际化、智能化、绿色化的高端装备制造业园区。完善园区开发模式，深化“管委会+平台公司”市场化体制改革，充分发挥“中德开”“中德发”市场主体作用，提高园区市场化建设和运营水平。充分发挥中德（沈阳）高端装备制造产业园国家海外人才离岸创新创业基地作用，大力推动德国、瑞士、日本等海外离岸创新中心建设和发展，实现先进科技成果转化、高端人才柔性引进、跨境孵化创业和招商引资等功能，促进中德两国产学研协同发展。依托中德控股集团产业发展基金，导入工业互联网供应链金融，构建产融结合的全流程在线供应链融资模式。

（三）推动中外合作产业园区建设

积极融入 RCEP 合作机制，加强中日韩三方合作，探索中日韩自贸区开放政策、体制机制、开放模式、管理模式、运营模式等创新。高标准建设中韩科技园，招引中韩两国医疗器械、国际医疗服务、药品研发等领域高端项目入驻园区，打造生命健康产业集群。加快推进中日产业园建设，开展创新型产业链生态招商，打造“生产、生活、生态”三生融合产业园。

四、加强区域合作

（一）强化沈大交流合作

建立沈大合作工作机制，与大连唱好“双城记”。充分发挥沈阳和大连在产业基础和发展潜力方面的比较优势，推动两市化工、装备制造、人工智能、汽车零部件及航空、氢能等产业的互补对接。围绕建设辽宁实验室，瞄准世界科技前沿和产业制高点，依托沈大国家自主创新示范区、东北科技大市场、国家级高新区，整合区域创新资源，建设沈大产业经济走廊。发挥两市陆路、海路交通和口岸各自优势，建立互联互通的集疏运体系，实现辽宁省域内协调发展。推动两市在体制机制创新、科技成果转化、自贸试验区建设、特色商业业态等方面互动交流，共享发展理念。

（二）持续深化京津冀对接合作

以沈阳与北京对口合作为切入点，积极承接北京非首都功能疏解和产业外溢。借助北京市科技、创新、高端装备制造、金融等优势，积极吸引北京“高精尖”产业落户，重点抓好沈阳中关村科技创新基地、沈阳材料科学国家研究中心、中韩科技园等合作项目建设，全力打造京沈总部基地。加强金融领域合作，建设东北亚金融机构交流合作平台。发挥沈阳经济技术开发区、沈阳高新技术开发区、沈阳辉山经济技术开发区开放前沿作用，打造京津冀产业高质量承接基地。强化开放平台协调联动，推进沈阳自贸区与北京、天津自贸区在制度创新领域合作，重点争取北京服务业扩大开放试点可复制、可推广政策延伸覆盖。

（三）积极对接长三角和长江经济带

积极参与辽苏对口合作，在重点领域开展经贸交流、项目洽谈、产业对接、科技成果转化等合作。强化与上海、合肥、杭州、太仓等合作，补全新能源汽车零部件及汽车后市场服务产业链短板。积极对接上海、杭州、无锡等云计算示范城市以及上海、南京、杭州等国家软件产业基地，推动信息技术融合应用示范。推进与重庆、杭州、合肥、长沙、武汉、成都等城市对接合作，推动形成产业链条完整的智能制造产业体系。积极对接南京、长沙、合肥、成都等城市，培育发展先进轨道交通装备产业链。积极对接上海、杭州、武汉、成都、昆明、重庆、南昌等国家生物产业基地，壮大沈阳生物医药产业链条。

（四）全面加强面向粤港澳大湾区创新合作

主动承接粤港澳大湾区电子信息、精密机械、现代服务业等产业转移，推动智能汽车、数字政府、智慧城市等一批重大项目落地。创新推广一批5G、工业互联网、人工智能、虚拟现实技术等应用场景，全力推动新经济发展。鼓励全市企业和港澳企业互相参加展会，开展产品项目推介活动，共同开拓国际市场。复制深圳前海自贸区改革创新经验，推动沈阳自贸区与前海自贸区开展战略合作。

第六节　更加关注补齐民生领域短板 让人民群众共享东北振兴成果

坚持以人民为中心发展思想，把实现好、维护好、发展好最广大人民根本利益作为发展的出发点和落脚点，采取更多惠民生、暖民心举措，着力解决好人民群众急难愁盼问题，做实舒心就业、幸福教育、健康沈阳、品质养老等民生工程，提升人民生活品质，不断增强人民群众获得感、幸福感、安全感。

一、加强就业和社会保障工作

（一）实现更加充分更高质量就业

实施更加积极的就业政策，开展更高质量就业行动，打造舒心就业品牌。促进重点群体多渠道就业，做好高校毕业生、退役军人、农民工和城镇困难人员等重点群体就业工作。精准帮扶困难群体就业，扩大公益性岗位安置，强化民生兜底保障，促进就业形势保持稳定。完善与就业容量挂钩的产业政策，支持吸纳就业能力强的服务业、中小微企业和劳动密集型企业发展，稳定拓展社区超市、便利店和岗位。坚持多劳多得，鼓励勤劳致富，消除影响平等就业的不合理限制和就业歧视，使人人都有通过勤奋劳动实现自身发展的机会。鼓励以创业带动就业，畅通创业创富通道，不断增强创业带动就业能力。深入实施职业技能提升行动，发挥企业主体作用，开展岗前培训、在岗培训、订单式定向培训，推广“互联网 +”职业培训新模式，推动人力资源服务业高质量发展。维护劳动者合法权益，构建更加和谐的劳动关系。建立农民工欠薪工资保障机制，坚决杜绝拖欠农民工工资。

（二）提高城乡居民收入水平

完善分配制度，坚持按劳分配为主体、多种分配方式并存，构建初次分配、再分配、第三次分配协调配套的制度体系。拓展城乡居民收入增长渠道，健全工资决定、合理增长和支付保障机制，提高劳动报酬在初次分配中的比重。完善按要素分配政策制度，健全各类生产要素由市场决定报酬的机制，探索通过土地、资本等要素使用权、收益权增加中低收入群体要素收入。实施扩大中等收入群体行动计划，以高校和职业院校毕业生、技能型劳动者、农民工等为重点，不断提高中等收入群体比重。完善再分配机制，加大税收、社会保障、转移支付等调节力度和精准性，发挥慈善等第三次分配作用，改善收入和财富分配格局。完善个人所得税制度，规范收入分配秩序，规范财富积累机制，保护合法收入，调节过高收入，取缔非法收入，遏制以垄断和不正当竞争行为获取收入。

（三）健全多层次社会保障体系

健全覆盖全民、统筹城乡、公平统一、安全规范、可持续的多层次社会保障体系。实施全民参保计划，发展多层次、多支柱养老保险体系，深化养老保险制度改革，做好企业职工基本养老保险省级统筹衔接。统筹城乡居民医保，完善重大疾病医疗保险和救助制度，建立医疗保障信用体系，实现基本医疗保障依法全覆盖。完善住房保障体系，促进房地产市场平稳健康发展，加快建立多主体供给、多渠道保障、租购并举住房制度和供应体系。完善社会救助、社会福利体系，健全以家庭收入、家庭财产和刚性支出综合评价的低保认定指标体系，持续提高城乡低保标准，推动实现低保救助、特困供养标准城乡统一，促进慈善事业健康发展。

二、办好人民满意的教育

（一）加快学前教育优质普惠发展

规划建设一批幼儿园，着力扩大优质公办学位供给。规范小区配套幼儿园建设使用，鼓励社会力量办幼儿园，积极引导扶持民办幼儿园提供普惠性学前教育服务。落实学前教育生均公用经费标准。依标准配备教职工，提升师资专业化水平。开展县域学前教育普及普惠督导评估，推动实现省定巩固“学前双普”目标。

（二）推进义务教育优质均衡发展

深化教育改革，高质量完成“双减”试点任务，加强中小学校和教师队伍建设，抓好学生身心健康发展，让学生享受到舒适、兴趣、充实、安全的教育。加快推进城乡义务教育一体化发展，科学布局农村学校，保障学生就近享受优质教育。全面推进学区化和集团化办学，加快优质教育资源向乡村辐射，实行一体化管理、捆绑式评价。持续巩固“择校热”“大班额”专项治理成果，完善学生体质健康监测评价体系，推进学生营养改善行动。全面保障符合条件的随迁子女义务教育权益。实施“学校＋基地＋N”劳动和实践育人保障工程，培育一批劳动教育特色示范校，命名一批劳动教育基地。

（三）促进高中教育优质化特色化发展

适应高考综合改革需要和高中学生特点，推动高中学校课程改革。强化高中学生创新素养培育，建设一批灵活多样、特色鲜明、充分满足多样化学习需求的优质特色普通高中。加强普通高中与普通高等学校及企事业单位合作，为学生提供个性化职业生涯教育和高质量职业体验。推进职普融通，进一步开展综合高中建设探索，确保职普比例大体相当。

（四）推动职业教育融合发展

全面落实“文化素质＋职业技能”职教高考制度，进一步推进中职、高职、本科分段衔接和贯通的培养模式，扩大“中高职”贯通培养（3+2）规模，完善人才培养立交桥。全面推进职业教育内涵建设，重点建设机械加工、信息技术等一批行业特色鲜明、专业设置与职业岗位联系密切的专业群。推动职业教育和技工教育衔接，加大职业技能标准和职业培训包推行力度，及时编制发布急需紧缺职业目录。深化产教融合、校企合作，推进国家产教融合建设试点，建设培育产教融合型企业，增进职业学校与产业园区的有机对接，促进高端技能人才校企一体化培养。推动终身教育灵活发展，支持在沈高校“双一流”建设，全面提高办学水平。

三、提升卫生健康服务水平

（一）打造“东北一流”医疗中心城市

优化医疗卫生资源配置，提升城市医疗卫生公共服务水平和医疗国际化水平，打造品质医疗服务圈。加快补齐基层医疗卫生服务短板，持续推进县域医共体建设，实现社区卫生服务中心及农村卫生室标准化建设全覆盖。加快推动以治病为中心向以人民健康为中心转变，打响健康沈阳品牌。实施健康服务提质增效行动，加强全科医生队伍建设，构建整合型医疗卫生服务体系。建设一批标准统一、定位清晰的区域性医疗中心，整合医疗卫生机构优势资源，协作开展重大项目申报和研究，争取国内国际重大课题落户沈阳。充分发挥社会力量在卫生健康事业发展中的作用，引导社会办医向高品质、高水平、规模化、国际化方向发展。有序有效开展卫生健康领域国际对外交流合作，带动卫生健康整体水平提升。

（二）健全公共卫生服务体系

完善基层基础医疗服务网络，建立以市疾控中心为核心，区县（市）疾控中心为枢纽、各级各类医疗机构为网底的疾病预防控制三级网格。健全城市公共卫生制度体系、疾病预防控制体系、重大疫情救治体系、应急物资保障体系、公共卫生社会治理体系，完成公共卫生机构管理体制和运行机制建设。创新医防协同、医防融合机制。加强公共卫生应急管理，增强传染病防控和救治能力，实现基础设施、人才队伍、服务能力全面达标，满足平战结合双重需要的高质量公共卫生应急管理体系。完善重大疫情和突发公共卫生事件监测预警制度，健全快速应急响应机制，强化突发公共卫生事件报告机制。实施慢性病综合防控战略，加强传染病、职业病、地方病和精神疾病防治，扎实推进重点民生服务项目。深入开展爱国卫生运动，倡导人民群众健康生活方式。开展全民健身运动，健全基本公共体育服务体系，加强体育设施均衡布局，打造“15分钟健身圈”。

（三）深化医药卫生体制改革

健全现代医院管理制度，推进三级公立医院绩效考核，落实同工同酬政策，切实将绩效待遇和晋升机会向一线倾斜。推进国家疾病诊断相关分组（DRG）改革示范区建设，持续提高城乡居民医保补助标准，建成多层次医疗保障体系。全面落实国家基本药物制度，深入推进国家组织药品和医用耗材集中带量采购工作，加大对传染病医院的支持力度。推进医联体、医共体建设，实现省、市、区县（市）、乡、村全面互联互通，电子健康档案和电子病历连续记录以及院间信息共享。

（四）支持中医药事业发展

健全完善以市中医院为龙头，区、县（市）中医院为骨干，综合医院、妇幼保健机构、基层医疗卫生服务机构中医科为基础的中医药卫生服务网络。扩大中医药专科优势，提高中医药服务能力，提升中医药应急能力和中西医结合水平。构建覆盖城乡的中医治未病服务体系，建设基层医疗卫生服务机构中医药综合服务区，加强基层中医药知识技能培训。健全中医药人才队伍，完善高层次人才全链条引进和培养体系，巩固基层中医药人才队伍，开展中医药师承教育，完善中医药人才评价和激励机制。强化中药材资源保护和质量控制，提升中药产品质量和安全监管水平。开展中医药传承行动和创新发展，建设中医药科技创新平台，挖掘和传承中医药宝库中的精华精髓。

四、繁荣文化事业和文化产业

（一）以社会主义核心价值观引领文化建设

紧紧围绕举旗帜、聚民心、育新人、兴文化、展形象的使命任务，积极培育和践行社会主义核心价值观，铸牢中华民族共同体意识。深入开展党史、新中国史、改革开放史、社会主义发展史教育，深入开展爱国主义、集体主义、社会主义教育，弘扬东北抗联精神、抗美援朝精神、雷锋精神。扶持老工业基地振兴题材、红色题材、工业题材、历史文化题材等文艺精品创作，推出更多思想精深、艺术精湛、制作精良、弘扬主旋律的优秀作品。繁荣发展哲学社会科学，加强社会主义精神文明建设，持续巩固创建全国文明城市成果，常态化、制度化、长效化推进文明城市建设，不断提高社会文明程度。

（二）加强历史文化资源保护与开发利用

深度挖掘重大历史文化，实施历史文脉研究整理工程，开展文化研究工作，在知识体系、学术体系、话语体系等方面形成新成果。统筹文化遗存发掘、修复、保护与展示，全面开展历史建筑资源数据整理，支撑数字文化、文化信息资源库建设，实现历史建筑信息查询与定位等功能。推动非物质文化遗产保护，建设综合性非遗博物馆，办好沈阳非遗博览会，推动非遗知识产权交易中心建设。开展非遗项目及传承人普查，完善非遗领军人物培养政策，建立非遗数据库。

（三）提升公共文化服务水平

推进公共文化服务标准化、均等化发展，均衡配置城乡公共文化服务资源，建成全面覆盖、互联互通的公共文化设施网络和服务体系。以公共图书馆、博物馆、文化馆、乡镇（街道）综合文化站、村（社区）文化室为重点，以流动文化设施和数字文化设施为补充，完善公共文化服务网络设施。加强公共文化产品和服务供给，丰富服务内容和手段，以大数据、云计算、“互联网 +”为引擎，建立公共文化服务资源库，不断丰富优秀文化信息资源，更好满足人民群众精神文化需求。建立健全政府向社会力量购买公共文化服务机制，完善群众文化需求反馈机制，探索基本公共文化服务“按需制单、百姓点单”供给模式。

五、完善“一老一小”服务体系

（一）织牢兜底性养老服务网络

织牢兜底性养老服务网，建立区县（市）、街道（乡镇）、城乡社区三级养老服务网络，扩大普惠型养老服务覆盖面，构建沈阳“15分钟养老服务圈”。提高养老机构供给水平和质量，开展政府购买居家养老服务试点，鼓励社会力量积极参与养老服务业，形成公办、民办、公办民营、民办公助等多种方式共存，社区居家养老与机构养老相结合的养老服务模式，打造品质养老品牌。加快壮大养老产业，挖掘“银发经济”潜力。加强养老服务行业综合监管和信用体系建设，建立养老服务业智能化新型管理模式。构建养老、孝老、敬老的社会环境，构建家庭支持体系，推进家庭设施适老化改造，建设老年友好型社会，形成老年人、家庭、社会、政府共同参与的良好氛围。

（二）建设儿童友好城市

优化人口发展战略，建立生育支持政策体系，降低生育、养育、教育成本。提高优生优育服务水平，全面贯彻落实国家生育政策，增强生育政策包容性，倡导优生优育，打造生育全程基本医疗保健服务链条。降低生育、养育、教育成本，补齐学前教育公共服务短板，促进人口长期均衡发展，提高人口素质。发展普惠托育服务体系，将0~3岁幼儿的托育服务纳入基本公共服务，积极吸引国内托幼连锁机构建设一批普惠性托育服务设施，鼓励和推广社区或邻里开展幼儿照顾志愿服务。完善未成年人保护和儿童福利体系，发展适度普惠型儿童福利制度。健全农村留守儿童关爱服务体系，建立未成年人保护响应机制。规划建设一批富有沈阳地域特色的儿童公园、游乐园、运动中心、少年宫，构建适合儿童身心健康成长的城市环境。切实保障妇女儿童和残疾人等群体权益，坚决遏制各种侵害女性权益和残害女性身心健康的行为。

六、建设更高水平的平安沈阳

（一）加强和创新社会治理

健全党组织领导下的自治、法治、德治相结合的基层治理体系，推动治理和服务重心下移、资源下沉。建立健全以基层党组织为核心，居（村）委会为主导，居（村）民为主体，居（村）务监督机构、业主委员会、物业服务企业、驻社区单位、群团组织、社会组织等共同参与的治理架构，吸引农村集体经济组织支持农村社区建设，深入推进城乡社区自治和多元共治。夯实基层社会治理工作机制，做实做强区县（市）、乡镇（街道）、村（社区）三级网格管理机构，整合党建、综治、民政、城管等各类网格，推动实现“多网合一”、全城覆盖。推进基层管理数字化，构建网格化管理、精细化服务、信息化支撑、开放共享的基层管理服务平台，建立兼具兼容性、主动性和扩展性的“社区云”服务体系。建设乡村治理体系平台，增强数字农村服务能力，缩小城乡“数字鸿沟”。

（二）完善社会治安防控体系

维护人民生命安全，完善社会治安防控体系，常态化打击整治突出违法犯罪。健全完善专群结合、群防群治工作机制，加强社会治安防控网建设，推进立体化、法治化、专业化、智能化社会治安防控体系建设，创建全国治安防控体系建设示范城市。建立健全扫黑除恶常态化机制，严厉打击治理电信网络违法犯罪。强化食品药品安全监管，推进食品药品安全专项整治和综合治理，构建从源头到消费全过程覆盖的监管格局。健全安全生产长效机制，加快构建风险等级管控、隐患排查治理两条防线，坚决遏制重特大事故发生。坚持和发展新时代“枫桥经验”，畅通群众诉求表达、利益协调和权益保障通道，完善矛盾纠纷多元化解机制。完善重大决策社会稳定风险评估制度，健全社会矛盾排查预警机制，坚持定期排查和重点排查相结合，及时发现、有效防范不稳定风险隐患。

（三）全面提升防灾减灾救灾能力

加强水旱、气象、地震、地质、森林草原火灾、重大生物等灾害监测预警体系建设，完善应急服务体系。加强灾害风险和隐患排查重点工程建设，推进重点监控区、监控点和各类灾害隐患点综合信息系统建设，实行公共安全隐患发现、解决、督考线上线下闭环管理。深化城市生命线风险感知和监测预警，创新开展国家安全示范城市创建，加强地下管网、道路交通、燃气使用等公共安全风险管理和隐患排查整治，扎实推进国家城市安全风险综合监测预警工作体系建设试点。完善统一指挥、专常兼备、反应灵敏、上下联动的应急救援机制，充实完善应急救援队伍，强化应急救援力量体系。建设市、县两级应急综合指挥平台，强化基层应急管理能力标准化建设，构建扁平化、合成化、实战化应急处置模式，持续提升应急处置能力。提高自然灾害救助能力，加强物资储备，确保受灾群众生命和财产安全。

参考文献：

高少丽，2021.建设高标准市场体系视域下的公平竞争制度研究[D/OL].北京：中共中央党校.

吕志成，2022.沈阳市政府工作报告——2022年1月8日在沈阳市第十七届人民代表大会第一次会议上[J].沈阳市人民政府公报（3）：3–20.

吕志成，2023.政府工作报告[N].沈阳日报，01–13（1）.

邱菊，2021.加快“一枢纽四中心”建设 沈阳争当高质量发展“模范生”[N].沈阳日报，10–26（1）.

沈阳市发改委，2022.沈阳建设国家中心城市行动纲要[R/OL].（2022–5–12）[2022–12–05].http://www.shenyang.gov.cn/zwgk/fdzdgknr/ghxx/zxghx/202205/t20220512_2945485.html.

徐娜，杨柳，2021.加快农业农村现代化 开启乡村振兴新篇章[N].沈阳日报，12–19（2）.

中国行政管理学会课题组，张定安，高乐，2021.聚焦市场主体关切 持续打造市场化法治化国际化营商环境[J].中国行政管理（8）：6–15.

附　录

党的十八大以来振兴东北等老工业基地相关重要政策文件

“十三五”时期沈阳主要经济社会发展指标

党的十八大以来振兴东北等老工业基地相关重要政策文件

2014 年 8 月，国务院印发《关于近期支持东北振兴若干重大政策举措的意见》（国发〔2014〕28 号），指出党中央、国务院决定实施东北地区等老工业基地振兴战略以来，东北地区经济社会发展取得巨大成就，但目前也面临新的挑战，支持东北地区全面深化改革、创新体制机制、实现经济社会持续健康发展，是新时期新阶段实施东北地区等老工业基地振兴战略的必然要求，对于稳增长、促改革、调结构、惠民生具有重大意义。文件要求抓紧实施一批重大政策举措，巩固扩大东北地区振兴发展成果、努力破解发展难题、依靠内生发展推动东北经济提质增效升级，提出着力激发市场活力、进一步深化国有企业改革、紧紧依靠创新驱动发展、全面提升产业竞争力等 11 项 35 条重大政策举措。此外，该文件按照立足当前、着眼长远、分类施策的原则，提出了一批近期可操作可实施的政策举措，提出了 76 项东北振兴近期重点任务和 139 个配套重点项目。

2016 年 2 月出台《中共中央 国务院关于全面振兴东北地区等老工业基地的若干意见》（中发〔2016〕7 号）。这是继 2003 年《中共中央 国务院关于实施东北地区等老工业基地振兴战略的若干意见》出台实施后，党中央、国务院在新的历史条件和时代背景下对东北地区等老工业基地振兴战略的丰富、深化和发展，是新一轮东北振兴战略的顶层设计。文件围绕“四个着力”的重点任务，明确了未来十年老工业基地振兴的总体目标、战略定位、主要任务和配套措施，对东北地区明确了“五基地、一支撑带”的发展定位（即成为全国重要的经济支撑带，具有国际竞争力的先进装备制造业基地和重大技术装备战略基地，国家新型原材料基地、现代农业生产基地和重要技术创新与研发基地）。文件同时提出加大供给侧结构性改革力度，解决突出矛盾和问题，不断提升东北老工业基地的发展活力、内生动力和整体竞争力，努力走出一条质量更高、效益更好、结构更优、优势充分释放的发展新路。

2016 年 11 月，国务院发布《关于深入推进实施新一轮东北振兴战略 加快推动东北地区经济企稳向好若干重要举措的意见》（国发〔2016〕62 号）。提出全面深化改革、推进创新转型、扩大开放合作、切实加强组织协调等 4 项 14 条加快推动东北地区经济企稳向好的重要举措。该文件是党中央、国务院关于新一轮东北振兴的决策部署的细化、实化和具体化，是中央支持东北振兴政策举措的具体化。

2016 年 11 月，国务院批复《东北振兴“十三五”规划》，提出到 2020 年，东北地区体制机制改革创新和经济发展方式转变取得重大进展，发展的平衡性、协调性、可持续性明显提高，与全国同步实现全面建成小康社会宏伟目标，具体目标为经济保持持续健康发展，创新驱动发展能力明显增强，结构调整取得实质性进展，人民生活水平和质量显著提高，生态环境保护水平进一步提升。

2017 年 3 月，国务院办公厅发布《关于印发东北地区与东部地区部分省市对口合作工作方案的通知》（国办发〔2017〕22 号），明确支持东北地区进一步转变观念，增强市场意识和竞争意识，激发内生活力和动力，促进东部地区与东北地区在合作中相互借鉴、优势互补、互利共赢、共谋发展。组织东北地区与东部地区部分省市建立对口合作机制是实施新一轮东北地区等老工业基地振兴战略的重要举措，是推进东北振兴与“三大战略”对接融合的有效途径，也是发挥我国制度优势促进跨区域合作的创新举措。

2019 年 8 月，中共中央、国务院出台《关于支持东北地区深化改革创新推动高质量发展的意见》（中发〔2019〕37 号），对东北地区深化改革创新作出具体安排部署，强调要强化改革创新引领，破除体制机制束缚，释放发展活力，培育发展新优势，推动实现振兴发展。

2021 年 9 月 6 日，国务院批复《东北全面振兴“十四五”实施方案》，力争到2025年，东北振兴重点领域取得新突破，维护“五大安全”的能力得到新提高，国家粮食“压舱石”地位更加巩固，祖国北疆生态安全屏障更加牢固；一批国有企业改革取得实质性进展，发展质量和效益显著增强；民营经济体量和比重持续提升，活力和竞争力明显提高；融入国内大循环更加深入，国内国际双循环相互促进更加有力；创新驱动作用充分发挥，产业结构进一步优化；优势互补、高质量发展的区域经济布局初步建立，城市群和都市圈的辐射带动作用进一步增强；基础设施网络进一步完善，统筹城乡的基本公共服务均等化水平明显提高，就业、社保等民生保障能力稳步提升。

“十三五”时期沈阳主要经济社会发展指标

附表　　　　“十三五”时期沈阳主要经济社会发展指标

指　标	2016 年	2017 年	2018 年	2019 年	2020 年
地区生产总值（亿元）	5289	5549	6102	6465	6572
人均地区生产总值（元）	61765	64083	69506	72655	72936
一般公共预算收入（亿元）	621	656	721	730	736
总人口（万人）	860.9	871	884.8	894.7	907.3
常住人口城镇化率（%）	80.5	80.6	81.0	81.0	81.2
一二三产业占比	4.8：38.8：56.4	4.5：38.6：56.9	4.3：34.2：61.5	4.4：33.7：61.9	4.6：32.9：62.5
研究与试验发展（R&D）经费投入强度（%）	2.63	2.52	2.77	2.64	2.94
每万人新增发明专利授权量（项）	3.31	3.87	3.33	3.75	3.96
城镇居民人均可支配收入（元）	38995	41359	44054	46786	47413
农村居民人均可支配收入（元）	14385	15461	16530	18124	19598
人均预期寿命（岁）	80.07	80.25	80.37	80.85	80.94
耕地保有量（公顷）	756726	755007	754299	—	71600
空气质量优良天数比率（%）	68.0	70.1	78.1	77.8	78.4
细颗粒物（$PM_{2.5}$）浓度（ug/m^3）	54	51	41	43	42

后 记

本书是沈阳市发展和改革委员会委托国家发展和改革委员会国土开发与地区经济研究所（以下简称国土地区所）开展的2022年度重大课题“沈阳振兴发展20年”的研究成果。值此“十四五”开局、全面迈向社会主义现代化新征程之际，也是东北振兴战略实施20周年之时，该书对于全面总结沈阳振兴发展20年历程具有重要历史意义，为深入贯彻习近平总书记关于“新时代东北全面振兴‘十四五’时期要有突破”重要指示点明了前进方向和具体路径。

此书付梓，特别感谢国家发展改革委地区振兴司原司长周建平、国土地区所原副所长张庆杰、国家发展改革委地区振兴司政策统筹协调处处长许欣的细心指导和大力支持，以及在编撰过程中给予的持续关注和具体指导。

在本书的写作过程中，沈阳市发展改革委振兴老工业基地处处长张浩石、副处长李天娇负责重要资料收集和撰写，孙磊、董子铭和郭广鑫参与本书书稿、图表和数据的校对，周建平、张庆杰和许欣对研究最终成果进行了审定。全书共设立四篇、十个章节。其中：曹忠祥负责课题总体设计、研究工作组织协调和研究报告统稿，赵斌执笔第一章和第六章，张舰执笔第二章和第三章，刘峥延执笔第四章和第八章，公丕萍执笔第五章和第七章，潘彪执笔第九章和第十章。课题研究历时近一年，在研究过程中，课题组多次组织会议，就研究思路、重点和研究框架进行反复讨论，周建平司长、张庆杰副所长每次会议均亲临现场悉心指导，为研究工作问诊把脉。研究成果的出版得到了中国市场出版社的大力支持。在此，一并表示衷心的感谢！

本课题研究始终以习近平新时代中国特色社会主义思想为指导，并将其贯穿于研究的全过程。从本研究重点聚焦沈阳老工业基地振兴发展历史回顾、成效评价和前景展望的特点出发，课题组在报告中充分借鉴了国内外和本单位相关研究成果，特别是充分吸收分析了沈阳市多年来推动老工业基地振兴发展的相关政策举措文件、案例分析和经验总结材料以及沈阳“十四五”规划和沈阳都市圈建设规划的相关内容，并对党的二十大的有关精神尽可能予以了体现，力求使研究成果既全面、系统、科学地反映发展沈阳振兴发展的实际，又符合时代的要求。受数据统计滞后的影响，研究报告中所应用的数据多数截止到2021年底，部分内容应用了2022年初步估算的数据。

作为一项系统性的研究工作，本课题研究涉及的领域众多，数据和文字资料庞杂，研究工作时间紧、任务重，加之我们能力和水平有限，研究成果势必有很多不够成熟、不尽完美之处，恳请广大同行和读者不吝指正！

本书课题组

2023年2月